21世纪经济管理新形态教材·金融学系列

小微信贷理论与实务

傅建源　陈工孟 ◎ 主编

清华大学出版社

北京

内 容 简 介

本书是编者结合长期的小微金融课程教学经验,以及丰富的小微金融企业资料编写而成的。全书从基础、实务、提高三方面详细地阐释了小微信贷的相关知识、业务流程及风险管理。其中,基础篇包括项目一"认知小微信贷"、项目二"树立小微信贷风险管理理念";实务篇包括项目三"介绍小微信贷产品"、项目四"办理传统小微信贷业务"、项目五"办理数字小微信贷业务";提高篇包括项目六"评估小微信贷业务风险"。

本书在编写过程中,注重小微信贷业务流程,并结合行业真实案例,重点突出,同时设计了很多实践活动与知识的拓展,每个教学任务开始前都为读者描述特定的学习情境,设置任务目标,让读者带着问题、特定任务展开学习,提升读者学习的方向感和积极性。

本书适合具有一定经济金融知识的高职生、本科生学习,同时也适合希望从事经济金融研究、信贷操作与管理方面行业的读者阅读。

图书在版编目 (CIP) 数据

小微信贷理论与实务 / 傅建源,陈工孟主编 . —北京:清华大学出版社,2024.3
21 世纪经济管理新形态教材 . 金融学系列
ISBN 978-7-302-64783-6

Ⅰ.①小…　Ⅱ.①傅…②陈…　Ⅲ.①信贷管理—教材　Ⅳ.① F830.51

中国国家版本馆 CIP 数据核字 (2023) 第 204771 号

责任编辑:胡　月
封面设计:汉风唐韵
版式设计:方加青
责任校对:王荣静
责任印制:丛怀宇

出版发行:清华大学出版社
　　　　网　　　址:https://www.tup.com.cn,https://www.wqxuetang.com
　　　　地　　　址:北京清华大学学研大厦 A 座　　　　邮　　编:100084
　　　　社 总 机:010-83470000　　　　邮　　购:010-62786544
　　　　投稿与读者服务:010-62776969,c-service@tup.tsinghua.edu.cn
　　　　质 量 反 馈:010-62772015,zhiliang@tup.tsinghua.edu.cn
印 装 者:三河市铭诚印务有限公司
经　　销:全国新华书店
开　　本:185mm×260mm　　　印　张:22　　　字　数:531 千字
版　　次:2024 年 4 月第 1 版　　　印　次:2024 年 4 月第 1 次印刷
定　　价:69.00 元

产品编号:099561-01

写 作 背 景

　　我与陈工孟教授曾在 2017 年合作编写过《小额信贷理论与实务》的教材。时光荏苒，当清华大学出版社去年与我们联系，希望我们将教材再版的时候，我才惊觉 5 年光阴已经悄然流逝。在这 5 年时间里，中国的实体经济特别是小微经济、乡村经济始终保持着坚强的韧性和旺盛的生命力，实现了令世界瞩目的高质量发展。与此同时，我国的小微信贷行业也呈现出新的发展态势。

　　此前，我们说小额信贷是指主要向低收入群体和微型企业提供的额度较小的信贷服务，旨在通过金融服务扶助低收入群体和小微企业的生存与发展。但随着中国经济的发展，曾经传统意义上的 1 万元至 20 万元的小额信贷已难以满足小微客户群体的融资需求。近年来，中国人民银行、银保监会等监管机构和商业银行等信贷机构开始转变提法——从"小额信贷"转为"小微信贷"。据中国人民银行统计，2022 年末，我国普惠型小微贷款余额 23.8 万亿元，同比增长 23.8%；全年增加 4.59 万亿元，同比多增 4 549 亿元，新发放的普惠型小微贷款利率 5.24%，处于历史较低水平。商业银行成为发放小微信贷的主力军，除了国有四大行外，中国邮政储蓄银行、中国民生银行等各类商业银行、村镇银行以及城信社、农信社等都纷纷发力该项业务。

　　"小额信贷"和"小微信贷"同根同源，本质上都属于普惠金融的重要形式，只是在内涵上，两者略有区别："小额信贷"是从贷款金额较小的角度提出定义，传统意义上的小额信贷额度通常在 20 万元以内，而"小微信贷"则是从贷款目标客户群体为小微客户的角度提出定义，它的额度可以远超传统的小额信贷。例如，中国工商银行的小微信贷最高额度可达 1 000 万元，中国民生银行的房屋抵押小微信贷最高额度可达 2 500 万元。

　　由此可见，从"小额信贷"到"小微信贷"，普惠金融的初心并未改变，

改变的是目标客户群体的进一步精准描述、贷款额度的进一步提升和市场容量的进一步扩展。中国的金融机构正在以不断创新、便捷高效的小微信贷助力中国小微经济快速发展和乡村振兴战略的实现。

此外，我们还观察到，随着数字经济和金融科技时代的来临，小微信贷的业务模式也在发生重大转变。借助人工智能（AI）、大数据、云计算和区块链等金融科技，各大信贷机构在传统的线下业务之外，纷纷推出了纯线上的数字小微信贷业务，通过技术升级和业务重塑，大大降低了业务对人工的依赖度，提高了业务的效率和触达率。数字小微信贷业务的普及，势必会造成行业在专业人才岗位设置和岗位素质能力要求方面的新变化。

为了更好地对接行业发展新动态，我们将这本教材命名为《小微信贷理论与实务》，介绍小微信贷相关理论，阐述传统模式和数字化模式下的小微信贷实操方法，希望能为培养更多小微信贷普惠金融人才贡献一份力量。

内容安排

本书以习近平新时代中国特色社会主义思想为指导，紧跟行企发展动态，围绕目标岗位的典型工作任务、工作场景和岗位素质能力要求，遵循由浅至深、由理论到实务的编排思路，阐述了小微信贷的基础理论，并系统地介绍了小微信贷的风险管理理念、管理方法和业务实操方法，希望读者能通过本书逐步提升对小微信贷业务的认知和实操技能。本书内容可分为三个篇章、六个学习项目。

第一篇为"小微信贷基础篇"，包括项目一"认知小微信贷"和项目二"树立小微信贷风险管理理念"。项目一主要介绍小微信贷的概念含义、业务起源以及在我国的发展情况，分析小微信贷机构的组织架构、岗位设置和人才需求，介绍小微信贷的职业操守规范。项目二介绍小微信贷的风险种类以及常见的风险管理理念误区，并通过案例辨析，帮助学生树立正确的风险管理理念。

第二篇为"小微信贷实务篇"，包括项目三"介绍小微信贷产品"、项目四"办理传统小微信贷业务"和项目五"办理数字小微信贷业务"。项目三介绍小微信贷产品的基本条款以及产品涉及的相关计算方法，训练学生介绍个人小微信贷产品和企业小微信贷产品的技巧。项目四和项目五分别介绍传统小微信贷与数字小微信贷的业务办理流程，以及在不同业务模式下"贷前、贷中、贷后"的业务操作内容、操作要点和管理制度等。

第三篇为"小微信贷提高篇"，对应项目六"评估小微信贷业务风险"。该项目主要介绍小微信贷风险评估的核心技术，具体包括：小微信贷风险评估的基本维度和评估特点，基于客户信息、贷款信息、客户征信记录和财务信息的信用风险评估方法，信息交叉检验、客户信用风险等级评估的方法等。

教材特色

本书内容理实并重，紧扣目标岗位职业能力要求，紧跟行企发展前沿。通过引入行企专家参与教材编写和给予专业指导的方式，实现教材开发的校企双元融合。围绕小微信贷不同模式下的业务操作流程，将小微信贷理论有机融合于实操任务之中，重点突出，够用为度，同时提供大量行业案例、设计相关教学拓展活动和思考问题等供读者参考学习，力图拓宽与提升读者的行业视野和业务实操技能。

本书内容采用"项目导向、任务驱动"的方式进行编排。在充分调研课程目标岗位客户经理和风控专员的典型工作任务与工作场景之后，本书由浅入深地设计了六个教学项目、二十四个教学任务，每个教学任务开始前都为读者描述特定的学习情境，设置任务目标，让读者带着问题、特定任务展开学习，提升读者学习的方向感和积极性。

党的二十大报告提出："坚持为党育人、为国育才，全面提高人才自主培养质量。"本书坚持落实立德树人根本任务，积极推进党的二十大精神进教材。每个教学项目设立"价值塑造目标"，并针对每个教学任务的具体内容开设"素质园地"栏目，在丰富的行业案例基础上有机融入党的二十大精神和相关价值元素，对学生进行社会主义核心价值观和中国梦教育，坚定学生对中国特色社会主义的道路自信、理论自信、制度自信、文化自信，提升学生的创新发展、实干兴邦、尊法守法、工匠精神和金融职业道德等，实现德才兼修。

同时，本书还配备了丰富的数字化教学资源，包括"行业视窗"、"项目测试"、教学课件和微课等文本资源与视频资源，读者扫描教材中的二维码即可直接查看及检测学习效果，方便读者进行个性化自主学习。

面向读者

本书适合具有一定经济金融知识的高职生、本科生学习，同时也适合希望从事经济金融研究、信贷操作与管理方面行业的读者进行学习。通过本书的学习，相信您能有以下收获。

- 了解小微信贷的基础知识，包括行业发展、信贷机构的组织架构、信贷产品、信贷风险、从业人员应具备的职业操守等。
- 掌握传统模式和数字化模式下的小微信贷业务操作要点，实现从理论到实践、从认知到实操的全面提升。

致谢

感谢为本书撰写作出贡献的所有人。广州科技贸易职业学院的傅建源老师负责编写项目一、项目三和项目五，以及本书其他部分的评审和修订工作；西南财经大学的王莹参与

了项目一、项目二的写作与修订；深圳国泰安教育技术股份有限公司陈工孟教授负责编写项目二和项目四，并对全书内容设计和撰写给予指导；深圳希施玛数据科技有限公司的张凌霜总经理负责编写项目六，丁丹丹老师负责提供本书的实操软件教学微课视频，湖南典阅教育科技有限公司的左汲笈总经理负责提供数字小微信贷实操演示微课视频。此外，广东省小额贷款公司协会的徐北秘书长和广州民金小额贷款有限公司的陈林总经理也为本书的撰写提供了大量宝贵意见。没有以上老师和专家的努力付出，这本书无法完成，在此表示衷心感谢！

书中涉及的大部分参考或引用材料都已在书后的"参考文献"中列出，对于我们参考或引用但没能明确列出的资料和文献，我们谨对作者表示深深的歉意。

我国小微信贷机构众多，业务品种繁多，且小微信贷业务创新也在不断推进，加之作者水平有限，书中难免存在不足和疏漏之处，欢迎广大专家、读者批评指正。

编　者

2024 年 2 月

第一篇 小微信贷基础篇

第二篇 小微信贷实务篇

第一篇

小微信贷基础篇

项目一　认知小微信贷

项目目标

👤 知识目标

- 能阐述小微信贷的概念和特点。
- 能阐述我国小微信贷行业的发展现状和趋势。
- 熟悉小微信贷行业的岗位设置和岗位素质能力要求。
- 明确小微信贷从业人员的职业操守。

👤 能力目标

- 能介绍具有代表性的小微信贷机构。
- 能形成小微信贷方向的职业发展规划。

👤 价值塑造目标

- 通过了解小微信贷在我国的发展历程，更好地体会中华民族的创造精神、奋斗精神、团结精神、梦想精神的内涵。
- 通过辨析行业案例和职场案例，树立正确的价值观、尊法守法的思想理念和职业操守。
- 通过了解行业发展前沿及行业的最新人才需求动态，明确自身职业发展方向和职业素养提升方向。

项目任务

- 任务一　认知小微信贷行业
- 任务二　认知我国小微信贷机构
- 任务三　认知小微信贷岗位设置与人才需求
- 任务四　树立小微信贷职业操守

任务一　认知小微信贷行业

"微"课堂　　"微"讲义

学习情境

2022年5月，中国人民银行印发《关于推动建立金融服务小微企业敢贷愿贷能贷会贷长效机制的通知》(以下简称《通知》)。《通知》提出，金融机构要发挥好货币政策工具总量和结构双重功能，用好降准、再贷款再贴现、普惠小微信贷支持工具，持续增加普惠小微信贷投放。

专家认为，《通知》突出问题导向，对症下药，提出系列有力有效举措，通过加大对小微企业的金融支持，助力稳市场主体、稳就业创业、稳经济增长。

量大、面广的中小微企业是稳经济的重要基础、稳就业的主力支撑。当前市场主体特别是中小微企业困难增多，加大帮扶力度、稳市场主体保就业是各方的共识和期盼。2022年上半年召开的国务院常务会议，部署进一步为中小微企业和个体工商户纾困举措，明确指出要加大政策扶持特别是金融扶持。这也构成《通知》发布的重要背景。

有关专家指出，"加大对小微企业和个体工商户的金融支持和服务，帮它们走出困境、恢复生机，是保就业、保民生、保产业链供应链稳定的基础和前提，具有十分重要的意义"。

小邓是金融专业的学生，当他留意到以上信息时心中不禁有些好奇，人民银行和专家们所提到的"小微信贷"是怎样的业务？为什么它对我国的经济发展有这么重要的意义呢？

课前思考

（1）小微信贷的含义是什么？
（2）小微信贷有哪些特点？
（3）小微信贷在我国的发展情况如何？
（4）小微信贷对我国实体经济发展的意义有哪些？

一、小微信贷的含义和特征

（一）小微信贷的含义

本书所指的小微信贷是主要向小微企业、小微企业主、个体工商户和从事农业生产经营的农户提供的用于生产经营的信贷服务，该业务旨在通过金融服务帮助小微企业和个体经营者等小微客户群体实现更好的生存与发展。

很多学习者容易把"小微信贷"和"小额信贷"两个概念相混淆，事实上两个概念既有关联、又有区别。两者的关联在于它们的目标客户群体、资金用途、业务主旨等确实具有较高的重合度，但是我们也要分清两者的区别。小微信贷这个概念侧重于从业务的目标

客户群体、资金用途维度进行定义，而小额信贷则侧重于从贷款额度这一维度进行定义。小微信贷的"小微"并非指贷款额度小微，而是指该类贷款的目标客户为"小微客户"，它的资金用途仅限于生产经营。小额信贷的"小额"是指贷款额度小，该类贷款资金既可用于小微客户的生产经营，还可用于居民个人的小额消费。因此，用于支持小微客户生产经营的"小额信贷"（例如个体经营小额贷）属于小微信贷范畴，而用于支持居民消费的"小额信贷"（例如购车小额消费贷）则不属于小微信贷。

小微信贷的主要客户是城市和农村的小微企业、小微企业主、个体工商户和从事农业生产经营的农户，如商贩、街头小商户、服务性小业主、小作坊主等。因此，业界所经常提到的"小微企业贷款"和农户经营贷款也属于小微信贷。

按中国银保监会 2021 年颁布的考核及监测口径，小微信贷指的是单户授信总额 1 000 万元以下（含）的小微企业贷款和普惠型其他组织及个人经营性（非农户）贷款，以及单户授信总额 500 万元以下（含）的普惠型农户经营性贷款，但不包含对以上客户的票据贴现（note discount）及转贴现业务。

（二）小微信贷的目标客户群体

我国小微信贷目标客户群体主要为以下几类。

1. 小微企业和小微企业主

小微企业和小微企业主是目前我国小微信贷最主要的客户。小微企业基本上是民营企业，资金来源较少，难以获取银行传统贷款，小微信贷恰好弥补了这一空白。

2. 个体工商户

个体工商户是指在法律允许的范围内，依法经核准登记，从事工商经营活动的自然人或者家庭。单个自然人申请个体经营，应当是 16 周岁以上有劳动能力的自然人。家庭申请个体经营，作为户主的个人应该有经营能力，其他家庭成员不一定都有经营能力。

3. 农户

这一客户群主要是从事农村土地耕作或者其他与农村经济发展相关的生产经营活动的农民等。对于农户的小微贷款常具有普惠性，有来自政府的支持或补贴等。该类贷款资金主要用于农业基础设施建设、农业新技术的开发推广、农业增产措施、农村及社区商品物流、高效种养殖业等。

拓展阅读 1-1　小微企业和个体工商户有哪些区别

小微企业是小型企业、微型企业、家庭作坊式企业的统称，是依法设立的以营利为目的、从事商品的生产经营和服务活动的独立核算经济组织。

个体工商户是指公民在法律允许的范围内，依法经核准登记，从事工商业经营的家庭或户，以自然人或个人为单位，或以家庭为单位从事工商业经营，均为个体工商户。

两者的区别如下。

（1）组织形式方面，个体工商户实质上是自然人组织，自然人为自己的经营承担无限责任；小微企业属于法人组织，股东以其出资额为限，对公司债务承担有限责任。

（2）业务范畴方面，个体工商户不可以做进出口业务及存储危险化学品等业务；小微企业只要满足相应条件就没问题。

（3）税收优惠待遇方面，个体工商户不享受国家优惠政策，没有投资风险且不需要会计做账；小微企业受到各种国家优惠政策扶持，而且需要按公司法要求记账报税。

（4）适用税率方面，个体工商户只能申请小规模纳税人（增值税征收率一般为3%）；小微企业一开始也是小规模纳税人，但是规模做大后，可以申请一般纳税人。小微企业交企业所得税和增值税，个体工商户交个人所得税和增值税。

根据国家市场监督管理总局登记注册局发布的数据，截至2021年年底，全国登记在册的市场主体达到1.54亿户，涵盖企业4 842.3万户及个体工商户1.03亿户。从增量数据看，2021年我国新设市场主体达2 887.2万户，同比增长15.4%。其中企业为904.0万户，同比增长12.5%；个体工商户为1 970.1万户，同比增长17.2%。庞大的中小微企业为我国经济市场的增长带来了显著活力，并带动相关消费及就业增长。截至2021年底，中国的农民有5.56亿人左右，通过小微信贷支持农户发展农村经济对于中国实现乡村振兴具有重要的战略意义。

由上可见，小微客户群体在我国是个不容忽视的大群体。但是，这个群体长期以来都受到"融资难、融资贵"的问题困扰，其背后原因与小微客户自身的资质、所处的环境及资金需求的特征有所关联。相较大中型企业而言，小微客户的相关信息披露不够规范且匮乏，尤其是财务、资金、信用等信息欠缺，信息不对称问题更为突出。从资金需求上看，小微客户的需求具备"短、小、频、急、散"的典型特征。此外，小微客户还存在收入稳定性不强、通常缺乏有效的抵质押物、抗风险能力较低等问题，这些特征都提高了小微客户的融资难度，推高了融资成本，也给小微信贷机构风险防控带来了挑战。

（三）小微信贷的特征

小微信贷产品一般具有明确用于生产经营、额度较小、手续简便、放贷过程迅速、还款方式灵活、还款期限短等特点。

小微信贷的一般特征如表1-1所示。

表1-1　小微信贷的一般特征

特征方面	特征情况
目标客户	城市和农村的小微企业、小微企业主、个体工商户和从事农业生产经营的农户
资金用途	用于支持目标客户的生产经营活动，不用于个人消费支出
贷款额度	与传统大中型企业贷款相比，额度较小
贷款条件	灵活、易懂、与当地情况相适应，期限较短，往往不需要抵押
放贷过程	手续简便、过程迅速

随着小微信贷业务在各国生根演变，其含义已有所扩展，服务方式和服务对象也更为广泛。

拓展阅读1-2　小微企业的认定标准

《中华人民共和国企业所得税法实施条例》第九十二条规定，企业所得税法第二十八条第一款所称符合条件的小型微利企业，是指从事国家非限制和禁止行业，并符合下列条

件的企业：

（1）工业企业，年度应纳税所得额不超过 30 万元，从业人数不超过 100 人，资产总额不超过 3 000 万元；

（2）其他企业，年度应纳税所得额不超过 30 万元，从业人数不超过 80 人，资产总额不超过 1 000 万元。

二、小微信贷的起源和发展

（一）小微信贷的起源

小微信贷起源于 20 世纪 70 年代中后期的孟加拉国，以穆罕默德·尤努斯（Muhammad Yunus）教授（图 1-1）所做的小微信贷扶贫试验为开端。1976 年，乡村银行 [①]（又被称为格莱珉银行（Grameen Bank，GB）〕首先在孟加拉国的乔布拉（Jobra）村成立，1983 年当局允许其注册为银行。

图 1-1　孟加拉国乡村银行创始人尤努斯

GB 小微信贷业务主要针对农村贫困人口，尤其是贫困的女性。因为尤努斯认为，女性在社会中处于弱势地位，比男性更难以改变自己的贫困状况，但女性维护家庭完整和子女利益的意志比男性更坚决，她们会积极地利用贷款改善经济条件，使其家庭和子女受益。GB 采取的是无担保、无抵押的贷款制度。为管控信贷风险，GB 创造性地提出"贷款联保小组"机制，联保小组由居住在贷款人服务区域内的借款人组成，一般不少于 5 人，每个借款人都为其他借款人的借款承担连带担保责任。通过这种机制设计，为银行找到足够的担保群体，同时借款人之间会互相进行道德约束，有效地防范违约风险。

2006 年，"为表彰他们从社会底层推动经济和社会发展的努力"，尤努斯教授和他的孟加拉国 GB 共同获得诺贝尔和平奖。孟加拉国 GB 的运作模式被众多国家关注和效仿。

（二）小微信贷在各国的发展

1. 小微信贷在印度尼西亚的发展

印度尼西亚人民银行 [②]（Bank Rakyat Indonesia，BRI）是世界上为农村提供金融服务最大的国有商业性金融机构。其小微信贷体系向印度尼西亚数百万农村居民提供了大量且可持续的金融服务，同时在商业运作上也获得了巨大成功，是继孟加拉国 GB 之后的又一小

---

① 资料来源：田甜，万江红. 孟加拉乡村银行小额信贷模式及其启示 [J]. 时代经贸（学术版），2007，5(2)：126-128.

② 资料来源：鱼小强. 国际小额信贷的发展趋势 [J]. 农业经济，2005(3)：46-47.

微信贷运作模式的典范。

BRI 是印度尼西亚最主要的五大国有商业银行之一，成立于 1895 年。1984 年，BRI 对小微信贷业务的经营模式进行改制，在其内部建立村银行，专门经营农村小微信贷业务，主要服务于农户、农业劳动力、佃农、家庭作坊加工者、小养殖户、小渔民及小商贩等在贫困线以上的农村群体。贷款之前，BRI 村银行会要求借款人成立农户小组，小组成立之后，村银行会和政府人员分工对小组成员进行一系列培训，确保农户小组有能力经营项目。此外，BRI 村银行还制定了贷款额度逐步分发制度、安全保障制度、还款激励制度等以进行信贷风险的管控。

2. 小微信贷在全球其他国家的发展

随着孟加拉国和印度尼西亚小微信贷的成功，小微信贷业务作为一种有效的扶贫手段，迅速被推广到亚洲、非洲和拉丁美洲的许多发展中国家，在世界上被越来越多的国家实践。目前，除了 GB 和 BRI 之外，玻利维亚的阳光银行、乌干达国际社会资助基金会也在此领域大获成功。

活动拓展 1-1

（1）思考：BRI 村银行为什么只对贫困线以上的客户提供贷款？

（2）收集资料，了解小微信贷在世界各国的发展情况，并分析为何小微信贷在众多国家受到欢迎。

除了正文中的例子，还有下列这些各具特色的小微信贷发展模式，搜索并了解它们吧。

欧洲复兴开发银行模式；

美国社区银行模式；

美国富国银行模式；

日本金融公库模式；

……

（三）小微信贷的发展趋势

从 20 世纪 70 年代至今，小微信贷发展已近 50 年，作为面向中低收入人群和微型企业的金融服务，它在世界经济发展中扮演着越来越重要的角色，其自身亦得到长足进步。小微信贷在发展过程中主要呈现出如图 1-2 所示的几个趋势。

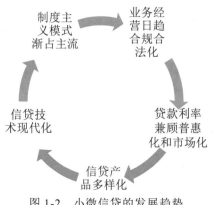

图 1-2　小微信贷的发展趋势

1. 制度主义模式渐占主流

目前，世界上存在两大小微信贷发展模式的流派：福利主义和制度主义。

福利主义小微信贷以社会发展为首要目标。该流派以孟加拉国 GB 银行为代表，以社会发展为首要目标，不仅为贫困人群提供小微信贷服务，同时也为他们提供技术培训、教育、医疗等社会服务。国际劳工组织提出了信贷增值服务（credit value-added services）的概念，指在提供金融服务之外，还可向客户提供技能培训、企业经营、营销培训、市场信息等相关服务。其目的在于提高客户的素质，不仅"授之以鱼"，更要"授之以渔"，从而间接地提高其还贷能力。福利主义的思想主要被一些社会发展机构和非政府组织所推崇。

制度主义小微信贷更强调机构的商业可持续性，尤其是财务可持续性，并在此基础上扩大业务覆盖率，为广大低收入群体提供信贷服务，一般不涉及培训、教育、医疗等服务。该流派以印度尼西亚 BRI-UD 和玻利维亚阳光银行为代表机构，目前其业务正被扶贫咨询组织①（Consultative Group to Assist the Poor，CGAP）及世界银行（World Bank）等作为"最佳实践"总结推广。

国际小微信贷发展的实践证明，福利主义小微信贷作为一种扶贫手段，其资金来源基本依靠的是国际机构援助或贷款，这种方式是很难发展的，因为慈善资金不可能源源不断，而且数量上也远无法满足社会经济发展的需求。而制度主义小微信贷通过自身盈利能实现可持续发展，数量规模不断扩大，因而成为国际小微信贷的主流发展方向。在制度主义思想指导下，小微信贷机构为了自身的可持续发展，越来越倾向于商业化运作，作为独立的信贷主体，它们追求能自身创造足够收入，以弥补资金成本和其他相关成本，产生商业利润，在扶贫普惠和追求商业利益之间寻求新的平衡点。

在中国，近年各大商业银行纷纷开展小微信贷业务，同时还涌现出大量商业性小额贷款公司，就是很好的例子。目前我国小微信贷业务的主力军就是各类商业银行。据中国银保监会统计，截至 2021 年年底，我国小微信贷余额近 50 万亿元，其中，普惠型小微信贷余额 19.1 万亿元，同比增长近 25%。这种兼顾普惠和商业性的业务模式使贷款机构持续而稳定地创造经济效益和社会效益。

2. 业务经营日趋合规合法化

小微信贷本身属于金融业务的一种，为保证小微信贷机构合规、可持续地运作发展，开展小微信贷的机构必须依法获得相关资质，而且该业务需在相关金融法律法规框架下进行，接受相关主管部门的监督管理。

例如，2007 年《村镇银行管理暂行规定》（银监发〔2007〕5 号），对村镇银行的设立、股东设置、公司治理、业务经营管理等问题进行规范。2008 年《关于小额贷款公司试点的指导意见》（银监发〔2008〕23 号），对小额贷款公司的设立、资金来源和资金运用等问题进行了规范。2020 年银保监会发布的《商业银行小微企业金融服务监管评价办法（试行）》，则对中资商业银行及农村商业银行、农村合作银行、农村信用社的小微金融业务提出了全面科学的监管评价标准体系、评价流程和评价结果运用管理办法。

3. 贷款利率兼顾普惠化和市场化

小微客户群体具有一定特殊性，一方面，他们在社会经济当中占有重要地位，我国广

---

① CGAP 由全世界 34 个领导机构合作组成，旨在刺激创新、推进普惠金融的发展以及改善低收入人群的生活。

泛流传的民营经济"五六七八九"说法，即其为中国贡献了 50% 以上的税收、60% 以上的国内生产总值、70% 以上的技术创新成果、80% 以上的城镇劳动力就业、90% 以上的企业数量，他们的发展急需信贷资金支持。但另一方面他们的经济实力总体较为薄弱，资产质量普遍较低，抗风险能力较差，在获取贷款融资过程中容易处于不利地位。

为解决小微客户贷款难的问题，中央以及各地地方政府均加大了财政和金融政策支持力度，通过调动商业银行、农信社、城信社、村镇银行和小贷公司等不同贷款主体的积极性，针对小微客户推出普惠型和商业型的小微信贷产品，在兼顾贷款机构风险控制、经营成本，尊重贷款机构市场化运营规律的前提下，尽力降低小微信贷利率，体现贷款利率的普惠性。

不同贷款机构的贷款资金成本和面向的客户群体风险等级存在差异，因此所提供的贷款利率也相应存在差异。表 1-2 为 2022 年各类信贷机构的小微信贷利率。

表 1-2　2022 年各类信贷机构的小微信贷利率

信贷机构类型	贷款利率范围
大型银行（主要包括国有五大行、股份制上市银行等）	4.1%～5.5%
地方性法人银行（主要包括地方股份制银行、城市银行、村镇银行等）	5.5%～7%
小额贷款公司	18%～24%

4.信贷产品多样化

20 世纪 70 年代，小微信贷刚刚出现时，小微信贷机构很少，产品也比较单一。在发展过程中，一些国家的商业银行和私人投资者等多方主体受政策引导与较好的金融回报率的吸引，进入小微信贷领域而形成了小微信贷市场的竞争性格局。这种竞争格局促使小微信贷机构不断进行产品创新以更好地赢得市场。

目前，小微信贷机构从贷款品种、贷款期限、利率水平、服务对象、担保方式、信用评估技术、资金用途等多方面均进行了各种创新，使信贷产品呈现多样性特征，为更多客户提供更加个性化的金融服务。

5.信贷技术现代化

在金融科技时代，随着大数据和信息化技术手段的推广应用，小微信贷的风险评估、风险管控、产品定价、业务办理等技术都出现了日新月异的变革。贷款机构纷纷采用先进的计算机互联网技术、大数据、云计算甚至人工智能技术，大大改善信贷业务运营条件，降低运行成本，提高运营效率，让网络信贷、数字信贷成为可能。

借助金融科技，信贷机构可以开展信贷产品精准营销，实现信贷业务秒级自动审批发放。信用风险评估与管控技术的显著改进，有利于小微信贷机构有效防范和管理风险，降低违约率。

拓展阅读 1-3　中国邮储银行的小微易贷（线上易贷）产品简介

一、产品简介

小微易贷（线上易贷）指面向符合中国邮储银行准入标准的小微企业，利用互联网、大数据技术并结合税务、发票、海关、物流、银行自身等内外部多维度数据，向其发放的

短期网络全自助流动资金贷款业务。目前，其包含税务、发票、政务、跨境企业、综合贡献、ETC（电子不停车收费系统）、电商、工程等多个场景的小类产品。

二、产品特色

"数据时代、行为做主"，全流程线上办理，自助支用，随借随还，方便快捷。

三、申请条件

1. 企业及企业主征信记录良好。

2. 有固定经营场所，合法经营。

3. 企业实际控制人或主要管理人员在企业主营业务行业或相近行业从业经历在3年以上。

4. 对应场景授权数据良好。

四、办理流程

小微金融App、邮储手机银行App中先预测，后申请。

行业视窗 1-1

最快 7 秒审批一笔贷款 新网银行在 IMF 总部分享金融科技

三、我国小微信贷的发展概况

我国真正意义上的小微信贷业务始于1993年，至今已30年。总体而言，我国小微信贷大致经历了五大发展阶段，如表1-3所示。

表 1-3　我国小微信贷发展的五大阶段[①]

时　　间	阶　　段
1993—1996 年	**外援资金的扶贫试点阶段** 1993年，中国社会科学院农村发展研究所首先将与国际规范接轨的孟加拉国 GB 模式的小微信贷引入中国，成立了"扶贫经济合作社"。联合国开发计划署以及一些国际组织也相继在我国开展了一些小微信贷项目
1997—2000 年	**政府主导的小微信贷农村扶贫阶段** 中国政府在继续借助国际援助资金的同时，利用小微信贷这一金融工具，以国家财政资金和扶贫贴息贷款为资金来源，以政府机构、农业发展银行以及农业银行为运作机构实施政策性小微信贷扶贫项目
2001—2005 年	**农村正规金融机构全面介入和各类项目制度化建设阶段** 农村信用社作为农村正规金融机构，在中国人民银行的推动下，借助中央银行再贷款的支持，逐步介入和快速扩展农户小微信贷试验
2006—2016 年	**多元化信贷机构相继涌现阶段** 2006年开始，国家出台了相关政策，点燃了金融机构开展小微信贷的热情 2006年，银监会发布《中国银行业监督管理委员会关于调整放宽农村地区银行业金融机构准入政策更好支持社会主义新农村建设的若干意见》（银监发〔2006〕90号）。同年，中央一号文件《中共中央 国务院关于推进社会主义新农村建设的若干意见》"鼓励在县域内设立多种所有制的社区金融机构，允许私有资本、外资等参股。大力培育由自然

---

① 中国人民银行小额信贷专题组. 小额贷款公司指导手册 [M]. 北京：中国金融出版社，2006.

时 间	阶 段
2006—2016 年	人、企业法人或社团法人发起的小额贷款组织"。2008 年 5 月 4 日，银监会、央行发布了《关于小额贷款公司试点的指导意见》（银监发〔2008〕23 号）。由此，中国小额贷款公司开始登上历史舞台 2009 年 6 月，银监会发布了《小额贷款公司改制设立村镇银行暂行规定》（银监发〔2009〕48 号），明确了小额贷款公司改制为村镇银行的准入条件、改制工作的程序和要求、监督管理要求等。同时大量外资银行和中国农村商业银行均开始在农村设立村镇银行 2011 年至 2014 年，中国农业银行、中国邮政储蓄银行、中国民生银行、农村商业银行等银行机构纷纷设立小微金融部，针对个体经营者和农户开展小微信贷业务 2015 年 7 月，为鼓励金融创新、促进互联网金融健康发展，中国人民银行等十部委联合印发了《人民银行 工业和信息化部 公安部 财政部 工商总局 法制办 银监会 证监会 保监会 国家互联网信息办公室关于促进互联网金融健康发展的指导意见》（银发〔2015〕221 号），鼓励网络小额贷款公司遵守相关监管规定，发挥网络贷款优势，努力降低客户融资成本。由此催生了大量的互联网小贷公司以及 P2P（点对点网络借款）贷款平台公司
2017 年至今	**国家开展行业整顿治理，强化合规合法经营阶段** 2017 年 11 月，互金整治办发布《关于立即暂停批设网络小额贷款公司的通知》，要求各级小额贷款公司监管部门一律不得新批设网络（互联网）小贷公司，禁止新增批小贷公司跨省（区、市）开展小额贷款业务 2017 年 12 月，互金整治办发布《关于规范整顿"现金贷"业务的通知》，暂停发放无特定场景依托、无指定用途的网络小额贷款，逐步压缩存量业务，限期完成整改。加强小额贷款公司资金来源审慎管理。禁止以任何方式非法集资或吸收公众存款 2017 年 12 月，P2P 网络借贷风险专项整治工作领导小组办公室印发《小额贷款公司网络小额贷款业务风险专项整治实施方案》，对网络小贷业务进行整顿，规范网络小额贷款经营行为，严厉打击和取缔非法经营网络小额贷款的机构。至 2020 年，我国全面取缔 P2P 网贷业务 2020 年 9 月，为规范小额贷款公司经营行为、防范化解相关风险、促进行业健康发展，银保监会办公厅印发了《中国银保监会办公厅关于加强小额贷款公司监督管理的通知》，从小额贷款公司资金管理、催收管理、信息披露、保管客户信息、积极配合监管等方面作出规范。鼓励加强政策扶持、银行合作支持、行业自律，促进行业可持续发展 2021 年 4 月，银保监会办公厅发布《中国银保监会办公厅关于 2021 年进一步推动小微企业金融服务高质量发展的通知》，要求银行业金融机构继续发挥好小微企业间接融资的主渠道作用，继续将单户授信总额 1 000 万元以下（含）的普惠型小微企业贷款作为投放重点，实现信贷供给总量稳步增长

通过梳理小微信贷的发展历程，我们可以发现，我国一直鼓励各类贷款机构在合法合规的前提下积极开展小微信贷，推动我国小微经济、农村经济的健康持续稳定发展。经过 30 年的发展，我们已经形成了以商业银行、政策性银行为主，非银贷款机构为辅的小微信贷供给体系，信贷规模呈现出蓬勃发展之势。

人民银行发布的统计数据显示，截至 2022 年第一季度末，全国普惠型小微信贷余额已达到 20.77 万亿元，支持小微企业与个体工商户超过 5 000 万户，有力支持了实体经济。2020 年一季度以来，全国普惠型小微信贷呈现出较高的增长态势，同比增速均超过 20%，继续保持量增、面扩、价降、结构优化的特点。普惠型小微信贷在解决小微主体"短、小、频、急"的资金需求、支持小微经济可持续发展、实现乡村振兴战略等方面发挥了积极作用。图1-3为2020年一季度至2022年一季度全国普惠型小微信贷增长情况。

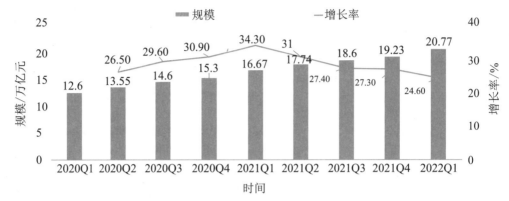

图1-3　2020年一季度至2022年一季度全国普惠型小微信贷增长情况

资料来源：中国人民银行^①。

素质园地 1-1

　　党的二十大报告提出："法治社会是构筑法治国家的基础。弘扬社会主义法治精神，传承中华优秀传统法律文化，引导全体人民做社会主义法治的忠实崇尚者、自觉遵守者、坚定捍卫者。建设覆盖城乡的现代公共法律服务体系，深入开展法治宣传教育，增强全民法治观念。"无数的经验教训告诉我们，金融机构和金融从业者在开展各项业务之时，一定要牢记法律道德底线。

　　中国的P2P网贷公司曾打着"普惠金融"的旗号，一路狂奔，野蛮生长，最高峰时这类公司达到5 000多家，多家公司的信贷规模达到千亿元，总交易额突破万亿元。随着大量金钱的涌入，被称为"民间借贷线上化"的P2P网贷，逐步脱离信息中介的定位，实质性地成为信用中介。"贷款超市""金融超市"层出不穷，在强监管的金融领域，P2P网贷犹如"脱缰的野马"，暗藏的风险也逐步爆发。

　　卷款跑路、非法集资、诈骗等违法犯罪行径交替上演，其中震惊全国的当属"E租宝"事件。然而，"E租宝"并不是P2P风险爆发的收尾，而恰恰是一个引爆点，随后越来越多的P2P平台因非法集资被公安立案调查，其中不乏在资本市场上市的企业。由于涉众面广的风险事件不断爆发，监管层痛定思痛，最终决定彻底清理该行业。

　　经过整顿清理，2020年年底，全国在运营的P2P网贷公司归零，一个行业也由此宣告覆灭。

　　P2P网贷在中国的由兴到衰，是一个发人深省的行业实践过程。

　　资料来源：P2P网贷覆灭的警钟应该敲醒更多人 [EB/OL].（2020-12-28）. https://baijiahao.baidu.com/s?id=1687290574544214210&wfr=spider&for=pc.

　　价值探索：尊法守法　职业道德

　　查阅我国P2P行业发展历程的相关资料和案例，并思考：

---

① 数据说明：此处的普惠型小微信贷是指银行向小微企业发放的一种用于生产经营活动、单户授信总额在1 000万元（含）以下的贷款。

（1）我国取缔 P2P 行业的原因有哪些？这个行业的覆灭给我们带来了哪些启示？

（2）小微信贷业务的发展应当遵循哪些原则？

知识自测 1-1

（1）什么是小微信贷？小微信贷有哪些一般特征？

（2）小微信贷的起源和业务宗旨是什么？

（3）目前小微信贷呈现怎样的发展趋势？

即测即练

任务二　认知我国小微信贷机构

任务要点

● 熟悉提供小微信贷服务的机构类别

● 理解不同小微信贷机构的资金来源

● 阐述小微信贷机构的经营环境

"微"课堂　　"微"讲义

学习情境

2022 年，中国人民银行发布了《中国普惠金融指标分析报告（2021 年）》（以下简称《报告》），《报告》通过随机抽样调查，共采集 31 个省（自治区、直辖市）15 岁以上人群调查样本 19 余万份，从使用情况、可得性、质量等多维度反映普惠金融发展情况。

《报告》显示，2021 年，我国普惠金融在延续较好发展势头的基础上，呈现一些新的特点。截至 2021 年年底，普惠小微贷款余额 19.23 万亿元，同比增长 27.3%，增速比上年末低 3 个百分点；普惠小微授信户数 4 456 万户，同比增长 38%；2021 年新发放的普惠小微企业贷款加权平均利率为 4.93%，比上年下降 0.22 个百分点，降幅大于企业贷款利率整体降幅。2022 年 6 月，世界银行发布的全球普惠金融调查（Global Findex）数据显示，中国多项普惠金融指标增长明显，较多普惠金融核心指标位居中高收入经济体前列。

小邓看到以上数据的时候感到欢欣鼓舞，同时他也很好奇这么大量的小微信贷，都是通过哪些信贷机构发放出去的呢？小微信贷机构都有哪些分类呢？

课前思考

（1）小微信贷机构的含义是什么？

（2）小微信贷机构有哪些类别？

（3）小微信贷机构目前的经营发展环境是怎样的？

一、我国小微信贷机构的类别

广义上的小微信贷机构 [①]（microcredit institutions）是指提供小微信贷业务的各类机构，既包含银行类机构，也包含非银行类机构；而狭义上的小微信贷机构则指为从事小微信贷业务而创立、以小微信贷为核心业务的机构。目前，我国主要的小微信贷机构如图 1-4 所示。

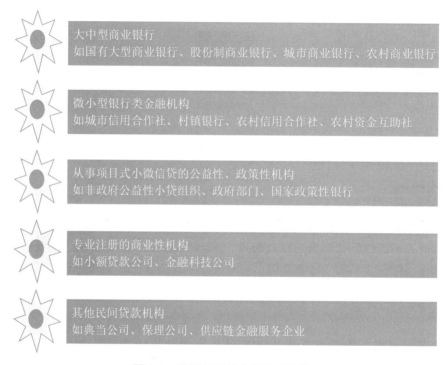

图 1-4　我国主要的小微信贷机构

第一层次，大中型商业银行，如国有大型商业银行、股份制商业银行、城市商业银行和农村商业银行等。由于小微经济对国家发展具有重要意义，因此无论是中央政府还是银保监会都大力推动商业银行开展小微信贷，并将该业务列为专项考核项目，而且大中型商业银行资金实力雄厚，自然当之无愧地成为中国小微信贷的主力军。

第二层次，微小型银行类金融机构，如城市信用合作社、村镇银行 [②]、农村信用合作社 [③]、农村资金互助社等。该类机构利用自身的地方网点优势，专门为地方城镇或乡村的小微客户提供便捷的小微信贷服务。

第三层次，从事项目式小微信贷的公益性、政策性机构，包括非政府公益性小贷组织（Non-Governmental Organizations，NGOs）或国家开发银行、农业开发银行等国家政策性

---

① 若非特殊说明，本书中的"小微信贷机构"一词即指广义的"小微信贷机构"。

② 村镇银行指为当地农户或企业提供服务的银行机构，主要为当地农民、农业和农村经济发展提供金融服务。

③ 农村信用合作社又称农村信用社、农信社，指经中国人民银行批准设立，由社员入股组成，实行民主管理，主要为社员提供金融服务的农村合作金融机构。其主要任务是筹集农村闲散资金，为农业、农民和农村经济发展提供金融服务。

银行。这类机构通过机构自发组织或政府主导，以募集公益资金或财政资金进行运作，一般以普惠扶贫的方式在经济欠发达地区开展若干小微信贷项目，以此支持地方小微经济、农业经济的发展，它们通常不以营利为目的，贷款条件较宽松，利率优惠。

第四层次，专业注册的商业性机构，包括以民营资本为主导、通过股份投资的方式成立的专业性小额贷款公司或各大金融科技公司。它们不能吸收存款，主要通过运作自有资金和一部分债务资金对小微客户进行放贷。由于它们属于商业机构，以营利为目的，而且资金成本较高，目标客户群体的信用风险也较高，因此所提供的贷款利率通常比前三个层次的机构高。

第五层次，其他民间贷款机构。涉及小微信贷业务的其他民间贷款机构还包括典当公司、保理公司和供应链金融服务企业等。

拓展阅读 1-4　金融科技公司发力小微信贷业务

从 2020 年银保监会发布《商业银行互联网贷款管理暂行办法》以来，监管要求银行业不得将贷款发放、风控审批与贷后管理等核心环节外包给第三方平台。与此同时，面对 2021 年政策的不断加码，小微信贷这片广阔的蓝海涌现日益增多的助贷玩家，包括 360 数科、乐信、国美金融等一批金融科技公司。

360 数科转型发展小微信贷的时间较早，2020 年财报披露借助"轻资本模式"，重点发展小微企业金融服务，产品主要包括电商贷、企业贷、发票贷 3 项。信也科技推出"拍有赚合伙人计划"，重点开展件均 10 万元的营业执照贷。从运作模式来看，拍拍贷 App 推广页面显示，用户自助注册即可成为拍有赚合伙人，并获得相应奖励。

乐信的小微信贷业务也属于典型助贷模式，它推出的企乐融产品，最高贷款额度可达 50 万元。朝向 To B 方向转型并且迎合监管部门的普惠小微金融发展导向，是乐信今后的核心布局，重点在于搭建小微企业的线上场景与流量平台。

国美金融 2021 年以供应链金融业务为核心，基于创新研发的美易融平台，持续深耕其帮扶中小微、助力实体经济的战略愿景。近年来，国美金融对外披露的合作创新项目较少，2021 年年初宣传"18 个月大计""家金融"等市场布局，在小微信贷领域扮演助贷角色，提供普惠金融、支付结算、财富管理等一站式综合金融服务。

资料来源：李薇. 小微爆发年：考核"首贷户"、重划中小企业认定标准，两项新政驱动新生态 [EB/OL].（2021-04-30）. https://baijiahao.baidu.com/s?id=1698441830891203685&wfr=spider&for=pc.

行业视窗 1-2
2020 中国普惠小微金融发展报告

活动拓展 1-2

查阅《中国普惠小微金融发展报告（2020）》，了解我国各类小微信贷机构对小微信贷业务的发展情况（图 1-5），并谈谈你的读后感。

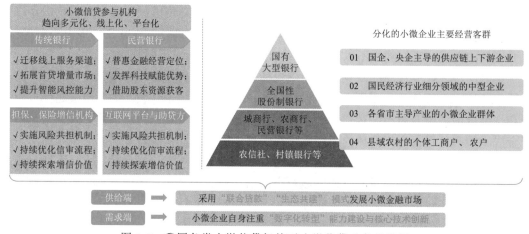

图 1-5　我国各类小微信贷机构对小微信贷业务的发展

二、我国小微信贷机构的资金来源

无论是对于哪种小微信贷机构，资金问题作为经营运作的基础条件都会直接影响它们能否顺利发展业务和扩张规模。因此，保证信贷资金供给充足，寻找有利于小微信贷机构高效持久运营的资金来源渠道，是小微信贷机构发展过程中需要解决的重要问题。

从资金性质来看，小微信贷机构的资金来源可分为两类：一是非商业性资金来源；二是商业性资金来源，具体如图 1-6 所示。

图 1-6　小微信贷机构的资金来源

（一）非商业性资金来源

1. 捐助

捐助资金主要是指各类非营利性组织（在我国多为境外捐助机构）及个人提供的无偿资金。在小微信贷的发展历史中，捐助一直是其资金来源的支柱之一，特别是在机构创设的初期，捐助资金的作用尤为明显，解决了业务开展的资本金问题，为小微信贷机构日后独立运营奠定了基础。

2. 政府或相关机构的软贷款

该类资金通常用于资助政府或相关机构重点支持的项目，软贷款[①]与商业银行硬贷

---

① 软贷款指贷款条件较为优惠的贷款，通常其利率比市场利率低，贷款期限比一般银行贷款期限长，且有宽限期。

款^① 相比，最大区别在于它的贷款条件更为宽松优惠：如利息率低于市场平均水平；还款期限更长；贷款到期后还可设置宽限期，在宽限期内，借款机构只需支付利息或服务费，而不需支付罚息。常见的软贷款资金来自世界银行、国际货币基金组织、国家开发银行等。

（二）商业性资金来源

小微信贷机构的商业性资金来源主要包括以下几个。

1. 商业股权资本

商业股权资本亦称自有资金或权益资本，是企业依法取得并长期拥有、自主调配运用的资本，与贷款资金和债券资金不同，不需要向投资者归还本金。股权资本的筹集方式主要有发行股票、吸收直接投资、留存收益和认股权证筹资等。中国的股权资本主要包括以下几种来源：资本金、公积金、盈余公积金和未分配利润等。

2. 硬贷款

硬贷款是指普通条件的贷款，一般为来自银行业金融机构的商业性贷款。此外，国家开发银行实行的硬贷款，是国家开发银行在项目总体资金配置的基础上将借入资金直接贷给项目、到期收回本息的贷款，包括基本建设贷款和技术改造贷款。

3. 存款

存款资金指存款人在保留所有权的条件下暂时存储于银行等金融机构，将使用权暂时转让给金融机构的资金。存款是银行业金融机构最重要的信贷资金来源。我国的小额贷款公司尚不被允许吸收存款资金，资金来源受到较大限制，但满足条件的小额贷款公司可以转制为村镇银行，从而获得吸收存款的权利。

4. 债券

债券资金是指将对外发行债券作为信贷资金的来源而获得的资金。债券是一种金融契约，是债务方借债筹措资金时，向债权方发行，同时承诺按一定利率支付利息并按约定条件偿还本金的债权债务凭证。债券按发行主体，可分为政府债、公司债、金融债三种。小微信贷机构可以通过发行公司债、金融债的方式向资本市场融集资金。

5. 资产证券化

资产证券化是以特定资产组合或特定现金流为支持，发行可交易证券的一种融资形式。这对于小微信贷机构而言是一种融资渠道创新，即允许小微信贷机构将优质的小微信贷组合作为基础标的物，在承诺向市场提供现金流回报的前提下，向市场发行可流通交易的证券。其发行对象可以是银行、证券公司等金融机构，也可以是普通社会大众。根据中国的《信贷资产证券化试点管理办法》以及《中国银监会办公厅关于进一步加强信贷资产证券化业务管理工作的通知》等规范文件，中国的银行业金融机构和小额贷款公司只要经营运行良好，通过主管部门申报审批，均可发行信贷资产证券化产品，拓宽资金渠道，降低资金成本。

拓展阅读 1-5 鑫鑫农贷成功发行 ABS

2022 年 6 月 9 日，苏州市姑苏区鑫鑫农村小额贷款股份有限公司（以下简称"鑫鑫农贷"）成功发行第二期资产支持证券（asset-backed securities，ABS）即"东吴—鑫鑫农

---

① 硬贷款是指普通条件的贷款，一般为商业性贷款。

贷 1-3 期资产支持专项计划"储架批文项下首期产品，本次产品优先级发行规模 1.9 亿元，信用评级 AAA，发行的票面利率为 2.85%，创全国小额贷款资产支持证券加权平均利率最低！

本次发行得到了各大投资者的踊跃认购，投标倍率达 3.03 倍，充分展现了投资机构对公司底层资产质量、国发增信担保实力的认可，也是鑫鑫农贷继第一期 ABS 发行后在直融市场上的再次亮相，这标志着鑫鑫农贷在资本市场领域探索融资模式取得了重大成效。

下一步，公司将进一步拓宽融资渠道，盘活国有企业存量资产，提高综合金融服务能力，践行鑫鑫农贷为"三农"客户及中小微企业纾困解难共发展的使命和担当，以实际行动迎接党的二十大胜利召开！

鑫鑫农贷由苏州市七家国资公司共同组建而成。鑫鑫农贷自成立以来，始终秉持"立足三农、繁荣经济、城乡兼顾、小额优先"的经营理念，向广大农户、村级经济组织和中小微企业累计 3 500 多户发放各类贷款逾 130 亿元，致力于打造综合金融服务体系。

资料来源：鑫鑫农贷 .1.9 亿元 | 鑫鑫农贷成功发行 ABS[EB/OL].(2022-06-10). https://mp.weixin. qq.com/s/Eg0x7ejpdgFEt4Nvjexnmg.

活动拓展 1-3

（1）选定一家小微信贷机构，以报告的形式介绍它，内容可以包含组织使命、服务对象、产品种类等相关情况。

（2）搜索了解我国的小微信贷机构的融资渠道情况，填入表 1-4。

表 1-4　小微信贷机构融资渠道选择表

小微信贷机构类型	非商业性资金来源	商业性资金来源
NGO		
小额贷款公司		
农村信用合作社		
城市商业银行		
大型商业银行		

三、我国小额贷款公司的行业环境

作为小微信贷业务的一大主力，小额贷款公司以小微信贷为自身的核心业务，这一特点将其区别于其他业务面更广的银行类金融机构，同时小额贷款公司是按市场化原则经营的商业性组织，这也让其有别于福利性质的 NGO 小贷机构，运作模式更具代表性。因此本书选取这一信贷机构进行重点介绍。小额贷款公司是由自然人、企业法人与其他社会组织投资设立，不吸收公众存款，经营小额贷款业务的有限责任公司或股份有限公司。它是企业法人，有独立的法人财产，享有法人财产权，以全部财产对其债务承担民事责任。小额贷款公司股东依法享有资产收益、参与重大决策和选择管理者等权利，以其认缴的出资额或认购的股份为限对公司承担责任。

（一）我国小额贷款公司新时期的发展历程

小额贷款自从 1993 年引入我国以来，由于切合了市场经济的需求，发展迅速，进入 2000 年后，我国开始探索小额贷款的商业化运作模式，小额贷款公司应运而生。《中共中央 国务院关于进一步加强农村工作提高农业综合生产能力若干政策的意见》（中发〔2005〕1 号），即中央惠农政策的第七个"一号文件"中明确提出，要让"有条件的地方，可以探索建立更加贴近农民和农村需要、由自然人或企业发起的小额信贷组织"。同年 10 月，人民银行开始在山西、四川、贵州、内蒙古、陕西五省（区）各选择一个县开启小额贷款公司试点。

2005 年 12 月，全国首家小额贷款公司——山西省平遥县日升隆小额贷款有限公司率先揭牌成立，公司以服务"三农"为宗旨，采用抵押、质押、信用和担保等多种形式，实现利率市场化，首先在当地四个基础较好的乡镇开展小额贷款业务。至此，我国小额贷款公司新时期发展的序幕正式拉开。

2008 年 5 月，银监会同中国人民银行发布《关于小额贷款公司试点的指导意见》（银监发〔2008〕23 号），该意见对小额贷款公司的性质、设立条件、资金来源、资金运用等作出明确规定，希望通过鼓励民间资金投资设立小额贷款公司的方式，引导资金流向农村和欠发达地区，改善农村地区金融服务，促进农业、农民和农村经济发展，支持社会主义新农村建设。该指导意见的发布，点燃了民间资金的投资热情，截至 2008 年年底，小额贷款公司机构数量达到 497 家。

2009 年至 2015 年 6 年期间，小额贷款公司的机构数量和从业人员数量均呈现迅速增长趋势。至 2015 年末，全国的小额贷款公司机构数量和从业人员数量达到峰值：机构 8 910 家，人员 117 344 人，贷款余额 9 412 亿元。

但从 2016 年至 2022 年，由于小额贷款公司经营模式的局限性开始显现、行业竞争加剧和行业监管政策调整等，行业经历了持续的洗牌整顿。在这期间，小额贷款公司的机构数量与从业人员数量均持续收缩，贷款余额停滞不前。中国人民银行发布的《2022 年二季度小额贷款公司统计数据报告》显示，截至 2022 年 6 月底，全国共有小额贷款公司 6 150 家，从业人员 59 733 人，贷款余额 9 258 亿元。与该行业 2015 年的峰值数据相比，小额贷款公司数量减少 31%，从业人员减少 49%，贷款余额减少 1.6%。从行业发展的区域分布来看，中西部省份总体发展较弱，东部沿海省份普遍发展较好，重庆市是我国小额贷款公司实收资本和贷款余额最多的城市。2022 年上半年小额贷款公司分地区情况统计表如表 1-5 所示。

表 1-5　2022 年上半年小额贷款公司分地区情况统计表[①]

地 区 名 称	机构数量 / 家	从业人员数 / 人	实收资本 / 亿元	贷款余额 / 亿元
全国（不含港澳台）	6 150	59 733	7 692.63	9 258.45
北京市	112	872	139.27	129.51
天津市	75	1 276	94.30	106.33
河北省	393	3 554	235.15	230.81
山西省	207	1 746	139.97	121.36

---

① 资料来源：中国人民银行 . 2022 年二季度小额贷款公司统计数据报告 [R].2022.

地区名称	机构数量/家	从业人员数/人	实收资本/亿元	贷款余额/亿元
内蒙古自治区	160	1 304	136.26	133.09
辽宁省	366	2 688	270.42	250.84
吉林省	167	1 302	79.42	61.26
黑龙江省	193	1 239	171.74	158.06
上海市	116	1 090	200.20	199.63
江苏省	584	4 690	700.39	771.38
浙江省	281	2 604	476.71	520.52
安徽省	280	2 720	298.31	361.93
福建省	115	1 081	255.57	268.56
江西省	128	1 281	158.56	179.28
山东省	259	2 509	376.04	425.18
河南省	211	2 163	193.63	208.19
湖北省	241	2 106	272.50	265.80
湖南省	73	628	54.19	58.59
广东省	416	6 047	913.22	885.82
广西壮族自治区	288	2 621	248.93	183.26
海南省	55	472	73.59	87.64
重庆市	245	3 879	1 166.62	2 581.45
四川省	199	3 693	403.24	465.15
贵州省	90	709	31.86	32.49
云南省	146	1 158	74.98	72.50
西藏自治区	19	112	19.91	12.92
陕西省	249	2 101	228.15	230.05
甘肃省	246	1 965	135.42	118.75
青海省	55	445	32.33	33.96
宁夏回族自治区	60	856	27.18	23.99
新疆维吾尔自治区	121	822	84.58	80.16

注：由于批准设立与正式营业并具备报数条件之间存在时滞，统计口径小额贷款公司数量与各地公布的小额贷款公司批准设立数量有差别。

活动拓展 1-4

查阅资料，分析我国小额贷款公司行业发展背后的原因，并谈谈你对该行业未来发展前景的看法。

（二）小额贷款公司的行业自律

1. 中国小额贷款公司协会

2015 年 1 月 30 日，中国小额贷款公司协会在北京成立。它是经中国银监会和中国人民银行同意、民政部审批后成立的，由小贷机构和地方行业自律组织自愿结成的全国性行业自律组织。

中国小额贷款公司协会的工作主要如下。

（1）打通小微金融服务"最后一公里"，引领行业服务实体经济。

（2）深入了解、及时反映行业诉求，切实维护行业权益；发挥内引外联作用，做好行业引领，促进形成公平、有序的市场环境。

（3）推动探索小微贷款技术，创新产品类别，找准目标客户，降低小微融资成本，提升贷款投放质效，促进行业创新发展。

（4）推动小贷公司依法完善公司治理；坚持审慎经营和稳健发展，强化风险管控，培育行业合规文化。

（5）促进小额贷款公司建立健全业务统计与披露制度，开展正面宣传，强化舆情应对，提升行业价值和社会形象。

（6）结合国家战略调整、产业结构升级和行业形势变化等因素，探索建立信息交流、资源整合以及行业自救等基础服务平台。

（7）立足于中央和地方双层监管治理架构，建立涵盖全国行业自律组织、地方行业自律组织、地方监管机构的多维、互通、互动的行业监管自律协调机制。

2. 地方小微信贷协会

我国许多城市或区域形成了地方性的小微信贷协会，大多数地方小微信贷协会都是由地方小微信贷公司及相关企业组织形成，力图增强行业自律、整合相关资源、提升行业形象等。以下列举浙江省小额贷款公司协会和广东省小额贷款公司协会的概况。

1）浙江省小额贷款公司协会

浙江省小额贷款公司协会是由本省小额贷款公司自愿发起，经省金融办、省民政厅批准设立的联合性的非营利性的社会团体，发起单位有海宁宏达等76家小额贷款公司，于2009年12月15日正式成立。协会的主要任务如下。

（1）协助政府贯彻相关法律、法规和政策。

（2）为小额贷款公司建立信息平台，收集和发布小额贷款公司所需的各种信息。

（3）协调解决小额贷款公司试点过程中的有关问题。

（4）维护小额贷款公司的合法权益。

（5）开展与外省市小额贷款公司协会和经济组织的联系，加强跨地域交流与合作。

（6）组织各类业务培训，开展理论研讨和高层论坛，不断提高小额贷款公司从业人员的综合素质。

（7）研究和探讨小额贷款公司的发展方向、目标、体制、政策、管理等理论和实际问题，调查了解并及时反映小额贷款公司的建议和要求，为政府决策提供建议和依据。

（8）组织交流本行业先进经验，开展评选、表彰、宣传优秀小额贷款公司与优秀企业家活动，促进小额贷款公司品牌建设与自主创新工作。

（9）引导小额贷款公司守法诚信，遵守国家法律法规，提升职业道德，加强自律管理，积极承担社会责任。

（10）编辑、出版、发行会刊和年鉴等出版物。

（11）承办相关政府部门委托的各项工作。

2）广东省小额贷款公司协会

广东省小额贷款公司协会是由广东省行政区域内的小额贷款公司及小额贷款行业相关经济组织自愿组成，经广东省民政厅批准并登记注册的非营利性社会团体法人。是维护会员合法权益、协助业务监管部门监管的行业自律组织。其主要工作如下。

（1）协助政府贯彻落实国家出台的有关小额贷款公司及小额贷款行业发展的法律、法规和政策。协调解决小额贷款公司试点期间及发展中遇到的问题。

（2）通过制定行业自律公约、行业经营规范及从业人员道德行为准则等，加强自律管理，维护公平竞争的市场环境，促进行业的规范发展。

（3）协调行业联合行动，提供法律援助或代表行业参与法律诉讼，维护行业合法权益。

（4）通过开设网站、编辑会刊、发布新闻和利用公众媒体等，宣传会员业务和行业发展成果，维护行业声誉，提升行业社会形象。

（5）组织或参与对内对外的学习交流和参观考察活动，促进行业创新发展；组织或参与学术论坛、行业调研和政策研讨等活动，推动本行业理论研究，为政府提供决策建议和依据，优化行业发展的外部环境。

（6）建立信息平台，收集和发布会员及行业所需的各种信息，建立行业数据收集统计制度，为行业研究和政府监管提供数据资料，协调对接人民银行征信查询系统，建立"客户诚信档案查询平台"。

（7）组织从业人员业务培训，在省金融办的委托下开展从业人员资格认证，制定业务规范，提高从业人员整体素质和行业经营管理水平。

（8）经有关部门审核备案，开展评选优秀会员和优秀经营管理人员等活动，树立行业标杆，促进行业品牌建设。

（9）建立交流平台和沟通机制，促进会员间的友谊和沟通合作。

（10）其他有利于促进行业健康发展的业务活动。

（11）承办省金融办等相关政府部门委托的各项工作。

活动拓展 1-5

（1）查找你所在地区或城市的小微信贷行业协会，了解它们的成员单位，以及该协会的主要职责和工作。

（2）查找这些协会的活动公告，你也可以选择参加其中一些培训或宣传活动，并总结你的感想和所得。

（三）小额贷款公司的监管

1. 小额贷款公司的监管体系

小额贷款公司由地方政府审批设立并由地方政府监管，其主管部门主要有地方金融办、公安局、市场监督管理部门、金融监督管理部门及人民银行。

《关于小额贷款公司试点的指导意见》（银监发〔2008〕23号），对小额贷款公司的性质以及其监督管理予以明确。该指导意见强调为民监管，并指出凡是省级政府能明确一个主管部门（金融办或相关机构）负责对小额贷款公司的监督管理，并愿意承担小额贷款公司风险处置责任的，方可在本省（区、市）的县域范围内开展组建小额贷款公司试点。目前，各地区关于小额贷款公司的监管并不相同，仅以广东省为例。

广东省政府授权省金融办作为全省小额贷款公司试点工作的主管部门，负责全省小额贷款公司监督管理工作，具体负责牵头组织实施试点工作，制定和完善试点工作的相关政策，对小额贷款公司的设立、变更等重大事项进行审批等工作。广东省各市（地）、县（市、区）指定的一个主管部门（金融办或相关机构）负责对小额贷款公司的日常监督管理。

广东省市、县级主管部门负责依法对小额贷款公司实施持续、动态的日常监管。市、县级主管部门要建立多方联动的协同监管机制，组织市场监督管理、公安、人民银行、金融监督管理局等部门加强对小额贷款公司的监督检查，重点防范和处置吸收公众存款、非法集资、高利贷等违法违规行为。各级政府对小额贷款公司的监管如图1-7所示。

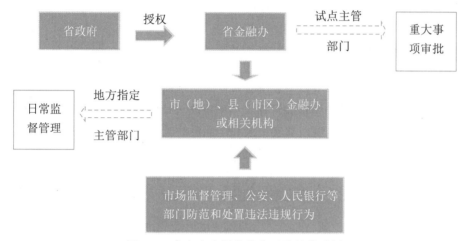

图 1-7　广东省小额贷款公司监管体系图

活动拓展 1-6

查阅资料，择取一类小微信贷机构，了解并阐述其在我国全国及地方的监管体系。

2. 小额贷款公司的监管政策

对小额贷款公司进行监管的依据主要为《中华人民共和国公司法》（以下简称《公司法》）、银监会和中国人民银行发布的《关于小额贷款公司试点的指导意见》（银监发〔2008〕23 号）以及各地金融办出台的试行管理办法。以下为《关于小额贷款公司试点的指导意见》中的部分规定。

1）小额贷款公司的设立

小额贷款公司的股东需符合法定人数规定。有限责任公司应由 50 个以下股东出资设立；股份有限公司应有 2 ～ 200 名发起人，其中须有半数以上的发起人在中国境内有住所。有限责任公司的注册资本不得低于 500 万元，股份有限公司的注册资本不得低于 1 000 万元。单一自然人、企业法人、其他社会组织及其关联方持有的股份，不得超过小额贷款公司注册资本总额的 10%。

2）小额贷款公司的资金来源

小额贷款公司的主要资金来源为股东缴纳的资本金、捐赠资金，以及来自不超过两个银行业金融机构的融入资金。在法律、法规规定的范围内，小额贷款公司从银行业金融机

构获得融入资金的余额,不得超过资本净额的 50%。

3)小额贷款公司的资金运用

小额贷款公司在坚持为农民、农业和农村经济发展服务的原则下自主选择贷款对象。小额贷款公司发放贷款,应坚持"小额、分散"的原则,鼓励小额贷款公司面向农户和微型企业提供信贷服务,着力扩大客户数量和服务覆盖面。同一借款人的贷款余额不得超过小额贷款公司资本净额的 5%。

小额贷款公司按照市场化原则进行经营,贷款利率上限放开,但不得超过司法部门规定的上限,即银行同期贷款利率的 4 倍;下限为中国人民银行公布的贷款基准利率的 0.9 倍,具体浮动幅度按照市场原则自主确定。

4)小额贷款公司的监督管理

小额贷款公司应按照《公司法》要求建立健全公司治理结构,明确股东、董事、监事和经理之间的权责关系,制定稳健有效的议事规则、决策程序和内审制度,提高公司治理的有效性。小额贷款公司应建立健全贷款管理制度,明确贷前调查、贷时审查和贷后检查业务流程与操作规范,切实加强贷款管理。小额贷款公司应加强内部控制,按照国家有关规定建立健全企业财务会计制度,真实记录和全面反映其业务活动和财务活动。

小额贷款公司应接受社会监督,不得进行任何形式的非法集资。

中国人民银行对小额贷款公司的利率、资金流向进行跟踪监测,并将小额贷款公司纳入信贷征信系统。小额贷款公司应定期向信贷征信系统提供借款人、贷款金额、贷款担保和贷款偿还等业务信息。

行业视窗 1-3
中国银保监会办公厅关于加强小额贷款公司监督管理的通知

活动拓展 1-7

(1)查阅学习《中国银保监会办公厅关于加强小额贷款公司监督管理的通知》(银保监办发〔2020〕86 号)和你所在省份的相关地方性政策法规。

(2)思考:现在国家和地方监管部门对小额贷款公司的监管重点有哪些?

素质园地 1-2

党的二十大报告提出:"深化金融体制改革,建设现代中央银行制度,加强和完善现代金融监管,强化金融稳定保障体系,依法将各类金融活动全部纳入监管,守住不发生系统性风险底线。"由此可见,金融业务合规经营和金融系统风险防控的重要性。

2018 年 12 月,蚂蚁花呗 ABS、蚂蚁借呗 ABS 相继获准发行。而仅在一个月之前,现金贷整顿和网络小贷专项整治政策相继出台,蚂蚁金服 ABS 发行计划曾被曝一度搁浅。此前甚至有报道称借呗要被关停,蚂蚁金服方面对此予以否认。蚂蚁金服方面向时间财经表示"按照相关监管办法,蚂蚁两家小贷公司的现有杠杆率超过地方金融办的要求,蚂蚁小贷制定了相应的新规落实方案，将通过增资、业务合作等多种手段，逐步降低杠杆率，确保在监管指导下完全达到要求"，首次明确承认旗下两家小贷公司现有杠杆率突破监管要求。

据悉，为了落实新规要求，蚂蚁金服此前曾对旗下小贷公司"紧急"增资以降低杠杆率。2017年12月18日，蚂蚁金服宣布，对旗下重庆市蚂蚁小微小额贷款有限公司和重庆市蚂蚁商诚小额贷款有限公司两家小贷公司增资82亿元，将其注册资本从现有的38亿元，大幅提升至120亿元。

资料来源：蚂蚁金服承认旗下小贷公司突破杠杆要求 将继续降杠杆 [EB/OL].（2018-01-27）. https://tech.huanqiu.com/article/9CaKrnK6vln.

价值探索：合法合规　风险防控

查阅蚂蚁小贷公司资金杠杆率的相关资料和案例，并思考：

（1）2018年蚂蚁小贷公司的经营备受争议的原因是什么？

（2）在经营小贷业务时，我们应牢记并坚守哪些原则底线？

知识自测 1-2

（1）我国小微信贷机构的类别有哪些？

（2）小微信贷机构的资金来源有哪些？

（3）什么是小额贷款公司？它与商业银行有什么区别？

（4）以你所在省份为例，描述小额贷款公司的监管环境和监管体系。

即测即练

任务三　认知小微信贷的岗位设置与人才需求

任务要点

- 熟悉不同小微信贷机构的相关岗位设置
- 熟悉小微信贷岗位的工作职责
- 阐述小微信贷的岗位素质要求
- 形成自己的小微信贷职业发展规划

"微"课堂　　"微"讲义

学习情境

小邓在初步学习小微信贷的相关知识之后，很好奇这个方向的工作机会有哪些，于是他主动上网搜索相关信息。他看到不少招聘信息，其中有一则小额贷款公司的应届生招聘信息，上面写着：

招聘职位：小微信贷客户经理

任职要求

（1）大专以上学历，应届毕业生，性格外向，喜欢从事销售或金融行业。

（2）较强的学习能力、沟通及表达能力。

（3）吃苦耐劳、有责任心、做事有冲劲。

（4）有强烈的自我发展的欲望，想长期致力于金融行业发展。

（5）有良好的职业道德操守，无不良信用记录或违法违纪记录。

岗位职责

（1）根据公司的要求进行客户的开发及维护。

（2）收集、整理公司客户资料，并进行调查。

（3）进行客户管理。

（4）为客户提供融资咨询。

（5）协助客户获得信贷资金。

（6）协助公司进行贷后跟踪管理。

薪资待遇

转正底薪 3 450 元 + 提成，六险一金、双休、朝九晚五点半、年终奖、旅游机会、过节福利等。

　　小邓对此产生了很大兴趣，他很想知道小微信贷这个方向具体有哪些工作岗位，这些岗位的素质能力需求是什么，未来会有怎样的发展机会……

课前思考

　　（1）小微信贷业务的相关岗位有哪些？

　　（2）这些岗位的工作职责是什么？

　　（3）这些岗位对从业者的素质能力有哪些要求？

　　（4）小微信贷方向的职业发展路径是怎样的？

一、商业银行小微金融部门的组织架构与岗位设置

　　近年来，银行业金融机构通常在其原有组织架构基础之上增设小微金融事业部，围绕小微企业、"三农"等专业领域，拓展以信贷为主的综合金融服务。这些部门的基础架构通常是类似的，在此仅以某商业银行的小微金融事业部为例，如图1-8所示。

　　银行的小微金融事业部下设小微金融业务部和小微信贷风控部：小微金融业务部主要包括产品营销策划与实施，以及客户关系维护管理等职能，由营销策划专员、产品经理、小微团队长和小微客户经理担任其主要工作；小微信贷风控部则包括贷款的审查、审批、客户信用评级管理、资产管理四大职能，由信贷审查专员、专职审批人、评级管理员、资产管理员和法务专员等担任主要工作。其中，小微信贷客户经理、信贷审查专员属于这两个部门的基层岗位，他们的岗位职责如下。

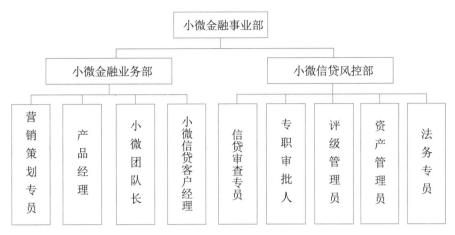

图1-8 银行的中小企业事业部的组织架构及人员配置

1. 小微信贷客户经理岗位职责

（1）执行本部贷款业务经营目标，开展小微信贷产品营销。

（2）拓展新客户，并做好老客户关系维护。

（3）负责客户业务咨询，为客户提供全程专业服务。

（4）受理贷款申请，认真筛选贷款项目。

（5）负责贷款的调查、初审、发放和收回。

（6）进行抵押的办理、担保的核实工作。

（7）负责做好贷款台账、贷款档案的建立与管理，负责贷款贷后跟踪管理等工作。

2. 信贷审查专员岗位职责

（1）负责审核客户相关资料，对客户信息进行交叉检验，检查客户资料的真实性、完整性、合法合规性。

（2）审查客户征信报告，审核客户的贷款资质。

（3）对客户相关的抵押和担保条件进行复核。

（4）审查贷款业务核心条款的合法合规性。

（5）签发审查意见。

活动拓展 1-8

（1）查阅商业银行小微金融事业部的岗位招聘信息，了解其他岗位的岗位职责。

（2）思考：商业银行小微金融事业部的常见岗位素质要求有哪些？

二、传统小额贷款公司的组织架构与岗位设置

相比银行类金融机构，传统小额贷款公司通常规模更小，组织分工更简单。它们的组织架构并非一成不变，每家公司可根据自身需要和人员情况设置相应部门及岗位，一般有董事会、监事会、总经理、副总经理、市场业务部、风险控制部、财务管理部、人力行政部等责任主体和部门。有限责任公司，董事会之上设立股东会；股份有限公司，则设股东大会，如图1-9所示。

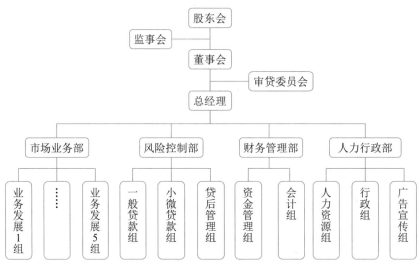

图1-9　某小额贷款公司组织结构示意图

市场业务部门是小额贷款公司至关重要的部门。市场业务部的主要职责是贷款项目的营销、贷前调查，贷款的发放和收回，以及客户关系的建立、维护，收集市场信息，向公司提出产品优化方向等。市场业务部的岗位设置包括部门经理岗、信贷客户经理岗、渠道经理岗、产品经理岗等。其具体职责如表1-6所示。

表1-6　市场业务部门的职责

序　号	工作职责
1	制订公司贷款业务的营销方案，宣传推广公司的贷款业务
2	贷款业务的受理、贷款项目初审及尽职调查、贷款合同的签订、贷款担保措施的落实、贷款利率的确定、贷后管理、贷款利息和本金回收等全过程的工作
3	贷款业务的统计工作，按月报送贷款业务报表及分析报告
4	及时了解掌握经济发展状况，以促进公司贷款业务的发展
5	及时了解国家对相关行业的政策变化，定期或不定期作出有关行业的分析报告供决策层参考
6	新客户的开发和已有客户关系的维护

风险控制部的主要职责是围绕以信贷风险为主的一系列风险管理工作。部门的岗位设置包括部门经理岗、风险监控与质量分析岗、审查岗、审批岗、贷后检查岗。其具体工作职责如表1-7所示。

表1-7　风险控制部的工作职责

序　号	工作职责
1	制定公司风险管理规章制度办法，并确保该规章制度的落实，制订风险管控及风险处理方案，最大限度保护公司利益
2	负责对贷款业务部门送审的贷款业务资料和风险分类认定资料进行审查
3	监督贷款项目审批条件的落实，对金额较大或风险较多的贷款项目，在贷款业务部门的配合下进行现场监管检查

序　号	工作职责
4	负责公司贷款评审委员会办公室日常工作，提请召开贷审会委员会议，核实参会委员资格，确认出席会议的委员是否达到规定人数，组织当场投票和计票工作
5	负责对公司贷款合同、协议文本进行法律审查
6	按业务操作规程督促贷款业务部门进行贷后跟踪检查和定期检查
7	在贷款业务部门的配合下，负责对不良贷款进行资产保全和诉讼工作

活动拓展 1-9

（1）收集信息，描述小额贷款公司股东（大）会、董事会、监事会、人力行政部、财务管理部等其他部门的人员构成和相关职责。

（2）收集资料，描绘其他类型小微信贷机构的组织架构图，并加以解释。

三、数字小额贷款公司的组织架构与岗位设置

数字小额贷款公司与传统小额贷款公司在公司的组织架构方面，顶层架构是一致的，职能部门设置方面除了有市场业务部、数据风控部、财务管理部和人力行政部之外，通常会增设运营管理部和信息技术部。如图 1-10 所示。此外，数字小额贷款公司的风控部门除了担负传统风控职能之外，还需要对公司处理的信贷业务数据和客户大数据进行入口合规管控与大数据建模征信评估等。

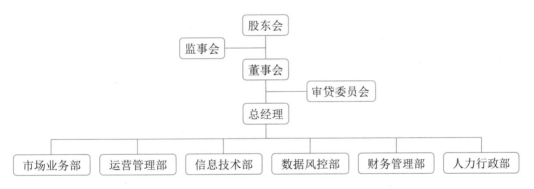

图 1-10　数字小额贷款公司组织结构示意图

运营管理部主要负责监督公司各部门的业务落实情况和反馈公司运营状况。部门的岗位设置包括部门经理岗、营运专员岗等。其具体工作职责如表 1-8 所示。

表 1-8　运营管理部的工作职责

序　号	工作职责
1	建立运营分析模型，优化运营状况，保障盈利水平、管理水平
2	收集客户的产品使用数据，建立分析模型，形成报告，反映给决策层与各部门
3	建立业务数据分析体系，帮助各个业务部门确定各项业务数据指标
4	管理公司的日常业务，及时反映有效数据，配合有关制度和管理章程的执行

续表

序　号	工作职责
5	根据各部门反馈的数据，分析公司整体运营状况
6	监督和分析公司经营管理的异常状况，及时制定对应措施，反映给决策层与相关部门

信息技术部主要负责维护公司前端 App 和网站系统、中后端业务信息系统和风控系统的正常运作，并根据公司需要进行系统更新迭代。部门通常设置技术总监和不同技术组别的技术专员岗。其具体工作职责如表 1-9 所示。

表 1-9　信息技术部的工作职责

序　号	工作职责
1	确保公司各类信息网络系统的正常、安全运行
2	设计并维护公司前端信贷 App 和公司网站系统，根据公司业务需求进行系统迭代升级
3	维护公司中端信贷业务信息系统的正常运行
4	维护公司后端风控系统的正常运行
5	维护管理公司信息系统的软硬件设备
6	维护公司网络安全和数据安全

数据风控部负责公司业务和数据的合规监管以及风险监控。部门的岗位设置包括部门经理岗、合规专员岗、审查专员岗、审批专员岗、数据建模分析师岗。其具体工作职责如表 1-10 所示。

表 1-10　数据风控部的工作职责

序　号	工作职责
1	收集客户征信大数据和相关金融大数据
2	负责客户数据来源的合规合法审查，做好客户数据安全保护
3	负责公司产品合规性监督检查
4	建立并不断优化 AI 金融大数据风控模型，确保其运行正常，并不断提高效率
5	做好贷后逾期客户的跟踪处理
6	负责不良资产处置相关法务事务的跟踪处理

四、小微信贷业务基层核心岗位的职责与人员素质要求

传统小微信贷业务有两个核心的基层岗位，即小微信贷客户经理和小微信贷审查专员。其岗位职责和人员素质要求如表 1-11 所示。

表 1-11　小微信贷客户经理和小微信贷审查专员岗位职责和人员素质要求

岗 位 名 称	岗 位 职 责	人 员 素 质 要 求
小微信贷客户经理	（1）挖掘潜在客户需求，积极向客户介绍信贷产品，开拓信贷业务 （2）做好贷前尽职调查研究和可行性分析，保证贷前尽职调查资料的真实性和完整性；掌握贷款企业或个人的生产经营情况，严防不良业务、资产的产生 （3）负责贷款风险分类的基础工作以及相关信贷报表的统计分析和上报 （4）做好贷后检查和管理，定期深入了解掌握借款客户对贷款的使用情况、生产经营情况和担保保证情况，发现问题及时向部门领导及有关部门汇报 （5）建立完善贷款档案，将文件、报表、资料、借款合同及附件资料收集齐全、分类，并按时、准确地建立贷款档案	（1）熟悉信贷业务操作全流程，对信贷管理与风险防范具有较为深入的理解，熟悉小额贷款公司业务产品和本地市场情况 （2）熟知并能严格遵循国家金融政策、法规，包括《中华人民共和国商业银行法》《贷款通则》《中华人民共和国民法典》（以下简称《民法典》）等 （3）具备较强的信贷分析能力和风险识别能力 （4）社会活动能力强，具备优秀的公关组织能力和出色的营销策划能力与创新能力 （5）具有敏锐的市场洞察力和较强的市场开拓能力与较强的沟通协调能力
小微信贷审查专员	（1）负责贯彻落实公司的风险管理有关决策、计划、制度规定、工作措施等 （2）负责放款审查工作，审核放款业务送审材料的有效性、合规性、合法性，包括客户基础材料、贷款合同、担保合同的核查、验印及其他前提条件的落实情况，统一意见反馈给客户经理，督促其落实补齐，及时催收待补事项资料等 （3）负责所审查项目的贷后管理有关工作，配合客户经理进行贷后检查工作，审查贷后检查报告、访客报告、预警报告，提出风险分类调整建议等 （4）负责担保条件评估工作，对权限内的担保品进行价值认定，对抵押物进行实地考察，对担保人的担保能力进行评估，负责对入围评估机构的联系、质疑，记录评估机构信用状况，对信用不佳的机构及时报告总经理并提出处理意见 （5）负责质押品保管工作，负责质押品出入库并登记台账，定期核对盘点质押品的账实	（1）熟悉信贷业务操作全流程，对信贷管理与风险防范具有较为深入的理解 （2）熟知并能严格遵循国家金融政策、法规、监管制度 （3）具有较好的组织协调管理能力和风险控制能力，具备市场风险、操作风险等敏锐的风险识别和判断能力，了解风险计量方法和风险缓释技术

　　随着小微信贷的数字化转型升级，在数字小额贷款公司，核心基层岗位除了以上两个岗位之外，还包括数据建模分析师，它的岗位职责和人员素质要求如表 1-12 所示。

表 1-12　小微信贷数据建模分析师的岗位职责和人员素质要求

岗位名称	岗位职责	人员素质要求
数据建模分析师	（1）负责客户征信大数据和相关金融大数据分析，研发建模类产品，构建相关风控模型或风险策略模型，解决实际问题 （2）负责公司风控模型的研究、部署、监控、维护和迭代，跟踪分析市场、行业情况，持续优化模型和产品风控体系 （3）对海量数据进行挖掘，发现数据之间的潜在关系，挖掘出更多数据价值，从而不断优化风控模型 （4）数据清洗、数据挖掘、探索性数据分析（EDA）、数据建模等，提取、分析、呈现数据	（1）对数据敏感，精通数据分析和建模等技术，熟练掌握机器学习、深度学习，熟悉 NLP（神经语言程序学） （2）熟练掌握 SQL（结构化查询语言），熟悉 Hadoop、Hive 等大数据分析处理平台，熟练掌握至少一门数据分析工具，如 Python （3）熟悉金融体系和信贷业务流程管理，熟悉客户信贷量化风险管理手段，具有丰富的金融风控场景经验 （4）具备从业务对接、大数据挖掘、模型建立到线上维护迭代的能力 （5）具备知识图谱、社区群体发现的洞察力 （6）具备良好的沟通协调能力和大局意识，能够快速推动工作执行落地

素质园地 1-3

近年来，新一轮科技革命和产业变革加速推进，以数字基础设施为代表的"新基建"蓬勃兴起，夯实金融创新与转型的"数字底座"，在数据要素、数字技术催化下，金融科技新业态迅速演进，银行对科技人员的工作要求发生了较大变化，逐步从传统的信息系统开发转变为响应客户需求、发掘业务场景、设计数字化金融产品、运营金融业务、优化业务流程、管理金融风险等综合性任务。

数字金融人才是拥有金融与科技综合型专业知识、具备快速学习能力、深入理解金融机构业务运营、掌握数字化转型方法论、了解金融产品与科技发展趋势的复合型人才。数字金融人才的能力建设要素到底应该包括哪些？笔者认为应包括以下五项能力要素。

一是伦理道德与风险防范能力（ethics），科技伦理道德是衡量数字金融人才的重要尺度，科技向善，数字金融人才应坚持守正创新、行稳致远的工作理念，做好个人金融信息保护，规范智能算法金融应用，严守合规底线，保持客观、公正的判断，保障业务和技术的信息安全。

二是学习与研究能力（study），数字金融人才的知识结构应同时包括金融知识、技术知识以及合规知识，金融知识包括高校开设的各门专业课程，技术知识主要是现代的前沿技术，合规知识更加强调法律法规，包括监管政策等。

三是业务与创新能力（innovation），依托数字技术，注重用户体验，应掌握小微金融、财富管理、供应链金融、绿色金融、数字运营、数据风控模型等金融科技典型的应用场景，并可以综合各类场景组合产生新生态。

四是沟通与拓展能力（network），强调内部沟通，避免"数据孤岛"，并且鼓励线上化、移动化、平台化和生态化向外拓展。

五是业绩与贡献能力（contribution），看重自主知识产权、重大技术突破、研究成果的转化，以及对产业发展的影响。

资料来源：高峰. 加快培养数字化人才　赋能银行数字化转型 [J]. 中国银行业，2022（2）：29-31.

价值探索：职业素养　职业道德

阅读以上资料，并思考：

（1）你是如何理解数字金融时代小微信贷从业者的素质能力要求的？

（2）数字金融人才需要具备的职业道德有哪些？为什么这些职业道德非常重要？

行业视窗 1-4

高峰：数字金融人才是数字化转型的核心能力

活动拓展 1-10

描述你在小微信贷行业的职业规划，填写表 1-13。

表 1-13　我的小微信贷职业发展计划

我理想的职位

我有什么能力和特长使我胜任这个职位？

对比招聘信息中的岗位职责要求，在哪些方面我仍需提高？

我将通过哪些方式提升自己，实现发展目标？

知识自测 1-3

（1）商业银行小微金融部的组织架构和主要业务岗位有哪些？

（2）传统小额贷款公司的组织架构和数字小额贷款公司的组织架构有什么区别？

（3）小额信贷业务的基层核心岗位有哪些？其岗位职责和人员素质要求是什么？

即测即练

任务四　树立小微信贷职业操守

任务要点

- 牢记小微信贷从业人员的职业操守规定
- 正确辨析从业过程中常见的错误思想价值观和行为，并引以为戒
- 树立正确的小微信贷职业道德意识

"微"课堂　　"微"讲义

学习情境

小邓在浏览小微信贷岗位招聘信息的时候，留意到"任职要求"栏里有专门一条是"有良好的职业道德操守，无不良信用记录或违法违纪记录"。这让他联想起前段时间的一个新闻。

一家地方性银行支行行长吴某，与客户关系较好，在办理贷款过程中，吴某与信贷客户经理肖某共收取包、表、衣服、烟及现金等客户赠送价值 36.8 万元财物，在明知抵押物、贷款公司存在严重问题的情况下，吴某依然指示信贷客户经理肖某向 7 家空壳企业发放贷款 4 200 万元。东窗事发之后，吴某和肖某被法院判决犯有违法发放贷款罪与受贿罪。

这样的案例让小邓触目惊心，同时也唏嘘不已。信贷工作时时处处都会面临大量的金钱利益诱惑，对此，我们从业人员应该牢记和树立怎样的职业操守，对非法诱惑说不呢？

课前思考

（1）小微信贷从业人员职业操守的范畴和内涵是什么？

（2）工作之中有这样或那样的职业操守缺失案例，我们应该如何辨析看待？

一、小微信贷从业人员职业操守规定

小微信贷从业人员对外代表小微信贷机构，因此从业人员职业道德是小微信贷机构树立良好形象和获得公众信任的基石。对于小微信贷从业人员而言，我国目前并未统一出台正式职业操守规定，但实务中多参考中国银行业协会 2007 年 2 月 9 日审议通过的《银行业从业人员职业操守》[①]（以下简称《职业操守》）规定的从业人员行为准则。以下为《职业操守》的部分内容。

（1）诚实信用。从业人员应当以高标准职业道德规范行事，品行正直，恪守诚实信用。

（2）守法合规。从业人员应当遵守法律法规、行业自律规范以及所在机构的规章制度。

（3）遵守岗位职责。从业人员应当遵守业务操作指引，遵循银行岗位职责划分和风险隔离的操作规程，确保客户交易的安全，主要做到以下三方面的要求：首先，不打听与自

---

① 银行从业资格委员会.银行业法律法规与综合能力 [M].成都：西南财经大学出版社，2015.

身工作无关的信息；其次，除非经内部职责调整或适当批准，不为其他岗位人员代为履行职责或将本人工作委托他人代为履行；最后，不得违反内部交易流程及岗位职责管理规定将自己保管的印章、重要凭证、交易密码和钥匙等与自身职责有关的物品或信息交与或告知其他人员。

（4）授信尽职。从业人员应当根据监管规定和所在机构风险控制的要求，对客户所在区域的信用环境、所处行业情况以及财务状况、经营状况、担保物的情况、信用记录等进行尽职调查、审查和授信后管理。

（5）熟知业务，专业胜任。从业人员应当加强学习，不断提高业务知识水平，熟知向客户推荐的金融产品的特性、收益、风险、法律关系、业务处理流程及风险控制框架。从业人员应当具备岗位所需的专业知识、资格与能力。

（6）处理好利益冲突。从业人员应当坚持诚实守信、公平合理、客户利益至上的原则，正确处理业务开拓与客户利益保护之间的关系，并按照以下原则处理潜在利益冲突：①在存在潜在冲突的情形下，应当向所在机构管理层主动说明利益冲突的情况，以及处理利益冲突的建议；②从业人员本人及其亲属购买其所在机构销售或代理的金融产品，或接受其所在机构提供的服务之时，应当明确区分所在机构利益与个人利益。不得利用本职工作的便利，以明显优于或低于普通金融消费者的条件与其所在机构进行交易。

（7）保护商业秘密与客户隐私。从业人员应当保守所在机构的商业秘密，保护客户信息和隐私。

（8）团结合作。从业人员在工作中应当树立理解、信任、合作的团队精神，共同创造，共同进步，分享专业知识和工作经验。

（9）公平对待所有客户。从业人员应当公平对待所有客户，不得因客户的国籍、肤色、民族、性别、年龄、宗教信仰、健康或残障及业务的繁简程度和金额大小等方面的差异而歧视客户。对残障者或语言存在障碍的客户，从业人员应当尽可能为其提供便利。但根据所在机构与客户之间的契约而产生的服务方式、费率等方面的差异，不应视为歧视。

素质园地 1-4

你的一位朋友希望来到你所在的小微信贷机构申请贷款，用于经营个人的生意。

在该场景案例下，回答：作为信贷员，你该怎么办？作为主管，你该怎么办？

价值探索：职业操守

查阅资料，了解并阐述从业人员还应该遵守哪些职业操守规定。

二、职业操守缺失案例

现实中，仍然存在许多信贷从业人员职业操守缺失的情况。这不仅给客户带来损失，也给所在的机构带来了巨大的风险，同时也损害了个人的职业发展。因此，遵守从业人员职业操守规定和培养良好的职业道德显得尤为重要。

案例 1-1 违规发放贷款，信贷员获刑

2006 年至 2013 年，湖南省新邵县农村信用联社一信贷员违反法律规定，在明知申请人不符合信贷条件的情况下，仍违法发放冒名、借名贷款 11 次，金额共计人民币

147.8万元，导致这些款项均未收回。

李某原是新邵县陈家桥乡信贷员。2006年年初，韩某、谢某因没有本地户口，不符合该乡信用联社的信贷条件，李某遂分别以当地人刘某、唐某的名义申请贷款。李某在刘某、唐某未在场的情况下办理信贷手续，并填写借款借据，要求韩某、谢某代替刘某、唐某签字，发放贷款共15万元。

之后，李某又于2009年4月向曾某发放贷款。此前，曾某在信用社有贷款未归还，根据有关规定，不应对其再发放贷款。李某明知曾某不符合贷款条件，仍冒用他人名义发放贷款20万元给曾某使用。

依行规，信贷员有完成本金、利息收回的任务，李某为了完成任务，在2010年至2013年期间，每当遇到到期未还款的贷款人，便采取借用他人身份证、冒用他人名义的方式发放贷款，共计112.8万元。李某将发放的贷款交给实际贷款人，用于办理归还到期贷款的转据手续。

法院经审理认为，信用联社允许贷款办理续贷手续，俗称转据。但是，贷款后用于归还到期贷款，本质上是借新还旧。法律严格禁止将续贷贷款转到第三人。第三人到信用社为他人办理续贷手续是全新的贷款，不是老贷款的延续，而是第三人的个人贷款，需要进行贷前审查。李某在担任金融机构工作人员期间，违反国家规定，没有对贷款进行审查、调查和评估，违法发放贷款100万元以上，数额巨大，并造成贷款未能收回的后果，其行为构成违法发放贷款罪。7月24日，湖南省新邵县法院以违法发放贷款罪判处李某有期徒刑1年零6个月，并处罚金两万元。

资料来源：李冠男.违规发放贷款信贷员获刑[N].检察日报，2015-08-05(6).

案例1-2 舞阳信贷员违法放贷谋私利 被法院判刑并处罚金

河南省舞阳县某金融机构一信贷员多次利用职务之便，采取各种手段骗取贷款30万元，并将贷款用于自己与他人的合伙生意。

据了解，被告人张某是供职于舞阳县某金融机构的信贷员，负责贷款的发放和清收。2011年3月15日，张某明知贷款不是舞阳县某镇孟某本人使用，仍违反规定以孟某名义向其发放50 000元贷款，此后的两个月内，张某以同样的方法违法发放4笔贷款20万元。

后来，张某所在的金融机构到法院起诉孟某要求其归还贷款，孟某才知道张某已将50 000元贷款给"别人"使用。孟某于2012年12月31日到舞阳县公安局报案。截至案发时共有6笔30万元贷款到期后未清偿。2013年7月，张某被舞阳县公安局刑事拘留，9月5日被舞阳县公安局执行逮捕。

经查，张某办理发放该数笔贷款的目的是用于其与他人合伙的生意，明知该贷款不是发放给贷款合同的借款人而仍然违规办理，在办理贷款手续时，相关借款人、担保人，没有实际签名、确认，申办贷款卡时，贷款合同的借款人没有实际签名申请，而是由张某代替签名申领，并将该款实际用于合伙生意，贷款合同的借款人也没有实际收到贷款。舞阳县人民法院以违法发放贷款罪，判处信贷员张某有期徒刑1年零6个月，并处罚金两万元。

资料来源：蔡强，郜飞.舞阳信贷员违法放贷谋私利 被法院判刑并处罚金[EB/OL].（2015-08-10）.https://www.sohu.com/a/26660280_121315.

素质园地 1-5

价值探索：尊法守法 社会主义核心价值观

阅读案例 1-1 和案例 1-2，信贷员在上述过程中违背了哪些职业操守？这给了你什么启示？

案例 1-3 邮政银行信贷员收取好处费 7 万元被判 5 年

中国邮政储蓄银行某支行（以下简称"邮政银行某支行"）一信贷员，利用职务便利，为 3 家公司提供优先办理、贷款申请建议等帮助，使 3 家公司顺利获得贷款，结果事情败露被判刑，应了那句话：莫伸手，伸手必被捉。

被告人滕某健本是邮政银行某支行一名信贷员，虽然发不了大财，但收入还算稳定，可在行使职务过程中，一时起了贪念，收受了 3 家公司的钱款。2012 年至 2014 年 8 月，被告人滕某健在担任邮政银行某支行信贷员期间，先后在办理南宁市某有限责任公司、横县横州某有限责任公司、南宁某航运有限公司的企业贷款申请业务过程中，利用职务上的便利，为上述 3 家公司提供优先办理、贷款申请建议、完善贷款申请材料等帮助。在该 3 家公司获得贷款后，滕某健收受该 3 家公司股东或法定代表人给予的好处费共计 7 万元，并用于个人支配使用。

横县人民法院申请后认为，被告人滕某健身为国家工作人员，在从事公务活动过程中，利用职务上的便利，非法收受他人财物共计 7 万元，为他人谋取利益，其行为已构成受贿罪。公诉机关指控被告人滕某健犯受贿罪事实清楚，证据确实、充分，5 月 22 日，横县人民法院一审以受贿罪判处滕某健有期徒刑 5 年，并处没收财产两万元。

资料来源：何家银，李胜．广西横县：邮政银行信贷员收取好处费 7 万元被判 5 年 [EB/OL]．（2015-05-26）．http://news.jcrb.com/Biglaw/CaseFile/Criminal/201505/t20150526_5345429.html.

素质园地 1-6

价值探索：尊法守法 社会主义核心价值观

阅读案例 1-3，你认为信贷从业人员应当树立怎样的职业道德意识？如何在这个过程中抵制住诱惑、防微杜渐？

案例 1-4 信贷员违法放贷 四百多农户"被贷款"千余万

经过近 3 个月的缜密侦查，杜集公安分局经侦大队破获原安徽省朔里信用社信贷员刘某某特大违法发放贷款案，犯罪嫌疑人刘某某因涉嫌违法发放贷款罪，被杜集区人民检察院批准逮捕。

2005 年以来，先后有 30 多名群众陆续来到分局经侦大队报案，反映自己在不知情的情况下，被他人冒用贷款，且拒不偿还贷款，造成自己被银行拉入"黑名单"，无法办理房贷、车贷等个人信贷业务。接警后，分局经侦大队迅速展开立案侦查，经调取银行信贷资料，发现有 400 余人被冒名贷款。经过近半个月的紧张调查，基本查清了事实。

2006 年至 2009 年，在刘某某任朔里信用社信贷员期间，个体户武某某、陈某某等 90 余人因做生意需要资金，遂找了 400 余农户的身份证或身份证复印件找到刘某某申请办理"农户小额贷款"。刘某某共审核同意向上述人员发放了贷款 1 159 万元，这些贷款全部没

有归还，给国家造成了特大经济损失（损失本息 20 万元为立案追诉标准）。

刘某某既不审查贷款是否贷款者本人的真实意愿，也不调查贷款人的财产、综合收入、借款用途、还款能力等情况，就签字同意发放每人数额为 0.5 万元至 30 万元不等的贷款，致使冒用他人名义贷款的武某某、陈某某等人拿到共计 300 余万元的贷款。其余800 余万元贷款目前正在进一步调查中。截至发文日，犯罪嫌疑人刘某某已被执行逮捕，并羁押于市第二看守所。

资料来源：唐成彬.信贷员违法放贷 四百多农户"被贷款"千余万 [EB/OL].http://www.sohu.com/a/512812677_120078003.

素质园地 1-7

价值探索：尊法守法　职业道德

阅读案例 1-4，思考你从上述案例中得到了什么启示。

知识自测 1-4

（1）为什么小微信贷从业人员要树立职业操守？

（2）小微信贷从业人员的职业操守主要包括哪些？

即测即练

项目一重点知识回顾

📬 学习目标一：认知小微信贷行业

（1）本书所指的小微信贷是主要向小微企业、小微企业主、个体工商户和从事农业生产经营的农户提供的用于生产经营的信贷服务，该业务旨在通过金融服务帮助小微企业和个体经营者等小微客户群体实现更好的生存与发展。

（2）小微信贷这个概念侧重于从业务的目标客户群体、资金用途维度进行定义，而小额信贷则侧重于从贷款额度这一维度进行定义。小微信贷的"小微"并非指贷款额度小微，而是指该类贷款的目标客户为"小微客户"，它的资金用途仅限于生产经营。小额信贷的"小额"是指贷款额度小，该类贷款资金既可用于小微客户的生产经营，还可用于居民个人的小额消费。

（3）小微信贷起源于 20 世纪 70 年代中后期的孟加拉国，以尤努斯教授所做的小微信贷扶贫试验为开端。1976 年，乡村银行首先在孟加拉国成立。印度尼西亚人民银行是世界上为农村提供金融服务最大的国有商业性金融机构，其小微信贷体系向印度尼西亚数百万农村居民提供了大量且可持续的金融服务，同时在商业运作上也获得了巨大成功，是又一小微信贷运作模式的典范。

（4）小微信贷在发展过程中呈现制度主义模式渐占主流、业务经营日趋合规合法化、贷款利率兼顾普惠化和市场化、信贷产品多样化和信贷技术现代化这几大趋势。

（5）我国真正意义上的小微信贷业务始于 1993 年，至今已 30 年。总体而言，我国小微信贷大致经历了五大发展阶段：外援资金的扶贫试点阶段；政府主导的小微信贷农村扶贫阶段；农村正规金融机构全面介入和各类项目制度化建设阶段；多元化信贷机构相继涌现阶段；国家开展行业整顿治理，强化合规合法经营阶段。

（6）我国小微信贷的目标客户群体是小微企业、小微企业主、个体工商户和从事农业生产经营的农户。

学习目标二：认知我国小微信贷机构

（1）广义上的小微信贷机构是指提供小微信贷业务的各类机构，既包含银行类机构，也包含非银行类机构；而狭义上的小微信贷机构则指为从事小微信贷业务而创立、以小微信贷为核心业务的机构。

（2）我国现有的小微信贷机构包括：大中型商业银行，微小型银行类金融机构，从事项目式小微信贷的公益性、政策性机构，专业注册的商业性机构，其他民间贷款机构。

（3）我国小微信贷机构的资金来源有非商业性资金来源和商业性资金来源两种。非商业性资金来源包括捐助和政府或相关机构的软贷款；商业性资金来源包括商业股权资本、硬贷款、存款、债券和资产证券化。

（4）小额贷款公司是由自然人、企业法人与其他社会组织投资设立，不吸收公众存款，经营小额贷款业务的有限责任公司或股份有限公司。它是企业法人，有独立的法人财产，享有法人财产权，以全部财产对其债务承担民事责任。小额贷款公司股东依法享有资产收益、参与重大决策和选择管理者等权利，以其认缴的出资额或认购的股份为限对公司承担责任。

学习目标三：认知小微信贷岗位设置与人才需求

（1）银行的小微金融事业部下设小微金融业务部和小微信贷风控部：小微金融业务部主要包括产品营销策划与实施，以及客户关系维护管理等职能，由营销策划专员、产品经理、小微团队长和小微客户经理担任其主要工作；小微信贷风控部则包括贷款的审查、审批、客户信用评级管理、资产管理四大职能，由信贷审查专员、专职审批人、评级管理员、资产管理员和法务专员等担任主要工作。其中，小微信贷客户经理、信贷审查专员属于这两个部门基层岗位。

（2）相比银行类金融机构，传统小额贷款公司通常规模更小，组织分工更简单。它们的组织架构并非一成不变，每家公司可根据自身需要和人员情况设置相应部门及岗位，一般有董事会、监事会、总经理、副总经理、市场业务部、风险控制部、财务管理部、人力行政部等责任主体和部门。

（3）数字小额贷款公司与传统小额贷款公司在公司的组织架构方面，顶层架构是一致的，职能部门设置方面除了有市场业务部、数据风控部、财务管理部和人力行政部之外，通常会增设运营管理部和信息技术部。此外，数字小额贷款公司的风控部门除了担负传统风控职能之外，还需要对公司处理的信贷业务数据和客户大数据进行入口合规管控与大数据建模征信评估等。

（4）传统小微信贷业务有两个核心的基层岗位，即小微信贷客户经理和小微信贷审

查专员。随着小微信贷的数字化转型升级，在数字小额贷款公司，核心基层岗位除了以上两个岗位之外，还包括数据建模分析师。

🔖 **学习目标四：树立小微信贷职业操守**

（1）小微信贷从业人员对外代表了小微信贷机构，因此从业人员职业道德是小微信贷机构树立良好形象和获得公众信任的基石。

（2）小微信贷从业人员的职业操守包括：诚实信用；守法合规；遵守岗位职责；授信尽职；熟知业务，专业胜任；处理好利益冲突；保护商业秘密与客户隐私；团结合作；公平对待所有客户。

项目二　树立小微信贷风险管理理念

项目目标

知识目标

- 能阐述小微信贷风险的内涵。
- 能区分小微信贷业务面临的内部风险和外部风险。
- 能阐述小微信贷所面临的各种内外部风险的具体含义及风险产生原因。

能力目标

- 能识别信贷业务中的常见风险。
- 能辨析常见的信贷风险管理错误理念，并加以纠正。

价值塑造目标

- 通过学习行业风险案例，树立全面、全员风险管理理念。
- 通过辨析风险管理的常见错误观点，树立正确的价值观，正确看待金融风险和利润的关系。
- 通过辨析职场风险案例，树立强烈的风险防控自律意识和风险管理的责任感。

项目任务

- 任务一　认知小微信贷的风险
- 任务二　树立正确的信贷风险管理理念

任务一　认知小微信贷的风险

任务要点

- 理解小微信贷风险的内涵
- 掌握小微信贷的风险分类
- 理解小微信贷所面临的各种内外部风险的含义和产生原因
- 理解小微信贷各种风险的表现形式和影响

"微"课堂　　"微"讲义

学习情境

　　毕业生小邓通过自身努力，终于顺利进入银行小微金融部，成为一名小微信贷客户经理。银行要求他参加一个关于小微信贷风险的岗前培训班，学习信贷风险的相关知识。银行的前辈告知小邓：作为一名小微信贷从业人员，对小微信贷风险的认知十分重要；同时，想要成为一名优秀的信贷从业人员，必须树立正确的风险管理理念。

　　小邓一时间也是似懂非懂。但他觉得应该虚心接受前辈的指导，现在他要做的就是每天早上准时到达单位报到，然后抓着笔杆，认真听公司内部培训师的讲解。

　　这时，培训师让大家试着阐述什么是小微信贷风险、列举几种自己知道的风险类型，以及阐述作为信贷人员又应该如何对待这些风险。小邓一时陷入沉思……

课前思考

　　（1）你知道与小微信贷业务相伴的风险吗？

　　（2）这些风险大致分为哪些类型呢？

一、小微信贷风险的内涵

　　小微信贷业务面临着方方面面的风险。因信贷资产是小微信贷机构的重要资产，故信贷风险也成为各家小微信贷机构关注和防控的焦点。

　　从广义而言，小微信贷风险是指小微信贷收益的不确定性，亦即该项业务盈利的不确定性和损失的不确定性。从狭义而言，小微信贷风险是指小微信贷资产损失的可能性，最常见的就是在小微信贷业务过程中，由于借款人故意违约或缺乏偿债能力等，致使小微信贷机构不能按时收回贷款本息，进而对小微信贷机构造成经济损失。同时大量无法收回的贷款呆账，将会直接动摇小微信贷机构的生存和发展。

　　小微信贷作为一种特殊的信贷业务，其面对的小微客户群体具有资产规模较小、收入较低、担保条件薄弱等特点，故其所面临的风险比传统信贷业务更为显著和特殊。

二、小微信贷风险的分类

　　信贷业务的风险类型划分方式有很多，例如，根据风险的性质，可分为静态风险和动态风险；根据风险的影响范围，可分为系统性风险和非系统性风险；根据风险的程度，可分为高度风险、中度风险和低度风险等。本书主要从风险产生的原因角度，对小微信贷业务面临的风险进行分类。

　　一般地，在小微信贷业务开展过程中，主要面临外部风险和内部风险。外部风险是指由小微信贷机构的外部环境因素所产生的风险，主要可细分为自然风险、政治经济风险、政策风险、市场风险和信用风险等。内部风险是指由小微信贷机构自身因素所产生的风险，主要可细分为流动性风险（liquidity risk）、操作风险（operational risk）和合规风险等。小微信贷风险的分类如图 2-1 所示。

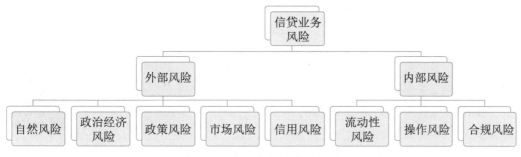

图 2-1 小微信贷风险的分类

（一）外部风险

1. 自然风险

自然风险是指由于自然界的不规则变化，如地震、水灾、火灾、风灾、雹灾、冻灾、旱灾、虫灾以及各种瘟疫等自然灾害，小微信贷借款人的生产经营受到负面影响，甚至经营困难，进而无法正常还贷的风险。小微客户的抵御风险能力本身较弱，一旦面临不可抗的自然灾害，其经营通常会受到较大影响，出现资金链紧张甚至断裂的情况。

拓展阅读 2-1　银保监会：疫情影响小微企业出现贷款逾期，延缓期限内还款不计入不良贷款

2020 年 2 月 14 日讯（记者赵倩、严雨程），国务院联防联控机制于北京召开新型冠状病毒感染肺炎主题新闻发布会，介绍加大疫情防控财税支持力度情况、加大对受疫情影响企业特别是小微企业金融支持力度情况。银保监会普惠金融部主任李均锋介绍了银保监会在监管政策层面，鼓励银行加大对受疫情影响的小微企业的金融支持的相关举措。

李均锋表示，在抗击疫情的特殊时期，监管政策必须体现它的灵活性和弹性。目前要求各地方银保监局和各银行业金融机构要按照特事特办、急事急办、突破常规、精准施策的原则，鼓励大胆创新。在监管政策上主要有四个方面的考虑。

第一，在贷款分类上，因疫情影响出现贷款逾期的，在一定的延缓期限内还款不计入不良贷款、不影响小微企业信用记录。

第二，允许银行进一步提高不良贷款的容忍度，对受疫情影响比较大的地区和行业的小微企业，不良容忍度可以再提高一些。

第三，进一步落实尽职免责要求，如果有充分证据证明小微企业受疫情影响不能还款的，我们视为不可抗力，银行对经办人员和相关管理人员应该免予追究责任。

第四，对小微企业受疫情影响导致不良贷款、形成损失的，鼓励银行业金融机构适当地简化内部认定手续，加大自主核销力度。

资料来源：银保监会：疫情影响小微企业出现贷款逾期，延缓期限内还款不计不良贷款 [EB/OL].（2020-02-14）. https://ishare.ifeng.com/c/s/7u3sXCiYkkK.

2. 政治经济风险

政治经济风险是指由于借款人所在的国家或区域出现政治冲突、社会动荡或经济衰退等事件，影响了借款人的生产经营和正常还款的风险。小微客户的经营发展离不开稳定的政治环境、社会环境和蓬勃向上的经济环境，当这些环境出现不可抗的风险事件时，如政

治冲突、宏观经济衰退，行业景气度的周期性衰退等，相关主体的经营和还款能力就可能会受到负面影响。

活动拓展 2-1

查询相关资料，描述美国 2008 年次贷危机爆发的主要原因及主要经济影响，并介绍在次贷危机大背景下，美国借款人的贷款逾期数据。

3. 政策风险

政策风险是指由于小微信贷政策出现调整，或与借款人相关的区域政策、行业政策发生变化，让小微信贷机构面临贷款资产损失的风险。

4. 市场风险

市场风险是指由于相关市场价格的不利波动，小微信贷机构遭受信贷资产损失或信贷收益降低的风险。小微信贷机构面临的市场风险主要有利率风险、通货膨胀风险和通货紧缩风险。

1）利率风险

利率风险是指由于市场利率波动，小微信贷机构遭受信贷资产损失或信贷收益降低的可能性。市场利率的变动会使小微信贷机构的盈利或资产价值发生变动。小微信贷机构与客户签订信贷合约时，一般是按照即期利率签订固定利率合约，但由于金融市场的波动性，市场利率会随着资金供求状况不断变化，若市场贷款利率上升，信贷资产的机会成本就变高，信贷资金就会遭遇相对损失。

2）通货膨胀风险

通货膨胀风险是指由通货膨胀引起的信贷收益降低的风险。当通货膨胀率较高时，小微信贷机构贷款利息的真实价值萎缩，或者借款人经营状况恶化，最终导致小微信贷机构资产损失。

3）通货紧缩风险

通货紧缩风险是指由于经济处于通货紧缩状态，市场的消费、投资需求被抑制，商品价格持续下跌，借款人经营状况恶化，导致小微信贷资产面临损失的风险。

拓展阅读 2-2　土耳其通货膨胀率接近 80%，"我们买不起肉"

2022 年，土耳其的通货膨胀率接近 80%，是世界上通胀最严重的国家之一。随着物价暴涨，对于土耳其普通百姓来说，吃肉成了一件奢侈的事情。肉铺老板告诉央视新闻记者，过去不到一年的时间里，肉价涨幅达到 100%，肉类销量也出现下滑。一位土耳其民众对记者说："肉的味道很好，但是我们买不起。"

土耳其首都安卡拉市民阿里："去年我们可以买的肉比今年多得多，去年我们至少可以买 4 公斤的肉，但是今年一切都结束了，我们买不了肉了，现在就是这个情况，我退休了，我的养老金根本不够买肉。"

土耳其首都安卡拉市民梅尔耶姆："现在我没法每个月买肉，坦白说，我几个月才买一次肉。我把肉分成五份，每顿一份。"

肉铺老板埃萨特："去年这个时候，我每天能卖出 40～50 公斤的肉，但是现在销量降到了每天 20～25 公斤。以土耳其人喜爱的碎牛肉为例，在过去 8 个月的时间里，它的价格涨幅达到了 100%，其他肉类价格也经历了类似涨幅。我担心未来会有更多的肉铺关门，因为对于许多肉店老板来说，销量一直在下降，但是利润却没有提高，而且成本还是很高。就拿电费来说，7 个月前，电费一个月 700 里拉，现在需要 3 800 里拉。如果没有生意，总是没有利润，我们无法生存，最后的选择就是关门。"

资料来源：通货膨胀率接近 80%，"我们买不起肉"[EB/OL].（2022-07-26）. https://baijiahao.baidu.com/s?id=1739378040046834641&wfr=spider&for=pc.

5. 信用风险

信用风险是指客户借款后，无法按合同约定还本付息，造成贷款逾期、呆账等问题，并使信贷机构蒙受损失的可能性。信用风险是小微信贷面临的最普遍也是最受业界关注的风险。导致借款人违约的原因有很多，前面所提到的自然风险、政治经济风险、政策风险都可能引发借款人的信用风险。例如，借款之后借款人遭受了台风、地震等自然灾害的打击，资产损失惨重；宏观经济形势变差，导致借款人产品滞销。此外，借款人还可能会因为自身经营决策错误，而导致经营入不敷出；也可能借款人道德品质低下，存心逃债不还等。

总而言之，信用风险既有借款人经营环境的原因，也有借款人自身的原因。因此，小微信贷机构需增强对客户信用水平的判断，谨慎选择贷款对象，设定合理的贷款条件，并在放款之后进行有效的贷后管理。

较之传统信贷，小微信贷的信用风险更为突出，主要有两个原因。

（1）借贷双方信息不对称。小微信贷的很大一部分目标客户是个体商户和农户，他们在文化和法律意识上都可能存在较大差异，小微信贷机构可能由此承担更多的信息不对称所带来的信用风险。

（2）借款人缺乏有效抵押，还款来源单一。小微信贷的客户通常缺乏大型商业银行可接受的抵押品，贷款的发放更多采取信用贷款或第三方保证的担保方式，这就加大了产生不良贷款的风险，加大了贷款清收的难度。

活动拓展 2-2

阅读案例 2-1 和案例 2-2，并针对案例提出你的信用风险管控建议。

案例 2-1　收入变化造成还款能力不足引发风险案例

某分行于 2010 年 3 月 24 日向丁某发放一笔二手房按揭贷款，金额 25 万元，期限 20 年。截至 2012 年 10 月 31 日，该笔贷款已累计逾期 9 次，连续逾期 148 天。

丁某购买该房产的主要目的是投资，但丁某购买房屋所在区域的房地产市场疲软，房价看跌，丁某不愿低价把房子卖出，一时也找不到好的租户，房屋一直空置。同时，由于丁某从原单位离职导致其还款能力不足。丁某因此恶意拖欠，在催收压力下，丁某于

2010年9月16日在其还款账号中存款2 600元，之后一直处于逾期状态。

案例2-2　无房产个人抵押骗贷案例

2012年，一位自称是"张先生"的人在出具身份证、户口本、房产证等证件后，办理了一份贷款额度10万元的借款合同，银行以张先生的房产证作为抵押物，办理了想要的强制公证及抵押登记手续。起初还贷情况正常，同年8月起，"张先生"停止了还款。银行在多次催缴不成的情况下，于2013年将借款人"张先生"告上法庭。

令人意想不到的是，法庭上张先生否认曾经借款，并声称签订合同的不是他本人，而是他的双胞胎弟弟，张先生对此并不知情。法庭经审理后认为，合同上签字的并非张先生本人，银行既没有提供证据证明张先生委托了他人与银行签订合同，也没有证据证明还款行为系张先生所为。张先生在此案中没有还款义务。

资料来源：阎敏.银行信贷风险管理案例分析[M].北京：清华大学出版社，2015.

（二）内部风险

1.流动性风险

流动性风险是指主要由放贷决策不合理、不良贷款损失造成的小微信贷机构的现金流不足，以致无法满足客户借款的现金需求而降低信贷收益的可能性。在我国，银行类金融机构之外的小微信贷机构均不得吸收存款，这些机构主动获得资金的渠道较为狭窄。如果在经营过程中对现金流管理计划性不强，现金支出过大或者前期贷款出现大量坏账，就容易导致这类小微信贷机构现金流紧张，即使客户经理找到了优质客户也无法进行放贷，错失盈利机会。

活动拓展2-3

阅读案例2-3，思考：你如何看待案例中正泰小额贷款公司的资金短缺现象？你认为这是政策制定者的问题，还是企业信贷业务决策本身造成的？

案例2-3　正泰小额贷款公司成长的烦恼

正泰小额贷款公司位于温州乐清柳市镇一个街口的西北角，记者推开一层门市部的玻璃门，见右边一排客户座椅都空着，隔着电脑桌和液晶显示屏，里面坐着几位身着深色制服系领带的年轻男女。看到有人进来，他们现出浅浅的职业微笑。

"小额贷款公司受中小企业欢迎，因为其产品切合它们的需要"，温州市政府金融工作处副处长余谦说，"小额贷款不强求抵押，手续简便，放款迅速，还允许客户自由选择还款期限。这对大牌银行是一个挑战，会迫使银行改善对基层的金融服务。"

但是这家朝气蓬勃的小额贷款公司正遭遇一个"成长期的烦恼"——资金短缺。2009年3月，当记者采访总经理刘阳的时候，他介绍道："2008年12月11日本公司开始营业，头几天电话都打爆了，公司2亿元的注册资金一个多月便放贷告罄。但我们又不能吸收存款，贷款发放出去最快也要半年后才能回收本息。目前公司还没有找到新的资金，这段时间只能是主要给雇员培训，提高业务水平。"说这话时刘阳显出尴尬的神情。

资金短缺是小额贷款公司普遍面临的一个问题。一家公司的自有资金一般是一两个亿，政府不允许它们吸储，但可以向银行或其他金融机构融资，比例不超过注册资金的50%。据悉，有两家金融机构将对正泰小额贷款公司授信1亿元。"从市场需求来看，这钱还是不够！"副总经理杨胜华说，"一个解决办法是提高容许融资的比例，比如说，到100%。或者取消这个限制，让我们发展成专业的借贷银行。"

抱怨归抱怨，监管层的融资限制政策短期内难以调整，目前公司的职员和客户也只能眼巴巴地等待银行贷款资金的早日到来。

资料来源：张和平，杨健翔．一家小额贷款公司成长的烦恼 [EB/OL]．（2009-03-23）．https://finance.sina.com.cn/money/bank/bank_hydt/20090323/15096012168.shtml．

2. 操作风险

操作风险是指由于小微信贷机构内部管理不完善、制度设置存在漏洞、信息系统出错、业务人员专业素质不足或者从业人员内部欺诈等，信贷决策和操作过程中出现失误，造成信贷资产损失的可能性。

比如，信贷人员可能与贷款客户合谋，故意提供错误信息，导致授信决策的失误；小微信贷机构的业务管理信息系统或其他电子系统可能出现故障，引起授信过程中的失误并导致信贷资产的损失。操作风险的发生，归根结底还是因为小微信贷机构自身内部管理、内部控制存在漏洞，甚至失效。操作风险也是小微信贷业务发展中普遍存在的风险。

对于成立时间不长或处于扩张期的小微信贷机构，该类风险尤为显著：不少业务人员从事金融业务的时间较短，甚至之前没有从业经验，业务知识和技能欠缺，而且由于业绩考核压力大，人员流动频繁，给内部管理带来很大难度，有些小微信贷机构虽然有内部风险管理制度，但只停留在纸上，而未真正落地执行。即使是发展进入成熟期的小微信贷机构，内部管理漏洞或者人员道德、专业素质问题也无法完全避免。

行业视窗 2-2
违规放贷累计 1.12 亿元！博爱农商行前董事长被判 12 年罚金 136 万元

活动拓展 2-4

阅读案例 2-4，思考：你如何看待案例中 A 公司提起诉讼一案？你认为这是否与该小额贷款公司本身的担保政策漏洞有关？

案例 2-4　担保手续不完善埋下隐患

在小额贷款公司贷款案件中，小额公司一般都会要求借款人提供担保。小额贷款公司的担保多为个人或公司的信用担保，以实物资产抵押、质押担保较少。

武汉中院审理一案中：A 公司控诉 B 公司、C 公司以及陈某某等 6 名自然人。该案中，C 公司与陈某某等 6 名自然人全部是担保人。

法院审理查明，2014 年 1 月 3 日，A 公司与 B 公司签订《贷款合同》，约定 B 公司向 A 公司贷款 500 万元；同日，A 公司与 C 公司及陈某某等 6 名自然人分别签订了《保证合同》，分别约定各方为 B 公司的主债务提供 500 万元担保，保证方式为连带责任保证，并约定了保证范围。

这起案件的争议焦点之一就是担保合同是否有效。庭审中，C 公司认为，其对外提供

担保未经公司董事会批准，因而担保无效。

虽然武汉中院审理后认为，C公司应对B公司的债务向原告承担连带担保责任，小额贷款公司最终胜诉，但是这也引起了我们的关注：现实中担保人过多会影响诉讼的效率，同时公司担保的没有公司董事会或股东会决议给小微信贷机构的风险管理也埋下了隐患。

资料来源：刘志月. 小额贷款公司经营存四大风险 [N]. 法制日报，2015-05-20.

3. 合规风险

合规风险指的是由于小微信贷机构未能遵循法律法规、监管要求、规则、自律性组织制定的有关准则，以及适用于信贷机构自身业务活动的行为准则，而可能遭受法律制裁或监管处罚、重大财务损失或声誉损失的风险。从内涵上看，合规风险主要是因为小微信贷机构各种自身原因主导性地违反法律法规和监管规则等而遭受的经济或声誉的损失。

素质园地 2-1

党的二十大提出："深化金融体制改革，建设现代中央银行制度，加强和完善现代金融监管，强化金融稳定保障体系，依法将各类金融活动全部纳入监管，守住不发生系统性风险底线。""强化国家安全工作协调机制，完善国家安全法治体系、战略体系、政策体系、风险监测预警体系、国家应急管理体系，完善重点领域安全保障体系和重要专项协调指挥体系，强化经济、重大基础设施、金融、网络、数据、生物、资源、核、太空、海洋等安全保障体系建设。"金融监管、金融安全、数据安全等问题均被重点提及，这是每个金融机构和金融从业者都必须守住的底线。

2022年1月30日，中国人民银行杭州中心支行发布对网商银行所实施的行政处罚。网商银行因违反多项规定被罚款2 236.5万元人民币。

据中国人民银行杭州中心支行官网发布的公告，罚单信息显示，网商银行被罚是因为违反金融统计管理相关规定、违反账户管理相关规定、违反清算管理相关规定、违反征信管理相关规定等。

该行违法违规行为有：①违反金融统计管理相关规定。②违反账户管理相关规定；违反清算管理相关规定。③违反征信管理相关规定。④未按规定履行客户身份识别义务；未按规定保存客户身份资料和交易记录；未按规定履行可疑交易报告义务；与身份不明的客户进行交易。

同时，浙江网商银行9名高管也因违反相应管理规定而受到警告、罚款。9名相关责任人被处以警告或罚款5万元人民币至8万元人民币不等的处罚。

网商银行回应称，这项处罚是央行杭州中心支行2020年对网商银行开展综合检查中发现问题的处理结果；该行已于2020年内完成所有问题的整改。

案例来源：2236.5万元！网商银行因违反反洗钱规定等4宗罪领重磅罚单 [EB/OL]. (2022-02-10). http://finance.ce.cn/bank12/scroll/202202/10/t20220210_37318770.shtml.

价值探索：合规经营　尊法守法

阅读以上案例，并开展以下主题研讨：

（1）小微信贷机构合规经营的含义和重要意义。

（2）作为信贷从业人员，我们应该树立怎样的法规意识和理念？

知识自测 2-1

（1）什么是小微信贷风险？

（2）从风险产生原因进行划分，小微信贷风险可以分成哪两大类？

（3）小微信贷面临的外部风险主要有哪些？这些风险的具体含义是什么？

（4）小微信贷面临的内部风险主要有哪些？这些风险的具体含义是什么？

即测即练

任务二　树立正确的信贷风险管理理念

任务要点

● 了解并辨析常见的错误风险管理理念

● 树立正确的小额信贷风险管理理念

"微"课堂　　"微"讲义

学习情境

小邓通过前期业务培训，深刻认识到小微信贷业务面临的各种内、外部风险，以及各种风险因素之间的互相影响关系。同时他也留意到 2022 年 5 月银保监会公布的一组数据：银保监会普惠金融部负责人毛红军表示，据初步统计，截至 2022 年 4 月末，我国整个银行业不良贷款率是 1.82%，银行业普惠型小微企业贷款不良余额 4 476.21 亿元，不良率是 2.18%，比总体不良贷款率高 0.36%。

4 476.21 亿元的不良贷款余额虽然相对总体贷款余额来说占比并不大，但是从绝对值来看，也是个不小的数字。小邓不禁思考：信贷机构和从业人员到底应该怎样做才能更好地管控信贷风险，把信贷损失降到最低呢？

课前思考

（1）小微信贷从业人员应该树立怎样的信贷风险管理理念？

（2）工作之中常见的错误风险管理理念有哪些？我们应该如何辨析？

一、常见错误的风险管理理念

实务操作中，小微信贷业务面临着诸多风险，小微信贷机构及其从业人员的错误风险管理理念很可能会带来巨大的损失，而现实中常见的错误风险管理理念主要有以下几类。

（一）重视局部或个案，缺乏全面的分析

风险的发展是链条式的，只重视其中的一环或者几环并不能有效地管控风险。现实中的风险则更为复杂，例如关联企业可以通过资本纽带相互参股持股，从而进行骗贷等行

为，如果只重视个案，而忽略对该企业关联关系的全面调查，那么这极有可能会带来巨大的损失。

活动拓展 2-5

阅读以下案例 2-5，你认为该小额贷款公司的风险防控工作存在哪些问题？

案例 2-5　小额借款合同纠纷案

原告宁海县跃龙小额贷款股份有限公司起诉称：2012 年 12 月 7 日，原告与被告叶某亦、吴某建、王某礼、文某华签订了一份编号为 2012121B007 的《保证借款合同》，并发放借款 200 000 元，借款利率 12%，借款期限自 2012 年 12 月 5 日起至 2013 年 12 月 4 日止，还款方式为按月付息，每月 20 日为结息日，次日为付息日，逾期付息视为违约。本金至借款期限届满时一次性归还，利随本清。

借款后，被告叶某亦支付利息至 2013 年 5 月 20 日，此后再未支付利息，也未归还借款本金。原告催讨无果，故诉诸法院。但被告叶某亦称：本案的实际借款人系被告吴某建，应由被告吴某建承担全部还款责任。被告吴某建与被告叶某亦之间存在海鲜品买卖合同关系。截至 2012 年年底，被告吴某建共欠被告叶某亦货款 82 300 元。之后，被告吴某建资金紧张欲贷款，便要求被告叶某亦帮其贷款，称贷款部分用于归还尚欠被告叶某亦的货款，部分留给被告吴某建自用。被告叶某亦为及时收回货款，加之被告吴某建系自己的外甥，故同意出面为被告吴某建贷款。从原告处贷款后，被告叶某亦于 2012 年 12 月 7 日将 100 000 元汇入被告吴某建的配偶徐某妃的银行账户中，另 100 000 元，其中 82 300 元归还其尚欠被告叶某亦的货款，剩余款项放于被告叶某亦处购买海鲜产品。

法院认为：本案的《保证借款合同》系当事人的真实意思表示，且不违反法律、行政法规的强制性规定，应认定有效。根据原告提供的《保证借款合同》及借款借据，能够认定被告叶某亦为借款人的事实，故被告叶某亦应承担还款责任。被告叶某亦辩称借款人系被告吴某建而非被告叶某亦，未提供有效证据证明，本院不予采纳。被告吴某建、王某礼、文某华系连带责任保证人，其应当按照《保证借款合同》的约定对被告叶某亦的上述借款债务承担连带清偿责任。

资料来源：宁海县跃龙小额贷款股份有限公司与叶某亦、吴某建等借款合同纠纷一审民事判决书 [EB/OL]. 2013 甬宁商初字第 1777 号.中国裁判文书网，2014-04-02.http://wenshu.court.gov.cn/content/content?DocID=40835c71-728d-4e9d-ad32-327a32226102.

（二）风险管控缺乏部门协调性

对信贷风险的管理，小微信贷机构通常都会设立专门的风险管理部，而这也容易导致其他部门对风险管理的意识比较薄弱，造成在风险管控这个问题上各部门间缺乏协调性，从而加大风险发生的可能性。

活动拓展 2-6

阅读以下情境，你认为应该如何协调部门间的风险管控意识？

小额贷款 A 公司中的业务拓展部和风险控制部最近因为是否该放贷给一家中小企业客户而争吵起来，这家中小企业因为急需融入资金，因此找到了业务部门想要申请贷款，并且提出可以支付较高的利息，业务拓展部认为这是帮助公司盈利的好机会，便积极地准备材料为之申请贷款。结果，风险控制部驳回了该笔申请，因为风险控制部经过调查发现该企业出现了许多的坏账，而且未来的现金流也极不稳定。而业务拓展部则认为风险控制部没有从帮公司盈利的角度出发，从而造成了两部门的矛盾。

（三）盲目追逐利润，轻视对风险的防范

追求利润是资本家的天性，尤其对于商业性小微信贷机构而言，只有获得足够的利润，机构才能生存发展下去。现实中，一些小微信贷机构和从业人员为了获得高额的利润和报酬，违背风险管控的原则违规放贷等，但最终却给自己带来了巨大的经济损失。

活动拓展 2-7

阅读案例 2-6，你认为可以从哪些方面来减少以下情况的发生？

案例 2-6 信贷员违规放贷被判刑并处罚金

2009 年至 2011 年，高某担任汉寿县信用联社某镇信用社信贷员，负责所在信用社的信用贷款发放。2010 年 4 月至 2011 年 12 月间，当地居民杜某多次找到高某，借用他人名义申请贷款。高某明知贷款申请人不符合贷款条件，仍违反国家规定，同意杜某先后借用童某、胡某等 9 人的名义贷款共计 90 万元。截至 2014 年 2 月案发，杜某所贷款项尚有本金 75 万元、利息 28.8 万余元没有偿还。此外，高某还违规为涂某、陈某、王某等 6 人借用他人名义办理贷款共计 85 万元。高某违法发放贷款，给其所在金融机构造成直接经济损失累计达 211 万余元。

经湖南省汉寿县检察院提起公诉，法院以违法发放贷款罪判处被告人高某有期徒刑 10 个月，并处罚金 2 万元。

资料来源：华丽，刘春林，王钢. 信贷员违规放贷被判刑并处罚金 [N]. 检察日报，2014-8-17(6).

（四）重视事后管理，轻视事前防范

在这一理念的支配下，小微信贷机构试图以严厉的事后处罚方式遏制风险的出现，而对事前的防范和事中的风险控制关注较少。但单凭事后管理的方式并不能将风险带来的损失降到最低，因此风险管控的效果往往并不理想。

活动拓展 2-8

阅读案例 2-7，你认为小额贷款公司应该如何在事前对其风险进行识别和管控？

案例 2-7 小额贷款公司为什么屡遭骗贷

一家三口，一年时间，三次使用伪造房产证，骗取贷款 28 万元。2010 年 10 月中旬，阳曲县人民法院审理了一起诈骗小额贷款公司案件。案件发生于 2010 年。阳曲县黄寨镇农民宋某看到左邻右舍都依靠辛勤劳动先后富裕起来，便与其妻子张某共谋获取金钱的渠道。刚刚诞生的小额贷款公司进入其视野。

2010 年，宋某在无任何抵押财物，更无力履行贷款合同的情况下，使用虚假房产证做抵押担保，与阳曲县某小额贷款公司签订贷款合同，由其妻张某提供保证担保，骗取该公司贷款款项 5 万元。随后，2010 年 8 月 25 日，宋某骗取朋友赵某为其提供保证担保，

再次使用虚假房产证做抵押担保与该小额贷款公司签订贷款合同，骗取贷款 10 万元。过了两个月，宋某的儿子要办理结婚事宜，需要一笔彩礼，已经"轻车熟路"的宋某、张某又想到继续采取骗取贷款的办法，便与儿子宋某某共谋使用虚假房产证做抵押担保，继续按照前两次的做法，由宋某与小额贷款公司签订贷款合同，由张某、宋某某提供保证担保，骗取该公司贷款款项 13 万元。

最终，法院以合同诈骗罪判处宋某有期徒刑 5 年 6 个月，并处罚金 3 万元；判处张某有期徒刑 2 年，并处罚金 8 000 元；判处宋某某有期徒刑 1 年 8 个月，并处罚金 6 000 元。

资料来源：赵静，金有成 . 山西一家三口伪造房产证多次骗取贷款公司贷款 [EB/OL]. （2012-10-11）. http://www.chinanews.com/fz/2012/10-11/4240122.shtml.

评论以下观点：

（1）"风险管理部的那帮同事真是老古董，一点都不懂得变通！我好不容易找到一个客户，结果他们因为一点细节问题就不给发放贷款！"

（2）"风险管理不是属于风险管理部的事儿吗？我是业务员，做好业务才是王道。"

二、树立正确的小微信贷风险管理理念

由上可见，建立完善的小微信贷风险管控制度固然是必要的，但制度最终需靠人来执行。因此，树立正确的风险管理意识，是从事小微信贷工作的必然要求，也是小微信贷机构风险管理工作执行到位的根本保障。信贷人员应树立以下风险管理理念。

（一）全面风险管理意识

信贷业务的风险时时存在于贷款业务的各个环节，因此，我们应当树立全面风险管理意识，只有严格监控贷款的各个环节及造成贷款风险的各个因素，才能有效管控贷款风险。在实际工作中，不能仅关注某一个或某几个风险的防范和管控，也不能仅对业务中的某一个或几个环节认真落实而忽略其他细节。面对风险，一定要时刻保持全局观念，时刻保持警惕心和审慎态度。

素质园地 2-2

价值探索：风险防控

评论以下观点是否正确，如果错误，错在哪里：

（1）"信贷风险管理只需要盯住信用风险就可以啦。"

（2）"合同签名时借款者出差？没事啦，让他老婆代签一下，一个名字而已。"

行业视窗 2-3

锌锭变银锭，骗子导演现实版"偷梁换柱"，阜新银行 8 000 万元贷款"交学费"

（二）全员风险管理理念

尽管小微信贷机构设立了专门的风险管理部门，但万不可认为风险管控是只属于风险管理部或管理者的事。有些业务人员甚至认为，风险管理的相关措施给业务开展"带来麻烦"，因此对风险管理措施存在应付甚至反感抵触的情绪，这些观点态度都是大错特错的。信贷业务涉及的操作环节众多，只靠风险管理部或者管理者来监控风险，显然是不够的，必须依靠团队的力量。管理风险，人人有责。业务部和风险管理部不是互相隔离的部门，而应该互相紧密配合、共同开展工作。业务人员在做好产品营销、客户服务之余，也要积极主动地与风险管理人员相互配合，对贷前、贷中、贷后的风险进行防范、监控和管理，一旦发现风险预警信号，要及时向有关部门进行反馈。

（三）正确的风险利润观

在信贷业务发展中，风险和利润是形影相随的，是一枚硬币的两面，有利润的地方就有风险，有风险的地方也潜存着利润。那么，何时应当选择防范风险，何时应当大胆追求利润呢？正确的风险、利润观是：要始终将风险的防范放在第一位，将追求经济利润放在第二位，而非相反。在决定是否承接业务前，一定要科学、全面地评估潜在风险，如果风险超出了可承受范围，应当果断放弃对利润的追求。

素质园地 2-3

价值探索：风险防控　价值观念

评论以下观点是否正确，如果错误，错在哪里：

（1）"我们是商业性小微信贷机构，不追求利润怎么生存？先把贷款放出去再说。"

（2）"公司对我们业绩考核压力很大，每个月都要求我们新增投放贷款，这个月的月底要是还放不出款项，我当月的奖金就泡汤了。风险控制差不多就行了，抓紧放贷最要紧。"

（3）"这些客户风险虽然大些，但是富贵险中求啊，不是吗？我们不给发放贷款，自然有其他机构抢着放，不能眼睁睁地看着客户流失！"

（四）事前风险防控理念

风险事件的发生有从潜伏到触发的过程。小微信贷工作人员应当从风险源头开始，对潜在风险进行认真科学的识别、评估，并及时地反馈汇报，以便帮助小微信贷机构尽可能在风险事件触发之前作出正确的风险管理决策，将风险管理工作尽量前移，防患于未然。风险的识别、评估以及防范工作固然需要耗费一定的人力、物力，但如果风险事件已经发生，损失已经出现，即使事后能通过风险处理来补救，其耗费的成本也只会更高。因此，小微信贷从业者一定要树立事前风险防控的理念，明白事前防控比事后补救更重要的道理。

素质园地 2-4

价值探索：风险防控

评论以下观点是否正确，如果错误，错在哪里：

（1）"客户最近订单量出现下降？没关系，只要还能正常还款就行。"

（2）"审贷会那帮专家就是胆子太小！凡事都有风险，哪那么容易就转化成损失啊？放贷后做好风险防控就好啦。"

（五）风险管理的责任感

责任心决定执行力。对于小微信贷机构来说，每一笔贷款的正常收回都非常重要。每一位信贷从业人员都是防范信贷风险的重要防火墙，从业人员只有清晰认识并自觉树立强烈的风险管理责任感，践行"风险管理从我做起，从小事做起"的理念，始终牢记所肩负的为公司把控风险的使命，在面对复杂的市场经济环境时，才能勇于担当、善于思考，将风险管理工作执行到位。

素质园地 2-5

价值探索：风险防控　职业道德

评论以下观点是否正确，如果错误，错在哪里：

（1）"客户有贷款逾期情况？这种事情很正常啦，过两天他就会过来还款了。"

（2）"贷款催收这些工作，意思一下就可以了，客户没有还款能力我也没有办法啊。"

（六）正确的金钱价值观和强烈的自律意识

小微信贷行业的风险无处不在，同时诱惑也无处不在。从业人员掌握着贷款发放权，自然容易成为不良客户公关贿赂的重点目标。面对大额的资金往来，形形色色的金钱和利益诱惑，从业人员必须树立正确的职业道德观和正确的金钱价值观，才能建立自己面对非法利益的"免疫力"。自身要有强烈的自律意识，要时刻谨防在糖衣炮弹攻击下利令智昏、错误决策。要切记"法网恢恢，疏而不漏"的道理，如果因为一时利欲熏心而与不良客户同流合污，做出违纪枉法的行为，必然要遭受法律制裁，断送自身的职业前途。

行业视窗 2-4
长子农商银行优秀客户经理——李赟

素质园地 2-6

价值探索：风险防控　职业道德

评论以下观点是否正确，如果错误，错在哪里：

（1）"这么点礼品，怎么能算贿赂？就算我不收，别人也会收，不收白不收，只要不被发现就行了。"

（2）"只要给他放款就可以抽一部分提成，那么好的事，不干是傻子，至于风险问题，那是风险管理部的事。"

知识自测 2-2

（1）常见的错误风险管理理念有哪些？你能列举出几个吗？

（2）小微信贷从业人员应该树立的风险管理理念包括哪些？

即测即练

项目二重点知识回顾

🐵 学习目标一：认知小微信贷的风险

（1）从广义而言，小微信贷风险是指小微信贷收益的不确定性，亦即该项业务盈利的不确定性和损失的不确定性。从狭义而言，小微信贷风险是指小微信贷资产损失的可能性。

（2）一般地，在小微信贷业务开展过程中，主要面临外部风险和内部风险。外部风险是指由小微信贷机构的外部环境因素所产生的风险，可细分为自然风险、政治经济风险、政策风险、市场风险和信用风险等。内部风险是指由小微信贷机构自身因素所产生的风险，可细分为流动性风险、操作风险和合规风险等。

（3）自然风险是指由于自然界的不规则变化，如地震、水灾、火灾、风灾、雹灾、冻灾、旱灾、虫灾以及各种瘟疫等自然灾害，小微信贷借款人的生产经营受到负面影响，甚至经营困难，进而无法正常还贷的风险。

（4）政治经济风险是指由于借款人所在的国家或区域出现政治冲突、社会动荡或经济衰退等事件，影响了借款人的生产经营和正常还款的风险。

（5）政策风险是指由于小微信贷政策出现调整，或与借款人相关的区域政策、行业政策发生变化，让小微信贷机构面临贷款资产损失的风险。

（6）市场风险是指由于相关市场价格的不利波动，小微信贷机构遭受信贷资产损失或信贷收益降低的风险。小微信贷机构面临的市场风险主要有利率风险、通货膨胀风险和通货紧缩风险。

（7）信用风险是指客户借款后，无法按合同约定还本付息，造成贷款逾期、呆账等问题，并使信贷机构蒙受损失的可能性。信用风险是小微信贷面临的最普遍也是最受业界关注的风险。

🐵 学习目标二：树立正确的信贷风险管理理念

（1）小微信贷业务面临着诸多风险，小微信贷机构及其从业人员的错误风险管理理念很可能会带来巨大的损失，而现实中常见的错误风险管理理念主要有以下几类：重视局部或个案，缺乏全面的分析；风险管控缺乏部门协调性；盲目追逐利润，轻视对风险的防范；重视事后管理，轻视事前防范。

（2）信贷人员应当树立的风险管理理念包括：全面风险管理意识、全员风险管理理念，正确的风险利润观，事前风险防控理念，风险管理的责任感，正确的金钱价值观和强烈的自律意识。

第二篇

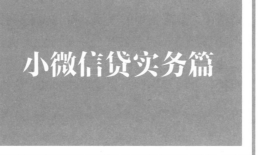

小微信贷实务篇

项目三　介绍小微信贷产品

项目目标

知识目标

- 能阐述小微信贷基本条款的含义。
- 能分辨小微信贷的产品类型。
- 能解析商户经营贷、农户经营贷等个人小微信贷的含义。
- 能解析小微企业流动资金贷、固定资产贷等小微企业信贷的含义。

能力目标

- 能完成不同还款方式下的贷款利息计算和每期还款金额计算。
- 能清晰介绍常见的个人小微信贷产品的主要产品条款。
- 能清晰介绍常见的小微企业信贷产品的分类及主要产品条款。

价值塑造目标

- 通过了解小微企业、"专精特新"企业在中国的发展情况，更好地体会中华民族的创造精神、奋斗精神、团结精神、梦想精神的内涵，树立实干兴邦的思想理念。
- 通过了解小微信贷服务小微经济、"三农"经济的行业案例，树立用现代普惠金融推动中国小微企业、现代农业发展的情怀志向。
- 通过学习行业法规，辨析行业经营案例，树立遵法守法、合规经营的思想理念。

项目任务

- 任务一　认知小微信贷产品
- 任务二　计算贷款利息和还款额度
- 任务三　介绍个人小微信贷产品
- 任务四　介绍小微企业信贷产品

任务一　认知小微信贷产品

任务要点

● 了解小微信贷产品的基本条款的范畴

● 阐述小微信贷产品每项基本条款的具体含义

"微"课堂　　　"微"讲义

学习情境

小邓经过努力，终于顺利掌握了小微信贷的基础知识。有一天，他的主管将他叫到办公室，语重心长地告诉他，作为一个优秀的小微信贷客户经理，首先需要面向市场开拓信贷业务，在拓展业务的时候，很关键的一点，就是要能向客户准确无误地介绍信贷产品的各个条款！例如：贷款资金的用途、期限、申请条件，以及贷款的利息、每期应还的额度等。经过金融创新，信贷机构针对不同的群体、不同的用途，开发了各式各样的贷款产品，不同产品的条款是不一样的，所以，在介绍产品时，一定要明确每项产品的具体条款内容哦！

课前思考

（1）你知道小微信贷的产品有哪些种类吗？

（2）小微信贷产品的基本条款有哪些？这些基本条款的具体含义是什么？

一名新任职的小微信贷客户经理通常会有这样的疑问：在向客户介绍小微信贷产品时，应该向其介绍哪些内容呢？哪些条款是客户必须知道的呢？

让我们一起来看看下面一款产品介绍。

拓展阅读 3-1　招商银行"生意贷"产品介绍

"生意贷"是招商银行专门为小微企业、个体工商户推出的用于解决中短期经营资金周转、日常支付结算和财务管理问题的综合金融服务产品。贷款主体是 POS（销售终端）商户经营者，合法生产、经营的中小企业主、个体工商户等自然人，无法提供房产抵押或其他担保。具体产品条款如图 3-1 所示。

贷款额度	• 1.00万~150.00万元
贷款利率	• 月利率0.63%~0.70%
贷款期限	• 1~12个月 • 可灵活选择
贷款用途	• 短期资金周转，满足小微企业、个体工商户的日常经营资金需求
担保方式	• 纯信用无抵押贷款

图 3-1　招商银行"生意贷"产品条款

申请条件：

1. 年龄：年龄≥18周岁；年龄＋贷款年限≤70。

2. 户籍：具有合法有效的身份证明（原则上要求必须为境内人士）。

3. 工作经历：有贷款用途所对应行业2年以上（含）持续成功自主经营经验。

4. 负债要求：家庭资产负债率≤70%，家庭净资产≥50万元，且家庭净资产贷款覆盖倍数≥1（若保证人担保：申请人家庭＋担保人家庭的净资产贷款覆盖倍数≥1），授信金额≤销售收入的20%；单个借款人经营贷款额度≤500万元。

5. 征信要求：信用记录二级以上（含），无记录视同满足条件。

6. 保证方式：保证人信用二级以上，且不低于申请人信用级别；保证人家庭净资产≥借款人家庭净资产。

7. POS记录：申请人提供的POS收单交易流水记录在1年以上，且流水每月连续、无间断；近6个月的月均POS收单金额不低于10万元；申请人提供的POS收单交易流水已加盖收单账户银行业务章；收单POS入账流水符合申请人实际经营情况，对于不符合申请人实际经营情况的交易流水要予以剔除。

申请材料：

1. 身份证明：身份证、户口簿。

2. 婚姻证明：结婚证或离婚证、单身具结书、未婚声明。

3. 当地居住证明：近3个月固定电话或水、电费缴费单据。

4. 经营资格证明：营业执照、公司章程及验资报告、企业工商登记信息查询单、贷款卡（个体工商户：营业执照）及财务报表（可选）。

5. 经营状况证明：销售业务合同或近3个月银行对账单或流水、现场照片。

6. 财力证明：家庭及企业金融资产、非金融资产证明及收入证明等。

7. 用途证明：购销合同、租赁协议、合作协议或增值税发票等。

一般来说，客户在了解小微信贷产品时，关心以上条款内容。

资料来源：招商银行生意贷[EB/OL].（2022-12-17）. https://baike.baidu.com/item/招商银行生意贷/5000094?fr=aladdin.

信贷产品是由若干条款构成的，在向客户介绍信贷产品时，一般需要介绍他们比较关心的基本条款：贷款对象与用途、申请条件、贷款金额、贷款利率、贷款期限、担保方式和还款方式等。另外，放款之前还需提醒客户贷款的结息日、还款日以及罚息等细节问题。

一、贷款对象与用途

贷款产品面向哪类客户群体发放？资金用途是什么？

小微信贷服务的对象有个体工商户、农户、小微企业和小微企业主等。故按照客户群体，小微信贷可分为个人小微信贷和小微企业信贷，进一步而言，个人小微信贷又可分为商户小微信贷和农户小微信贷等。

按照贷款资金的用途，小微信贷可分为商用房贷、商用车贷、流动资金贷和固定资产购置贷等，如图3-2所示。

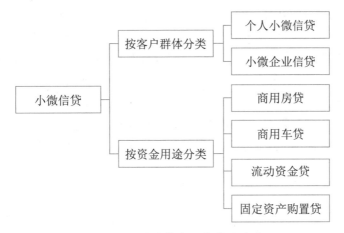

图 3-2 小微信贷产品的常见分类

二、申请条件

申请条件是对贷款申请者的门槛性要求。对个人申请者的常见要求包括年龄、户籍、婚姻状况、收入、资产负债情况、过往征信记录、经营年限等。对企业申请者的常见要求包括所处行业、企业规模、收入、资产负债情况、过往征信记录、经营年限等。

三、贷款金额

完整的贷款金额条款包含借款人可贷资金的上、下限。贷款下限是指最少必须申请的贷款额度；贷款上限是最多能申请的贷款额度。一个相关的概念是"实际发放金额"，它指的是信贷机构最终实际批准发放的贷款金额。实际发放额度与以下因素有关：客户的贷款资金需求、客户的资信状况以及信贷机构的贷款政策规定等。

例如，一款小微信贷产品的贷款金额上限是 30 万元，客户实际申请 20 万元，但经客户经理调研、机构评估核定后，仅能予其 15 万元的贷款额度，如果客户同意该贷款方案，那么该笔贷款的实际发放额就为 15 万元。

除了单笔贷款的额度，信贷机构通常还为其客户提供授信额度，即一定期间内可循环使用的贷款额度。提供授信额度的一大好处是当客户在授信期间内需要多次贷款时，无须逐笔报批，从而节约贷款程序的时间。

四、贷款利率

利率是所需支付的利息成本占贷款本金的比率，可按计息频率、计算方式、浮动情况的不同进行分类。

（一）根据计息频率不同划分

利率存在年利率、月利率和日利率之分。通常年利率用百分号表示，月利率用千分号

表示，日利率则用万分号表示。例如：年利率为 12%、月利率 8.5‰、日利率 4.5□。

何为"分""厘""毫"？民间借贷合同或口头传述中，利息可能会用"分""厘""毫"表示，它们分别对应"百分号""千分号""万分号"。1 分 =10 厘，1 厘 =10 毫。

（二）根据计息方式不同划分

利率还可分为单利和复利。单利是指仅对本金计息，利息不计息的增值方式。复利是指不仅本金计息，以前各期所产生的利息之和也要计息的一种增值方式，俗称"利滚利"。

（三）根据浮动情况不同划分

利率有固定利率和浮动利率之分。固定利率是指在借贷期内不做调整的利率。浮动利率是指在借贷期内可定期调整的利率。

在贷款业务中，央行赋予了信贷机构自主选择利息计算公式的权利，但信贷机构须在借款合同中明确说明计息方式。

行业视窗 3-1

央行明确了！所有信贷机构须明示年化利率

素质园地 3-1

央行 2021 年 3 月 31 日发布公告称，为维护贷款市场竞争秩序，保护金融消费者合法权益，所有贷款产品均应明示贷款年化利率。

同时，央行明确了年化利率的计算方式，即贷款年化利率应以对借款人收取的所有贷款成本与其实际占用的贷款本金的比例计算，并折算为年化形式。要求所有从事贷款业务的机构，在网站、移动端应用程序、宣传海报等渠道进行营销时，以明显的方式向借款人展示年化利率，并在签订贷款合同时载明，也可根据需要同时展示日利率、月利率等信息，但不应比年化利率更明显。

央行发布公告之后有财经记者发现，国内大型互联网信贷平台如花呗、借呗、微粒贷、有钱花、京东白条等向客户提供服务时明示了年化利率，从 11% 到 24% 不等。贷款客户只有在网上单击取现额度，进入借款页面，才会显示利率数据。但是在广告语中，一些网络信贷平台还是强调"1 000 元用 1 天只需零点×元"的日利率计算标准。金融业内人士分析指出，一方面是显示日利率比较通俗易懂，另一方面是年化利率水平较高，可能会"吓跑"一些有意贷款的客户。

同时，还有相当多的小额贷款公司玩文字游戏，包括收取加急服务费等，等于继续提高了利率水平。而有些急于偿还银行贷款的买房人通过此类公司借款也就等于认可了这些费用。业内人士指出，如果能够加强市场监管，对不明示的机构加大处罚力度，将有助于更好地保护金融消费者的权益。

资料来源：央行：所有贷款产品必须明示贷款年化利率 有的机构依然还在玩文字游戏 [EB/OL].（2021-04-08）. http://www.hebmoney.com/index.php?a=news_x&m=News&tt=31012.

价值探索：尊法守法 合规经营

请阅读以上案例以及行业视窗 3-1，并思考：

（1）为什么有些小微信贷机构倾向于对借款人展示贷款产品的月利率或日利率，而非年化利率？

（2）这种做法违反了哪些相关规定？有什么危害？

五、贷款期限

贷款期限是指贷款起止日期的间隔，即贷款人将贷款发放给借款人到合约规定的贷款收回日这一段时间的期限。贷款期限也是借款人对贷款的实际使用期限。按期限的长短，贷款可分为短期贷款、中期贷款和长期贷款，如图 3-3 所示。

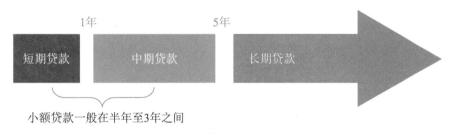

图 3-3　贷款期限示意图

短期贷款是指期限在 1 年或者 1 年内（3 个月以上、6 个月以下为临时贷款）的贷款。其特点是期限短、风险小、利率高，主要用于满足借款人对短期资金的需求。

中期贷款是指期限在 1 年以上（不含 1 年）、5 年以下（含 5 年）的贷款。

长期贷款是指期限在 5 年以上（不含 5 年）的贷款。其特点是期限长、利率高、流动性差、风险较大。

考虑到小微信贷客户群体的特点，目前小微信贷的期限通常在半年至 3 年之间，具体期限根据客户实际资金需求及资金周转情况而定，也可采用灵活期限。比如，小微信贷机构可根据客户的信用情况，提供授信有效期，限定贷款额度，客户在此期间有资金需要便可在贷款额度以内随时借款，有资金结余则可随时还款，节省利息支出，手续简便。

六、担保方式

担保是克服借贷双方信息不对称① 问题的有效手段。按照担保方式，小微信贷可以分为信用贷款、担保贷款和票据贴现三类，如图 3-4 所示。

---

① 信息不对称是指在市场经济活动中，各类人员对有关信息的了解是有差异的，掌握信息比较充分的人，往往处于比较有利的地位，而信息贫乏的人，则处于比较不利的地位。在信贷业务中，信贷机构无法完全了解贷款客户，对其偿债能力和偿债意愿的判断会弱于贷款客户对于自身的判断。

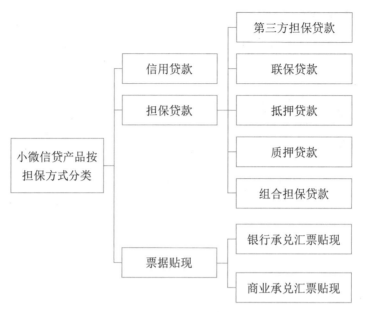

图 3-4　小微信贷产品按担保方式分类

（一）信用贷款

信用贷款是指完全凭借款人的信誉而发放的贷款，其最大特点是不需要担保，因而在其他条件相同的情况下，信用贷款风险较大。如果客户具备较强的资金实力，信用状况足够良好，小微信贷机构可能不需要客户提供任何担保即可发放贷款。此外，以服务缺乏担保条件的客户群体为出发点的小微信贷机构，也可能选择更多地发放信用贷款。

（二）担保贷款

小微信贷机构在发放贷款时，可能要求借款人对所借款项提供相应担保，即借款人应提供的用作还款保证的"第二还款来源"。

担保贷款是指借款人或第三方依法提供担保而发放的贷款。担保方式是指担保人用以确保债权实现的条件和手段。常见的担保方式有以下几种。

1. 保证贷款——人的担保

保证贷款是以第三方承诺为担保，在借款人不能偿还贷款时，第三方按约定代为偿债而发放的贷款。

保证责任包括一般保证责任和连带保证责任，故保证也分为一般责任保证和连带责任保证。连带责任保证中[1]，保证人在法律意义上放弃了可享有的先诉抗辩权，简单来说就是，债务人在借款合同规定的债务履行期届满没有履行债务时，保证人即要承担连带债务责任。因此，与一般责任保证相比，连带责任保证方式中保证人的责任较重，这有助于保护债权人的利益，故信贷机构通常只接受保证人提供连带责任保证。

联保是一种常用的连带责任保证方式。联保贷款为三户（含）以上相互熟悉、自愿

---

① 依照我国法律，当事人对保证方式没有约定或者约定不明确的，按照连带责任保证承担保证责任。成立一般保证则要特殊约定，这事实上加重了保证人的责任。

组成联保体的借款人相互进行连带责任保证而对其发放的贷款。联保可以发生在个体工商户、农户或私营企业、有限责任公司等借款人之间，它是建立在成员之间相互信任和监督的基础之上的。一个小组成员是否偿还贷款还会影响小组所有成员再次贷款的可得性。

活动拓展 3-1

保证人是否享有"先诉抗辩权"，区别了一般责任保证和连带责任保证。请查找相关法律资料，理解先诉抗辩权的意义。

2. 抵押贷款——财产担保

抵押贷款是指以借款人或第三方的财产作为抵押担保而发放的贷款。债务人或者第三方将抵押财产作为债权的担保，不转移抵押财产的占有权。当债务人不履行债务时，债权人有权依照《民法典》的规定以抵押财产折价或者以拍卖、变卖该财产的价款优先受偿。

3. 质押贷款——财产担保

质押贷款是指以借款人或第三方的动产或财产权利作为质押担保而发放的贷款。债务人或者第三方将动产或者财产权利作为债权的担保，将其动产移交债权人占有，或者将其财产权利交由债权人控制。当债务人不履行债务时，债权人有权依照《民法典》的规定以该动产或者财产权利折价，或者以拍卖、变卖该动产或者财产权利的价款优先受偿。

4. 一些不常见的担保方式

根据《民法典》的规定，担保方式还有留置和定金。

留置：债权人按照合同约定占有债务人的动产，债务人不按照合同约定的期限履行债务的，债权人有权按照规定留置该财产，以该财产折价或者以拍卖、变卖该财产的价款优先受偿。

定金：当事人可以约定一方向对方给付定金作为债权的担保。债务人履行债务后，定金应当抵作价款或者收回。给付定金的一方不履行约定的债务的，无权要求返还定金；收受定金的一方不履行约定的债务的，应当双倍返还定金。

拓展阅读 3-2 《民法典》对抵押物和质押物范畴的相关规定

1）可作为抵押物的财产

《民法典》第三百九十五条规定，债务人或者第三人有权处分的下列财产可以抵押：

（1）建筑物和其他土地附着物；

（2）建设用地使用权；

（3）海域使用权；

（4）生产设备、原材料、半成品、产品；

（5）正在建造的建筑物、船舶、航空器；

（6）交通运输工具；

（7）法律、行政法规未禁止抵押的其他财产。

抵押人可以将前款所列财产一并抵押。

2）不可作为抵押物的财产

《民法典》第三百九十九条规定，下列财产不得抵押：

（1）土地所有权；

（2）宅基地、自留地、自留山等集体所有土地的使用权，但是法律规定可以抵押的除外；

（3）学校、幼儿园、医疗机构等为公益目的成立的非营利法人的教育设施、医疗卫生设施和其他公益设施；

（4）所有权、使用权不明或者有争议的财产；

（5）依法被查封、扣押、监管的财产；

（6）法律、行政法规规定不得抵押的其他财产。

3）可作为质押物的财产

可作为质押物质押的，主要有以下几类：

（1）动产质押，动产质押物主要包括：易变现、易保值、易保管，出质人享有的，并且可以流通、转让的所有权或依法处分权；

（2）金钱质押，就是以保证金等形式特定化的金钱质押；

（3）权利质押，权利质押主要包括以下几类：

①汇票、本票、存单；

②国债、金融债券、大企业债券；

③股份、股票；

④依法可以质押的具体有现金价值的人寿保险单；

⑤依法可以转让的商标专用权、专利权、著作权中的财产权；

⑥依法可以质押的其他权利。

5. 组合担保贷款

组合担保贷款是指同时采取保证、抵押、质押中两种或多种担保方式的贷款。

活动拓展 3-2

请收集资料，举例说明你所在区域的小微信贷产品担保方式主要有哪些，不同的担保方式针对哪些客户群体。

信用贷款产品——个体工商户、农户、小微企业、小微企业主等。

抵质押贷款产品——拥有独立产权房产及符合条件动产的个体工商户、农户、小微企业主等。

联保贷款产品——个体工商户、农户和小微企业主等。

……

（三）票据贴现

票据贴现是指资金的需求者，将自己手中未到期的票据卖给信贷机构，要求变现的业务，信贷机构收进这些未到期的票据，按票面金额扣除贴现日至到期日的利息（又称为贴息）后将现款付给贴现申请人，票据到期时再向出票人收款。根据贴现票据的不同，贴现一般可分为银行承兑汇票贴现和商业承兑汇票贴现，根据利息支付者的不同，贴现又可分为买家付息贴现、卖家付息贴现和协议付息贴现。

银行承兑汇票贴现是指当企业有资金需求时，持银行承兑汇票到信贷机构按一定贴现率申请提前兑现，以获取资金的一种融资业务。在银行承兑汇票到期时，信贷机构则向承兑银行提示付款，并对贴现申请人保留追索权。商业承兑汇票贴现是指当企业有资金需求时，持商业承兑汇票到信贷机构按一定贴现率申请提前兑现，以获取资金的一种融资业务。在商业承兑汇票到期时，信贷机构则向承兑企业提示付款，并对贴现申请人保留追索权。

在卖方办理票据贴现业务时，如果贴息由商品交易的买家来承担，那么这种贴现称为买家付息贴现；如果贴息由商品交易的卖家承担，则称为卖家付息贴现；也可以是买卖双方协商，各自承担一定比例的贴息成本，则称为协议付息贴现。

七、还款方式

常见的还款方式有分期还款法以及一次性还本付息法。其中，分期还款法又有等额本息法、等额本金法和先息后本法，如图 3-5 所示。

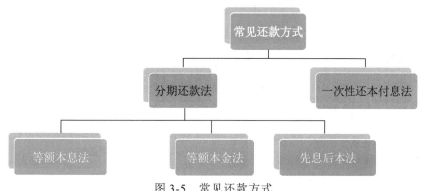

图 3-5　常见还款方式

（一）等额本息法

等额本息法下，将贷款的本金总额与利息总额相加，然后平均分摊到还款期限中的每一期（如每周、旬、月、季），每期的还款额是固定的。还款额中的本金比重逐期递增、利息比重逐期递减。等额本息法是运用最为普遍的还款方式。

（二）等额本金法

等额本金法下，将贷款本金分摊到每一期内，要求借款人每期偿还同等数额的本金以及期初贷款余额在该期产生的利息。这种还款方式相对等额本息法而言，借款人的利息成本总体较少，但是前期支付的本金和利息较多，因此还款负担在前期较重，后期逐期递减。等额本金法计算简便，实用性很强。

（三）先息后本法

借款人在借款期内只需定期支付贷款本金产生的利息，到期再归还本金。这里的定

期支付利息，可以是按月支付利息，也可以是按季支付利息，但是以按月支付利息最为常见。先息后本的还款方式可以大大缓解借款人的还款压力，提高贷款资金的实际使用效率。

（四）一次性还本付息法

一次性还本付息法也叫"利随本清"，借款人在贷款期内不还本息，而是贷款到期后一次性归还本金和利息。这种还款方式能最大限度地确保借款人的资金使用效率，但对于信贷机构而言则意味着较大的信贷风险，所以这种还款方式一般只适用于短期或超短期的贷款产品。

此外，信贷机构还提供其他还款方式，如"随借随还"。随借随还一般指信贷机构给个人授信一定的额度，在这个额度内可以随时借钱也可以随时还钱，还款一般没有时间限制，但存在最长还款期限，随借随还产品一般按天计算利息，借的钱越多产生的利息也越多，有闲钱时可以及时还款，还款后利息停止计算。

活动拓展 3-3

请收集信息，了解小微信贷的还款方式都有哪些，并对其特点及优劣势进行比较，参照已给出的范例填写表 3-1。

表 3-1　小微信贷的还款方式对比

还款方式	特　点	优　势	劣　势
例： 等额本息	每期还款额固定，还款额中的本金比重逐期递增、利息比重逐期递减。适合收入稳定的群体	每月还款额相等，方便借款人安排资金支出	利息总支出较高
例： 等额本金	前期支付的本金和利息较多，后期利息逐月递减。适合贷款前期收入较高的群体	总还款利息相对较少，节省借款人利息支出	还款开始阶段还款额较高

知识自测 3-1

（1）小微信贷产品的基本条款有哪些？

（2）按照贷款对象、资金用途、担保条件等不同，小微信贷产品分别可做怎样的分类？

（3）请描述保证、抵押和质押的含义，并列举常见的抵押物和质押物。

八、结息日和还款日

结息日是信贷机构计算客户应还本息并将其入账的日期。一般地，如果贷款是按季度偿还的，结息日是季度末月的 20 日，如果贷款是按月度偿还，则结息日是每个月的 20 日。

依据《中国人民银行关于人民币存贷款计结息问题的通知》（银发〔2005〕129 号），计息公式由信贷机构自行制定并提前告知客户，客户一般不参与计息方式的制定。但在市场经济中，客户有权选择是否接受计息方式并最终与信贷机构达成协议。

还款日则是信贷机构要求借款人偿还当期借款本息的最终日期。信贷机构会在合同中提前约定具体还款日，并在还款日之前通过短信、邮件等方式提醒客户准备好还款资金。

九、罚息

罚息是指当借款人违反借贷双方约定，逾期还款或挪用贷款资金时，信贷机构对客户收取的惩罚性利息。其中，逾期还款是指客户不能按合同约定的日期还本付息的情况；挪用贷款资金是指客户不按合同约定使用借款的行为。

罚息利率水平由信贷机构根据央行有关规定确定。我国关于罚息利率水平以及计算方法的规定，来自 2003 年的《中国人民银行关于人民币贷款利率有关问题的通知》（银发〔2003〕251 号）。根据央行规定，罚息幅度为贷款合同约定利率的 0.3 倍至 1 倍之间，具体可由信贷机构根据罚息产生原因而自行确定，但必须事先在贷款合同中注明相关事项。

拓展阅读 3-3　我国央行对贷款罚息计算的相关规定

逾期贷款罚息利率，为在借款合同载明的贷款利率水平上加收 30%～50%；借款人未按合同约定用途使用借款的罚息利率，为在借款合同载明的贷款利率水平上加收 50%～100%。

对逾期或未按合同约定用途使用借款的贷款，从逾期或未按合同约定用途使用贷款之日起，按罚息利率计收利息，直至清偿本息为止。对不能按时支付的利息，按罚息利率计收复利。

资料来源：中国人民银行关于人民币贷款利率有关问题的通知 [Z]. 银发〔2003〕251 号 .

即测即练

任务二 计算贷款利息和还款额度

任务要点

- 理解贷款利率的多种分类
- 完成不同计息方法对应的贷款利息的计算
- 完成不同还款方式对应的还款额度的计算

"微"课堂   "微"讲义

学习情境

小邓经过学习已经对信贷产品的基本条款有了足够认识，但是最近他有了新的困惑。那就是客户在向他咨询业务的时候，总是非常关心资费问题，例如他们经常会问到贷款利息是多少，每期还款额度是多少的问题，每次回答这种数字问题他都有些手忙脚乱，那些计算公式有时候让他眼花缭乱的，一不小心就搞错。为此，主管认为他有必要对小微信贷的利息计算和还款额度计算进行系统学习，熟练掌握计算方法，面对客户咨询的时候才能胸有成竹、从容应对。

课前思考

（1）你知道小微信贷的利率有哪些分类吗？

（2）小微信贷产品的计息方法有哪些？

（3）小微信贷业务的还款额度是怎么计算出来的？

一、计算贷款利息

（一）年利率、月利率和日利率的换算

年利率与月利率、日利率的换算公式为

$$年利率 = 月利率 \times 12 = 日利率 \times 360 \qquad (3\text{-}1)$$

其中，年利率常用百分号表示，月利率常用千分号表示，日利率则用万分号表示。例如：年利率为 12%，月利率 10‰，日利率 5‱。

（二）单利计息法和复利计息法

1. 单利计息法

单利计息法公式为

$$I = P \times i \times N \qquad (3\text{-}2)$$

式中，I 为贷款利息；P 为贷款本金；i 为利率水平，可以是年利率、月利率或日利率；N 为贷款期限，单位可以是年、月或日。

计算利息时，对贷款期限的核算，一般采取"算头不算尾"的方法，即借款当天起算计息，还款当天不计息。

例如，1月1日借款，1月5日还款，那么1月1日计息，1月5日不计息，贷款期限为4天。

2. 复利计息法

复利计息法公式为

$$I=P×（1+i）^N-P \qquad\qquad (3\text{-}3)$$

式中，I 为贷款利息；P 为贷款本金；i 为利率水平，可以是年利率、月利率或日利率；N 为贷款期限，单位可以是年、月或日。

需要特别注意的是，无论是单利计息还是复利计息，在套用公式（3-3）时，贷款期限 N 的时间计量单位务必和利率水平 i 的时间计量单位保持一致。

复利利息多于单利利息。同样的贷款本金和利率水平，复利计息得到的利息金额要高于单利计息。

例题 3-1　贷款本金 10 000 元，年利率为 20%，按单利计息法计息，则：

（1）贷款期限为 2 年时，利息是多少？

（2）贷款期限为 20 个月时，利息是多少？

（3）贷款期限为 100 天时，利息是多少？

解答：（1）10 000×20%×2=4 000（元）

（2）10 000×（20%÷12）×20=3 333.33（元）

（3）10 000×（20%÷360）×100=555.56（元）

还款金额和利息要四舍五入。在实务中，还款额度和利息金额通常精确到分位或个位，视不同信贷机构的具体情况而定。

活动拓展 3-4

（1）若例题 3-1 中，年利率为 12%，月利率和日利率分别是多少？

（2）若一笔贷款，本金 50 000 元，年利率为 15%，贷款期限为 3 年，按单利和复利计息，该客户分别需要偿还多少利息？

（三）积数计息法和逐笔计息法

1. 积数计息法

积数计息法就是按实际天数每日累计账户余额，以累计计息积数乘以日利率计算利息的方法。

积数计息法公式为

$$利息 = 累计计息积数 × 日利率 \qquad\qquad (3\text{-}4)$$

式中，累计计息积数为在贷款期限内每日贷款本金余额的合计数。

例题 3-2　客户申请 5 000 元的临时信用贷款，期限为 5 天，贷款日利率为 5‰。信贷机构允许客户在贷款期限内随时偿还任意额度的贷款本金，到期偿还利息及剩余本金。该客户在此 5 天内的贷款本金余额变化情况如表 3-2 所示。如果该信贷机构按积数计息法计息，那么该笔贷款利息金额是多少？

表 3-2　贷款本金余额变化情况　　　　　　　　　　　　　　　元

日　　期	客户对本金的偿还	贷款本金金额
第 1 天	0	5 000

续表

日　　期	客户对本金的偿还	贷款本金金额
第 2 天	0	5 000
第 3 天	1 000	4 000
第 4 天	1 500	2 500
第 5 天	2 500	0

解答： 利息 =（5 000+5 000+4 000+2 500+0）×5‱=8.25（元）

2. 逐笔计息法

逐笔计息法是按预先确定的计算公式逐笔计算利息的方法。采用逐笔计息法时，信贷机构在不同情况下可选择不同的计息公式。具体有三个计息公式。

（1）计息期为整年或整月的，其公式为

$$利息 = 本金 × 年（月）数 × 年（月）利率 \tag{3-5}$$

（2）计息期有整年（月）又有零头天数的，其公式为

$$利息 = 本金 × 年（月）数 × 年（月）利率 + 本金 × 零头天数 × 日利率 \tag{3-6}$$

（3）将计息期全部转换为实际天数计算利息，其公式为

$$利息 = 本金 × 实际天数 × 日利率 \tag{3-7}$$

其中，实际天数每年为 365 天（闰年 366 天），每月为当月公历实际天数。

这三个计算公式实质相同，但由于年利率和日利率转换时，信贷机构将一年只按 360 天算，但在计算实际贷款期限时，又会将一年按 365 天计算，因此得出的结果会稍有偏差。

例题 3-3　有客户申请贷款 10 000 元，期限为 1 年，贷款年利率为 18%，请用逐笔计息法计算该客户应支付的贷款利息。

解答： 若用式（3-5）计息，应付利息 =10 000×1×18%=1 800（元）

若用式（3-7）计息，应付利息 =10 000×365×（18%÷360）=1 825（元）

通过例题 3-3 我们可以看出，逐笔计息法的几个公式计算结果之间存在的细微差异。

活动拓展 3-5

客户申请贷款 10 000 元，期限为 1 年零 5 天，贷款年利率为 18%，请用逐笔计息法计算该笔贷款的利息。

（四）罚息的计算

罚息利率水平由信贷机构根据人民银行有关规定确定。我国关于罚息水平确定以及计算方法的规定，来自 2003 年的《中国人民银行关于人民币贷款利率有关问题的通知》（银发〔2003〕251 号）文件。

例题 3-4　客户借款 30 000 元，借款日为 2022 年 1 月 1 日，期限为 1 年，合同关于利息计算的条款如下：

利息的计算：借款人每月还息额 = 当月贷款余额 × 贷款天数 × 日利率；

利率执行：15%。

逾期贷款和挪用贷款的罚息依逾期或挪用的金额和实际天数计算。逾期贷款的罚息利率按本合同约定利率上浮 50%，挪用贷款的罚息利率按本合同约定利率上浮 60%；浮动利率贷款逾期或挪用后遇人民银行调整基准利率的，贷款人有权相应调整本合同罚息利率，自人民银行利率调整日起适用新的罚息利率。

由于经营不善，资金周转不灵，该客户到 2022 年 12 月 31 日尚有 3 000 元本息无法按期偿还。最终该笔款项经过催收，客户在 2023 年 1 月 25 日前来还款。请问该客户在当天需要偿还的罚息是多少？

解答：罚息利率 =10%×（1+50%）=15%；

贷款逾期天数按照"算头不算尾"的核算方法，从 2012 年 12 月 31 日起算，至 2023 年 1 月 25 日，共 25 天。罚息 =3 000×25×（15%/360)=31.25（元）。

（五）结息日利息的计算

在结息日，信贷机构的计算机会自动计算客户应缴纳的利息并入账。一般而言，每个月或者每个季度末月 20 日为结息日，对应的利息支付日为每个月或每个季度末月的 21 日。那么结息日时利息是如何计算出来的呢？

例题 3-5 客户借款 30 000 元，借款日为 2022 年 1 月 1 日，期限为 1 年，合同关于利息计算的条款如下：

利息的计算：借款人每月还息额＝当月贷款余额 × 贷款天数 × 日利率。

利率执行：10%。

本合同项下的贷款按下列第（2）种方式结息，贷款最后到期时利随本清。结息日为每月的 20 日。

问：（1）若期间客户并无还款，在 2022 年 1 月 20 日，其应计月利息为多少？

（2）若客户在 2022 年 1 月 31 日归还本金 5 000 元，那么在 2022 年 2 月 20 日，其应计月利息为多少？

解答：（1）1 月 1 日至 1 月 20 日，共 20 天（提示：由于客户在此日并未偿还贷款，此处不适用"算头不算尾"的期限核算规则），1 月份的贷款余额为 30 000 元。

按照合约规定的计息公式：

$$应付利息 = 30\ 000×20×（10\%/360) =166.67（元）$$

（2）从 1 月 21 日至 1 月 30 日，共 10 天，贷款余额为 30 000 元，故

$$利息 = 30\ 000×10×（10\%/360) =83.33（元）$$

从 1 月 31 日至 2 月 20 日，共 21 日，贷款余额为 25 000，故

$$利息 = 25\ 000×21×（10\%/360) =145.83（元）$$

2 月 20 日电脑计算的应付利息为

$$应付利息 = 83.33+145.83=229.16（元）$$

例 3-5 中的结息日利息计算可说是对逐笔计息法的灵活运用。

活动拓展 3-6

客户借款 20 000 元，期限 2 年，按年还款，一年结息一次，按单利计息，并实行浮动利率。第 1 年利率 15%，客户在年底除了利息之外，还偿还了 15 000 元本金。第 2 年

利率调整为 20%，请问第 2 年年末客户应还的利息是多少？

（六）名义利率、实际利率和有效利率

名义利率是借款合同上规定的每期利率，如月息 2% 或年息 24%。我们已经知道，在同一个名义利率下，还款方式不同，借款人的成本可能完全不同。

实际利率是指剔除了通货膨胀率后的利率，衡量实际购买力的增值。

有效利率则在利息之外，还考虑了其他实际财务费用，并且是以真实的贷款余额（非本金，而是借款人手中实际的贷款余额，是会随着本金的偿还而减少的）为基数计算出的利率，它衡量了实际的借款成本。影响有效利率高低的因素包括还款方式、还款进度、佣金、手续费和强制储蓄等。

小微信贷机构通过对不同贷款条件的组合设计，可能造成比名义利率高得多的有效利率。以下做法会增加借款人所负担的实际费用，同时增加信贷机构从贷款余额中获得的实际收入。[①]

（1）按照贷款的初始额度计算利率，而不是按照分期偿还本金后实际留在借款人手中的递减余额来计算，这种方法为固定利息支付。

（2）要求在贷款开始时支付利息，还款先抵偿整个贷款期间会产生的利息（不论利息是否已发生），再抵偿本金。

（3）除利息外，再额外收取佣金或手续费。

（4）以月利率报价，但按星期收本金和利率，每四星期算为一个月。

（5）要求将贷款的一部分作为强制储蓄或调整余额存放在信贷机构里。

二、计算还款额度

还款额度是借款人在特定还款日应还本息之和。还款额度的大小与贷款的诸多因素相关，包括本金、期限、利率、还款方式等。其中，还款方式的差异会导致还款额度计算方法的不同。以下介绍几种常见还款方式对应的还款额度计算。

1. 一次性还本付息法

该还款法对应的期末还款额度有如下两种计算方法。

1）单利计息法

在单利计息法下，期末还款金额公式为

$$期末还款金额 = P + P \times i \times N \tag{3-8}$$

式中，P 为贷款本金；i 为利率水平，可以是年利率、月利率或日利率；N 为时间，单位可以是年、月或日。

2）复利计息法

在复利计息法下，期末还款金额公式为

$$期末还款金额 = P \times (1+i)^{N} \tag{3-9}$$

式中，P 为贷款本金；i 为利率水平，可以是年利率、月利率或日利率；N 为时间，单位可以是年、月或日。

---

① 资料来源：中国银行业协会. 小额信贷 [M]. 北京：中国金融出版社，2012.

例题 3-6　客户借款 50 000 元，期限 1 年，年利率 17%，到期一次性还本付息。请问他期末需偿还的金额是多少？（按单利计算）

解答：期末还款金额 =50 000+50 000×1×17%= 58 500（元）

该客户的还款计划表如表 3-3 所示。

表 3-3　例题 3-6 客户还款计划表　　　　　　　　　　　　　　　　元

日期	归还本金	归还利息	贷款余额
期初	0	0	50 000
期末	50 000	8 500	0

活动拓展 3-7

客户借款 50 000 元，期限 1 年，月利率 12‰，按复利计算，到期一次性还本付息。请问客户期末需偿还的金额是多少？

2. 等额本息法

在等额本息法下，客户每期（通常为每月）需偿还的额度计算公式为

$$每期还款额 = \frac{P \times i \times (1+i)^N}{(1+i)^N - 1}$$ 　　　　（3-10）

式中，P 为贷款本金；i 为每期利率；N 为还款期数。

例题 3-7　客户借款 50 000 元，期限 1 年，年利率为 17%，分 12 个月偿还，还款方式采用等额本息法，那么他每个月需偿还的金额是多少？为该客户编制还款计划表。

解答：贷款对应的月利率 =17%/12=1.416 7%

$$每月偿还金额 = \frac{5\,000 \times 1.416\,7\% \times (1+1.416\,7\%)^{11}}{(1+1.416\,7\%)^{11} - 1} = 4\,560.16$$

该客户的还款计划表如表 3-4 所示。

表 3-4　例题 3-7 客户还款计划表　　　　　　　　　　　　　　　　元

月份	应还金额	应还利息 （期初余额 × 利率）	应还本金 （应还金额 － 应还利息）	贷款余额 （期初贷款余额 － 应还本金）
0	0	0	0	50 000
1	4 560.16	708.35 （50 000×1.416 7%）	3 851.81 （4 560.16-708.35）	46 148.19 （50 000-3 851.81）
2	4 560.16	653.78 （46 148.19×1.416 7%）	3 906.38 （4 560.16-653.78）	42 241.81 （46 148.19-3 906.38）
3	4 560.16	598.44 （42 241.81×1.416 7%）	3 961.72 （4 560.16-598.44）	38 280.09 （42 241.81-3 961.72）
4	4 560.16	542.31 （38 280.09×1.416 7%）	4 017.85 （4 560.16-542.31）	34 262.24 （38 280.09-4 017.85）
5	4 560.16	485.39 （34 262.24×1.416 7%）	4 074.77 （4 560.16-485.39）	30 187.47 （34 262.24-4 074.77）

月份	应还金额	应还利息 （期初余额 × 利率）	应还本金 （应还金额 - 应还利息）	贷款余额 （期初贷款余额 - 应还本金）
6	4 560.16	427.67 （30 187.47×1.416 7%）	4 132.49 （4 560.16-427.67）	26 054.98 （30 187.47-4 132.49）
7	4 560.16	369.12 （26 054.98×1.416 7%）	4 191.04 （4 560.16-369.12）	21 863.94 （26 054.98-4 191.04）
8	4 560.16	309.75 （21 863.94×1.416 7%）	4 250.41 （4 560.16-309.75）	17 613.53 （21 863.94-4 250.41）
9	4 560.16	249.53 （17 613.53×1.416 7%）	4 310.63 （4 560.16-249.53）	13 302.9 （17 613.53-4 310.63）
10	4 560.16	188.46 （13 302.9×1.416 7%）	4 371.7 （4 560.16-188.46）	8 931.2 （13 302.9-4 371.7）
11	4 560.16	126.53 （8 931.2×1.416 7%）	4 433.63 （4 560.16-126.53）	4 497.57 （8 931.2-4 433.63）
12	4 561.29* （63.72+ 4 497.57）	63.72 （4 497.57×1.416 7%）	4 497.57	0
合计	54 723.05	4 723.05	50 000	

* 计算中的四舍五入，导致最后一期还款额与前略有不同。

以上例题印证了：在等额本息法下，还款额中本金比重逐期递增、利息比重逐期递减。

3. 等额本金法

在该还款法下，客户每期（通常为每月）需偿还的额度计算公式为

$$每期还款额 = 每期需偿还的贷款本金 + 期初贷款余额 × 当期利率 \qquad (3-11)$$

其中

$$每期需偿还的贷款本金 = 贷款本金 / 还款期数 \qquad (3-12)$$

由式（3-11）、式（3-12）可知，在等额本金法下，每期的利息会随着贷款余额的减少而逐期递减，在偿还本金额不变的情况下，借款人每期的还款金额也是逐渐减少的。

例题 3-8 客户借款 50 000 元，期限 1 年，年利率为 17%，分 12 个月偿还，还款方式采用等额本金法，那么他第 1 个月和第 2 个月需偿还的金额各为多少？

解答： 该笔贷款对应的月利率 =17%/12=1.416 7%

$$第 1 个月还款金额 = \frac{50\ 000}{12} + （50\ 000-0）×1.416\ 7\% = 4\ 875.02（元）$$

$$第 2 个月还款金额 = \frac{50\ 000}{12} + \left（50\ 000- \frac{50\ 000}{12}\right）×1.416\ 7\% = 4\ 815.99（元）$$

活动拓展 3-8

请根据例题 3-8 中的信息，填写该客户的还款计划表（表 3-5）。

表 3-5 客户还款计划表 元

月 份	应还本金	应还利息	应还本息	贷款余额
0				
1				
2				
3				
4				
5				
6				
7				
8				
9				
10				
11				
12				

通过比较可以发现，在例题 3-6、例题 3-7、例题 3-8 中，客户的贷款金额、期限和利率都是相同的，不同的只是还款方法。请基于对三种还款方法支付的利息总额的比较来判断哪种方法对客户来说最经济划算。

活动拓展 3-9

信贷人员通常使用贷款计算器来计算还款额度和利率，这也是一项必要的技能。因为随着客户借贷金额和借款期限的增加，传统的人工计算方法显然比较吃力，所以信贷机构通常会提供便捷的贷款计算器，只需在页面中输入贷款相关信息，便可轻松进行还款金额、应还本金、应还利息等项目的计算。

你不妨在了解贷款计算原理之后，上网查找和学习使用一下这些贷款计算器，用贷款计算器生成例题 3-7、例题 3-8 中客户的还款计划表。

知识自测 3-2

（1）请解释年利率、月利率和日利率的含义，并说明它们之间的换算关系式。

（2）请解释积数计息法和逐笔计息法的计息思路。

（3）请解释名义利率、实际利率和有效利率三者之间的区别。

（4）请分别解释等额本息法和等额本金法，并说明其各自的优点和缺点。

即测即练

任务三　介绍个人小微信贷产品

"微"课堂　　"微"讲义

学习情境

　　小邓成为小微信贷客户经理以后，主管让他先从简单的个人信贷产品了解起，并告诉他，这类信贷产品虽然比企业信贷产品简单，但是这类信贷业务非常重要。个人小微信贷主要是面向个体商户、小微企业主和农户发放的满足他们生产经营资金需求的信贷业务。因此小邓在接下来的一段时间里，要经常走访这三类客户，与他们保持良好的沟通，做好关系维护，挖掘他们的具体贷款需求，并向他们有针对性地推荐合适的信贷产品。不过，在此之前，小邓必须将银行的相关贷款产品条款学习透彻，以免在向客户推荐介绍时出现差错。他从主管那里拿了好几款产品的说明手册，并认真学习起来。

课前思考

　　（1）为什么我们必须重视个人小微信贷业务的推广？
　　（2）你知道个人小微信贷的产品有哪些种类吗？
　　（3）各类个人小微信贷产品的条款有什么区别？

一、认知个人小微信贷产品

　　个人小微信贷是指贷款机构向从事合法生产经营的自然人发放的，用于购置商用房、商用车等经营性设备，或满足其他经营周转资金需求的贷款。个人借款人是指在中国境内有固定住所、有当地城镇常住户口（或有效居住证明）、具有完全民事行为能力的中国公民。对于小微信贷而言，个人借款人常可分为几类群体：个体工商户、农户、小微企业主等。

（一）发展个人小微信贷业务的意义

　　随着中国经济的发展，无论是城镇还是农村，个人创业致富的热情日益高涨，个体经营者的经营贷款需求增长明显，市场前景广阔。

　　对于信贷机构而言，开展个人小微信贷业务可以为其带来新的收入来源。个人小微信贷具有额度小、分散度高的特点，可以帮助银行分散风险，避免资金过分集中。同时，由于个人小微信贷业务的技术门槛较低，操作相对简单，而且客户资金需求频繁，该业务也成为信贷机构重点发展的业务。

对于国家宏观经济而言，个人小微信贷业务的发展，可以切实帮助更多个体工商户、农户、小微企业主等个人及时获得经营发展所需的资金。因此，该项业务的发展对扩大内需，推动生产，带动相关产业，支持国民经济持续、快速、健康和稳定发展都具有积极的作用。

素质园地 3-2

党的二十大报告提出："坚持和完善社会主义基本经济制度，毫不动摇巩固和发展公有制经济，毫不动摇鼓励、支持、引导非公有制经济发展，充分发挥市场在资源配置中的决定性作用，更好发挥政府作用。""优化民营企业发展环境，依法保护民营企业产权和企业家权益，促进民营经济发展壮大。"这都体现了中国共产党对我国民营经济发展的重视与保护。

发展个体经济，是我们党从改革开放之初就坚决贯彻的重要方针。随着改革开放的历史进程，个体经济恢复发展并不断成长壮大，对经济社会发展起到了重要作用。

第一，个体经济是发展社会主义市场经济的重要力量。个体经济是改革开放的产物，没有改革开放就没有个体经济。同时，个体经济也推动了改革开放，对社会主义市场经济的建立和持续发展功不可没。一是加快了社会主义市场经济的历史进程。党的十一届三中全会以后个体经济得以重生、迅速发展，是我国从计划经济走向社会主义市场经济的重要标志，是社会主义市场经济不可或缺的一部分。1978 年是恢复非公有制经济的重要起点，1992 年邓小平南方谈话后有了更大的发展，党的十八大以来习总书记对非公有制经济发展有了更高的要求。二是推动完善了基本经济制度。个体经济的发展壮大，促进了我们党对社会主义市场经济的认识，党的十五大正式确立了以公有制为主体、多种所有制经济共同发展的基本经济制度。党的十八届三中全会强调，公有制经济和非公有制经济都是社会主义市场经济的重要组成部分，都是我国经济社会发展的重要基础，进一步发展和完善了我国的基本经济制度。三是有力促进了经济社会发展。2021 年，中国日均新增市场主体 7.9 万余户，其中，日均新增企业近 2.5 万户，日均新增个体工商户 5.4 万余户，成为拉动经济增长的重要源头动力。

第二，个体经济是保障和改善民生的重要力量。改革开放以来，个体工商户在繁荣市场、促进就业、创造财富、维护稳定等方面，发挥着越来越重要的作用。一是满足了多样化需求。计划经济时期，社会消费品严重匮乏，短缺经济普遍存在，涉及百姓生活的商品服务供应短缺。在社会主义市场经济下，个体经济数量众多、就业方式灵活的优势充分发挥，在解决群众就业、实现勤劳致富方面聚少成多、积土成山。特别是带动农副产品市场、小商品市场、专业市场大量涌现，搞活了商品流通，繁荣了商业经济，商品服务实现从短缺到充足的根本性转变。二是稳定了社会就业。改革开放以来，我国成功应对了 20 世纪 80 年代知青返乡、90 年代职工下岗和新时期大学生、农民工大幅增加以及化解产能职工分流等就业挑战，其中个体经济起到了"主渠道"和"稳定器"作用。特别是近年来经济下行压力较大，但社会就业不降反增，个体经济功不可没。三是增加了群众收入。截至 2021 年底，全国登记在册个体工商户已达 1.03 亿户，占市场主体总量的 2/3。这是一个历史性突破。其中，九成集中在服务业，主要以批发零售、住宿餐饮和居民服务等业态为主。根据调查显示，个体工商户平均从业人数为 2.68 人，以此推算，全国个体工商户

解决了我国 2.76 亿人的就业，使得越来越多的家庭过上了富裕生活。

资料来源：胡和平省长在全省个体经济发展座谈会上的讲话 [EB/OL].（2017-05-10）. http://www.shaanxi.gov.cn/zfxxgk/fdzdgknr/zcwj/szfwj/sztb/201705/t20170510_1667594_wap.html.

价值探索：金融普惠　实干兴邦

请阅读以上材料，并思考：

（1）为什么我们要大力发展小微信贷，帮助中国个体经济的发展？

（2）中国个体经济发展过程中存在哪些困难？我们应该如何解决？

（二）个人借款人的特点

1. 贷款需求差异大

个体经营客户潜在的资金需求多种多样，包括经营个体生意、发展农业、经营办厂等经营性需求，客户的身份、处境不同，由此产生的资金需求也呈现较大的差异性。

2. 借款人素质差异大

个人借款人身处各行各业，所处的社会层次、具备的学历层次、社会阅历各不相同，对信贷产品的认知也有很大差异。有些客户对信贷产品条款、市场利率、相关法律规定等非常熟悉，有些客户则可能知之甚少，甚至难以理解。客户经理在做产品推广介绍时，对于客户的这种差异性应该给予足够的重视，以免造成不必要的误解。

3. 财务信息比较零散

个人客户跟企业客户不同，没有会计人员为其编制正规的财务报表，其财务信息通常反映在银行存款账户交易流水、水电费缴纳情况、工资收入证明、房产车产凭证、税收缴纳证明、营业收入小票、购销合同等原始凭证中。客户经理通常需要多角度收集这些数据，甚至为客户编制财务报表、计算财务比例，才能确认其财务状况。

4. 客户资信状况和还款能力参差不齐

个人客户中不乏能提供资产抵质押物、收入较高、生意经营良好、素质品行良好的优质客户，但也存在不少无法提供抵质押物、收入水平较低、生意运转不灵、素质较低甚至沾染不良生活嗜好的客户。客户经理应对客户资信状况进行充分调查，多方求证，确保放贷客户具备充足的还款能力和良好的还款意愿。

（三）个人小微信贷的分类

个人小微信贷可从多个维度进行分类。

按借款人不同，个人小微信贷可分为商户经营贷和农户经营贷。

按资金用途不同，个人小微信贷可分为：支持个人购置或装修商用房的商用房贷，支持购置商用车的商用车贷，用作资金周转、采购原材料等日常经营性支出的流动资金贷，购置小型生产设备的固定资产贷。

按贷款期限不同，个人小微信贷可分为：期限为几天或几个星期的临时性贷款，1 年以内的短期贷款，1～5 年的中期贷款，5～10 年的长期贷款。目前，信贷机构推出的小微信贷期限大部分均在 3～5 年，个别产品期限超过 5 年。

按担保条件不同，个人小微信贷可分为：不需任何担保条件的个人信用贷款，需提供抵质押物的个人抵质押贷款，需提供联保小组担保或第三方担保的担保贷款等。

另外，小微信贷的还款方式也多种多样，可一次性还本付息，也可分期偿还。有些信贷机构也推出个人循环额度贷款，通过前期资信状况调查，给客户核定一个贷款额度，并允许客户在贷款额度有效期内随借随还。

（四）个人小微信贷的准入门槛

一般而言，无论是哪类个人客户，在申请小微信贷时，都需要满足以下基本条件。

（1）具有完全民事行为能力的自然人，年龄为18（含）～60周岁（含）。

（2）具有合法有效的身份证明及婚姻状况证明。

（3）具有信贷机构所在地的常住户口或有效居留证件，外国人及港、澳、台居民为借款人的，应在中华人民共和国内地居住满1年并有固定居所和职业，且提供一名当地联系人。

（4）遵纪守法，没有违法行为，具有良好的信用记录和还款意愿，当前无不利的相关民事纠纷和刑事案件责任。

（5）具有稳定的收入来源和按时足额偿还贷款本息的能力。

（6）从事的生产经营活动合规合法，具有合法的经营资格。

（7）具有1～3年的生产经营经验。

（8）贷款具有真实的资金用途。

（9）能提供信贷机构认可的担保条件（信用贷款无须提供）。

（10）在银行开立有个人结算账户，以便还款。

二、介绍个人商用房贷

个人商用房贷是指信贷机构向个人发放的用于购置各类商业用房的贷款。具体而言，商业用房包括各类商店、门市部、饮食店、粮油店、菜场、理发店、照相馆、浴室、旅社、招待所、酒店等从事商业和为居民生活服务所用的房屋，以及办公用房，如写字楼办公室，还包括车库、商住两用房等。

拓展阅读3-4 厂房属于商业用房吗

厂房不属于商业房产，而属于工业用房。工业用房指社会各类物质生产部门作为基本生产要素使用的房屋，是指城市物质生产部门的用房，包括工业、交通运输业、建筑业等部门的厂房、车间、仓库、办公室、实验室及生活服务用房等。

工业用房和商业用房是两种不同类型的房屋，但是工业用房可以作为商业用途。房屋本身没有使用属性，只有土地有使用性质。工业用地理论上讲可以转为商业用地，但实际操作起来很难。若是将工业用房改变为商业用房，必须符合城市总体规划，并经过规划部门批准。

工业用房转成商业用房具体流程如下：

（1）原土地使用者向国土部门申请交回土地，并由原土地使用者委托双方共同认可的评估机构确定补偿价格，对原土地使用者进行补偿。

（2）国土部门根据规划部门出具的原地块调整后新的用途及规划条件，在综合考虑政

府公布的土地出让金标准、土地成本、市场教育参考价格和近期相邻宗地交易价格的基础上，经规划、国土、财政、监察部门集体会审确定土地出让起始价，并由土地交易机构依法组织招拍挂出让。

（3）经招拍挂出让后产生新的土地使用者。新的土地使用者与土地交易机构签订销售确认书，并与国土部门签订土地出让合同，按合同约定缴纳土地出让价款。

（4）土地使用者按土地出让合同缴清全部土地出让价款后，办理土地使用权证。

资料来源：工业厂房是否属于商业用房 [EB/OL].（2022-08-26）. https://www.loupan.com/bk/126810.html.

（一）贷款对象及申请条件

个人商用房贷的对象是具有中华人民共和国国籍、年满 18 周岁，且具有完全民事行为能力的自然人。

借款人申请商用房贷款，除了需满足小微信贷的基本申请条件（详见"认知个人小微信贷产品"）之外，还需具备下列条件。

（1）所购的商用房必须手续齐全、项目合法，并由开发商出示证明。

（2）有购买商用房的合同或协议。

（3）所购商用房价格基本符合信贷机构或其委托的房地产估价机构评估的价格。

（4）必须以自有资金先付清不低于所购商用房全部价款 50% 以上的首期付款，并能提供首付款证明。

（二）贷款用途

该类贷款的资金用途为购置商铺、写字楼办公室等各类商业用房。

（三）贷款额度

个人商用房贷数额最高不超过所购房屋总价或经房地产估价机构评估的所购商业用房全部价款（二者以低者为准）的 50%，具体金额最终根据客户资信状况、还款能力及客户可提供的担保条件而定。

（四）贷款利率

商用房贷款的利率不得低于中国人民银行规定的同期同档次利率的 1.1 倍。

（五）贷款期限

商用房贷款的期限通常不超过 10 年。

（六）担保方式

该类贷款因为贷款额度较高、期限较长，通常需要提供一定的担保条件，具体可包括：

（1）抵押贷款——以借款人或他人名下的房屋、商铺等不动产作为抵押物。

（2）质押贷款——以借款人或他人名下的商品仓单、商铺或土地的承租权（经营权）、未到期的整存整取定期人民币存单等动产或权利作为质押物。

（3）第三方保证——由有足够代偿能力的第三方单位或个人作为偿还贷款本息的保证人提供连带责任担保。

（七）还款方式

该类贷款可采用两种还款方式。

（1）一次性还本付息：到期一次性偿还贷款本息。这种还款法适用于不到 1 年的短期贷款。

（2）分期还本付息：可采用等额本金法或等额本息法。这种还款法适用于期限超过 1 年的中长期贷款。

行业视窗 3-2
中国人民银行商业用房贷款的相关规定

三、介绍个人商用车贷

个人商用车贷是指信贷机构向个人借款人发放的用于购买经营性车辆的贷款。商用车种类较多，主要包括城市出租车、城市公交线路车、客运车、货运车及工程机械车辆（如推土机、挖掘机、搅拌机、压路机、装载机、泵机等）。

（一）贷款对象及申请条件

个人商用车贷的对象是具有中华人民共和国国籍、年满 18 周岁，且具有完全民事行为能力的自然人；外国人及港、澳、台居民为借款人的，应在中华人民共和国内地居住满 1 年并有固定居所和职业，且提供一名当地联系人。

借款人申请商用车贷款，除了需满足小微信贷的基本申请条件（详见"认知个人小微信贷产品"）之外，还需具备下列条件。

（1）所购的商用车必须手续齐全，具有所购车辆的购车合同、车辆保险合同以及借款人经营运输资格证明材料。

（2）除城市出租车外，购买其他客运及货运汽车的借款人，须有符合条件的挂靠运输公司，并提供经运输公司全体股东或董事会签名盖章的承诺书。

（3）借款人单户（含配偶）在信贷机构的个人商用车贷不超过 3 笔（已结清除外）。

（4）必须以自有资金先付清不低于所购商用车全部价款 30% 以上的首期付款，并能提供首付款证明。

（二）贷款用途

该类贷款的资金用途为购买客运车、货运车和工程机械车等经营性车辆。

（三）贷款额度

个人商用车贷数额最高通常不超过所购车辆总价的 70%，具体金额最终根据客户资信状况、还款能力及客户可提供的担保条件而定。

（四）贷款利率

商用车贷款的利率由信贷机构根据中国人民银行规定的同期同档次基准利率结合借款人资信状况和担保条件进行浮动确定。

（五）贷款期限

商用车贷款的期限通常不超过 5 年，其中货运车贷款最长不超过 2 年。

（六）担保方式

该类贷款需借款人提供一定的担保条件，具体担保方式包括：纯车辆抵押、车辆抵押加第三方担保机构担保、车辆抵押加自然人担保、车辆抵押加履约保证保险。

（七）还款方式

该类贷款一般采用分期还款方式，通常为等额本金法或等额本息法。

行业视窗 3-3
渤海银行商用车按揭贷款及工程机械按揭贷款介绍

四、介绍商户经营贷

商户经营贷是指信贷机构向城乡地区从事生产、贸易等活动的个体工商户和小微企业主等个人借款人发放的用于满足其生产经营资金需求的贷款。

（一）贷款对象及申请条件

该类贷款的主要对象为城乡个体工商户和小微企业主等。

借款人申请商户经营贷款，除了需满足小微信贷的基本申请条件（详见"认知个人小微信贷产品"）之外，还需具备下列条件。

（1）有个体工商户营业执照、合伙企业营业执照、个人独资企业营业执照、营运证、商户经营许可证等有效合法的资质证明。

（2）经营实体工商登记正常，成立且实际经营 1 年（含）以上。

（3）在银行办理收单业务，有正常稳定的收单流水。

（4）能提供企业经营情况相关材料，如银行对账单、纳税凭证等。

（5）能提供贷款资金用途证明材料，如合同、订单、发票等。

（二）贷款用途

该类贷款的常见资金用途包括：

（1）借款申请人合法生产经营活动所需的周转资金。

（2）购置或更新经营设备。

（3）支付租赁经营场所租金。

（4）商用房装修，贷款资金必须用于借款人（或配偶）名下所拥有或租赁的商用房装修（对于租赁的商用房，租赁合同必须经当地房地产管理部门备案）。

（三）贷款额度

该类贷款的额度通常为1万～500万元，最终根据具体资金用途、客户资信状况及客户可提供的担保条件而定。

（四）贷款利率

该类贷款的利率根据信贷机构各自的贷款政策，参照人民银行基准利率和相关规定而定。

（五）贷款期限

该类贷款的期限通常为1～2年，最短1个月，最长不超过5年。

（六）担保方式

个别信贷机构对于优质客户会发放无须抵质押物的信用贷款，但这种贷款的额度会相对较低。

大多数信贷机构均要求借款人提供一定的担保，具体担保条件包括：

（1）第三方保证——由1～2名具备代偿能力的自然人或专业担保机构提供连带责任担保。

（2）联保小组担保——由3～6名商户构成联保小组，为贷款提供连带责任担保。

（3）质押贷款——以借款人或他人名下的商品仓单、商铺或土地的承租权（经营权）、未到期的整存整取定期人民币存单等动产或权利作为质押物。

（4）抵押贷款——以借款人或他人名下的房屋、商铺等不动产作为抵押物。

（七）还款方式

该类贷款可采用多种还款方式。

（1）一次性还本付息：到期一次性偿还贷款本息。这种还款法适用于不到1年的短期贷款。

（2）分期还本付息：可采用等额本金法或等额本息法。

（3）分期还息，一次还本：借款期内分次偿还贷款利息，在到期日一次性偿还贷款本金。

（4）随借随还：不少信贷机构为优质的客户推出了可循环使用的经营信贷，首先根据

客户资信状况核定一个授信额度，授信额度有效期通常为 1 年，在额度有效期内借款人可根据自身资金情况，随借随还。

行业视窗 3-4
中信银行商户贷产品介绍

行业视窗 3-5
中国工商银行湖南分行推出"商户贷"为企业发展注入金融活水

五、介绍农户经营贷

农户经营贷是指信贷机构向符合条件的农户发放的用于满足其农业种植、养殖或者其他与农村经济发展有关的生产经营活动资金需求的贷款。

（一）贷款对象及申请条件

农户经营贷全面支持在农村和城郊接合部从事种植养殖、生产加工、商贸流通等一二三类产业的农户，重点支持家庭农场、专业大户等成规模经营客户。所谓农户是指长期居住在乡镇和城关镇所辖行政村的住户、国有农场的职工和农村个体工商户。

其中，种植养殖包括牛、羊、猪、鸡等禽类养殖，以及水稻、玉米、小麦、茶叶、花卉、水果等农作物种植。生产加工包括禽蛋肉奶食品加工、手工作坊、乡村车间等。商贸流通包括经营农家乐、农资店、小卖店、面条馆、理发店、家电维修店、物流配送中心等。

农户经营贷通常以户为单位申请贷款，并指定一名家庭成员作为借款人。申请该类贷款需满足农户经营范畴，并符合小微信贷的基本申请条件（详见"认知个人小微信贷产品"），不同的贷款品种要求略有差别。

（1）商户贷款条件。农户经营商铺、店铺等各种铺面时，需持有市场监督管理部门颁发的合格营业执照等相关资料。

（2）种植养殖户贷款条件。种植养殖规模需满足当地的贷款机构的需求。

（3）农村"三权"贷款条件。这种贷款目前只在部分地区试行，如果当地相关部门许可，则需准备好农村集体经营性建设用地使用权、土地承包经营权、农民住房财产权的证明材料。

（4）其他抵押贷款条件。农户需具有可用于抵押的汽车、房产等信贷机构认可的抵押物。

（二）贷款用途

该类贷款的常见资金用途包括以下几种。

（1）购置农业生产资料，如购买肥料、农药、种子、种苗、饲料等。

（2）购置农机具，如购买耕具、抽水机、脱粒机及其他小型农用机械等。

（3）建设、改造小型农田水利基础设施工程。

（4）工商业经营者的日常流动性资金需要。

（三）贷款额度

该类贷款的额度通常为 1 万～1 000 万元，最终根据具体资金用途、客户资信状况及客户可提供的担保条件而定。

（四）贷款利率

该类贷款的利率根据信贷机构各自的贷款政策，参照人民银行基准利率和相关规定而定。

（五）贷款期限

该类贷款的期限通常为 1～2 年，最短 1 个月，最长不超过 10 年。

（六）担保方式

个别信贷机构对于优质客户会发放无须抵质押物的信用贷款，但这种贷款的额度会相对较低。

大多数信贷机构均要求借款人提供一定的担保，具体担保条件包括：

（1）第三方保证——由 1～2 名具备代偿能力的自然人或专业担保机构提供连带责任担保。

（2）联保小组担保——由 3～6 名农户构成联保小组，为贷款提供连带责任担保。

（3）质押贷款——以借款人或他人名下的商品仓单、商铺或土地的承租权（经营权）、未到期的整存整取定期人民币存单等动产或权利作为质押物。

（4）抵押贷款——以借款人或他人名下的房屋、商铺、农具设备等不动产作为抵押物。

（七）还款方式

该类贷款可采用多种还款方式。

（1）一次性还本付息：到期一次性偿还贷款本息。这种还款法适用于不到 1 年的短期贷款。

（2）分期还本付息：可采用等额本金法或等额本息法。

（3）分期还息，一次还本：借款期内分次偿还贷款利息，在到期日一次性偿还贷款本金。

（4）随借随还：不少信贷机构为优质的客户推出了可循环使用的经营信贷，首先根据客户资信状况核定一个授信额度，授信额度有效期通常为 1 年，在额度有效期内借款人可根据自身资金情况，随借随还。

拓展阅读 3-5　何为个人小组联保贷款

联保贷款是三户（含）以上相互熟悉、自愿组成联保体的借款人相互进行连带责任保证而对其发放的贷款。联保可以发生在个体工商户、农户或私营企业、有限责任公司等借款人之间，它是建立在成员之间相互信任和监督的基础之上的。我国农村信用社广泛采用的农户联保贷款就是典型的例子。

在小组联保贷款中，信贷机构所面对的客户不是单一借款人，而是联保小组这个群体。小组成员掌握彼此较为充分的软信息，能够较为准确地对信用状况作出评判，将风险较高的潜在借款人排除在小组之外，且这种合作关系又对每个成员的诚信履约形成一定的社会压力。基于借款人之间的相互了解和监督，小组联保贷款能帮助信贷机构克服信息不对称的问题，将风险识别责任部分转嫁至客户群体，有效降低贷款的信用风险，降低信贷机构的交易成本。

小组联保贷款的还款激励手段主要有：

责任连带：在一个借款人不能归还贷款本息时，联保小组的其他成员必须代为还款。若任何成员的贷款无法偿还，整个小组将可能就此失去借款资格。

连续放款：信贷机构提供给联保小组的贷款额度起初较小，当联保小组的成员按时足额还款并累积到一定份额时，整个小组的信用额度就可增加。

自治组织：联保小组组成自治组织，明确成员权责，并组织群体活动，增强成员的责任感和合作意识。

然而，小组联保方式也存在一些问题，比如：小组联保的"风险扩散"会在一个成员违约时，造成其他成员的利益受损，当联保小组的一个成员由于缺乏还款责任心、外出、疾病等种种原因而不还贷款时，其他小组成员可能会在替其偿还贷款和让整个联保小组违约之间选择后者，也就是说，那些即使有能力偿还贷款的成员也可能选择放弃还款，从而造成信贷机构更大的损失；联保小组成员之间的同质性往往很高，在遭受系统性风险而使外部环境恶化的情况下，可能同时出现现金周转不灵的问题，丧失履约能力，此时相互担保能起到的作用就非常微弱。

小组联保贷款在业务流程上与个人贷款并无太大差异，本书中不再单独展开阐述，在此仅通过一家信贷机构的相关规定，介绍联保小组的设立、变更和解散程序。

1）联保小组的设立

联保小组按照"自愿组合、递交申请、资格审查、签订合同"四个基本程序设立。

（1）自愿组合。联保小组成员在相互了解、相互信任的基础上，通过自我寻求合作者或有关部门牵线搭桥的方式，自愿达成设立联保小组的意向，并签订联保小组合作协议。

（2）递交申请。向信贷机构递交设立联保小组的申请书。

（3）资格审查。信贷机构对借款人递交的设立联保小组申请书及有关资料进行审查，重点审查设立联保小组及其成员的资格，主要包括：借款人必须在自愿的基础上组成联保小组；原则上，联保小组成员最低不得少于3户，最高不得超过7户；原则上，联保小组成员一次只能参加一个联保小组，不得同时参加两个或两个以上联保小组（包括本信贷机构及其他信贷机构）；联保小组成员不得为同一实际控制人或同一集团下的关联企业；联保小组成员的法律主体资格原则上应相同，尽量选择经营实力相当的成员组成联保小组。

（4）签订合同（《联保协议/合同》）。联保小组成员凭信贷机构对联保小组及其成员资格审查、额度审批的意见，共同签订相关联保协议和合同后成立。

2）联保小组的变更

联保小组成员在达到规定条件的前提下，可以退出联保小组，联保小组也可以按规定的条件吸收新的成员。

（1）联保小组成员的退出。联保小组全体成员清偿信贷机构所有贷款本息后，成员可以在通知联保小组其他成员，并经过信贷机构同意后，自愿退出联保小组。对违反联保合同的成员，应在强制收回其所欠贷款本息和落实连带保证责任后，经联保小组其他成员一致同意和信贷机构审查同意，责令其退出联保小组。联保小组成员减少后，联保小组必须与信贷机构签订相关联保协议和合同。

（2）联保小组成员的补充。符合参加联保小组条件的借款人，经联保小组全体成员一致同意和信贷机构审查同意后，可以补充到联保小组，并重新签订联保协议和合同。

3）联保小组的解散

联保小组成员全部清偿授信额度项下贷款本息等相关债务，经联保小组成员共同协商同意，向信贷机构申请后可以解散。在联保小组任一成员未还清贷款本息之前，联保小组不得解散。

资料来源：中国银行业协会.小微信贷[M].北京：中国金融出版社，2012.

素质园地 3-3

党的二十大提出："全面推进乡村振兴。""全面建设社会主义现代化国家，最艰巨最繁重的任务仍然在农村。""发展乡村特色产业，拓宽农民增收致富渠道。巩固拓展脱贫攻坚成果，增强脱贫地区和脱贫群众内生发展动力。""完善农业支持保护制度，健全农村金融服务体系。"我国农村经济的发展，脱贫攻坚成果的巩固，都离不开农村金融服务体系的健全与完善。用所学的金融知识和业务技能努力推进乡村振兴，也是金融学子应该牢记的历史使命。

中和农信项目管理有限公司（以下简称"中和农信"）是一家专注服务农村小微客户的综合助农机构，宗旨是为县域客群提供方便快捷、经济实惠、安全可靠的贴心服务，通过小额信贷、小额保险、农资电商、农品直采、技术培训等内容，助力他们发展产业、增加收入，早日实现美好生活。

中和农信是一家小微金融服务机构，源于1996年世界银行贷款秦巴山区扶贫项目中创设的小额信贷项目试点。2000年，中国扶贫基金会全面接管该小额信贷项目，并组建

小额信贷项目部。2008 年 11 月，成立中和农信项目管理有限公司，小额信贷项目部转制为公司化运营。2010 年以后，红杉资本、世界银行集团国际金融公司（IFC）、蚂蚁金服、天天向上基金、TPG、仁达普惠等机构先后入股中和农信，为中和农信提供资金、人才和技术等方面的支持。

截至 2019 年底，中和农信在 20 个省设立 345 家分支机构，贷款余额 112 亿元，在贷客户 42 万户，户均余额 2.6 万余元。中和农信小额信贷业务累计放款 341.6 万笔、571.8 亿元，超过 600 多万农村百姓从中受益。

公司愿景： 让乡村生活更美好

公司使命： 服务农村最后一百米

公司价值观： 诚信至上、客户为尊、守正出奇

公司名称出处： 中和农信之"中和"，出于儒家经典《中庸》，"中也者，天下之大本也；和也者，天下之达道也。致中和，天地位焉，万物育焉。"这是传承传统文化"执中持平，和而不同"的思想，寓意着消弭城乡贫富差异，即通过金融服务，助力广大农村地区百姓追求更美好生活，实现金融公平，"中和"农村地区群众日益增长的金融需要和不平衡、不充分的金融服务之间的矛盾。同时这也构成了中和农信作为一家专注于服务中国本土亿万农村百姓的服务机构的企业文化核心。

资料来源：中和农信项目管理有限公司 [EB/OL].（2023-05-23）. https://baike.baidu.com/item/%E4%B8%AD%E5%92%8C%E5%86%9C%E4%BF%A1%E9%A1%B9%E7%9B%AE%E7%AE%A1%E7%90%86%E6%9C%89%E9%99%90%E5%85%AC%E5%8F%B8/527162?fr=aladdin.

价值探索： 乡村振兴　金融普惠

请阅读以上资料，并思考：

（1）为什么我们要大力发展农村经济？

（2）小微信贷机构可以怎样帮助国家实现乡村振兴的梦想？

（3）你从中和农信的价值观和公司文化当中获得什么启示？

活动拓展 3-10

请找到一款个人小微信贷的产品，将它的基本条款内容填在表 3-6 里，并总结分析这款产品的特色、优点。

表 3-6　个人小微信贷产品的主要条款及产品特色、优点

产品条款	产品名称：＿＿＿＿＿＿＿＿ 产品所属机构：＿＿＿＿＿＿＿	产品的特色、优点
贷款对象及申请条件		
贷款用途		
担保方式		
贷款额度		
贷款利率		
贷款期限		
还款方式		

知识自测 3-3

（1）什么是个人小微信贷？它可做怎样的分类？

（2）什么是个人商用房贷？商用房有哪些？

（3）什么是个人商用车贷？商用车包括哪些？

（4）什么是商户经营贷？它的资金用途包括哪些？

（5）什么是农户经营贷？它的资金用途包括哪些？

即测即练

任务四　介绍小微企业信贷产品

任务要点

- 理解小微企业信贷产品的分类和基本条款
- 阐述小微企业的特点和发展小微企业信贷的意义
- 清晰介绍小微企业流动资金贷、固定资产贷和贸易融资贷等产品的条款内容

"微"课堂　　"微"讲义

学习情境

　　小邓从事个人小微信贷工作已经有一段时间了，对该类业务也有了足够的了解。接下来主管让他进一步学习小微企业信贷业务，并告诉他这是银行小微金融部的重要核心业务。与个人小微信贷业务不同，小微企业信贷的借款主体不是个人，而是来自城乡的各类小微企业。该类业务的贷款金额通常更大，具体产品内容、准入门槛也都发生了较大变化。小邓感到肩上的担子更重了，但他喜欢迎接新挑战。在接下来的一段时间里，他要尽快熟悉产品条款，并利用他前期积累的客户拓展和客户维护的经验，进一步拓展小微企业客户资源。在跟客户洽谈之前，他从主管那里拿了好几款小微企业信贷产品的说明手册，并认真学习起来。

课前思考

（1）小微企业是怎样的客户群体？

（2）你知道小微企业信贷产品有哪些种类吗？

（3）各类小微企业信贷产品的条款有什么区别？

一、认知小微企业信贷产品

　　小微企业信贷是指信贷机构向小型或微型企业发放的，用于企业日常经营周转或购置

小型固定资产等合法经营目的的贷款。根据工业和信息化部、国家统计局、国家发展和改革委员会、财政部《关于印发中小企业划型标准规定的通知》（工信部联企业〔2011〕300号），以及《国民经济行业分类》（GB/T 4754—2017），国家统计局于2017年印发了《统计上大中小微型企业划分办法（2017）》，该办法从企业从业人员、营业收入、资产总额等指标，结合行业特点对我国大型、中型、小型、微型企业加以明确界定。

（一）发展小微企业信贷的意义

目前我国小微企业广泛分布在城市乡村，基本涵盖国民经济的所有行业，是我国多元化实体经济的重要基础。其数量达我国企业总数的90%以上，在增加税收、促进经济增长、出口创汇、创造就业机会、科技创新等方面发挥着重要作用。国家统计局数据显示，小微企业贡献了我国60%的国内生产总值、50%的税收、70%的进出口和80%的城镇就业。然而，目前制约我国小微企业发展壮大的瓶颈主要是融资问题，表现在：传统的贷款产品对于这些企业而言门槛高，需要提供资产抵押，而且附加条件多，但大多数小微企业并没有足值的资产可供抵押，因此获得传统贷款融资特别困难，更不用说通过发放债券、股票等其他市场化手段融资。在此背景下，近年来我国商业银行、村镇银行、小贷公司等纷纷推出的针对小微企业的小微信贷产品，对缓解该经济弱势群体的资金困境和促进我国宏观经济的健康持续发展均具有重大意义。

（二）小微企业借款人的特点

与大中型企业相比，小微企业的主要特征是规模小，经营决策权高度集中，基本上是一家一户自主经营，企业主个人和企业高度融合，在经营过程中个人与企业身份频繁转换，小微企业信用、品牌、风险和公共关系更多体现在企业主个人。具体而言，小微企业具有以下特征。

1. 经营管理制度建设相对不规范

小微企业没有正式的组织方式，缺乏管理工作内容；员工以家庭成员为主，大多为无法通过正式就业渠道去就业的人员，没有正式的薪酬制度；小微企业在财务管理方面较为不规范，财务制度也不健全，很多企业连报表都没有；资产管理方面较为随意，个人资产与企业资产、个人收入与企业收入等独立性不强；在企业管理方面较为松散，公司治理结构不完备；生产经营主要以"前店后厂"的模式组织生产运作，缺乏相对完善的质量管理体系，大多采用劳动密集型的生产技术和工艺。简而言之，绝大部分的小微企业在管理方面、经营方面、财务方面等存在诸多不规范。

小微企业的管理主要依赖企业主，企业主形成了个人绝对权威，但这也限制了下属作用的发挥，压制了员工的成长。当企业主不在或退位，企业容易出现人才断档、权力真空现象，造成企业一段时期内处于无组织状态。大多数小微企业主更加信赖亲属，在处理人际关系时按亲疏远近而非因才适用。企业的个人化或家族式管理模式过分重视人情，忽视制度建设和管理。这些问题使小微企业的成长存在先天性的制度缺陷。

2. 企业多数分布于传统行业

在经营周期相对稳定、与大众生活直接密切相关、受经济波动影响较小、日常认知度高的生活必需消费品、居民服务等行业，特别是在批发、零售与服务业中，小微企业数量远高于大中型企业。虽然有些小微企业已经从商贸服务、加工制造等传统领域，向新兴产业、现代服务业、高新技术等行业延伸，但大多数小微企业仍然处于充分竞争的领域，对外部环境变化非常敏感，尤其受经济周期的波动影响较大，存续期难以预料。

3. 企业产业集群化

近年来不少从事生产制造业的小微企业，通过不断升级产业结构，积极与大型企业协作配套，形成产业集群。为寻求生存和发展，小微企业往往在人口密集的城市商业圈（包括批发行业市场、零售商业中心、制造产业基地等）建立销售渠道，充分利用商圈的优势降低成本、扩大销售规模。集群化发展是小微企业提升竞争力的重要途径，通过集群化能够有效降低小微企业的组织成本和市场交易费用，更好地应对外部经济。

4. 企业流动性强

小微企业多数处于初创期，企业的资产规模、创收能力都相对较差，再加上管理的先天劣势和市场竞争的激烈，导致这个群体是一个流动性很强的经济生态群。每年都有大量的小微企业无法适应残酷的市场竞争而破产，又有大量的新生企业加入市场竞争之中。据中国人民银行行长易纲介绍，我国小微企业生命周期为 3 年，而全国平均企业生命周期在 5 年以上。小微企业整体抗风险能力差、生命周期短，诞生率和死亡率都比较高。

由以上特征可见，针对小微企业的小微信贷属于风险较高的信贷品种，在信贷风险过滤、风险管理方面应该更加谨慎。

行业视窗 3-8
2021 年 1 月 "经济日报 - 中国邮政储蓄银行 小微企业运行指数" 报告

（三）小微企业信贷的分类

从贷款期限上看，小微企业信贷多数属于 1 ~ 3 年的中短期贷款，若纯信用贷款，期限多为 6 个月至 2 年，但抵押贷款的期限最长可为 10 年。

从担保条件上看，小微企业信贷存在多种形式，通常有：不需任何担保条件的企业信用贷款，需提供抵质押物的企业抵质押贷款，需提供第三方担保的担保贷款等。

从还款方式上看，由于该类贷款风险较高，通常采用分期偿还的方式，具体分为等额本息或等额本金还款，有些信贷机构也推出小微企业循环额度贷款，通过前期资信状况调查，给客户核定一个贷款额度，并允许客户在贷款额度有效期内随借随还。

从资金用途上看，小微企业信贷通常可分为三大类：企业流动资金类、固定资产类、贸易融资类。其中，企业流动资金类小微信贷主要用于满足小微企业日常经营周转、生产原材料采购、场租支付等流动资金需求，企业固定资产类小微信贷主要用于小微企业购置小型生产设备或经营场所装修等，贸易融资类小微信贷主要通过票据贴现、应收账款转让或质押等方式，帮助企业迅速变现贸易占款或填补贸易活动产生的资金缺口。

（四）小微企业信贷的准入门槛

一般地，申请小微信贷的企业需满足以下六个基本条件。

（1）经市场监督管理部门核准登记，持有中国人民银行核发的贷款卡（人民银行不要求的除外），办理年检手续。

（2）在银行开立有基本结算账户或一般结算账户。

（3）能提供统一社会信用代码，建立了必要的经营管理制度和财务管理制度（个体工商户除外）。

（4）有固定经营场所，合法经营，注册经营年限达到 1 年以上，产品有市场。

（5）具备履行合同、偿还债务的能力，信用记录良好。

（6）能提供符合要求的贷款担保条件。

二、介绍小微企业流动资金贷

小微企业流动资金贷是指信贷机构发放给小微企业的，用于满足生产经营者在生产经营过程中短期资金需求，保证生产经营活动正常进行的贷款。

（一）贷款对象及申请条件

该类贷款的借款人是指经国家市场监督管理机关核准登记的具备贷款资格的小微企业。申请该类贷款除应满足小微企业信贷的基本条件（详见"认知小微企业信贷产品"）外，还应能提供财务报表、纳税证明、主要结算银行对账单、主要购销合同、销售证明等以证明其日常经营所需的流动资金规模。

（二）贷款用途

该类贷款用于企业正常的经营性资金占用，具体包括：采购货物或原材料，填补因销售订单增加或应收账款增加而导致的流动资金紧张等。

（三）贷款额度

该类贷款的额度通常为 1 万～ 3 000 万元，最终根据具体资金用途、客户资信状况及客户可提供的担保条件而定。

（四）贷款利率

该类贷款的利率根据信贷机构各自的贷款政策，参照人民银行基准利率和相关规定而定。

（五）贷款期限

该类贷款的期限通常为 1 ～ 2 年，最长不超过 3 年。

（六）担保方式

贷款的担保方式多种多样，根据不同信贷机构的贷款政策、不同的客户资信状况以及贷款金额而定。对于资信良好的客户，可无须抵质押，发放纯信用贷款，对于资信稍差的客户或者额度较大的贷款，可将企业名下产权清晰的不动产、动产等资产用于抵质押，发放抵质押贷款，也可由第三方企业提供融资担保或由联保小组提供联保，发放保证贷款。

（七）还款方式

该类贷款可采用多种还款方式，包括：

（1）一次性还本付息，这种还款法适用于不到 1 年的短期贷款。

（2）分期还款，可采用等额本金法或等额本息法。

（3）随借随还，有些信贷机构为小微企业推出了可循环使用的消费信贷，首先根据客户资信状况核定一个贷款额度，额度有效期通常为 1 ～ 2 年，在额度有效期内借款人可根据自身资金情况，随借随还。

行业视窗 3-9
交通银行小企业流动资金贷款产品介绍

活动拓展 3-11

请找到一款小微企业流动资金贷的产品，将它的基本条款内容填在表 3-7 里，并总结分析这款产品的特色、优点。

表 3-7　小微企业流动资金贷产品的条款及特色、优点

产品条款	产品名称：＿＿＿＿＿＿＿＿＿＿ 产品所属机构：＿＿＿＿＿＿＿＿	产品的特色、优点
贷款对象及 申请条件		
贷款用途		
担保方式		
贷款额度		
贷款利率		
贷款期限		
还款方式		

三、介绍小微企业固定资产贷

小微企业固定资产贷是指信贷机构发放给小微企业的用于新建、扩建、改造、购置、安装固定资产等资本性投资支出的中长期贷款。

（一）贷款对象及申请条件

该类贷款的借款人是指经国家市场监督管理部门核准登记的具备贷款资格的小微企业。申请该类贷款除应满足小微企业信贷的基本条件（详见"认知小微企业信贷产品"）

外，还应能提供固定资产项目建设的可行性研究报告和相关审批手续，与购买固定资产、项目建设相关的合同、发票和协议文件，自有资金证明等材料，以证明项目具备真实性和可行性。

（二）贷款用途

该类贷款用于企业的固定资产投入，具体包括购置商业物业、购置通用型的小型设备、购置经营型车辆、建造小型厂房等。

（三）贷款额度

该类贷款的额度通常为 10 万～3 000 万元，一般不超过用以抵押的商用房的 50%，商用车、设备价值的 70%，最终根据固定资产项目金额、客户资信状况及客户可提供的担保条件而定。

（四）贷款利率

该类贷款的利率根据信贷机构各自的贷款政策，参照人民银行基准利率和相关规定而定。

（五）贷款期限

该类贷款的期限通常为 5 年以内，最长不超过 10 年。

（六）担保方式

贷款一般以所购固定资产为抵押物，发放抵押贷款。对于资信状况较差的客户，还可通过追加第三方担保等方式，发放组合担保贷款。

（七）还款方式

因为贷款额度较大，该类贷款一般采用分期还款方式，可采用等额本金法或等额本息法。

行业视窗 3-10
中国建设银行小企业固定资产购置贷款介绍

素质园地 3-4

党的二十大报告提出："强化企业科技创新主体地位，发挥科技型骨干企业引领支撑作用，营造有利于科技型中小微企业成长的良好环境，推动创新链产业链资金链人才链深度融合。"科技型中小微企业是中国未来打赢关键核心技术攻坚战的重要生力军，它们的高质量稳步发展对于我们成功实施创新驱动发展战略具有重要意义。

所谓"专精特新"企业是指具有"专业化、精细化、特色化、新颖化"等特征的中小企业，这些企业是中国制造的重要支撑、强链补链的关键所在。中国邮政储蓄银行山西省分行（以下简称"邮储银行山西省分行"）加大金融服务力度，着力为"专精特新"企业解决"成长的烦恼"，实现银企共赢。

2021年11月15日，山西科达自控股份有限公司成为山西省在北交所上市的第一家企业。"邮储银行主动上门为我们提供资金支持，解决了我们因没有抵押物而融资难的问题。3年期贷款缓解了我们的燃眉之急，为我们成功在北交所上市助了一把力！"山西科达自控股份有限公司负责人付先生这样说。

山西科达自控股份有限公司是国家级智能制造试点示范单位和专精特新"小巨人"企业。早在2019年，邮储银行山西省分行就主动与公司对接，为该企业发放1 000万元流动资金贷款。2020年，邮储银行山西省分行将企业授信额度增至2 500万元，在企业上市的关键时期加了一把力。

为帮助该企业更高效运营，邮储银行山西省分行为其量身打造了"母公司＋子公司＋员工"的综合金融服务方案，为子公司办理小微易贷200万元，还为企业员工提供代发工资、信用卡、财富管理等服务。

邮储银行山西省分行依托线上、线下丰富的产品体系，围绕企业全生命周期，精准对接专精特新"小巨人"企业不同生命周期阶段，提供差异化的金融服务。从种子期和初创期的创业担保贷、小微易贷，到成长期的快捷贷、担保贷，再到成熟期的科技信用贷款、上市贷等产品，打好产品"组合拳"，满足"小巨人"企业在生产经营发展中的资金需求，推动贷款增量扩面。

资料来源：邮储银行山西省分行：金融助力"专精特新"企业做大做强 [EB/OL].（2022-07-13）https://baijiahao.baidu.com/s?id=1738225085632007643&wfr=spider&for=pc.

价值探索：科技强国　金融普惠　创新发展

请阅读以上案例，并思考：

（1）金融机构大力扶持"专精特新"企业的原因是什么？

（2）小微信贷机构是怎样帮助专精特新"小巨人"企业做大做强的？

活动拓展 3-12

请找到一款小微企业固定资产贷的产品，将它的基本条款内容填在表3-8里，并总结分析这款产品的特色、优点。

表 3-8　小微企业固定资产贷产品的条款及特色、优点

产品条款	产品名称：_____ 产品所属机构：_____	产品的特色、优点
贷款对象及申请条件		
贷款用途		
担保方式		
贷款额度		
贷款利率		
贷款期限		
还款方式		

四、介绍小微企业贸易融资贷

小微企业贸易融资贷是指信贷机构发放给小微企业的、用于应对国内外商品贸易产生的短期资金需求的小微信贷。

（一）贷款对象及申请条件

该类贷款的借款人是指经国家市场监督管理部门核准登记的具备贷款资格的小微企业。申请该类贷款除应满足小微企业信贷的基本条件（详见"认知小微企业信贷产品"）外，还应能提供购销合同、发票、发货单等相关材料，以证明其贸易的真实性。

（二）贷款用途

该类贷款用于填补企业因商品交易产生的短期资金缺口，具体包括变现未到期的应收账款或商业票据、融资备货发货等。

（三）贷款额度

该类贷款的额度通常为 2 000 万元以内，应收账款的质押率不超过 90%，商品、仓单的质押率不超过 80%，最终根据商品交易金额、客户资信状况及客户可提供的担保条件而定。

（四）贷款利率

该类贷款的利率根据信贷机构各自的贷款政策，参照人民银行基准利率和相关规定而定。

（五）贷款期限

该类贷款的期限通常为 1 年以内，最长不超过 2 年。

（六）担保方式

贷款的担保方式多种多样，根据不同信贷机构的贷款政策、不同的客户资信状况以及贷款金额而定。对于资信良好的客户，可无须抵质押，发放纯信用贷款。对于资信稍差的客户或者额度较大的贷款，可将企业名下产权清晰的商品、仓单、应收账款等动产用于质押，发放动产质押或应收账款质押贷款，也可由供应链中资信状况良好的交易对手企业提供融资担保，发放保证贷款。

（七）还款方式

一次性还本付息，这种还款法适用于不到 1 年的短期贷款。而分期还款，可采用等额本金法或等额本息法。

行业视窗 3-11
中国交通银行小微企业贸易融资贷款产品介绍

行业视窗 3-12
中征应收账款融资服务平台简介

活动拓展 3-13

请找到一款小微企业贸易融资贷的产品，将它的基本条款内容填在表 3-9 里，并总结分析这款产品的特色、优点。

表 3-9 小微企业贸易融资贷产品的条款及特色、优点

产 品 条 款	产品名称：＿＿＿＿＿＿＿＿＿＿＿＿ 产品所属机构：＿＿＿＿＿＿＿＿＿	产品的特色、优点
贷款对象及申请条件		
贷款用途		
担保方式		
贷款额度		
贷款利率		
贷款期限		
还款方式		

知识自测 3-4

（1）什么是小微企业信贷？它可做怎样的分类？

（2）什么是小微企业流动资金贷？它的贷款期限一般是多长？贷款用途有哪些？

（3）什么是小微企业固定资产贷？它的主要资金用途包括哪些？

（4）什么是小微企业贸易融资贷？通常可有哪些担保方式？

即测即练

项目三重点知识回顾

学习目标一：认知小微信贷产品

（1）信贷产品是由若干条款构成的，在向客户介绍信贷产品时，一般需要介绍如下基本条款：贷款对象与用途、申请条件、贷款金额、贷款利率、贷款期限、担保方式和还款方式等。另外，放款之前还需提醒客户贷款的结息日、还款日以及罚息等细节问题。

（2）小微信贷服务的对象有个体工商户、农户、小微企业和小微企业主等。故按照客户群体，小微信贷可分为个人小微信贷和小微企业信贷。进一步而言，个人小微信贷又可分为商户小微信贷和农户小微信贷等。

（3）申请条件是对贷款申请者的门槛性要求。对个人申请者的常见要求包括年龄、户籍、婚姻状况、收入、资产负债情况、过往征信记录、经营年限等。对企业申请者的常见要求包括所处行业、企业规模、收入、资产负债情况、过往征信记录、经营年限等。

（4）完整的贷款金额条款包含了借款人可贷资金的上、下限。贷款下限是指最少必须申请的贷款额度；贷款上限是最多能申请的贷款额度。一个相关的概念是"实际发放金额"，它指的是信贷机构最终实际批准发放的贷款金额。实际发放额度与以下因素有关：客户的贷款资金需求、客户的资信状况以及信贷机构的贷款政策规定等。

（5）利率是所需支付的利息成本占贷款本金的比率。根据计息频率、计息方式、浮动情况的不同可分为年利率、月利率、日利率；单利、复利；浮动利率、固定利率等。

（6）贷款期限是指贷款起止日期的间隔，即贷款人将贷款发放给借款人到合约规定的贷款收回日这一段时间的期限。贷款期限也是借款人对贷款的实际使用期限。按期限的长短，贷款可分为短期贷款、中期贷款和长期贷款。

（7）担保是克服借贷双方信息不对称问题的有效手段。按照担保方式，小微信贷可以分为信用贷款、担保贷款和票据贴现三类。

（8）常见的还款方式有一次性还本付息法以及分期还款法。其中，分期还款法又有等额本息法、等额本金法和先息后本法。

（9）结息日是信贷机构计算客户应还本息并将其入账的日期。还款日则是信贷机构要求借款人偿还当期借款本息的最终日期。

（10）罚息是指当借款人违反借贷双方约定，逾期还款或挪用贷款资金时，信贷机构对客户收取的惩罚性利息。其中，逾期还款是指客户不能按合约规定的日期还本付息的情况，挪用贷款资金是指客户不按合同约定使用借款的行为。罚息利率水平由信贷机构根据央行有关规定确定。

学习目标二：计算贷款利息和还款额度

（1）利率可分为年利率、月利率和日利率。它们的换算公式是：年利率 = 月利率 ×12= 日利率 ×360。年利率常用百分号表示，月利率常用千分号表示，日利率则用万分号表示。

（2）单利计息法的公式为：$I=P \times i \times N$，复利计息法的公式为：$I=P \times (1+i)^N - P$。计算利息时，对贷款期限的核算，一般采取"算头不算尾"的方法，即借款当天起算计息，还款当天不计息。

（3）积数计息法就是按实际天数每日累计账户余额，以累计计息积数乘以日利率计算利息的方法。逐笔计息法是按预先确定的计算公式逐笔计算利息的方法。

（4）在结息日，信贷机构的计算机会自动计算客户应缴纳的利息并入账。一般而言，每个月或者每个季度末月 20 日为结息日，对应的利息支付日为每个月或每个季度末月的 21 日。

（5）名义利率是借款合同上规定的每期利率。实际利率是指剔除了通货膨胀率后的利率，衡量实际购买力的增值。有效利率则在利息之外，还考虑了其他实际财务费用，并且是以真实的贷款余额为基数计算出的利率，它衡量了实际的借款成本。影响有效利率高低的因素包括还款方式、还款进度、佣金、手续费和强制储蓄等。

（6）还款额度是借款人在特定还款日应还本息之和。还款额度的大小与贷款的诸多因素相关，包括本金、期限、利率、还款方式等。其中，还款方式的差异会导致还款额度计算方法的不同。常见的还款方式包括一次性还本付息法、等额本息法、等额本金法等。

学习目标三：介绍个人小微信贷产品

（1）个人小微信贷是指贷款机构向从事合法生产经营的自然人发放的，用于购置商用房、商用车等经营性设备，或满足其他经营周转资金需求的贷款。个人借款人是指在中国境内有固定住所、有当地城镇常住户口（或有效居住证明）、具有完全民事行为能力的中国公民。对于小微信贷而言，个人借款人常可分为几类群体：个体工商户、农户、小微企业主等。

（2）个人小微信贷可从多个维度进行分类。按借款人不同，个人小微信贷可分为商户经营贷和农户经营贷。按资金用途不同，个人小微信贷可分为：支持个人购置或装修商用房的商用房贷，支持购置商用车的商用车贷，用作资金周转、采购原材料等日常经营性支出的流动资金贷，购置小型生产设备的固定资产贷。按贷款期限不同，个人小微信贷可分为：期限为几天或几个星期的临时性贷款，1 年以内的短期贷款，1～5 年的中期贷款，5～10 年的长期贷款。目前，信贷机构推出的小微信贷期限大部分均在 3～5 年，个别产品期限超过 5 年。按担保条件不同，个人小微信贷可分为：不需任何担保条件的个人信用贷款，需提供抵质押物的个人抵质押贷款，需提供联保小组担保或第三方担保的担保贷款等。

（3）个人商用房贷是指信贷机构向个人发放的用于购置各类商业用房的贷款。具体而言，商业用房包括各类商店、门市部、饮食店、粮油店、菜场、理发店、照相馆、浴室、旅社、招待所、酒店等从事商业和为居民生活服务所用的房屋，以及办公用房，如写字楼办公室，还包括车库、商住两用房等。

（4）个人商用车贷是指信贷机构向个人借款人发放的用于购买经营性车辆的贷款。商用车种类较多，主要包括城市出租车、城市公交线路车、客运车、货运车及工程机械车辆（如推土机、挖掘机、搅拌机、压路机、装载机、泵机等）。

（5）商户经营贷是指信贷机构向城乡地区从事生产、贸易等活动的个体工商户和小微企业主等个人借款人发放的用于满足其生产经营资金需求的贷款。

（6）农户经营贷是指信贷机构向符合条件的农户发放的用于满足其农业种植、养殖或者其他与农村经济发展有关的生产经营活动资金需求的贷款。

（7）一般而言，无论是哪类个人客户，在申请小微信贷时，都需要满足以下基本条件：①具有完全民事行为能力的自然人，年龄为 18（含）～ 60 周岁（含）；②具有合法有效的身份证明及婚姻状况证明；③具有信贷机构所在地的常住户口或有效居留证件，外国人及港、澳、台居民为借款人的，应在中华人民共和国内地居住满 1 年并有固定居所和职业，且提供一名当地联系人；④遵纪守法，没有违法行为，具有良好的信用记录和还款意愿，当前无不利的相关民事纠纷和刑事案件责任；⑤具有稳定的收入来源和按时足额偿还贷款本息的能力；⑥从事的生产经营活动合规合法，具有合法的经营资格；⑦具有 1 ～ 3 年的生产经营经验；⑧贷款具有真实的资金用途；⑨能提供信贷机构认可的担保条件（信用贷款无须提供）；⑩在银行开立有个人结算账户，以便还款。

🀄 学习目标四：介绍小微企业信贷产品

（1）小微企业信贷是指信贷机构向小型或微型企业发放的，用于企业日常经营周转或购置小型固定资产等合法经营目的的贷款。

（2）从资金用途上看，小微企业信贷通常可分为三大类：企业流动资金类、固定资产类、贸易融资类。其中，企业流动资金类小微信贷主要用于满足小微企业日常经营周转、生产原材料采购、场租支付等流动资金需求，企业固定资产类小微信贷主要用于小微企业购置小型生产设备或经营场所装修等，贸易融资类小微信贷主要通过票据贴现、应收账款转让或质押等方式，帮助企业迅速变现贸易占款或填补贸易活动产生的资金缺口。

（3）小微企业流动资金贷是指信贷机构发放给小微企业的，用于满足生产经营者在生产经营过程中短期资金需求，保证生产经营活动正常进行的贷款。

（4）小微企业固定资产贷是指信贷机构发放给小微企业的用于新建、扩建、改造、购置、安装固定资产等资本性投资支出的中长期贷款。

（5）小微企业贸易融资贷是指信贷机构发放给小微企业的、用于应对国内外商品贸易产生的短期资金需求的小微信贷。

（6）一般地，申请小微信贷的企业需满足以下六个基本条件：①经市场监督管理部门核准登记，持有中国人民银行核发的贷款卡（人民银行不要求的除外），办理年检手续；②在银行开立有基本结算账户或一般结算账户；③能提供统一社会信用代码，建立了必要的经营管理制度和财务管理制度（个体工商户除外）；④有固定经营场所，合法经营，注册经营年限达到 1 年以上，产品有市场；⑤具备履行合同、偿还债务的能力，信用记录良好；⑥能提供符合要求的贷款担保条件。

项目四　办理传统小微信贷业务

项目目标

知识目标

- 能清晰描述传统小微信贷的基本业务流程。
- 能介绍传统小微信贷贷前业务的具体内容和操作要点。
- 能介绍传统小微信贷贷中业务的具体内容和操作要点。
- 能介绍传统小微信贷贷后业务的具体内容和操作要点。

能力目标

- 能根据特定案例，完成贷前的申请受理、调查等业务操作。
- 能根据特定案例，完成贷中的审查、审批、发放贷款等业务操作。
- 能根据特定案例，完成贷后检查、风险预警、不良贷款管理等业务操作。

价值塑造目标

- 通过信贷业务操作训练和学习优秀信贷客户经理典型事迹，培养学生的工匠精神、爱岗敬业精神，进一步树立用普惠金融服务实体经济的情怀志向。
- 通过辨析职业风险案例，树立信贷从业者应有的正确价值观、职业道德和尊法守法的思想理念。
- 通过辨析信贷行业的风险案例，进一步加强学生的风险防控意识。

项目任务

- 任务一　认知传统小微信贷业务流程
- 任务二　办理贷前业务
- 任务三　办理贷中业务
- 任务四　办理贷后业务

任务一 认知传统小微信贷业务流程

"微"课堂　　"微"讲义

学习情境

小邓下了一番苦功，终于将银行各类小微信贷产品条款记得烂熟于胸了，而且经过前期的营销推广，小邓挖掘到了几个意向客户！他们对小邓介绍的小微信贷产品很感兴趣，并很想知道申请贷款的具体业务流程和注意事项，因为他们都着急用款，所以希望小邓能协助他们尽快将贷款申请下来。

客户热切的需求对于小邓来说是一种极大的鼓励，同时也是一种挑战！但是他一时之间不知道应该从何入手。对他这样的业务新兵而言，办理一笔信贷业务就是一项复杂的工作。到底要进行哪些操作才能把贷款申请下来？带着一系列的疑问，他赶紧跑去敲开了主管的办公室门。主管说，严格来讲，随着金融科技的普及应用，现在小微信贷又分传统业务模式和纯线上数字化模式，以及半传统、半数字化模式，不同的业务模式会导致业务流程有所区别，但是原理都是相通的。因此他建议小邓先熟悉传统小微信贷模式下的业务办理流程。

课前思考

（1）你了解小微信贷业务的办理流程吗？

（2）一笔完整的贷款业务都有哪些职能人员的参与呢？

（3）在一笔贷款的贷前、贷中、贷后三大环节，信贷机构的从业人员需要完成哪些工作呢？

近年来，随着大数据、云计算、AI机器人、生物识别技术等金融科技广泛应用，小微信贷的业务模式和对应的业务流程、操作内容也发生了很大的变化。根据金融科技应用渗透程度的不同，小微信贷的业务模式可以大概分为传统的线下业务模式、线上线下相结合的业务模式以及纯线上操作的数字小微信贷模式。受篇幅所限，本书在项目四将重点介绍传统的线下业务模式对应的业务操作内容，在项目五介绍纯线上的数字小微信贷业务操作内容。

一、传统小微信贷业务基本流程

在不同的小微信贷机构，或者针对不同的业务类型，小微信贷业务流程都可能有所差异，但信贷业务的传统业务流程和原理都是相通的。一笔完整的小微信贷业务，从客户经理进行产品营销，与客户接洽其贷款需求，到将贷款发放给客户，最后到贷款收回，终止信贷关系，要经历贷前、贷中、贷后三大阶段，每个阶段又包含多个业务内容，分别涉及小微信贷机构不同岗位、不同职能的人员，具体如图 4-1 所示。

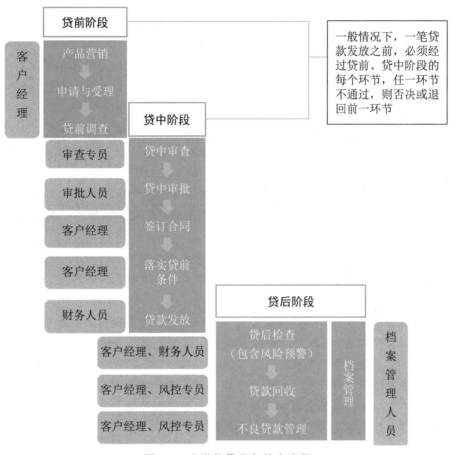

图 4-1　小微信贷业务基本流程

在业务流程上，贷前阶段包括产品营销、申请与受理、贷前调查环节；贷中阶段包括贷中审查、贷中审批、签订合同、落实贷前条件、贷款发放环节；贷后阶段包括贷后检查（包括风险预警）、贷款回收、不良贷款管理等内容。

在职责分工上，信贷客户经理作为一笔贷款业务的经办人，参与了业务流程的大部分环节；风控人员（包含审查专员、审批人员）则负责贷中审查、审批以及贷后的风险监控、贷款回收，不良贷款管理等环节。其他人员，如财务人员、档案管理人员，则分别负责贷款发放和档案管理环节等工作。所以从风控的角度来说，风险控制工作贯穿了信贷业务流程的始终。贷前阶段主要是收集并初步审查借款客户资料信息，并通过贷前调查评估一笔贷款业务的风险，对贷款进行准入控制；贷中阶段着重于通过审查、审批等业务环节层层把关过滤风险，对贷款业务的整体风险进行专业的权衡评估，对于非纯信用贷款，信贷机构还会还通过落实贷前条件的方式增强信贷风险防控；贷后阶段则侧重于对贷款风险的监测预警以及对不良贷款的应对处理。在贷前和贷中阶段，信贷风险较高的贷款要提高贷款要求或不予办理；而在贷后阶段，信贷风险较高的业务成为贷后监控管理的重点。

素质园地 4-1

党的二十大提出："加快建设国家战略人才力量，努力培养造就更多大师、战略科学家、一流科技领军人才和创新团队、青年科技人才、卓越工程师、大国工匠、高技能人才。"成为德才兼备的高素质高技能人才，不断提升自身的金融知识和技能，助力国家实体经济的发展，应该成为每位金融学子的奋斗目标。

"宿迁邮储最美乡村信贷员"徐康，自2013年加入邮储银行泗阳县支行以来，他长期扎根于农村金融工作中，服务农村客户群体。即使工作期间遇到各种困难，他始终坚持真诚服务、耐心解释，使每一位客户都能得到满意答复。

3年的兢兢业业，领导看在眼里。根据工作安排，2016年5月，徐康调任到泗阳县原史集街道史集村担任信贷客户经理，负责史集片区业务。刚开始由于岗位职责差异较大，他有些不适应。在"自我学习、自我提升"的坚定信念下，徐康迎难而上，白天跟着老信贷员走到田间地头学习信贷业务，晚上继续学习各贷种规章制度。短短3个月的实习期，徐康快速地掌握信贷业务技巧，在同年三季度贷款余额净增金额的竞赛中拿了第一名。

为了及时了解市场行情、方便服务贷款户，徐康专门买了辆电动车。他时常骑着电动车、哼着歌穿梭于大街小巷，半年时间不到，他便成为当地村民的老熟人。

"小徐又来做贷款啦。"他带着资料到客户家中，客户的邻居总是开心地和他打招呼。久而久之，村里的很多人都开始找徐康办业务。街上速派奇专卖店王某是老史集村人，在史集街经营电动车门市15年之久，和街上很多商户都是朋友，他的推荐，一定程度上带动了邮储银行史集片区业务的发展。

史集村3年的信贷工作，徐康的管户余额每年都保持稳健增长。据统计，这3年他手里只发生两笔不良贷款，单笔金额都不超过4万元，这种稳健发展态势跟徐康稳重的性格密不可分，他坚持合规不是为了约束自己，而是让自己走得更远、飞得更高。

因为工作需要，2019年5月，徐康轮岗到邮储银行泗阳县穿城镇支行负责当地信贷业务。轮岗后，他快速学习了解新产品、新制度，通过走访营销，也熟悉了新客户。通过对贷款户的用心服务，他很快把穿城镇支行的业务做得风生水起，2019年度全面完成了各项贷款种类及综合营销任务。他始终坚持"只有走出去，客户才能走进来"的信念。

2019年中秋节当天，农户张某联系到徐康想要贷款买收割机。通过耐心询问，徐康了解到张某经营收割业务，因为旧机器卖掉了，又提前和人约好16日下午就要去外地提货，如果迟了就赶不上农忙了，所以张某必须尽快贷到款。

"我的父母也是农民，我也是农村走出来的孩子。"正因为他也经历了苦日子，徐康格外能体会农民的不易。"置业贷"产品好、利息少，非常适合张某当前的情况。所以徐康决定放弃休假，连忙准备材料联系张某，一切准备就绪后提交审批，终于在16日下午及时为张某实现放款。

"以前，总觉得银行是个冷冰冰的地方，公事公办。没想到他服务那么及时，给我带来这么大的帮助。"谈起邮储银行，张某满是感激。后来张某又相继介绍多户村民找徐康贷款购买收割机。

"村民是淳朴的，你的无私奉献、真心服务他们是知道的，他们的口碑就是我们最好的名片。"徐康感慨道。

资料来源：2020"宿迁邮储最美乡村信贷员"系列 [EB/OL].（2020-09-19）. https://baijiahao.baidu. com/s?id=1678242277812725010&wfr=spider&for=pc.

价值探索：工匠精神　爱岗敬业　金融普惠

请阅读以上案例，并思考：

（1）你在信贷人员徐康身上学习到了哪些可贵的职业精神？

（2）小微信贷机构怎样才能更好地服务客户、支持实体经济？

二、"信贷工厂"模式

在传统小微信贷流程中，除审查、审批之外，信贷客户经理几乎要参与一笔贷款从受理到收回的大部分环节，信贷风险控制的职责相对集中，这就难免造成流程不经济和服务效率低下的问题。

起源于新加坡淡马锡的"信贷工厂"模式以传统小微信贷业务原理和流程为基础进行革新，以其专业化分工，以及对规模化、精细化、流程化的作业模式的构建，克服了传统小微信贷客户经理的管户饱和问题，有效降低小微信贷的业务和管理成本，提高效率，提升风险控制水平。

（一）"信贷工厂"介绍

"信贷工厂"意指信贷机构（主要适用于银行）在进行中小企业授信业务管理时，摆脱传统小微信贷业务中"一人包干"的责任落实理念，从前期接触客户开始，到授信的调查、审查、审批，贷款的发放，贷后维护、管理以及贷款的回收等工作，均采取专业化分工、流水线作业、标准化管理——对信贷业务流程各环节的岗位职责和要求进行标准化，并分解到多人中去，共同完成，仿佛工厂中的"流水线"，其特点如图 4-2 所示。

| 产品标准化 | 作业流程化 | 生产批量化 |
| 风险分散化 | 队伍专业化 | 管理集约化 |

图 4-2　"信贷工厂"的特点

在"信贷工厂"模式下，信贷客户经理、审批人员和贷后监督人员各自专注于自身环节，定位明确，既提高了业务操作的专业化和精细化程度，也减少了不必要的流程和部门协调，提升了工作效率，有利于扩大信贷机构的业务规模，并以规模效应降低授信业务的成本。

（二）中银"信贷工厂"

1. 中银"信贷工厂"介绍

2008 年以来，以中国银行（以下简称"中行"）为首，建设银行、招商银行、平安银

行、杭州银行等纷纷借鉴国外经验，推行"信贷工厂"。中银"信贷工厂"获得了 2009 年"最佳中国中小企业融资方案"等诸多荣誉。图 4-3 就是中银"信贷工厂"的宣传图片。

图 4-3　中银"信贷工厂"

与传统大企业、大公司授信业务相比，中银"信贷工厂"有几个变化。

1）客户评判标准的转变

以往单纯强调企业规模和财务指标，现在运用财务模型并考察企业非财务信息后综合决策，强调经营风险和收益覆盖风险的原则。

2）营销管理的转变

先行市场调查，确定目标客户名单，交营销小组进行名单营销，由被动等客变主动上门，同时，设计了客户移交机制，客户营销授信 3 个月后，须移交给其他工作人员进行维护、监控，有利于防范员工道德风险。

3）审批机制的转变

由传统"三位一体"决策机制转变为双人专职审批，将客户重要信息简化成表格式标准信贷提案，便于专职审批人批量审批，大大缩短了审批时间。

4）贷后管理的转变

由传统偏重依靠企业财务信息的被动式管理，转变为专职预警人员为主的主动管理，根据企业经营活动设置 84 项预警参数指标，实时监控。

5）问责机制的转变

由过去出现不良授信逐笔问责，转变为强调尽职免责、失职问责，为各分行设定风险容忍度，超过风险容忍度后启动问责程序。

6）对企业信用管理的转变

对遇到暂时性经营困难的企业，设立"信用恢复期"，帮助企业渡过难关，恢复生产经营，应对金融危机显得尤为重要。

2. 中银"信贷工厂"产品

1）产品介绍

中银"信贷工厂"是中行专门为中小企业客户打造的服务品牌，通过"端对端"的工厂式"流水线"运作和专业化分工，提高服务效率，根据中小企业经营特点与融资需求，丰富产品组合与方案设计，为广大中小企业客户提供专业、高效、全面的金融服务。

2）产品特点

（1）实现"机构专营"。设立单独的中小企业专职机构，实现业务运作的专业化。

（2）打造"流程银行"。借鉴"工厂化"运作模式，重塑业务流程和管理体制，提高服务效率与水平。

（3）设计"专属产品"。以满足客户需求和改善客户体验为立足点，从小微企业轻资产现状出发，设计特色产品。

3）适用客户

年销售收入不超过 1.5 亿元人民币的批发类客户，以及年销售收入不超过 1 亿元人民币的非批发类客户，涵盖国家标准的小企业和部分中型企业。

4）申请条件

（1）营业执照有效且经过年审。

（2）经营年限在两年以上。

（3）法定代表人 / 实际控制人从业经验在 4 年以上。

（4）信用记录良好。

5）办理流程

（1）借款人向中行当地分支机构提交授信申请及相关材料。

（2）中行对借款人进行资质审核。

（3）审批通过后，双方签署借款合同及相关协议文本。

（4）落实抵押、担保等用款手续，提取贷款。

6）适用范围

中行境内 30 家一级分行，海南、宁夏、西藏、青海地区除外。

7）中银网络通宝

"中银网络通宝"业务是中行为广大中小企业及微型企业客户提供的一种在线融资服务。客户在注册成为网站用户后，填写简单的融资申请并在线提交，通过后台的资料审核后，即可享受中行提供的融资服务。

3. 中银"信贷工厂"的主要特点

中银"信贷工厂"的主要特点可以用"六个一"来概括。

1）一张名单

在一个区域内，通过市场调研和情景分析，对目标行业和目标客户进行事前筛选，确定行业优先发展次序，形成目标客户名单。市场营销实现了被动式等客上门到名单式、主动式、目标式、叩门式营销方式的转变。很多客户虽然与中行素昧平生，但可能接到中行的电话、收到中行寄送的资料、接受中行客户经理的拜访。

2）一份报告

为适应中小企业授信时效要求高、客户数量多、单户授信金额小的特点，"信贷工厂"模式对授信发起环节需要提交的材料进行了简化，形成以表格为主的标准化信贷提案，避免客户提供大量资料的问题，内部也统一了审核和审批的标准。

3）一个工厂

全面梳理和优化了中小企业业务流程，制定了市场营销、客户开发、授信审批、审核放款、后续服务、授后管理、贷款收回等多个子流程，并针对各业务环节编写了标准作业程序，使每个业务步骤都有具体明确的操作规范，突出"标准化、端对端"的工厂式、流水线特点。我们形象地称之为"信贷工厂"。

4）一套风险识别技术

针对中小企业的特征，中行在定量评估模型基础上，开发出了一套完整的中小企业风险识别技术，解决中小企业信息不对称的问题，并强调实现全流程风险控管和节点控制。

5）一个专营机构

在总、分行层面建设不同于大公司业务的独立的专营机构，整合业务流程、加强风险管理、实现专业化经营、促进业务发展。

6）一批专业人才

为了保证业务又好又快发展，中行通过多种形式聘用优秀人才充实中小企业业务核心岗位，并建立了以专业审批人为代表的后备专业人才库，保证业务的持续健康发展。

行业视窗 4-1
光大银行合肥分行："信贷工厂"创新驱动普惠金融蓬勃发展

活动拓展 4-1

请查找更多"信贷工厂"相关的资料和应用实例。思考："信贷工厂"有哪些缺点和风险？

知识自测 4-1

（1）请描述小微信贷的传统业务流程及人员职责分工。

（2）"信贷工厂"模式是什么？它的主要特点和优势是什么？

即测即练

任务二　办理贷前业务

任务要点

- 掌握小微信贷贷前环节的工作内容及操作要点
- 完成受理贷款申请操作
- 完成贷前尽职调查，并形成贷前调查报告

"微"课堂　　"微"讲义

学习情境

小邓对整个信贷业务流程熟悉之后，就迫不及待地准备找此前的意向客户办理信贷业务了。

主管告诉他，首先要跟意向客户进行初步的洽谈，确认清楚客户的需求，了解清楚他的资信状况，填写访谈清单，并按照资料清单收集客户的资料……这一通任务交代把小邓听得云里雾里。原本他以为只需要跟客户收个资料就可以准备放款了，原来还有这么多工作要做的啊！

想到这里，小邓决定先冷静下来，好好梳理一下工作思路，弄清楚到底贷前要做哪些具体的业务操作。

课前思考

（1）你知道贷前业务操作都包括哪些内容吗？

（2）你知道受理贷款申请该怎么操作吗？

（3）你知道贷前尽职调查应该如何开展吗？

小微信贷贷前业务包括产品营销、申请受理与贷前尽职调查等环节，旨在收集贷款客户与业务信息，分析信贷风险，合理筛选贷款，并为通过贷前环节的贷款的评审和决策提供有力依据。由于篇幅所限，信贷产品营销的内容在此不做详述。

一、受理贷款申请

（一）申请与受理概述

在小微信贷申请与受理环节主要由信贷业务部门办理，一般在 1 ～ 2 天内完成。信贷客户经理根据初步了解到的客户及其贷款需求，帮助客户进行贷款产品的匹配，并要求条件适合的客户提交相关申请资料，对其进行初步审查，对符合条件的贷款申请进行受理，作为贷款进入后续环节的前提。在此过程中，客户通常还会向信贷客户经理咨询贷款事宜，包括贷款业务的基本条件与业务流程等信贷规定。

该环节重在了解客户以及贷款申请的基本情况，在客户与贷款同时满足贷款受理的准入条件的基础上，对客户偿债能力、偿债意愿、贷款用途、贷款担保等信贷风险分析的主要方面作出判断。

申请与受理是贷款业务的第一道关口，其收集资料的质量会直接影响到后续贷款调查甚至贷款决策的效率和效果，而若发现不符合条件的贷款业务并及早排除，就能将不必要的风险拒之门外，并且降低借贷双方的成本。

一般来说，客户在产生融资需求后，并不会第一时间准备好信贷机构要求的资料直接到信贷机构所在地提交书面申请，而是会以各种方式，如电话或互联网、口头或电子地提出贷款申请，并咨询贷款条件和受理的可能性，然后再前往信贷机构进行实地办理。使用信贷机构营业厅作为申请与受理的场所，能够方便客户阅读和填写相关材料，还能够凸显贷款工作的正式与严谨。

贷款业务的法律依据为《贷款通则》，由中国人民银行制定，于 1996 年 8 月 1 日起施行，是普遍适用于金融机构贷款业务的基本规范。《贷款通则》旨在规范贷款行为，维护借贷双方的合法权益，保证信贷资产的安全，提高贷款使用的整体效益，促进社会经济的持续发展。

行业视窗 4-2
贷款通则

（二）与客户的沟通接洽

相比传统信贷，小微信贷客户提供书面资料的难度更大。因此，信贷客户经理通过沟通与观察来获取对非书面信息的感知就显得更加重要。

若要很好地与客户进行初步的沟通接洽，信贷客户经理必须掌握小微信贷的基本知识，熟悉相关信贷产品以及业务流程，热情服务，礼貌用语，介绍清晰明了。在沟通过程中，要由浅入深，充分调动自身的经验和技能，尽可能多地了解客户。要注意观察和分析客户的回答内容与细节，尤其关注客户申请贷款的主观态度，及其工作、经营的认真程度和现实程度。信贷客户经理应针对不同情况作出恰当的反应。

当不考虑客户的贷款意向时，应委婉予以拒绝，留有余地表明信贷机构的立场，耐心向客户解释原因，并建议其他融资渠道，或寻找其他业务合作机会。若需要小组联保贷款的客户还未找好其他小组成员，应鼓励其组建好联保小组。

当可以考虑客户的贷款意向时，应进一步获取客户的信息和资料，登记好沟通记录，对于小组联保贷款还要记录下小组其他成员的联系方式，注意不要越权轻易对客户作出有关承诺。

活动拓展 4-2

许多小微信贷机构要求信贷客户经理在一张表上记录下初次面谈中所获得的主要信息，请试着搜索查阅这些《信贷面谈记录》，并阐述其主要内容。

贷款咨询情景模拟：请以两人为一组，分别扮演信贷客户经理与客户，模拟练习小微信贷电话咨询和现场咨询的过程，并分别模拟接受和拒绝客户的场景。可使用一些道具，包括桌椅、电话、小微信贷产品宣传单、纸笔、贷款受理登记表、还款利息试算表等。

（三）收集客户申请书及申请资料

1. 贷款申请资料介绍

根据《贷款通则》第二十五条关于贷款申请的规定，借款人应当填写包括借款金额、借款用途、偿还能力及还款方式等主要内容的《借款申请书》并提供以下资料。

（1）借款人及保证人基本情况；

（2）财政部门或会计（审计）事务所核准的上年度财务报告，以及申请借款前一期的财务报告；

（3）原有不合理占用的贷款的纠正情况；

（4）抵押物、质物清单和有处分权人的同意抵押、质押的证明及保证人拟同意保证的有关证明文件；

（5）项目建议书和可行性报告；

（6）贷款人认为需要提供的其他有关资料。

贷款申请人应将填写好的借款申请书及其他申请资料一并交与小微信贷机构进行受

理。借款申请书格式多样，但要包含贷款申请人与贷款申请的基本信息。相比传统信贷更为灵活、快捷、便利的小额贷款，其借款申请表也要尽可能简洁和易于填写。

对于互助式会员制的信贷机构，贷款申请人首先须是机构会员。并非所有会员都贷款，但他们有资格提出贷款申请。

在联保情况下，申请人应以联保小组为单位提出贷款申请。联保小组贷款申请表应涵盖所有小组成员的信息及贷款需求。

2. 个人客户借款申请书及申请资料

1）个人客户借款申请书

表 4-1 是某信贷机构个人贷款的借款申请书。

表 4-1　个人贷款借款申请书示例

年　月　日		编号：	
借款人基本情况			
姓名		年龄	
身份证号码			
户口所在地			
现居住地			
家庭电话		邮编	
工作单位			
职务		月收入	
配 偶 情 况			
姓名		年龄	
身份证号码			
户口所在地			
现居住地			
家庭电话		邮编	
工作单位			
职务		月收入	
借 款 信 息			
申请借款金额			
借款用途		还款来源	
还款期限		还款方式	
担保方式	1 抵押 2 质押 3 保证	抵（质）押物名称	
申请人申明	本人承诺提供的所有资料均真实、有效，并已了解贷款程序及相关权利义务。		
本人同意	贷款机构可以调查本人的收入、财产及就业经历。		
申请人签字：		配偶签字：	
年　月　日		年　月　日	

拓展阅读 4-1　贷款卡退出历史舞台

过去，凡需要向各金融机构申请贷款，或办理其他信贷业务的借款人，均须向营业执照（或其他有效证件）注册地的中国人民银行各城市中心支行或所属县支行申请领取贷款卡。贷款卡是商业银行登录征信系统查询客户资信信息的凭证。

在 2014 年公布的《国务院关于取消和调整一批行政审批项目等事项的决定》（国发〔2014〕50 号）明确取消贷款卡发放核准后，自 2014 年 12 月 5 日起，中国人民银行停止办理贷款卡发放和年审工作，也意味着贷款卡正式退出了历史的舞台。人民银行也不再对金融机构在办理信贷业务时是否查验借款人贷款卡事项进行检查。

资料来源：国务院关于取消和调整一批行政审批项目等事项的决定 [Z]. 国发〔2014〕50 号.

2）个人客户需提交的贷款资料

个人客户通常需按小微信贷机构要求提交以下资料中的全部或部分。

（1）夫妻双方身份证、户口本、结婚证原件及复印件（离婚者提供离婚证明、未婚者需出具未婚证明）。

（2）固定住所证明，包括房产证或住房所交水电、煤气、电话、物业管理等费用单据。

（3）夫妻双方职业与收入证明及家庭财产状况等能证明其偿债能力的材料，如工资存折、房屋出租协议、村民分红凭证、产权证明、相关股权证等。

（4）能证明自然人客户一定期间现金流量的资料，包括银行存折流水、购买保险取得的保险单、购置重要资产的付款凭据等。

（5）个人客户若自有经营，则应提交在经营过程中涉及的相关营业执照、经营许可证、纳税证明、税务报表、银行对账单，以及其他重要的相关购销合同。

（6）个人资信证明、人民银行征信系统信息查询授权书、已有的贷款合同（包括民间贷款协议）。

（7）个人简历、专业资格（如经济师、会计师等）与职业资格（如律师、医生、注册会计师等）以及其所担任社会职务的相应证明；学历与学位证明的原件及复印件。

3. 企业客户借款申请书及申请资料

1）企业客户借款申请书

表 4-2 是某信贷机构企业贷款借款申请书。

表 4-2　企业贷款借款申请书示例

年　月　日		编号：			
借款人信息					
借款人名称					
注册时间		注册地址			
借款人性质		所属行业		注册资本	
基本账户开户行		基本账号		企业代码	
法定代表人		身份证号		联系电话	
授权经办人		身份证号		联系电话	

续表

借款人经营范围	
借款人主导产品	

主要财务数据

年　　份	资产总额	负债总额	净资产	销售收入	利润总额
20　　年					
20　　年 （截至　　月）					
已有贷款情况					

贷款原因及用途

可附页，主要陈述以下内容：
（1）借款企业概况
（2）项目概要
（3）项目前期准备情况
（4）项目进度安排与实施期限
（5）项目投资预算及资金来源
（6）社会效益（贷款前后比较）

还　款　信　息

借款人可提供的担保措施	
还款资金来源	
还款计划	

客　户　承　诺

（1）本申请人郑重申明此表所填内容属实。
（2）本申请人所递交的所有材料都是真实合法的。
（3）本申请人无违法、违纪、舞弊现象。
（4）本申请人将按期偿还贷款。
（5）本申请人若在规定期限内不能偿还贷款，抵押资产由贵公司处置。
（6）本申请人所提供抵押资产的所有权真实合法。

贷款申请人：　　　　　　　　公司（公章）

法定代表人：　　　　　　　　（签字）

财务负责人：　　　　　　　　（签字）

申请日期：　　年　　月　　日

2）个体工商客户需提交的贷款资料

个体工商户客户的特点介于个人与企业之间，其需提交的申请资料通常有以下几种。

（1）借款人的身份证件。

（2）营业执照副本。

（3）借款人家庭财产和经济收入的证明。

（4）能够证明授信合理用途的资料，如生产经营计划、纳税凭证、采购合同。

（5）信贷机构要求提供的其他资料。

（6）开户许可证。①

3）企业客户需提交的贷款资料

申请贷款企业客户通常需按小微信贷机构要求提交以下资料中的全部或部分。

（1）"三证合一，一照一码"的营业执照，并有相关的年检证明。

（2）特殊行业需提供特殊行业生产经营许可证及环境评价资料（如环评报告、排污许可证等）。

（3）法定代表人证明（委托）书、法定代表人及（或）委托人身份证件（法定代表人授权委托书需法定代表人亲笔签字授权）、主要股东身份证件。

（4）企业基本介绍、注册资本验资报告、出资协议、公司章程、管理人员及组织架构资料、上下游关联企业资料、企业及相关个人的荣誉称号证书。

（5）开户许可证、人民银行征信系统信息查询授权书。

（6）同意申请贷款和担保的董事会或股东（大）会决议。

（7）生产经营状况说明，包括购销、租赁、服务合同等资料和合作协议等。

（8）当期的财务报表（月报）和经合法中介机构验证的近几年的财务报表（附审计报告）、银行对账单（银行盖章）等。

（9）税务登记证（外商投资企业税务登记证须经过年检）和近几年的纳税证明资料。

（10）借款及对外担保情况相关资料。

（11）信用等级证书等资信证明文件。

（12）能证明贷款用途和还款来源的资料，如购销合同、生产经营计划、现金流预测。

（13）申请固定资产等项目贷款时，提交项目可行性研究报告、主管部门批件、项目概算、自筹资金来源等。

（14）盖有企业公章、法定代表人印章、法定代表人签字的贷款客户印鉴卡；董事会成员和主要负责人、财务负责人签字样本。

通常，企业预先在信贷机构留下公章或财务专用章印鉴的图样，而后在办理相关业务时，在相关文件票据上需加盖与预留印鉴相同的章，以印证其身份。

活动拓展 4-3

请查阅资料，列举出一些需要特殊行业生产经营许可证的行业。

---

① 开户许可证是由中国人民银行核发的一种开设基本账户的凭证。凡在中华人民共和国境内金融机构开立基本存款账户的单位，可凭此证办理其他金融往来业务。

4. 抵（质）押相关资料

若贷款有抵（质）押担保，则通常需提供以下资料中的全部或部分。

（1）抵（质）押物的权属证明，如土地证、房产证。

（2）若抵（质）押人为个人，提交抵（质）押意愿书（已婚需夫妻双方签字）；若抵（质）押人为企业，提交董事会或股东会同意抵（质）押的决议书。

（3）抵（质）押物价值评估报告（可为信贷机构认可的第三方评估公司提供）。

（4）若抵（质）押人为借贷双方之外的第三方或抵（质）押财产为共有的，则需提交抵（质）押人或财产共有人身份、资质相关的资料（可参照借款人申请资料要求进行简化）。

（5）相关承诺函，如借款人同意将抵（质）押物办理保险手续并以信贷机构作为第一受益人的承诺函，又如抵（质）押物承租人放弃租赁权利的承诺函。

5. 保证相关资料

若贷款有保证担保，则通常需提供以下资料中的全部或部分。

（1）保证人基本资料及情况说明，以证明其保证能力与保证意愿（可参照借款人申请资料要求进行简化）。

（2）若保证人为个人，提交保证承诺书；若保证人为专业担保公司，则需提供相关保证确认和保证额度证明等；若保证人为其他一般企业，提交董事会或股东会同意保证的决议书。

（四）初步审查和处理客户申请

1. 业务处理

信贷客户经理应凭借贷款申请人及担保人等提供的征信查询授权，对其征信记录进行查询（有些信贷机构在信贷业务进入调查环节之后才查询征信），结合从客户处收集到的信息和资料进行整理与审查。不同信贷机构的制度不同，这一环节除了信贷业务部门，可能还有风险管理部门或信贷主管人员的参与。

此过程中，若有资料欠缺，应督促客户补充完整；若担保不符合条件，应告知贷款申请人补充担保或另行提供担保方式。

根据审查决定的不同，应做如下处理。

（1）对于未通过审查的贷款申请，应向客户解释不予受理的情况，并退还客户资料。

（2）对于通过审查决定受理的贷款申请，应在复印客户提交的补充资料后将原件退回，并对客户信息进行受理登记，若调查人员与申请受理人员不相同，则要做好交接工作，作为贷款进入后续调查环节的前提。

2. 审查要点

1）审查原则

贷款审查要秉承资料真实、完整、有效的原则，对如下方面进行审查。

（1）贷款申请人提供的资料需经其之手，要谨防被涂改或伪造。

（2）资料上的有关印鉴是否清晰，签名是否真实。

（3）资料的复印件上需要加盖贷款申请人等的相关印鉴，需对复印件与原文件进行核对，核对无误后，要在复印件上签上核对人的姓名、核对日期，并按信贷机构要求签上相关说明，如"经核对与原件一致"字样。

（4）审查申请资料是否有所欠缺，若在要求客户补齐资料的情况下问题仍存在，则可

能是客户无法提供或不愿提供。

（5）证件等资料是否真实，注意使用交叉检验方法，看资料之间是否相互矛盾。

（6）证件等资料是否有效，需要年检的是否未经过年检，是否存在失效的情况。

2）个人客户申请资料审查要点

个人客户重要申请资料的审查要点如表4-3所示。

表4-3　个人客户重要申请资料的审查要点

申请资料	审查要点
借款申请书	申请书贷款信息与协商内容应相符，填写应完整规范，签章处应有客户亲笔签名
个人有效身份证件	个人有效证件包括居民身份证、军官证、警官证、港澳台通行证、居留证、护照等，应通过公安信息系统查询身份证的真伪；查看证件是否在有效期之内；借款人年龄加借款期限之和不得超过70年
个人收入来源证明	检查个人所在公司的真实性、收入来源证明上公章的有效性；评估个人收入的合理性，亦可通过查询个人工资收入账户的交易流水以及税收证明、社保缴纳数据等方式进行交叉检验
个人征信报告	姓名、证件号码无误；检查24个月之内逾期次数是否超过信贷政策要求；检查借款人的现有负债情况和还款状况；对于出现的逾期贷款，应要求借款人说明原因
面谈记录	应填写完整规范；需要双人调查的，面谈记录上应有两位客户经理签名
首付款支付证明材料	应核对发票真伪，发票的金额、商品品名、付款方姓名等内容应该清晰无误；除了发票之外，还可检查对应款项的银行转账凭证
抵质押物的财产权证	确认财产权证上的财产名称、数量、持有人等信息无误；确保抵质押物产权清晰，若为共有财产，需提供财产共有权人的身份证、户口本、婚姻证明、征信报告等材料

3）企业客户申请资料审查要点

企业客户重要申请资料的审查要点如表4-4所示。

表4-4　企业客户重要申请资料的审查要点

申请资料	审查要点
借款申请书	申请书贷款信息与协商内容应相符
营业执照	营业执照应在有效期限内且有年检记录；贷款用途不宜超过营业执照规定的经营范围，贷款期限、担保期限不宜超过借款企业、担保企业的经营期限
验资报告	注册资本应足额到位
股权证明	是否为已经破产或解散的企业的股权；企业应为本人经营
法定代表人证明书	宜采用市场监督管理部门制定的统一版本；企业法人代表必须与营业执照所列一致；应有明确的签署日和到期日，并加盖企业公章
法人授权委托书	必须由法定代表人签发；应当载明代理人姓名、代理事项权限及期间，并由委托人签名或盖章；委托人必须在代理期间和代理权限内行使代理权限

续表

申请资料	审查要点
企业章程	是否发生企业名称、法定代表人、股东、股份、股权或其他登记内容的变更，变更登记是否提供市场监督管理部门出具的相关证明材料，必要时应到市场监督管理部门进一步核实；贷款期限应在章程有效使用期限内；章程所列贷款有关条款与贷款事项应不冲突；担保企业的章程中关于担保方面的条款与贷款手续应不冲突，且没有涉及不得为其他企业提供担保的条款；公司章程对担保总额或者单项担保数额有限额规定的，不得超过规定的限额
股东（大）会或董事会决议	董事会人数应与章程人数一致；董事会成员的更改必须出具相关的证明；应有明确的会议召开时间、与会人员名单、会议内容，并加盖公章；参加会议并签署该决议的董事会人数应达到公司章程规定的人数；各董事会成员应亲笔签名
财务报表	财务报表上的企业名称应与营业执照上的名称一致；报表种类应齐全；盖章应当清晰；对企业提交的经审计和未审计的财务报表应区别对待，对企业财务状况的分析应以经权威部门审计的财务报表为主，其他财务资料为辅

行业视窗 4-3
一个无效签字造成的损失

3. 审查准入资格

在资料真实、完整、有效的前提下，应审查贷款是否满足相关准入规定，包括《贷款通则》《民法典》等法规以及信贷机构自身对借款人、担保人主体资格及其他贷款准入资格的规定。

1）准入资格的审查原则

《贷款通则》中关于借款人主体资格的规定：根据《贷款通则》第十七条关于借款人的规定，借款人应当是经市场监督管理部门（或主管部门）核准登记的企（事）业法人、其他经济组织、个体工商户或具有中华人民共和国国籍的具有完全民事行为能力的自然人。

借款人申请贷款，应当具备产品有市场、生产经营有效益、不挤占挪用信贷资金、恪守信用等基本条件，并且应当符合以下要求。

（1）有按期还本付息的能力，原应付贷款利息和到期贷款已清偿；没有清偿的，已经做了贷款人认可的偿还计划。

（2）除自然人和不需要经市场监督管理部门核准登记的事业法人外，应当经过市场监督管理部门办理年检手续。

（3）已开立基本账户或一般存款账户。

（4）除国务院规定外，有限责任公司和股份有限公司对外股本权益性投资累计额未超过其净资产总额的 50%。

（5）借款人的资产负债率符合贷款人的要求。

（6）申请中期、长期贷款的，新建项目的企业法人所有者权益与项目所需总投资的比例不低于国家规定的投资项目的资本金比例。

2）准入资格的规定

银行对申请办理信贷业务的小企业准入资格的规定如下。

（1）在银行开立基本结算账户或一般结算户，有一定的存款或国际结算业务。

（2）经银行行政管理部门核准登记，并办理年检手续。

（3）有必要的组织机构、经营管理制度和财务管理制度。

（4）信誉良好，有良好的还款意愿，具备履行合同、偿还债务的能力，无不良信用记录。

（5）在经办行所在地有固定的经营场所，合法经营，产品有市场、有效益，收入稳定，还款资金有保障。

（6）遵守国家金融法规政策及银行有关规定。

（7）提供合法、有效、足额的担保。

（8）企业、法人代表、股东及担保方无不良信用记录。

（9）各行要求的其他条件。

资料来源：银行开展小企业贷款业务指导意见 [Z]. 银监发〔2005〕54 号 .

活动拓展 4-4

请调查不同小微信贷产品的准入资格要求，填写表4-5。思考：它们之间有何不同？为什么不同？

表 4-5　小微信贷产品准入资格调研表

小微信贷机构名称	小微信贷产品名称	准入资格要求

二、贷前尽职调查

（一）　贷前调查概述

1. 贷前调查的定义

贷前调查，也叫尽职调查，通常由信贷客户经理及风险管理人员协同进行，采取特定的调查方法与程序，对贷款申请人的信息进行全面的收集、核实及分析，揭示和评估小微信贷业务可能存在的风险，得出详尽的调查报告。贷前调查通常在申请受理后的 1 ～ 2 天内完成。

《贷款通则》中对贷款调查有如下相关规定：贷款人受理借款人申请后，应当对借款人的信用等级以及借款的合法性、安全性、盈利性等情况进行调查，核实抵押物、质物、保证人情况，测定贷款的风险度。

贷前调查的主要对象就是贷款客户、担保人 [包括保证人、抵（质）押人等]、抵

（质）押物、贷款资金的用途和风险收益等。在申请与受理环节所获得的信息基础之上，调查人员围绕贷款的合规性、安全性和效益性，进一步收集信息并做分析。合规性和安全性分析在本书项目三有关信贷风险评估的内容中已述及，而贷款的效益性指的是贷款的盈利情况，即贷款申请人可能为信贷机构带来的综合效益。

2. 贷前调查的意义

贷前调查是小微信贷机构业务风险控制与防范的第一步，是贷款发放前的重要关口，调查过程为贷款后续环节中的评审和决策提供有力的依据，调查的质量优劣直接关系到贷款决策的正确合理与否。依据调查分析得出客观专业的判断，既可避免对不符合贷款条件的贷款申请人发放贷款，也可避免优质贷款客户不必要的流失。

本节以下内容仅介绍以贷款客户为对象的调查，对担保人的调查可以参考对贷款客户的调查并做相应简化。

3. 贷前调查的基本方法

贷前调查主要有以下几种方法。

1）查阅核实客户资料

要求查阅贷款客户的证照资料、财务记录、银行流水等，用以了解并核实相关信息（对这些资料核实审查的要点可参考贷款受理审查要点内容）。

2）实地调查

在实地调查中，调查人员直接到被调查人的生产生活场所进行调查。在狭义的实地调查中，被调查人只是客户；在广义的实地调查中，被调查人还包括客户周边的相关人，如亲朋、邻里、员工等。

实地调查是贷前调查最常用、最重要的一种方法，它能给予调查人员对贷款客户最直观的了解。对于以软信息分析为重的小微信贷业务来说，通过实地调查，与客户及其相关人密切接触并进行信息的收集是非常必要的。

3）向社会搜寻资料

通过客户以外的社会渠道获取的相关信息主要有两方面。

一方面，他处记载的客户信息及他人对客户的评价。比如：当地公安、法院、市场监督管理、税务、质检、电力、社保等部门记载的客户信息；同业、关联企业、上下游企业、员工、周边人等对客户的评价；外部资信评估机构的报告；注册会计师的管理建议书等。

另一方面，社会公开信息中可能与客户有关的信息。比如政府、行业协会、同业发布的公开信息，以及报纸杂志、广播电视、互联网等媒体上公开的其他信息等。

搜寻社会公开信息时应特别注意信息渠道的权威性、可靠性和全面性。

活动拓展 4-5

请选定一家企业，试着从尽可能多的角度查找其社会公开信息。思考：这些信息来源中，哪些信息来源更为可靠？哪一些不太可靠？

4）委托调查

在不损害借款人合法权益和风险可控的前提下，信贷机构可将贷前调查中的部分特定事项审慎委托第三方代为办理，但第三方的资质条件必须经过审核。另外，不得将贷前调

查的全部事项委托第三方完成。

4. 贷前调查的步骤

由于每笔贷款业务的背景各不相同，复杂程度也不同，因此每一次贷前调查采取的流程和形式都可能有或大或小的差别。但一般来说，在以实地调查为核心的贷前调查中，基本的步骤包括日常信息的收集、实地调查前的准备、实地调查，以及信息的整理和分析（图4-4）。

图 4-4 贷前调查的步骤

对小微信贷机构而言，在进行调查时，选取合适的调查地点，一方面能帮助调查人员拉近与客户的关系；另一方面能提高调查的效率。

比如，在收集贷款申请人的公司或组织信息时，应选择公司或经营场所作为调查地点，这样做，一方面能够方便收集信贷人员所需的各种信息，如营业执照、票据、产权证、会计报表等；另一方面还能够方便信贷人员借机对其公司组织进行实地调查，核对其提供材料的准确性和真实性。

1）日常信息的收集

日常信息的收集先于特定贷款申请而存在，它是小微信贷机构在日常工作中收集潜在客户群体的政策、法规、行业市场、自然灾害等环境系统性风险信息以及特定潜在客户的风险信息的过程。信贷机构要充分利用自身的社会资源和地利条件，并采用由专门的信贷客户经理负责专门行业或区域的方法，以保证信息收集的效率和效果。

通过日常信息的收集这一步骤，信贷机构可以加强对客户群体风险的认知和管理能力，并且提高特定贷款调查的效率。

2）实地调查前的准备

要保证实地调查的质量，调查人员必须在调查前做好如下准备。

（1）整理和熟悉业务资料。调查人员应整理和阅读贷款申请资料，初步了解客户贷款基本情况，并对相关行业信息进行了解；若发现资料缺失、内容不详等问题，应联系客户要求其补足和改善，避免在申请资料不完善的情况下开展调查工作。

（2）做好调查计划和准备。应明确好调查目标，列出调查计划（提纲），做好调查人员的任务分工；要问清楚相关地址以及如何到达；要准备好必要的调查表、笔、相机等调查工具。

（3）通知客户及其他被调查人做好准备。和客户确定好调查的时间，快抵达目的地时，要联系好客户（突击检查时除外）；调查中需要查阅的资料，应请客户确认并准备好（抽查时除外）；对于联保贷款，一定要事先联系所有的联保小组成员，以确定调查时所有的成员都在，同时要告诉所有的组员联保贷款的联保责任。

3）实地调查

实地调查是整个信贷流程的一个核心环节，也是行政成本最高的一个环节。小微信贷的实地调查应当做到以下几点。

（1）全面、细致。

（2）条理清晰、结构化。

（3）生意和家庭并重。

（4）财务、非财务信息并重。

实地调查的方法与技巧将在后文中具体介绍。

4）信息的整理和分析

调查人员需要综合所获取的信息进行整理和分析判断，最终形成调查结论和报告，为客户的信用评级、授信额度的确定以及贷款决策提供有力的依据。

5. 贷前调查的要求与原则

1）贷前调查组织实施的要求

贷前调查在组织实施上要符合小微信贷机构的政策和内控要求，调查责任应清晰划分和认定，调查方式的选择也应当合理有效。在实践中，贷前调查环节通常要求实行"双人调查制"，并以实地调查为主、非实地调查为辅。

一方面，为保证调查的质量，信贷机构通常实行"双人调查制"。第一调查人为责任人，负主要调查责任，第二调查人为项目协办人，协助责任人工作。第一调查人收集及整理相关的借款人的资料和信息，后与第二调查人共同进行贷款调查，并对贷款进行分析与信用评估，形成调查报告，第二调查人可以在第一调查人的基础上对信息进行适当修改。

另一方面，以实地调查为主、非实地调查为辅。通过实地调查收集第一手信息，并着重软信息分析，符合小微信贷的特点。贷前调查通常应执行实地调查制度，并要与被调查人进行面谈。然而，调查人员应避免被实地考察中的假象所迷惑，可采用突击检查的方法，或对信息进行多渠道的验证等。

拓展阅读 4-2　并非总是"双人调查制"

出于效率、成本和种种其他考量，并非所有小微信贷机构都以"双人调查制"为标准。

在实行单人调查制的机构中，通常只有在调查人员资历尚浅而由熟练信贷人员加以引导示范时，才进行双人调查。

2）贷前调查的原则

为保证贷前调查的质量，调查人员还应遵循三个原则，如表 4-6 所示。

表 4-6　贷前调查的原则

原则	客观性	完整性	重要性
内容	调查人员对于贷款申请人提供的重要信息，以及自己的个人判断，都不可随意主观臆测，而必须提供相应的客观依据，并且详细记录调查的方式和过程。对于一些确实无法取得直接依据的重要信息，则需通过与贷款申请人无利害关系的第三方给予证明和确认	调查人员在调查过程中，应对信贷风险分析的各方面重要情况进行适当的关注，做到调查内容和要点完整，各项证据和辅助材料制作合格、索引完备、钩稽完整，保证风险评估的全面性	小微信贷业务的特点要求贷款的快速。调查人员应该抓住重要风险点作为调查的重点，有所取舍。调查人员可以采用事先制定调查提纲的方式，根据提纲进行实地调查；对于一般性的问题可以采取个别抽查推断的方式；而对于异常及重点问题则需全面核实，取得充分的证据

此外，贷前调查的过程也是一个与客户沟通打交道的过程，不论结果如何，都应当将信息及时反馈给客户，做好解释工作，保证服务的质量和效率，遵守纪律，与客户建立良好的关系，维护信贷机构的形象，以利于日后的合作。

（二）实地调查的流程和方法

1. 实地调查的流程

图 4-5 是某小微信贷机构对小微企业实地调查的一般流程。

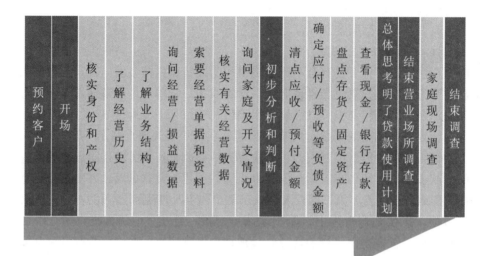

图 4-5　某小微信贷机构对小微企业实地调查的一般流程

资料来源：黄武 . 小额贷款评估技术与风险控制 [M]. 北京：中国金融出版社，2013.

表 4-7 是某小微信贷机构对企业客户实地调查的工作底稿（部分）。

表 4-7　某小微信贷机构对企业客户实地调查的工作底稿（部分）

序号	调查项目	调查内容和方法	调查结果
1	企业法律主体资格的调查	查看公司营业执照、公司章程、工商查询单、验资报告、税务登记证、组织机构代码证等证件的原件，考察： （1）原件是否与提供的复印件相符 （2）相关权限是否已过期 （3）相关证件是否经过年检 （4）证件之间的相关内容是否一致	
		若需特殊资质证书的，还需查看该证书原件： （1）该证书是否已过期 （2）是否经过了年检	
		若股权出现过变更，应查阅公司设立及历次股权变动时的批准文件、验资报告，核对公司股东名册、工商变更登记，对公司历次股权变动的合法、合规性作出判断，核查公司股本总额和股东结构是否发生变动	

续表

序号	调查项目	调查内容和方法	调查结果
2	企业整体经营管理状况调查之一	访谈实际控制人，注意观察其谈吐和表现，并着重了解： （1）实际控制人的发家史和企业的发展历程 （2）企业发展的核心竞争能力 （3）行业的发展趋势及企业在行业中的地位 （4）企业未来的发展目标和达成目的的途径和策略 （5）经营团队的素质情况及对经营团队的激励约束机制 （6）实际控制人自身家庭的资产（如房子、车子、借出款、股票等其他资产）、负债（如银行负债、民间负债等）情况（需提供相关证件复印件） 对供销部门负责人的访谈，着重了解： （1）原材料的采购渠道、议价能力、支付条款（需提供采购合同印证）、实际支付情况、前五名供应商的供应情况；已签订采购订单的情况；未来采购价格的发展趋势 （2）商品的调查渠道、议价能力、收款条款（需提供销售合同印证）、实际收款情况、前五名销售商的销售情况；近两年收到订单、履行订单的情况；最新已签订销售订单的情况；未来销售价格的发展趋势 （3）原材料进来和商品出去的物流运输系统	

2. 实地调查的主要方法

具体来说，实地调查主要有询问、观察、检查、抽查等几种方法，如图 4-6 所示。下面对前三种方法进行介绍。

图 4-6 实地调查的主要方法

1）询问

在实地调查中，口头询问并聆听询问对象的介绍和讲述，有助于对贷款整体情况以及软信息进行初步了解和判断，也有助于对那些未被规范记录的财务信息进行收集和验证，使调查人员迅速建立相关感性认知。

询问的对象主要有以下几类。

（1）客户本人：以此掌握其基本情况、贷款用途，并通过言谈举止感知其性格、能力、态度，检查是否存在夸大或不实情况。

（2）客户的配偶：以此掌握家庭经济情况、和睦与否，间接掌握客户个性和能力。

（3）与客户相关的其他人，如亲属、朋友、邻里、社区、关联企业、员工等：以此对客户情况做侧面了解。

（4）企业经营管理人员：约见尽可能多的企业管理层人员，包括行政部门、财务部

门、市场部门、生产部门及销售部门的主管等，以此了解企业经营发展和管理情况。

表 4-8 仅以对客户的询问为例介绍询问的方式与技巧，对其他对象询问时可以参考此内容并做必要调整。

表 4-8　如何询问客户

如何开场

（1）见到客户时，应先向客户问好，或者先寒暄几句

（2）向客户说明来意，比如"按照我们的制度要求，在贷款之前要对您进行调查。如果我们相互配合，不但能够证明您有实力、讲信誉，还可以使您更快地获得贷款"

如何与客户交流

1）交流的基本状态

（1）平静的心态下交流，把自己当作客户友好和平等的商业伙伴，而不以帮助者身份的傲然凌驾其上

（2）互动与目光的接触

（3）掌握主动性

（4）适当谈些客户感兴趣的话题

（5）耐心、细致，尤其当面对年龄较大、观念保守、有沟通障碍的客户

（6）尽可能在安静的环境下进行交流

2）对客户不同的态度

（1）若客户主动介绍自己的基本情况，应耐心细致地聆听，并稍加引导。在这一过程中，客户经理可就其中未能听清或者感兴趣的内容开展进一步询问和交流

（2）若客户喜欢说个不停、偏离话题，则应加强对话题的引导，及时转移话题，而不是生硬地打断客户的讲话

（3）若客户存在戒心、不喜欢多说，则应该鼓励客户多提供信息，告知客户这对贷款的迅速审批有帮助，并保证不向他人透露其信息

（4）若客户不配合，则应适当沟通和说服，建立信任和配合；对于一问三不知的客户，可明确告知，如果再不配合，将中止调查；如果客户仍然不配合调查，应结束调查

注意：不过分允诺。在对客户调查过程中，信贷员不能对客户许下贷款额度方面的承诺，但可以作出什么时候给予答复的承诺

如何提高获取信息的质量

1）问好问题、问对问题

（1）认真设计问题，问题简单、具体、明确、具备探查性，体现出调查人员的文化层次及从业水平

（2）询问时，心中要有一条清晰的主线，问题要有层次性、逻辑性、针对性，以免忘记重要的问题

（3）对于有矛盾的回答要客户解释

2）针对关键或敏感信息

（1）对于涉及客户的重要财务信息和敏感信息，应从侧面提问，只有从侧面提问无效时，才直接询问客户，比如针对涉及个人隐私的问题，可采取旁敲侧击的方式，间接地取得所需的个人信息，或对与客户相关的他人进行询问

（2）对于关键的问题，应向客户多询问几次，以确认客户的回答，应有一定要问出关键信息的信心和耐心

3）观察对方的反应

沟通中要注意观察申请人的反应和神态变化，判断其是否存在刻意掩饰或隐瞒真相等情况

4）正确处理已获信息

（1）做好面谈记录，内容可能包括文字、图片或影像等，尽量不要当场做记录，而是结束后再进行整理

（2）将记录下的重要问题做上标记，以便日后复核

（3）对信息做好相互验证

活动拓展 4-6

调查询问情景模拟：请以两人为一组，分别扮演调查人员和客户，调查人员应就客户的基本信息、家庭成员情况、家庭收入和财产状况等进行询问并做好记录。

2）观察

在实地调查中，调查人员对客户住所或生产经营场所进行观察，判断实际状况与描述是否相符。调查人员应边走、边看、边问，认真观察，注意细节，也要注意客户自身的一举一动。

对于住所，主要观察居住地周边环境、条件、财产状况、家庭成员情况等。

对于生产经营场所，主要观察设施状况、经营管理情况、财务状况、项目进展等，必要时可对经营场所主要建筑或固定资产等进行拍照。

拓展阅读 4-3　某小微信贷机构关于客户影像信息采集的要求

1）照片拍摄

到达调查目的地后，首先对客户住所、商铺或生产经营场所远景进行拍照。照片应尽量包含主要标志、主要建筑。

对主要固定资产（含存货）较多的应从远到近拍摄，首先拍摄一张固定资产全景照片，然后拍摄每一项固定资产，单个拍摄顺序应以远景照片上固定资产的顺序为主。

对于重要固定资产可以多角度拍摄。

对客户的证件（如身份证、户口簿或营业执照等）进行拍照，尽可能将所有证件拍成一张照片，照片应保证看清证件的内容。

2）照片筛选

调查结束后，首先选择拍摄的照片，把非关键性照片、不清晰照片排除。

调查时每户采集照片不应少于 3 张，根据客户实际情况，可适当多采集照片，但一般不应超过 10 张。

为确保照片数量和质量，照片采集时可适当多拍摄。

3）照片存档

对保留照片进行命名。名字格式应为：姓名 – 设备名字。同一类型设备较多的情况下，可在设备名后注上数字加以区分。

对已命名的设备归档，与调查表、现金流量表、客户评级表放到同一个文件夹中。

将含有所有文档、图片内容的文件夹提交给信贷员存档。

资料来源：山东省联社枣庄办事处课题组.影像系统在农村小微信贷管理中的应用 [J].中国农村金融，2011(6):10-12.

活动拓展 4-7

请假设自己为贷款客户，对你的住所、生产经营场所等进行拍照取证，并对这些照片进行筛选。

3）检查

在实地调查中，调查人员对客户相关资料、记录以及实际资产等进行检查核实，验证已获取信息的准确性与真实性。在检查过程中，应注重调查效率，忽略无关紧要的信息，而对与信贷风险相关的重点信息进行核实。

（1）资料和记录的核实。对需进一步核实的资料，调查人员应要求客户提供原件或原始记录。其中，重要文件类资料有营业执照、房产证、土地证、租借合同、车辆发票、行驶证、与上下游的合同等；重要记录类资料有经营账目、财务报表、存货明细、存折、银行对账单、设备的购置发票、信息系统中的记录、收银机数据等。

（2）实物资产的核实，包括房产、土地、交通运输工具及其设备、存货、现金等。

（3）抽查。抽查有利于提高调查的效率，在贷款申请人提供了大量资料的情况下，抽查工作就特别重要。抽查的资料应具备重要性、代表性和针对性，而不是盲目地进行随机抽查。

素质园地 4-2

党的二十大提出："法治社会是构筑法治国家的基础。弘扬社会主义法治精神，传承中华优秀传统法律文化，引导全体人民做社会主义法治的忠实崇尚者、自觉遵守者、坚定捍卫者。建设覆盖城乡的现代公共法律服务体系，深入开展法治宣传教育，增强全民法治观念。推进多层次多领域依法治理，提升社会治理法治化水平。发挥领导干部示范带头作用，努力使尊法学法守法用法在全社会蔚然成风。"道德与法律是每位金融从业者必须坚守的底线。

2015 年至 2017 年期间，刘某武担任湖南邵阳昭阳农村商业银行股份有限公司（原名称邵阳县农村信用合作社）塘渡口支行信贷员，从事该银行的信贷业务工作。在职期间，刘某武在办理贷款业务过程中，违反国家规定，对贷款用途、资产情况、身份信息等贷款信息未尽调查审核的职责，违法向刘某（已另案处理）、张某以及刘某借用的其他与人身份信息发放贷款 12 笔，金额共计人民币 240 万元。

第一次违法放贷是在 2015 年 6 月 25 日，刘某武对刘某以他人的名义提供的虚假贷款资料未尽调查审核职责违法发放贷款 20 万元，该笔贷款到期后未能归还本金及全部利息。

此后，刘某武便一直对刘某进行违法放贷，在 2015 年 6 月至 2017 年 11 月期间，刘某武共放贷 12 笔，每笔金额 20 万元，其中有 10 笔贷款为刘某以他人名义，通过提供虚假材料所办理的冒名贷款，另外两笔贷款，分别是刘某、张某本人提供虚假材料所申请。此后，刘某武还收受张某、刘某好处费 17.5 万元。

直到 2019 年 5 月 28 日刘某武遭邵阳县公安局刑事拘留，同年 7 月 5 日遭逮捕。截至 2019 年 9 月，上述贷款尚有人民币 230 万元逾期未能收回，给农商银行造成重大损失。

法院认为，刘某武作为银行贷款业务审查人员，违反国家规定，多次违法发放贷款，数额巨大；在金融活动中利用职务便利不法收受他人财物，为他人谋取利益，其行为已构成非国家工作人员受贿罪，应予依法惩处。

最终，法院一审认定刘某武犯违法发放贷款罪，依照《中华人民共和国刑法》《中华人民共和国刑事诉讼法》，判处有期徒刑 1 年，并处罚金人民币 3 万元；犯非国家工作人员受贿罪，判处有期徒刑 10 个月，数罪并罚，决定执行有期徒刑 1 年 6 个月，并处罚金人民币 3 万元（已缴纳）。侦查机关收缴的 30 万元赃款，由侦查机关上缴国库。

资料来源：违规发放冒名贷款并收受借款人好处，邵阳昭阳农商银行信贷员获刑一年六个月 [EB/OL].（2020-09-05）. https://www.sohu.com/a/416611681_120808812.

价值探索：职业道德 尊法守法

请阅读以上案例，并思考：

（1）分析以上信贷客户经理的违法行为给他个人和所在单位带来的损害。

（2）作为信贷从业人员，应该时时具备怎样的思想意识才能抵挡金钱诱惑？

（三）重要信息的调查方法

1. 个人信息

1）个人住所

可通过收集水电、电话、物业管理等费用单据以及房屋租赁协议等来核实客户的真实住所。在此基础上判断其住所的基本情况，包括装修档次、面积、所在区域的繁华程度等，从而初步判断客户的生活品位、以往工作的积累。此外，通过核实其真实住所，还可以方便走访其邻居，以了解更多信息。

2）人品和信誉

许多小微信贷客户缺乏在金融机构的交易记录，因此调查人员很难直接通过查询以往的个人信用记录来了解其还款信誉，这就需要调查人员充分利用询问、交谈以及检查相关资料来进行了解。调查人员如果仅仅依靠与客户的一两次接触来对其人品和信誉做判断，结论是很不可靠的，应当对熟悉客户过往经历的相关机构或人员进行调查。

这些外围调查对象包括客户单位的领导同事、员工、合作者、亲友、邻居，村委会、居委会、街道办等机构的相关人员；与客户有过民间借贷关系的相关人员；客户所在地的派出所或政府司法部门。通过外围调查可以落实个人家庭是否和睦、一贯表现是否良好、是否有重大的不良嗜好、是否有面积较大或金额较大的债务事项、是否长期拖欠他人借款甚至产生纠纷、个人名声是否较差等。

在进行这些调查时，应特别注意调查对象可能存在虚构或隐瞒事实的情况。特别是当客户事先打了招呼，或者承诺若取得贷款即归还过去欠款时，容易出现调查对象替客户隐瞒不良还款信誉的情况。

活动拓展 4-8

请假设自己为贷款客户，试着列出对你进行外围调查的对象可能有哪些。

2. 企业基本情况

除了掌握企业基本证照及资料外，应在询问中了解客户为什么经营当前的生意以及未来的经营计划是什么。这些是很好的谈话切入点，通过客户对这些信息的描述可以判断客户是否实际经营者，了解其经营历史，以及其对于当前经营业务的经验和动机。

3. 经营记录、财务信息

小微信贷（尤其微贷）技术通常强调信息的主要来源是与客户的沟通。但如果客户有经营记录相关信息的话，也不失为一种较好的检验信息的渠道。此外，如果客户的经营记录较多，可以从侧面反映出客户对自己生意的规划性较强，也会使信贷人员的分析过程更为轻松。

对小微信贷的客户经营记录和财务信息的获取，除了要求客户直接提供，还要充分依

靠与客户积极的询问交流以及仔细的观察。尤其对于缺乏经营记录的客户来说，调查人员还要根据获得的信息，为客户制作简易的财务报表。

1）重点财务科目的核实

若企业提供了财务报表，应对重点的财务科目进行核实。不但要对照客户介绍的情况和财务报表所反映的数据，还要尽量使用原始凭证或者第三方的凭证进行核实。

（1）核实货币资金。通过银行对账单核实企业开户情况（包括用于结算的个人账户）、存款余额、企业的现金流。

（2）核实应收账款。通过查阅明细账，抽查原始凭证，分析应收账款账龄，估计坏账损失。

（3）核实其他应收款。通过查阅明细账，抽查原始凭证，记录前五名客户金额及形成时间和原因，判断是否存在抽逃资金及资产虚增。

（4）核实预付账款。通过查阅明细账，抽查原始凭证，与主要供应商进行核对，判断时间和原因，以及是否存在抽逃资金及资金挪用。

（5）核实存货。通过明细账和仓库日记账，了解存货进出库情况，与资金进出比对。根据仓库日记账明细，现场抽查存货是否属实，对 6 个月以上未流转存货应估计存货损失和减值金额。

（6）核实固定资产。通过原始发票核实真伪，大额固定资产发票应进行复印留存，对未计入企业固定资产但实际投入企业经营的固定资产予以记录和说明，分析企业的固定资产折旧计提是否足额。

（7）核实融资信息。通过银行记录信息和访谈，了解企业和主要经营者银行借款、票据金额（敞口）到期日、担保方式和目前状态，了解对外担保情况。

（8）核实实收资本。通过企业历次验资报告，结合资产负债核实情况分析判断是否有注册资金抽逃情况。

（9）核实资本公积、盈余公积和未分配利润，查阅明细账，抽查原始凭证和依据，通过对经营者历史经营积累情况的了解，对来源进行分析，结合资产核实情况，判断是否有虚增金额。

（10）核实销售收入。银行账户（包括个人结算账户）的货款回笼情况，核实应收账款、应收票据增加金额和票据背书金额，与存货进出金额进行对比，在此基础上确认销售收入；抽查纳税发票，核实近期的销售和纳税情况。

（11）核实成本，重点核实未摊销成本。生产企业可以通过电费发票等来核实生产成本；运输企业则可以通过油费发票等来了解。抽查货物进出单据，核实货物吞吐进出情况。

（12）对其他财务报表科目余额占总资产 10% 以上的财务科目进行调查，了解科目明细构成。

此外，调查人员还应掌握法定代表人（实际经营者）个人及家庭资产情况，包括房产、车辆、银行储蓄存款、个人银行融资情况和其他金融资产等。

对于会计处理不规范的企业，也要尽可能对其一定期间的流水账进行检查并统计出一定期间的现金收支情况与收支规模。在对流水账进行检查时，不能停留在简单的计算程序上，而应该抽查相关的原始单据，证明收支是否真实准确。

2）重点财务信息的询问

（1）如何询问收入？对于收入的询问要注意以下几点。

① 不要直接询问客户的收入，从侧面问不出来时才直接问。

② 保证不透露给第三方。

③ 应告诉客户其提供的关于收入方面的信息越多，对于其贷款获得批准就越有利。

④ 从销售量、价格，进货数量、进货频率、存货，销货单、进货单、成本等入手。

⑤ 从不同渠道获得收入收据，如雇员。

⑥ 委婉询问客户月收入和年收入，请客户出示收据。

（2）如何询问应收款？服务和商贸类客户的应收款一般比较少，生产制造业的应收款会比较普遍。询问应收款时要注意以下几点。

① 一般客户在回答时都会夸大自己的应收款以显示自己的实力，但是一定要看到欠条或笔记之类的纸质证明才能计入应收款。

② 某些客户不愿意透露，调查人员可以说："您有这么大的销售量，而且现在这个行业市场都流行赊账，您应该会有一定的应收款。"还可以这样问话："来您这拿货的，有多少不能当时结清？""上级要求我们必须看一下您的赊销笔记本，您支持一下，给我们翻翻吧。"

③ 应收账款的登记本一般都比较破旧，且字迹较乱，比较随便地放在抽屉里；有的商户是按照业务员分别保管的。

（3）如何询问应付款和负债？询问应付款和负债时要注意以下几点。

① 如果对客户直接询问，客户一般会说没有或者少说他的负债数据。此时可以旁敲侧击地问，如："您有这么大的生产规模，每月都要进很多货，这些进货的钱怎么解决？"又如"像你们这一行，没有一点负债是不可能的。"而后根据判断各出一个估计数来看客户的反应。

② 要让客户明白负债是很正常的事情："我们在做市场调查时，发现基本上每户都欠别人货款，其他人也欠他货款，咱这里情况怎么样？"

（4）如何询问所有者权益？与负债相比，客户更愿意透露所有者权益的信息。询问所有者权益时要注意以下几点。

① 询问本钱和持续投入等情况，如"您当初开始经营的时候投入了多少本钱"。

② 询问客户投入本钱的时候，本钱是如何筹集的。

③ 询问不同的本钱状况，主要指资金、货物和设备等。

④ 询问持续投入的情况："前几年的经营很顺利吧，每年的盈利大概是……最近几年的盈利平均下来是……""这些年赚的钱除了大的开销都投到生意里边了吧？"根据客户提供的这些信息估计客户的所有者权益。

4.生产经营情况

1）直接询问观察

（1）对固定资产进行检查、记录并估价，具体方法如下。

① 估计员工数量。

② 观察员工的工作氛围、精神面貌是否良好。

③ 观察客户（管理人员）与雇员的互动情况以及业务活动的组织方式，判断客户（管理人员）的管理才能和企业内部的关系融洽程度。

④ 估计销量，从中判断企业的市场地位和增长潜力。

⑤ 了解是否有安全隐患。

（2）生产场所或施工场地的询问观察方法如下。

① 场地是否整洁、机器设备运转是否正常、是否布满灰尘。

② 了解生产工艺如何、开工率如何、产能利用率如何。

③ 现场查看企业的开工情况，了解实际开工人数（包括倒班）、生产线在产、原材料或产品进出库等情况的前后期变化（特别是传统节假日、长假期、淡旺季前后），分析企业生产经营是否持续稳定、正常。

④ 检查库存、评判产品质量、检查其原材料以及产成品是否存在缺陷或挤压。

⑤ 了解项目的手续、进度、质量及付款等情况。

⑥ 了解是否有安全隐患。

（3）营业场所的询问观察方法如下。

① 了解客流情况。

② 判断营业场所所处商业环境的繁华程度。

2）其他佐证

（1）通过查看相关订单、出货单、运费单据、销售合同等来佐证销售情况；向企业销售部门、管理人员、其主要交易对手、同行客户、行业协会了解相关信息加以验证；通过查看银行付款、收款凭证，来核实合同的真实性以及执行情况。

（2）通过一段时间内采购合同、进货单等的变化情况，佐证企业是否正常经营。

（3）通过用水、电、气量、纳税情况表佐证企业生产情况，除了查看相关费用单据（包括银行代扣）外，必要时还可向供电、供水等部门直接查询。

（4）通过企业提供的近期工资、福利表单以及银行提供的代发工资表、公积金缴存清单，佐证企业生产经营是否稳定；查看企业工资的发放总额和发放人数，分析是否存在大幅减薪或较大规模裁员；必要时可向劳动社会保障、税务部门或企业基层职工了解企业缴交社保费用情况，了解是否有较大规模裁员或重大劳资纠纷等情况。

（5）结合所掌握的地方媒体有关报道等佐证。

拓展阅读 4-4　重大违法事项的调查

对贷款申请人是否存在重大违法违规事项进行调查时，可以通过以下途径。

（1）询问包括贷款申请人法律顾问在内的相关人员。

（2）审阅贷款申请人的董事会会议记录。

（3）检查贷款申请人营业外支出等会计科目以及向政府有关主管部门查询等程序。

（4）了解是否有以往政府有关部门对其的处罚。

（5）了解是否有组织大额、异常现金收支。

（6）了解是否有重大交易活动的购销价格严重背离了市场价格。

（7）了解有关媒体的披露。

注意：告知担保责任：在对抵（质）押人或保证人进行调查面谈时，调查人员应告知其可能面临的担保责任以及后果。

资料来源：邱俊如．小微信贷实务 [M]．北京：中国金融出版社，2012.

5. 担保情况

联系调查第三方抵（质）押人与保证人，核实抵（质）押物的位置、面积、价值、合法性等，并参照贷款申请人调查的程序，重点核实保证人的资质、保证实力及保证意愿。

（四）调查分析和调查报告的撰写

对于调查收集到的信息，调查人员务必要做好整理和分析，认为符合条件的贷款，则应撰写调查报告并提交至下一环节负责人。若为双人调查，则此环节也须两人配合完成。这是贷前调查的最终阶段，通常由调查人员在一天内完成。图 4-7 是调查信息的整理和分析步骤。

图 4-7　调查信息的整理和分析步骤

1. 信息整理

调查人员首先应当对调查获得的资料进行整理，主要完成以下工作。

1）列出提纲

贷前调查收集到的信息往往凌乱而缺乏主次，调查人员应根据事先列好的提纲对调查信息进行分类填写。

2）把握核心信息

在采集的众多信息中，一定有核心信息，对业务方向甚至决策都起着至关重要的作用，调查人员需要找到这类信息，并进行深度挖掘。

例如，对于一个出租车司机而言，其自身不能总结出经营的规律。那么怎么确定其收入与支出？对于出租车行业，很多费用如保险、油费等都有行业的规律可参考，而针对客户个人，"公里表"所记载的其从买车至今总里程的信息就显得至关重要，这个里程数就是核心信息。

3）查缺漏

调查人员应分析收集到的信息中是否有遗漏，对于有疑问或没有获得的关键信息可以打电话询问确认，必要的情况下，做进一步补充和外围调查。

4）辨真伪

所有的信息都可能存在不同程度的夸大甚至扭曲，调查人员需要把客户提供的信息尽可能地做真实还原。

5）更新信息系统

调查人员应及时将客户信息在小微信贷机构相关的信贷管理系统中更新。

2. 综合分析 / 评级授信

在信息整理保证信息基本真实完整的基础上，调查人员应围绕贷款的合规性、安全性和效益性进行分析。分析过程中要注意使用交叉检验方法，对于没有财务报表的客户，要利用调查收集到的信息为客户编制财务报表。

图 4-8 是调查分析的三大方面。

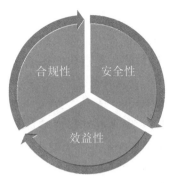

图 4-8 调查分析的三大方面

许多小微企业和个体工商户，实际控制人与企业之间的财务并不做清晰区分，经常出现个人与公司账户资金互相流转的情况，而这些借款企业实际控制人的个人／家庭资产也是企业重要的还款来源。

例题 4-1 以下是某企业贷款客户全资股东曾先生的个人资料，请根据这些信息，为曾先生编制个人资产负债表和个人损益表。

（1）存款 57 万元。

（2）拥有汇丰银行股票 5 000 股，最新的价格是每股 90 元，平均每股的股息 2 元。

（3）拥有三间房产：深圳一间，买价 100 万元，目前市价 250 万元，负债 60 万元，租金 5 000 元／月；广州一间，2007 年购买，买价 70 万元，最近市价 150 万元，欠银行 40 万元，租金 3 000 元／月；与父母同住的房产在佛山，价格 150 万元，贷款 80 万元。

（4）买了份有价值的储蓄保险，保单为 200 万元，目前储存了 20 万元现金价值。

（5）汽车购买的时候值 30 万元，现在卖价保守估计 18 万元。

（6）曾先生目前在贷款企业的工作年薪 20 万元，其太太年薪 30 万元，平均家庭开销为收入的 40%。

（7）预期税负为 10 万元。

解答： 曾先生的个人资产负债表和个人损益表如表 4-9、表 4-10 所示。

表 4-9 曾先生的资产负债表   元

资　产	市场价	抵押（否）	净资产
现金	570 000	否	570 000
有价证券	450 000	否	450 000
保险（现金）	200 000	否	200 000
房产 1	2 500 000	600 000	1 900 000
房产 2	1 500 000	400 000	1 100 000
房产 3	1 500 000	800 000	700 000
汽车	180 000		180 000
合计	6 900 000	1 800 000	5 100 000

表 4-10　曾先生的个人损益表

元

薪金收入（曾先生）	200 000
薪金收入（太太）	300 000
股票股息	10 000
租金 1	60 000
租金 2	36 000
总收入	**606 000**
费用	242 400
税负	100 000
总支出	**342 400**
净收入	**263 600**

有些小微信贷机构要求对客户进行评级授信，则调查人员应区分客户类型，将采集到的信息准确录入评级系统（模板），按照规定的评级流程对客户进行评级授信，获取有权审批人的审查和审批。

针对小微信贷客户的特点，分析时应做到如下几点。

（1）既要分析实地调查获取的信息，也要分析客户提交的书面资料，侧重前者。

（2）既要做定性分析，也要做定量分析，侧重前者。

（3）既要分析第一还款来源，也要分析第二还款来源，侧重前者。

若调查人员通过分析认为贷款业务应否决，且经主管确认，无须进入信贷业务的下一环节，小微信贷机构可以终止该项目。

若调查人员认为贷款业务符合条件，应撰写并提交调查报告，汇报调查意见。

3. 调查报告的撰写

1）调查报告的内容

调查报告的内容格式随信贷机构而有所不同，通常涵盖调查过程简介，借款申请调查分析，收益分析、风险分析与防范措施，结论与建议等内容。根据信贷机构的具体规定，一定金额以下贷款的调查报告内容可能相对简化。

以个人经营性贷款为例，一份典型的调查报告格式如表 4-11 所示。

表 4-11　贷前调查报告格式示例

一、调查过程简介	
调查时间	
参加人员	
采取的调查方式、调查访问的主要内容、调查访问的对象	
业务推荐部门或推荐人	

续表

二、借款申请调查分析

（一）借款申请人基本情况

主体资格	借款申请人的姓名、性别、年龄、户籍证明、身份证明、所在经营实体及任职情况
婚姻状况	借款申请人属已婚、未婚、离异后未婚、丧偶后未婚哪一种情况
家庭情况	借款申请人家庭成员的姓名、年龄、任职单位，配偶须列明户籍与身份证件
个人履历	借款申请人近3年的工作履历，分时间段列明工作单位及岗位和从业经验
常住地址	借款申请人家庭详细住址，并说明现住房系租赁、自购、自建、借用等情况
信用状况	经借款申请人授权，列明向中国人民银行个人征信系统、信贷登记咨询系统等查询获得的借款申请人及其所经营企业的信用报告结果

（二）借款申请情况

申请借款金额、用途、期限

（三）经营情况

经营实体名称、成立时间、注册资本、出资人或股东占比、经营场所，日常经营主要管理者
主体经营产品、经营方式、经营规模，主要供货商、销售商或主要市场，销售情况及盈利水平

（四）财务情况

借款申请人家庭收支、资产及负债清单

（五）担保情况

抵押物的权属、价值认定等情况
质押物的权属、价值认定等情况
保证人基本情况（参照借款申请人基本情况列明）、担保能力（列明打分评级结果）

三、收益分析、风险分析和防范措施

综合分析该笔贷款为小微信贷机构带来的预计效益 列明主要风险点和防范措施

四、结论与建议

表明贷款意见，包括贷款金额、期限、利率、借款方式、还款方式和限制性条款		
调查人员签名		年　　　月　　　日

签名负责：

　　贷前调查报告是调查人员对调查所获情况和信息的完整总结，调查人员应签名对调查报告的真实性负责。若为双人调查，调查报告必须由调查岗双人签字确认。

　　某银行固定资产贷款和流动资金贷款的贷前报告内容要求如表4-12所示。

表 4-12　某银行固定资产贷款和流动资金贷款的贷前报告内容要求

固定资产贷款调查报告内容要求	流动资金贷款报告内容要求
（1）借款人资信情况 （2）项目可行性研究报告批复及其主要内容 （3）投资估算与资金筹措安排情况 （4）项目情况 （5）目前配套条件落实情况 （6）还款能力 （7）担保情况 （8）信贷机构从项目获得的收益预测 （9）结论性意见	（1）借款人基本情况 （2）借款人生产经营及经济效益情况 （3）借款人财务状况 （4）借款人与银行的关系 （5）对贷款必要性的分析 （6）对贷款可行性的分析 （7）对贷款担保的分析 （8）综合性结论和建议

2）调查报告的撰写要求

一份真实可信、文理清晰、逻辑性强、分析透彻、判断准确、言简意赅的贷前调查报告能使贷款审查、审批人员较迅速、全面地了解该笔贷款的情况。贷前调查报告的撰写应满足以下要求。

（1）实事求是。调查人员必须本着实事求是的态度，全面、真实地反映调查情况，数据准确，不可夸大。调查报告要反映贷款资料不能显示的情况，包括实地调查核实的时间、地点、所见所得等细节。调查人员应对调查内容的真实性负责，在报告中不用与事实不符的表述语句，更不能未经核实就原文照录借款申请书上的语句。

（2）详略得当。调查报告应抓住和突出重点，对关键问题的描述要尽可能详尽全面，而在符合基本内容框架的前提下，简化描述不重要的内容。重点写绝不代表篇幅长，更切忌大量未经筛选的复制粘贴内容。

（3）条理清晰。调查报告谋篇布局应条理清晰、符合逻辑，避免前后矛盾。各项证据和辅助材料应制作合格、列示清晰、索引完备、钩稽完整。

（4）分析透彻。调查报告应深入分析关键问题，观点鲜明，提供有力的论证，避免信息的简单罗列。分析时要辨明信息真伪，避免使用单一的信息来源做判断；不可过于依赖第二还款来源的分析；财务分析应不仅有静态分析，也有动态分析。应依据审慎性原则全面评估并充分揭露风险，提供适当的防范化解措施，不可避重就轻、淡化风险、放大效益。推荐的授信方式应当设计严谨，降低主观性和随意性。

（5）略有文采。调查报告应语句通顺、没有语病，力求达到内容前后照应、结构上下连贯，但注意减少特长句型，也不可夸夸其谈。

活动拓展 4-9

请搜索查阅几份贷前调查报告，并根据以上几条报告写作要求，对比孰优孰劣。

行业视窗 4-4
如何做到贷前调查

4. 调查报告的提交

调查报告完成后，应由调查人员提交至有权审查人（通常为风险管理部门人员）与审批人进行审查、审批。调查人员还应按照小微信贷机构的规定，将调查报告内容录入信息系统，并更新其他相关信息。

知识自测 4-2

（1）为什么需要做贷前调查？

（2）贷前调查的基本方法有哪些？

（3）贷前调查有哪些步骤？

（4）实地调查有哪些主要方法？

（5）贷前调查报告通常包含几大方面内容？

（6）贷前调查报告有哪些写作要求？

即测即练

任务三　办理贷中业务

任务要点

● 掌握小微信贷贷中环节的工作内容及操作要点

● 完成贷中审查和审批操作

● 完成信贷合同的拟定和审查操作

● 完成贷款发放操作

"微"课堂　　"微"讲义

学习情境

小邓按照业务主管的指引，终于顺利完成了一名客户的申请受理和贷前尽职调查，通过贷前业务操作，他收集了客户的大量信息资料，并对这些资料认真审核、分析，形成了自己的贷前调查报告。

整理了一沓客户资料、完成了洋洋洒洒几页纸的贷前调查报告之后，小邓却还不能松口气，因为主管告诉他，接下来这些材料要提交给银行风控部门的审查专员审查，还要经过严格的审批环节，才能确定是否能发放贷款。

小邓怀着忐忑的心情，将自己前期准备的资料提交给审查专员。接下来就看审查审批人的意见了。

课前思考

（1）你知道贷中业务操作都包括哪些内容吗？

（2）你知道贷款的审查和审批环节需要做什么工作吗？

（3）你知道签订信贷合同的注意事项吗？

（4）签完合同之后，是否可以立刻放款？

一、贷中审查与审批

（一）贷中审查与审批概述

1.贷中审查与审批业务流程

1）贷款审批的法律要求

《贷款通则》第二十八条规定[①]，贷款人应当建立审贷分离、分级审批的贷款管理制度。审查人员应当对调查人员提供的资料进行核实、评定，复测贷款风险度，提出意见，按规定权限报批。

广义的审批可以细分为贷中审查和贷中审批两个环节。

贷款调查完成之后，风险管理部门等的审查人员对调查人员提供的贷款资料进行核实、评定，复测贷款风险度，提出意见，提交审批的过程，为贷中审查。对审查人员提交审批的贷款业务，有权审批人员关于是否贷款及具体的贷款方案作出决策的过程，为贷中审批。由多人决议完成的审批也称作"审议"。

贷中审查与贷中审批过程中，可以对贷款调查（经办）人员提出质询或要求补充资料；对于未通过的贷款项目，则退回至调查人员，并由调查人员通知客户；只有通过审查与审批的贷款项目，才能进入贷款业务的后续环节。

审查、审批是贷款决策的关键环节，旨在将贷款风险控制在小微信贷机构可接受的范围之内，避免发放不符合要求的贷款。审查、审批人员通常应遵循以下原则。

（1）审贷分离、分级审批。

（2）客观公正、独立审贷、依法审贷。

拓展阅读 4-5 审贷分离、分级评审制度

《贷款通则》规定：审贷分离是指贷款调查评估人员负责贷款调查评估，承担调查失误和评估失准的责任；贷款审查人员负责贷款风险的审查，承担审查失误的责任；贷款发放人员负责贷款的检查和清收，承担检查失误、清收不力的责任。

分级审批制度是指贷款人根据业务量大小、管理水平和贷款风险度确定各级分支机构的审批权限，超过审批权限的贷款，应当报上级审批。

资料来源：贷款通则 [Z]. 中国人民银行令〔1996〕第 2 号 .

2）审批流程的多样性

不同小微信贷机构的审批流程可能各不相同，同一小微信贷机构不同业务的审批流程也可能各不相同。

通常不同类型和额度的贷款，审批权限也有所不同。

根据信贷机构组织形式、贷款品种、金额大小、风险情况等的不同，审批可能是一人审批、多人审批（包括贷款审批委员会）、多级逐级审批等形式。

---

① 贷款通则 [Z]. 中国人民银行令〔1996〕第 2 号 .

有的小微信贷机构在一般审查人员完成贷款审查以后，再将审查意见、《贷款调查报告》及各项资料提交风险控制部门，风险控制部门再次进行复审（包括对贷款单位的再次实地考察和相关资料的复审），复审后再报有权审批人进行审批。

有的小微信贷业务实行简易程序，贷款直接由有关部门以签报的方式提交至审批人审批。

2. 贷中审查与审批的主要内容

1）信贷风险评估

针对贷款本身，贷中审查和审批要从几大方面入手评估。

（1）贷款申请人主体资格：是否合乎法规及小微信贷机构贷款对象范围。

（2）贷款资料：贷款资料是否齐全、完备并在有效期内。

（3）贷款业务的风险：贷款申请人偿债能力与偿债意愿的风险，以及贷款用途与贷款担保的风险等。

具体方法和技巧请参见本书项目三的信贷风险评估相关内容以及项目四中业务受理审查与贷前调查内容，但相比调查人员，审查人员与审批人员更要从小微信贷机构整体利益出发，对信息进行综合把握，对各重要风险点进行复合性识别、分析与判断。

2）调查人员操作风险、道德风险评估

审查调查报告的规范性、完整性、客观真实性，结论及意见是否明确，以及其中提出的观点是否有充分的佐证材料，可对细节信息抽查检验；认为贷前调查的相关意见有重大不合理情况或对贷款申请人有重大风险怀疑时，应要求贷前调查人员补充相关资料或单独约请贷款申请人就可疑事项做进一步的沟通与交流。因为调查人员的操作也蕴含着风险，通常包括操作风险和道德风险两个方面。

（1）操作风险，即审查各经办人员在操作环节上（比如调查过程、次数、基本方法）是否为规范操作，是否超范围受理贷款业务、越权处理、逆程序等；了解经办人员的工作经验；检查重点项目是否有遗漏。

（2）道德风险，即通过对调查（经办）人员及相关领导与贷款申请人或其关系人的交往时间、结识过程、了解深度等信息的掌握，判断其与贷款业务是否存在利益关系，以及该利益是否与小微信贷机构的利益相冲突。

3）授信方案与综合评价

在认为贷款项目可行的前提下，要结合客户与小微信贷机构自身的情况，判断调查人员推荐的贷款方案（还有评级授信结果）是否合理可行。

评估贷款将为小微信贷机构带来的综合收益和风险，确定相应的风险防控措施，如提高贷款申请人资信状况的措施等。平衡风险和收益，确定贷款方案，包括贷款的品种、用途、金额、期限、定价、担保等。

4）评审决策人员的能力和权利

在小微信贷机构中，业务调查（经办）人员通常为基层员工，相对缺乏工作经验，工作量大，并且对于业务的开展缺乏应有的全局观。因此，评审决策人员中需要有经验更丰富的人员或中高层管理人员，具备较高的专业知识和技能。

此外，为了确保小微信贷机构人员在履行项目评审工作时具有专业性、权威性与独立性，就需要给予项目评审人员以下权利。

（1）对项目所有相关材料的审阅权，以及对相关材料完整性、真实性和有效性提出质疑的权利。

（2）对参与贷款项目调查人员与风险管理人员进行询问的权利。

（3）对项目进行表决的同时，对材料收集质量、尽职调查质量、风险初审质量进行评价，并提出改进意见和建议的权利。

（4）在坚持公正、独立原则下，对审议的项目中涉及问题与其他评审人员交流意见的权利。

（5）对贷款项目经询问交流后仍存在重大疑问，对项目进行实地调查与评估的权利。

（二）贷中审查工作具体要求

1. 审查人员工作内容

对调查人员提交的资料进行审查时，应完成以下工作。

（1）换位思考，以不同于调查人员的角度对现有的资料再次进行核实和认定，有时还需要根据审查情况对借款人再次进行实地考察。原则上凡是客户经理调查认定的内容，审查人员都应当重新审核。

（2）审查贷款材料是否与信贷管理系统内的相关信息一致。

（3）从风险控制出发，识别贷款申请人的重要风险点，并评价这些重要风险点是否可控、是否有相应的风险防范措施。对于贷款申请人存在重大不可控风险的，应充分披露，形成否定性审查意见。

（4）完成审查后，应在《借款审批书》上写明审查意见报批。部分信贷机构对一定金额以上的贷款审查要求出具《贷款风险审查表》或《贷款风险审查报告》。

（5）合规性辅助审查：针对重要的合规性评估，通常还需要提交给法律事务等部门获取专项辅助审查意见。

表 4-13 是某农村合作银行贷款风险审查表。

表 4-13　某农村合作银行贷款风险审查表

贷款基本信息		
（略）		
审 查 内 容	是否符合要求	其 他 说 明
借款人是否具备借款主体资格	是 / 否	
提交资料是否齐全、内容是否一致，是否在有效期内且未发现明显伪造、变造情况		
担保人是否具备担保主体资格，抵（质）押物是否符合抵（质）押要求		
贷款具体业务品种、当事人，贷款金额、期限、利率、用途、担保方式和还款方式是否符合我行信贷制度规定		
有无存在超权限、多头、跨区域等情况		

续表

纸质材料是否与借贷管理系统内的相关信息一致		
调查报告规范性和准确性		

审查人（签名）：
　　　年　　月　　日

2. 贷中审查报告的撰写

贷中审查的主要任务是认清事实、揭示风险，对潜在风险把关守口。因此，贷中审查报告与贷前调查报告相比，篇幅应当短小，应突出审查发现的问题，以及贷款风险控制关键点和风险防范的措施。

贷中审查报告的主要内容框架有以下几点。

（1）简要评价申请人相关情况。

（2）主要风险点的分析和防范措施。

（3）审查意见和建议。

贷中审查报告写作要求可参考贷前调查报告相关内容做相应调整。审查评价要客观公正；不可局限于调查报告的文字描述；要重物证、查依据、做比较，独立审查，冷静分析；要有综合分析提炼；审查意见和建议要有针对性、可操作性。

表 4-14 是某银行个人贷款审查报告的写作说明。

表 4-14　某银行个人贷款审查报告的写作说明

一、贷款申请人家庭基本情况
主要包括：申请人的姓名、性别、年龄、婚姻状况、户籍、常住地、职业、健康程度、家庭人口、信誉、有无不良嗜好等情况和家庭成员的相关情况；家庭资产负债情况
二、借款申请人目前授信、用信及本次申报贷款（授信）情况
借款申请人在他行的授信及用信情况 借款申请人在我行授信、用信及本次申请贷款（授信）情况
三、审查内容
申报业务的合规性（略） 申报资料及内容的完备性 （1）审查调查报告是否对借款申请人家庭基本（经营）情况、资产负债情况、人品、职业、健康等对贷款有重要影响的要素进行准确、充分表述，有无必要的证明资料 （2）审查调查报告是否对借款申请人还款能力进行分析，分析是否充分，有无必要的证明材料 （3）审查调查报告是否对担保的有效性进行分析，分析是否充分，有无必要的证明材料 （4）审查调查报告是否对贷款用途、贷款金额、贷款期限的合理性进行分析，分析是否充分，有无必要的证明材料 （5）其他必须提供的资料
四、风险分析
对可能影响贷款回收的重要因素（包括但不限于行业、担保、综合还款能力等因素）进行综合分析
五、审查意见

续表

对本次申报的授信业务出具明确的意见，包括授信对象、品种、金额、期限、利率、担保方式和还款方式等

贷款发放条件：信贷资金支付要求；贷款管理要求和其他要求

审查人（签名）：
　　年　　月　　日

（三）贷中审批工作具体要求

贷中审批包括报审资料移交、安排审批方式、汇总审批意见、反馈审批意见、通报审批意见等环节。必要的情况下，可能进行复议。

图 4-9 是贷中审批工作程序。

图 4-9　贷中审批工作程序

1.报审资料

审查人员报送给审批人员的资料有以下几种。

（1）《借款审批书》。

（2）完整、真实的《借款申请书》。

（3）借款人、担保人主体资料的复印件，包括营业执照、个人身份证明等。

（4）《贷前调查报告》。

（5）审批人认为需要报送的其他资料。

审批人员通过分析贷前调查报告内容，结合审查人员意见，在权限内对贷款给出审批意见。在多级审批的情况下，审批人员应按照审批权限对贷款进行逐级审批。

2.贷中审批工作要点

（1）应先确定申请贷款额是否在审批权限之内。

（2）判断借款人单户贷款金额是否超过所在类别规定单户限额。

（3）根据贷款业务预计给小微信贷机构带来的效益和风险决定是否批准。

（4）考察审查人是否与贷款申请人有利害关系，审查人意见是否客观公正。

（5）审批人员和调查人员之间要有基本的信任。

（6）保证面对面的沟通非常重要。

（7）审批效率非常重要。

对同一笔贷款，参与决定的人不应太多。根据业务需要，可设立独立审批人、信贷业务审查审批中心，引入专家、专职审批制度，实现集中快速审批，提高审批效率。

3.贷中审批意见反馈与通报

若审批结果为同意，则批复反馈至信贷部门，通知客户办理贷款发放，明确信贷业务种类、金额、期限、利率或费率、担保等，并将资料整理立卷存档管理；若为复议，则按规定进行复议；若为不同意的业务，则由信贷部门通知客户，并终止该信贷业务。

（四）贷款审批委员会审批流程

1. 贷款审批委员会的设立

许多小微信贷机构设立贷款审批委员会（以下简称"贷审会"），对贷款和风险相关的重大事宜进行集体审批与评议。贷审会一般由股东代表、公司董事长、总经理、副总经理、风险总监及外聘行业和金融高级管理人员、外聘高级技术专家等组成。

贷审会的设立要求如下。

（1）被聘的评审委员需自愿承担贷款评审工作，并且同意承担审查、评定的失误风险。

（2）贷审会成员须具有一定的业务、财务、金融和法律相关知识，能够独立判断和控制风险。

（3）贷审会评审委员人数应不少于3人，且一般为奇数（根据小微信贷机构的规模，数量可能相应增减）。

（4）贷审会下设办公室，作为贷审会的具体办事机构。

贷审会上成员之间对于贷款分析的讨论也有利于提高参与贷审会的信贷人员的业务能力，使得贷审会具备了培训的附加功能。

2. 贷审会会议流程

召开贷审会，应当提前通知相关参会人员，包括如下人员。

（1）贷审会全体成员。

（2）贷款项目责任人和协办人。

（3）评委会认为须参加的人员，如财务人员等。

会议开始前，需确认参会人数达到规定，一般只有2/3以上的贷审会成员参加，贷审会的决议才有效。

贷审会的一般流程如表4-15所示。

表4-15　贷审会的一般流程

流　　程	内　　容
汇报调查情况	信贷业务部及风险管理部经办人员向贷审会介绍审议事项的基本情况及审查意见、建议；记录员开始做会议纪要
答　　辩	贷审会成员发表意见，提出问题并进行讨论。信贷业务部、风险管理部经办人员有义务回答贷审会成员提出的有关问题
投票表决	贷款项目审议后，每位贷审会成员书面投票表决是否同意，不允许弃权，但可以对贷款金额、期限、利率、担保方式等提出自己的意见。贷审会实行2/3通过制，审议结果分为同意（通过）、不同意（否决）、缓议（复议）三种，并实行"一票否决制"
填制审批表	根据投票结果填制《贷款审批委员会审议审批表》，连同会议纪要一并呈报有权审批人审批
签署审批意见	有权审批人（主任委员）在会议纪要和审批表上签署审批意见

有权审批人根据贷审会的投票结果和会议记录得出贷款的审批结果。在"一票否决制"下，若贷审会投票结果为未同意（包括不同意和缓议），则有权审批人不得审批通过；若贷审会的投票结果为未表决（包括同意和缓议）的事项，有权审批人可以否决。（注：

列席贷审会会议的人员并无表决权，仅贷审会成员具有表决权，一人一票。这是符合"审贷分离"要求的。）表 4-16 是贷审会审议审批表示例。

表 4-16 贷审会审议审批表示例

			（ 年 月 日）
审批日期		贷款项目（事项）类别	
经办部门		贷款申请人	
信贷经理		风险经理	
申请贷款金额		申请贷款期限	
参加会议委员			
参加会议专家			
会议记录人			

评审结论：本次审批委员会项目（事项）应到＿＿＿＿人，实到＿＿＿＿人。＿＿＿＿票同意，＿＿＿＿票不同意，＿＿＿＿票缓议。

贷款审批委员会意见：

条件及担保措施：

表决委员签字	同意	
	不同意	
	缓议	

贷款审批委员会主任签字：

3. 如何开好小微信贷的贷审会

（1）贷审会成员要做到两个尊重：一是尊重同事的劳动成果，问话要礼貌，提出的问题要切中要害；二是尊重自己的岗位责任，认真履行委员的职责，能够准确地判断风险。

（2）报告的经办人员要认真陈述、突出重点，把一个客户的报告时间控制在 10 分钟之内。报告经办人员的解释应围绕资料的真实性和准确性展开，切忌以抵触的情绪回答问题。

（3）贷审会的委员要在开贷审会前先认真阅读贷前调查报告，对报告中有疑问的，在贷审会中向经办人员提出。

（4）贷审会成员要根据自己的判断独立作出贷款审批决策。

（5）贷审会应在 20 分钟内对一笔贷款作出审批决策。

（6）做好贷审会记录。

经审批通过的贷款项目，只有在签订信贷合同并经过其他必要的程序之后，小微信贷机构才可向客户支付贷款款项。

活动拓展 4-10

请按照如下提示，试着模拟小额贷款公司贷审会的工作情况。

1）组织机构

贷审会设主任委员 1 人，由公司董事长担任；副主任委员 2 人，由公司总经理、一名董事会成员担任；贷审会委员 3 人，由公司具有评审能力的人员组成。贷审会主任委员负

责主持委员会工作。其他非贷审会成员必要时可列席会议，但不得作为委员参加投票。贷审会下设办公室，作为贷审会的具体办事机构，负责日常工作联络和会议组织等工作。

2）职责和审议范围

贷审会的主要职责是：审议疑难贷款。其包括：上一笔贷款未按计划还清又申请下一笔贷款；审议有不良记录客户的贷款等；督促、检查贷审会审议、有权审批人审批的信贷事项落实情况和贷后检查情况；分析资产风险情况，根据国家经济金融政策和公司存量业务情况，研究制订防范风险的具体措施。

贷审会议事范围：企业单笔 50 万元（不含）以上贷款；自然人单笔 10 万元（不含）以上贷款；公司融资及投资业务，相关事项通过后报董事会研究决策。

3）权利与义务

贷审会委员在履行职责的同时，享有下列权利：向信贷管理部门或客户部门了解需经贷审会审议的客户情况及信贷管理情况；对提交贷审会审议的事项发表意见；对改进贷审会工作提出建议；对贷审会审议的事项的表决权；对经贷审会审议、有权审批人审批的信贷事项落实情况的质询权。

贷审会委员应履行以下义务：贷审会的会议视情况可定期召开，也可组织临时会议，所有委员要按时出席贷审会会议，无特殊情况不得缺席；秉公办事，严格按照审议程序和信贷政策进行审议，并在决议上签字确认；因决策失误而造成公司信贷资产损失的，应承担相关责任；严格遵守保密制度，对贷审会审议的事项及结果不得对外泄露。

4）贷审会审批情景模拟

请以至少 6 人为一组，其中：1 人为信贷业务部门调查人员、1 人为风险管理部门调查人员、1 人为贷审会主任、1 人为会议记录员，其余人员为贷审会的其他成员。可预先查找一份完整的贷前调查报告，并以此贷款作为审批对象模拟贷审会会议流程。可使用一些道具，包括桌椅、电话、纸笔、贷审会审议审批表等。

请查找资料，思考：作为小微信贷机构贷审会的会议记录员，要如何做好会议记录？

素质园地 4-3

××针织时装有限公司早于 2012 年就已经全面停产，2013 年至 2014 年期间，公司的实际控制人陈某授意公司财务人员制作并向银行提供虚假的财务报表及审计报告等材料，向南安农商银行申请授信。

在明知 ××针织时装公司已经停止生产、不符合贷款条件的情况下，在南安农商银行某支行行长方某杰的授意下，林某福、卓某民共同作出虚假的调查报告。

经方某杰等人经办及审批，南安农商银行某支行同意对 ××针织时装公司授信人民币 2 150 万元，并按规定上报总行审批。

2013 年 8 月，经南安农商业银行审批，同意给予 ××针织时装公司授信额度人民币 2 150 万元。

在该授信额度中，1 900 万元由 ××皮塑有限公司（因涉嫌犯骗取贷款罪，另案审理）提供保证担保，另 250 万元贷款已于 2014 年收回。

此外，2013 年 12 月至 2014 年 9 月，陈某再次向南安农商银行某支行提供虚假的购销合同等材料，向该行申请贷款 1 900 万元，由林某福、方某杰等人经办、审批。至案发前，1 900 万元的贷款仍未归还。南安农商银行已提起民事诉讼并申请强制执行，但贷款本息至今仍无法收回。

2016 年 10 月前后，方某杰、卓某民等人陆续到案。

法院认为，被告人方某杰、林某福、卓某民身为银行工作人员，违反国家规定发放贷款，造成特别重大损失，其行为均已构成违法发放贷款罪。依法判决被告人方某杰犯违法发放贷款罪，判处有期徒刑 3 年，缓刑 3 年 6 个月，并处罚金 10 万元。被告人林某福、卓某民犯违法发放贷款罪，判处有期徒刑 1 年 6 个月，缓刑 2 年，并处罚金 5 万元。

资料来源：福建南安农商银行支行长违规审批 向停产企业放贷 1900 万致无法收回 [EB/OL].（2019-07-25）. http://bank.hexun.com/2019-07-25/197977479.html.

价值探索：职业道德　尊法守法

请阅读以上案例，并思考：

（1）以上贷款经办、审批人员的违法行为给他个人和所在单位带来哪些损害？

（2）虽然信贷机构设立了审贷分离制度，但违规放贷案件仍然时有发生，对此你怎么看？

二、签订信贷合同

《贷款通则》第二十九条规定 [①]：所有贷款应当由贷款人与借款人签订借款合同。借款合同应当约定借款种类，借款用途、金额、利率，借款期限，还款方式，借、贷双方的权利、义务，违约责任和双方认为需要约定的其他事项。

保证贷款应当由保证人与贷款人签订保证合同，或保证人在借款合同上载明与贷款人协商一致的保证条款，加盖保证人的法人公章，并由保证人的法定代表人或其授权代理人签署姓名。抵押贷款、质押贷款应当由抵押人、出质人与贷款人签订抵押合同、质押合同，需要办理登记的，应依法办理登记。

（一）信贷合同概述

信贷合同包括借款合同和担保合同，借款合同是主合同，担保合同是从合同。

1. 担保合同

担保合同可以采取以下形式。

（1）小微信贷机构与抵押人、质押人、保证人单独订立书面担保合同，即抵押合同、质押合同、保证合同。

（2）保证人向小微信贷机构出具承担连带责任的保函。[②]

（3）《民法典》规定的其他形式。

2. 信贷合同的组成

信贷合同的组成如图 4-10 所示。

---

① 贷款通则 [Z]. 中国人民银行令〔1996〕第 2 号 .

② 保函又称保证书，是指银行、保险公司、担保公司或个人应申请人的请求，向第三方开立的一种书面信用担保凭证，保证在申请人未能按双方协议履行其责任或义务时，由担保人代其履行一定金额、一定期限范围内的某种支付责任或经济赔偿责任。

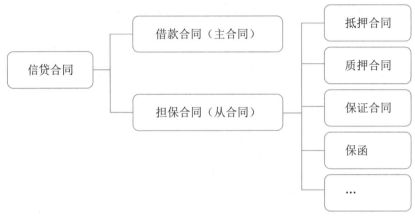

图 4-10　信贷合同的组成

3. 法律对借贷双方的权利和义务的规定

1）贷款人的权利

《贷款通则》[①]规定，贷款人有权依贷款条件和贷款程序自主审查和决定贷款，有权拒绝任何单位和个人强令其发放贷款或者提供担保，具体包括以下权利。

（1）要求借款人提供与借款有关的资料。

（2）根据借款人的条件，决定贷与不贷、贷款金额、期限和利率等。

（3）了解借款人的生产经营活动和财务活动。

（4）依合同约定从借款人账户上划收贷款本金和利息。

（5）借款人未能履行借款合同规定义务的，有权依合同约定要求借款人提前归还贷款或停止支付借款人尚未使用的贷款。

（6）在贷款将受或已受损失时，可依据合同规定，采取使贷款免受损失的措施。

2）贷款人的义务

（1）公布所经营的贷款种类、期限和利率，并向借款人提供咨询。

（2）公布贷款审查的资信内容和发放贷款的条件。

（3）审议借款人的借款申请，并及时答复贷与不贷，一般要求在 7 天内予以答复。

（4）对借款人的债务、财务生产、经营情况保密，但对依法查询者除外。

3）借款人的权利

（1）自主向信贷机构申请贷款并依条件取得贷款。

（2）按合同约定提取和使用全部贷款。

（3）拒绝借款合同以外的附加条件。

（4）向贷款人的上级和银监部门反映、举报有关情况。

（5）在征得贷款人同意后，向第三人转让债务。

4）借款人的义务

（1）如实提供贷款人要求的资料（法律规定不能提供者除外），应当向贷款人如实提供所有开户行、账户及存贷余额情况，配合贷款人的调查、审查和检查。

（2）接受贷款人对其使用信贷资金情况和有关生产经营、财务活动的监督。

---

① 贷款通则 [Z]. 中国人民银行令〔1996〕第 2 号.

（3）按借款合同约定用途使用借款。

（4）按借款合同约定及时清偿贷款本息。

（5）将债务全部或部分转让给第三人的，应当取得贷款人的同意。

（6）有危及贷款人债权安全情况时，应当及时通知贷款人，同时采取保全措施。

（二）借款合同的内容

小微信贷机构应根据贷款申请人和贷款产品特点，制定相符合的合同文件。

1. 借款合同概述

借款合同规定了借贷双方之间的权利和义务，包括必备条款和双方约定的其他事项。

1）必备条款

（1）借款种类。如按照贷款币种，其可分为人民币贷款和外币贷款；按照贷款期限，其可分为短期贷款和中、长期贷款；按照贷款对象，其可分为生产企业贷款、进出口企业贷款、外商投资企业贷款；按照贷款利率，其可分为浮动利率贷款和固定利率贷款等。

（2）借款用途。借款用途即借款使用的范围和内容。借款人有义务按照约定的用途使用借款，不得挪用，小微信贷机构有权监督、检查借款人的借款使用情况，如发生挪用，小微信贷机构有权按照有关规定收取罚息。借款不得用于非法目的，不得违反国家限制经营、特许经营以及法律、行政法规明令禁止经营的规定等。

（3）借款金额。借款金额是贷款人向借款人提供的贷款具体数量，是计算贷款利息的主要依据。

（4）贷款利率。贷款利率应当在中国人民银行规定的法定利率基础上在中国人民银行允许的范围内确定，合同履行期间如遇国家调整法定利率或变更法定计息方法，则贷款合同项下借款利率或计息方法也做相应调整。小微信贷机构应当按照央行规定的贷款基准利率允许浮动的上下限，确定每笔贷款利率，并在贷款合同中予以载明。

（5）借款期限。

（6）还款方式。

（7）违约责任。

拓展阅读 4-6　合同中付息期限不明确的情况

《民法典》第六百七十四条规定：借款人应当按照约定的期限支付利息。对支付利息的期限没有约定或者约定不明确，依据本法第五百一十条的规定仍不能确定，借款期间不满一年的，应当在返还借款时一并支付；借款期间一年以上的，应当在每届满一年时支付，剩余期间不满一年的，应当在返还借款时一并支付。

活动拓展 4-11

请查阅相关资料，思考：借款合同违约的情况通常有哪些？借款合同通常对这些情况规定了哪些违约责任？

2）双方认为需要约定的其他事项

（1）担保条款。对于担保贷款，贷款合同可以设置担保条款约定担保方式等内容，也

可以另行签订担保合同。

（2）借款支付条件。

（3）借款支付方式。

（4）还款计划。

（5）风险处置，制订并实施控制风险的计划，确定降低风险发生的可能性并减小其不良影响的方法。

（6）争议解决，通常有友好协商解决、仲裁机关仲裁、提请人民法院诉讼解决等方法。

（7）借款人和担保人声明。

（8）借贷双方其他承诺事项。

（9）附加特定条款：在信贷合同中事先约定某些特定条款，可以防范相关风险。

表 4-17 是某小微信贷机构小组联保借款合同模板。

表 4-17 某小微信贷机构小组联保借款合同模板

表格名称：借款合同
表格编号：
填制时间：放款周期开始时
填制人：贷款会员、信贷员、机构法人
呈递与使用人：信贷部、机构主管

会员姓名（以下简称"乙方"）_____会员编号_____向_____机构（以下简称"甲方"）申请_____贷款（贷款名称），贷款金额_____元，用于发展_____项目。

双方约定，贷款采取_____方式，甲方将在_____年_____月_____日实际交给乙方贷款金额_____元（大写：_____仟_____佰_____拾_____元_____角_____分）。该贷款将于_____年_____月_____日到期，为期_____个月。

乙方同意支付给甲方_____%贷款利息，共_____元作为贷款利息。乙方同意如下利息与贷款偿还具体方式：

还款次数	还款日期	本金	利息
1			
2			
……			

双方保证遵守以下条款：

（1）甲方保证按上述日期和实际金额将贷款以_____方式交给乙方。

（2）甲方保证：乙方在规定的期限内还清贷款本金和利息后，如乙方需要，继续为乙方提供贷款，用于其经营发展。

（3）乙方保证：将贷款用于贷款申请书提出的生产经营项目，不得随意改变贷款性质和用途（如果改变借款用途，应与小组成员协商，并告知信贷员）；在规定的贷款到期日之前将贷款还清。

（4）乙方用甲方借款所购买的项目物资，在乙方未还清贷款及利息前属甲方所有，乙方不得向任何单位和个人变卖、抵押。

（5）本合同自双方签订之日起生效，至乙方还清贷款和利息后自行废止。

（6）双方如有任何纠纷，应先友好协商，如协商仍无法达成一致，则由司法机关依法裁决。

（7）本协议一式两份，由甲方、乙方各执一份。

（8）……

小组联保责任：

本小组的成员除了有偿还各自贷款的责任之外，还对本组其他成员的贷款有连带偿还责任。本组的成员如果出现暂时的还款困难，其他成员有义务督促、帮助他（她）还款，直到最终替他（她）还款。

续表

对拖欠的处罚：

作为一个严肃认真的小微信贷机构，甲方将对乙方的拖欠行为采取以下处罚措施：

（1）拖欠期间，除负担正常利息外，贷款人还要按拖欠的本息，负担每天_____的罚息，直到还清为止。

（2）如果拖欠期超过_____（时间），拖欠人所在小组的所有成员将在_____（时间）内失去贷款资格，而且_____（时间）后再贷款时，视同初次贷款户对待，不能享受老客户的优惠待遇。

（3）如果拖欠超过_____（时间），本组其他成员未履行联保义务者，协会将保留对本小组诉诸法律的权利。

小组成员保证：

我们明确知道小组联保的含义并愿意承担对本组其他成员贷款的联保义务。如果本组的成员出现暂时的还款困难，我们愿意督促和帮助他（她）；如果由于各种原因不能还款，我们将对他（她）的贷款负有连带偿还责任，并最终替他（她）还清贷款。如果不能履行联保义务，我们愿意接受甲方的上述处罚措施，并对由此造成的后果负法律责任。

小组成员（签名）：

小组会员姓名	会员编号	会员签字/签章

甲方：

签字或印章：　　　　　　　　　　　　日期：

公章：

乙方：

签字或印章：　　　　　　　　　　　　日期：

活动拓展 4-12

请查阅学习不同信贷机构、不同类型贷款的借款合同条款内容。

2. 抵（质）押合同

抵（质）押合同规定了抵（质）押权人（通常是债权人）与抵押人（既可以是债务人，也可以是第三人）的权利和义务。

1）抵押合同条款

（1）抵押贷款的种类和数额。在抵押设立原因中应载明被担保主债权的种类、数额，表明主债权产生的原因（如借款、租赁、买卖等）。

（2）借款人履行债务的期限。抵押权人对抵押物行使权利的条件是主债务履行期限届满、抵押权人的债权未受清偿。如果债物履行期尚未届满，抵押权人不能对抵押物行使权利，否则就属侵权。因此，债务履行期对抵押合同来说有非常重要的意义。一般来说，小微信贷机构为确保担保权利在债务人违约后得到正常行使，都要求担保期限比借款期限延长两年。

（3）抵押物的名称、数量、质量、状况、所在地、所有权或使用权的归属。抵押合同除对抵押物特定化外，还应当表明抵押物的所有权或使用权的归属。

（4）抵押担保的范围。除主债权以外，抵押担保的债权范围一般还包括利息、违约

金、损害赔偿金和实现抵押权的费用。

（5）当事人认为需要约定的其他事项。

拓展阅读 4-7

1）抵押物占管期间的责任

抵押物占管期间根据合同约定，当事人要承担一定责任，一般是根据抵押物的类别不同分别由抵押权人或抵押人占管，并负有保证资产完整的责任。在占管期间的责任如下所示。

（1）抵押物被出卖、赠与之前应取得抵押权人的书面同意，并对贷款本息偿还责任加以明确。

（2）抵押人出租、迁移其占管的抵押物时，应取得抵押权人的书面同意。

（3）占管期间抵押人擅自出卖抵押物或以其他方式处置的行为无效，而且抵押权人此时可提前收回贷款，并要求借款人支付违约金。

（4）占管期间抵押物被依法查封或没收的，应由承担占管一方提供相应价值的抵押物。

（5）抵押人占管的抵押物受损，保险公司又不赔偿的，或赔偿金低于贷款本息的，抵押人应该替换抵押物或追加；抵押权人占管的抵押物受损，抵押权人应该赔偿抵押人遭受的实际损失。

2）不得随意再融资承诺函

在设置担保以外，小微信贷机构还可要求贷款申请人出具《不得随意再融资承诺函》，承诺在小额贷款期限内，未经信贷机构书面同意不得对外再融资，否则构成违约。

不得随意再融资承诺也可直接在借款合同中以特别条款的形式出现，并约定相应的违约责任。

资料来源：贷款通则 [Z]. 中国人民银行令〔1996〕第 2 号.

2）质押合同条款

（1）质押贷款的种类和数额。

（2）借款人履行债务的期限。

（3）质物的名称、数量、质量、状况。

（4）质押担保的范围。

（5）质物移交的时间，根据《民法典》，质权自出质人交付质押财产时设立。

（6）当事人认为需要约定的其他事项。

为了增强担保安全性，小微信贷机构还常在抵（质）押合同中增加财产保险的特别条款，由抵（质）押人就抵（质）押物办理财产保险，因抵押物、质押物灭失或毁损所得的保险金，应当优先偿付贷款本息。保险期限也要长于借款期限。

拓展阅读 4-8　双保险不保险

有时抵押和保证同时存在的双保险并不一定保险。按照《民法典》的规定，同一债权既有人的保证又有物的担保的，保证人在物的担保范围以外承担民事责任，如果抵押物难以实现，而保证人实力特别强，还不如没有抵押只要保证。合同另有约定的，按照约定执行。

3. 保证合同

保证合同明确了保证人和债权人相互的权利和义务。保证合同主要条款有以下几条。

（1）被保证（主债权）的贷款种类和数额。

（2）借款人履行债务的期限。

（3）保证的方式：保证方式分为一般保证和连带责任保证。

（4）保证担保的范围。

（5）双方认为需要约定的其他事项。

此外，小微信贷机构为了确保担保债权的主张，可以在合同中做如下约定。

（1）保证人承担连带保证责任。借款合同履行期间，保证人应按小微信贷机构的要求提供有关其经营管理和财务状况的资料。

（2）根据贷款项目的风险含量，约定担保合同独立于借款合同，保证人不因借款合同的变更或无效而单方面免除保证责任。

（3）若保证人的经营机制或组织结构发生变化，如承包、租赁、股份制改造、联营、合并（兼并）、合资（合作）、分立等，保证人应当提前通知小微信贷机构并协调确认担保债权、另行提供担保或履行合同约定的其他保全措施，以保证担保债权不受损害。

（4）当借款人不履行合同时，保证人应在收到小微信贷机构出具的要求履行担保责任的书面通知后，按通知的清偿金额、日期、地点和其他要求主动履行担保责任。否则，小微信贷机构有权从保证人账户内划收其应付款项，保证人对此放弃抗辩权。

（5）保证人承担保证责任的期间为借款合同履行期届满贷款本息未受清偿之时起2年。

（6）因借款人违约，小微信贷机构依据借款合同决定提前清收贷款本息，应视同保证责任期间开始。

保证合同中通常应当约定保证责任期间，双方没有约定的，从借款人借款的期限届满之日起的6个月内，信贷机构应当要求保证人履行债务，否则保证人可以拒绝承担保证责任。

活动拓展 4-13

请查阅学习抵押合同、质押合同和保证合同的条款内容。

（三）信贷合同审查

信贷合同应经过合同审查人员严格的审查，审查通过后，才能办理签订合同相关手续。

1. 合同审查工作流程

合同审查工作流程如表 4-18 所示。

表 4-18　合同审查工作流程

序　号	流　程	内　容
1	提交审查空白合同	贷款业务经办人将准备好的空白合同文本，包括借款合同、担保合同，及其他须准备的资料提交给信贷业务部门、风险管理部门（法律事务部门）进行审查

续表

序　号	流　程	内　容
2	审查修改空白合同	审查人员审查上述合同文本，对需要调整和修改的合同条款及时与有关当事人协商、谈判，将修改意见报有权审批人审定
3	登记并填写合同	贷款业务经办人对审定后的合同做登记，确定本信贷机构出具合同的编号，填写合同内容并在经办人处签字
4	审查修改合同文本	对填写完内容的合同文本再进行一次审查，方法与步骤2相同

拓展阅读 4-9　合同的编号

信贷机构要对借款合同进行统一编号，按照合同编号的顺序依次登记在"借款合同登记簿"，并将统一编制的借款合同号填入借款合同和担保合同，主从合同的编号必须衔接。

2. 合同审查要点

审查合同时，应确定合同真实完整、合法有效，且表达清晰准确。信贷合同审查应着重于合同核心部分即合同必备条款的审查。

1）合同真实完整

（1）合同中应有的条款都要具备。

（2）合同填写要真实、严密。

（3）必要的附加条件要具备，如担保合同期限覆盖借款合同期限的条款。

2）合法有效

（1）合同条款（比如贷款利率）、格式、语言都应符合法律规定。

（2）抵（质）押物应合法有效。

（3）借款合同和担保合同作为主从合同，应衔接一致，包括当事人名称、借款金额、保证金额、有效日期等。

3）表达清晰准确

合同应简单易懂、表达准确具体。

活动拓展 4-14

请以两人为一组，每人准备一份有问题的信贷合同（可根据完整合同进行改编），提交给对方审查；审查人员则要尽可能指出合同中的问题。

（四）签订信贷合同

贷款经审批通过后，信贷业务部门应安排专人（通常为贷款业务经办人）办理签约手续。信贷合同签订要严格履行面签程序，即借款人、担保人等要当着小微信贷机构人员的面签署合同，防范签订操作问题引发的合同风险。合同一经签订生效后，法律关系即告确立，签约各方均应依据合同约定享有权利和承担义务。

1. 签订合同前的准备

签订合同前，需要做如下准备工作。

（1）事先通知客户在什么时间和地点签订信贷合同。

（2）要求客户带好必要的证件、身份证、营业执照等。

（3）要求所有的借款人、担保人都必须到签约现场。

（4）询问客户是否在信贷机构办理了结算账户，若否，应要求客户在签订借款合同前办理好结算账户，作为放款账户。

委托他人签字的，必须向小微信贷机构提供委托书原件。提供非公证委托书的，委托书必须由委托人在信贷机构双人在场的情况下签订。调查人员、审查人员要对委托书的委托事项、权限范围、有效期等进行认真审查，确保受托人签字有效。

2. 合同填制要求

合同的填制，需要注意以下几点。

（1）信贷合同应打印，使用黑色签字笔或碳素墨水的钢笔书写。

（2）内容填制必须规范、完整，对确无内容可填的空白格用斜线划掉。

（3）合同应根据实际情况填写。

（4）借款合同的借款种类、金额、期限、利率、还款方式和担保合同应与贷款审批的内容一致。

（5）如属文本式合同，其正副文本的内容必须一致。

（6）不得涂改，有改动的部分必须有相关各当事人签章。

（7）合同落款处必须有签订合同各方签章，必须与其他材料一致。

3. 签订合同

1）知晓权利义务

借款人经确认后，贷款经办人员应提请借款人与担保人对合同条款的含义、信贷机构对信贷资金的监督管理权利及借款人、担保人的义务全部通晓并充分理解。

2）合同签章

（1）小微信贷机构应与借款人签订书面《借款合同》（小组联保贷款应附联保协议书原件）、与担保人及财产共有人签订书面《担保合同》并与各相关人签订各类补充协议。合同各方必须签章齐全，防止合同效力纠纷。

（2）企事业单位签章，应为法定代表人、负责人或委托代理人签字加单位公章和法定代表人印章，要避免出现类似有公章而无法定代表人签章的遗漏情况。

（3）自然人应为其本人或委托代理人签字加按指模；自然人抵（质）押要求其财产共有人在抵（质）押物清单上签字（有特殊规定的除外）；自然人为保证人时，应鼓励夫妻双方共同担保签字。

（4）小微信贷机构相关负责人签章，盖小微信贷机构公章。

3）确保签章真实有效

小微信贷机构可在信贷管理系统中采取指纹识别、身份证识别、密码等措施，对借款人及其他签章人的身份进行识别确认，判断借款人指定账户真实性，防范冒名贷款的发生。

小微信贷机构人员（通常应至少双人）当场监督签章人在合同上签字、盖章或按指模，核对预留印鉴，确保签章的真实有效。

委托他人签字的，必须向小微信贷机构提供委托书原件。提供非公证委托书的，委托书必须由委托人在信贷机构双人在场的情况下签订。调查人员、审查人员要对委托书的委

托事项、权限范围、有效期等进行认真审查，确保受托人签字有效。

4. 签订借款借据

签订书面合同后，借款人应在小微信贷机构人员的监督下填写并签署借款借据（IOU template），它是表明债权债务关系的书面凭证，表明债务人已经欠下债权人借据上注明金额的债务。

根据借款合同约定的用款计划，借款人需要一次或分次填制一式三联的借款借据。信贷机构人员应注意审查借款人是否填写正确，主要审查以下几个方面。

（1）填制的借款人名称、借款金额、还款日期、借款利率等内容要与信贷合同的内容一致。

（2）借款日期要在信贷业务合同生效日期之后。

（3）大、小写金额必须一致。

（4）分笔发放的，借据的合计金额不得超过相应借款合同的金额。

（5）借据的签章应与借款合同的签章一致。

图 4-11 是某小额贷款公司借款借据。

××小额贷款股份有限公司借款借据 ①

___科目		借据合同编号（2010）中金 企贷字第　号									
借款人		详细地址									
借款种类		借款用途			借款利率						
借款期限		还款方式		分期还款或到期一次还款							
借款金额（币别）	（大写）人民币 XX 元整		百	十	万	千	百	十	元	角	分
到 期 日 期				还 款 情 况 登 记							
年	月	日	金额	年	月	日	还本金额	还息金额	结欠金额		经办员
兹根据　借字　第　号合同办理此笔借款，特立此据为凭。				小额贷款公司　　　　　　　　（公章）							
借款人：　　　　　签章法定代表人：（授权委托人）　　签章				总经理：　　　　　（签章）信贷员：　　　　　（签章）							
年 月 日				年 月 日							

图 4-11　某小额贷款公司借款借据

行业视窗 4-5
哪些情况下贷款合同视为无效

（五）落实抵（质）押贷款条件

在信贷合同签订之后，小微信贷机构必须在保证贷中审查批复的贷款条件得以落实之后，才能发放贷款。落实贷款条件，如担保和限制性条款的落实等，主要由信贷业务部门负责，办理各类批准、登记、交付及其他法定手续。本节主要从抵（质）押落实角度来介绍贷款条件的落实。

1. 抵（质）押的生效

抵押合同的生效要件有以下几点：

（1）抵押合同担保的主债权债务合同有效；

（2）抵押合同双方具备相应的民事行为能力；

（3）抵押合同是当事人真实的意思表示，不违反法律法规的强制性规定或者公序良俗。

《民法典》第一百四十三条规定，具备下列条件的民事法律行为有效：

（1）行为人具有相应的民事行为能力；

（2）意思表示真实；

（3）不违反法律、行政法规的强制性规定，不违背公序良俗。

没有办理抵押登记的，不影响抵押合同的效力，但是对于不动产和正在建造的建筑物抵押的，应当办理抵押登记。抵押权自登记时设立。

《民法典》第四百零二条规定：以本法第三百九十五条第一款第一项至第三项规定的财产或者第五项规定的正在建造的建筑物抵押的，应当办理抵押登记。抵押权自登记时设立。

《民法典》第四百零三条规定：以动产抵押的，抵押权自抵押合同生效时设立；未经登记，不得对抗善意第三人。

《民法典》第五百零二条规定：依法成立的合同，自成立时生效，但是法律另有规定或者当事人另有约定的除外。依照法律、行政法规的规定，合同应当办理批准等手续的，依照其规定。未办理批准等手续影响合同生效的，不影响合同中履行报批等义务条款以及相关条款的效力。应当办理申请批准等手续的当事人未履行义务的，对方可以请求其承担违反该义务的责任。

2. 抵（质）押登记和管理规范

（1）贷款经办人员（通常为双人）应亲自参与抵（质）押登记手续，不可将各项资料委托客户办理。

（2）在办理抵（质）押登记时，应做好抵（质）押物的价值评估，核对品种、质量、数量等，并获取评估公司出具的相关评估报告。

（3）各类登记、止付必须确保真实有效，取得全部相关权利与证明凭证原件，并对其内容进行认真核对，确保与合同一致，并妥善保管。

（4）抵质押品原件应通过信贷机构内部传递，办理记账和入库保管手续。严禁交由客户单独办理入库保管手续。

活动拓展 4-15

请查阅资料，了解办理抵（质）押登记手续的相关规定，以下仅以林权抵押和股票质押登记为例。

1）林权抵押—果园、树林

登记部门：县级以上林业局。

办理流程：

（1）抵押事项的申请与受理。

（2）抵押物的审核、权属认定。

（3）抵押物价值评估及评估项目的核准、备案。

（4）签订抵押合同。

（5）申请抵押登记。

（6）办理抵押登记手续。

（7）核发抵押登记证明书。

所需材料包括：《林权证》《林权抵押贷款协议书》《林权抵押合同》《借款合同》《森林资产价值评估报告》；需提供的其他资料。

不可作为抵押物的森林资源资产有：

（1）对已划为生态公益林的，包括国防林、名胜古迹、革命纪念地、自然保护区和特种用途林中的母树林、实验林、环境保护林、风景林的森林、林木和林地使用权。

（2）权属不清或存在争议的森林、林木和林地使用权。

（3）未经依法办理林权登记而取得林权证的森林、林木和林地使用权（农村居民在其宅基地、自留山种植的林木除外）。

（4）以家庭承包形式取得的集体林地使用权。

（5）国家规定不得抵押的其他森林、林木和林地使用权。

2）股票质押

登记部门：中国证券登记结算有限责任公司深圳分公司、上海分公司。

法律依据：《证券公司股票质押贷款管理办法》第2条、《中国证券登记结算有限责任公司深圳分公司证券公司股票质押登记业务运作指引》。

办理流程：办理股票质押登记业务，应遵循下列程序。

（1）证券公司办理股票质押业务，需提前凭中国证券监督管理委员会批准其为综合类券商的批文，一次性向本公司书面提交证券账户代码、券商席位代码及银行特别席位代码。

（2）证券公司与商业银行签订《股票质押贷款合同》后，在同一交易日分别在各自席位通过交易席位报盘。报盘内容包括证券代码、股东代码、质押股数、券商席位代码、银行特别席位代码、质押委托业务类别等。

（3）报盘当日交易结束后，本公司将确认结果传给证券公司和商业银行。

（4）本公司将确认质押的股票从证券公司的托管席位转至银行的特别席位。

所需材料：借款人申请质押贷款时，必须向贷款人提供以下材料。

（1）企业法人营业执照、法人代码证、法定代表人证明文件。

（2）上月的资产负债表、损益表和净资本计算表及经会计（审计）师事务所审计的上一年度的财务报表（含附注）。

（3）由证券登记结算机构出具的质物的权利证明文件。

（4）用作质物的股票上市公司的基本情况。

（5）贷款人要求的其他材料。

贷款人在发放股票质押贷款前，应在证券交易所开设股票质押贷款业务特别席位，专门保管和处分作为质物的股票。贷款人应在贷款发放后，将股票质押贷款的有关信息及时录入信贷登记咨询系统。

最长不能超过一年。

拓展阅读 4-10　实贷实付原则

实贷实付是指信贷机构根据贷款项目进度和有效贷款需求，在借款人需要对外支付贷款资金时，根据借款人的提款申请以及支付委托，将贷款资金通过贷款人受托支付等方式，支付给符合合同约定的借款人交易对象的过程。

其关键是让借款人按照贷款合同的约定用途使用贷款，减少贷款挪用的风险。

资料来源：黄武. 小额贷款评估技术与风险控制 [M]. 北京：中国金融出版社，2013.

三、贷款发放

《贷款通则》第三十条　贷款发放：贷款人要按借款合同规定按期发放贷款。贷款人不按合同约定按期发放贷款的，应偿付违约金。借款人不按合同约定用款的，应偿付违约金。①

合同签订并落实贷款条件之后，即进入贷款发放流程。贷款的经办人员应将信贷合同、借款借据，连同有权审批人的批复送交财务部门进行审查、款项的发放，并做账务处理。

（一）放款审查

1. 放款审查的内容

贷款发放前，放款人员要对以下方面进行严格的审查。

（1）放款资料是否齐全。包括信贷业务合同、借款凭证、有权审批人的批复（贷款须经审批通过）、放款通知单等小微信贷机构要求的放款资料。

（2）合同是否合规有效。要素是否齐全、填制是否符合要求。

（3）借款借据是否合规有效。要素是否齐全、填制是否符合要求。

（4）所有签章的真实有效性。客户的收款账户与还款账户是否已开立，账户性质是否明确。

（5）放款资料是否相互一致。借款借据的借款人名称、借款金额、利率、期限、用途、借款合同编号等内容是否与借款合同一致；审查放款资料相关条款与贷款业务审批的内容是否一致等；审查贷款转入的结算账户信息是否与借款人信息一致。

（6）贷款条件（包括担保条件等）以及审批意见中的限制性条款等是否已落实。

（7）借款用途、提款计划、提款进度是否符合借贷双方约定。审查提款申请是否与借款合同约定的贷款用途一致；审查提款金额是否与项目进度相匹配；分笔发放的，借款借据的合计金额不得超过借款合同总金额。

2. 停止放款的情况

在贷款发放阶段，信贷机构务必密切关注借款人的资金使用方向，若出现如下严重风险情况，应及时采取措施防范风险，甚至停止放款。

（1）借款人信用状况严重下滑。

（2）抵（质）押品价值或保证人的保证能力严重下滑。

---

① 贷款通则 [Z]. 中国人民银行令〔1996〕第 2 号 .

（3）借款人指定的收款账户被有权机关冻结或止付。

（4）借款人转借或挪用贷款资金。

（5）借款人将贷款资金用于非法活动。

（6）用款项目进度大大落后于资金使用进度。

（7）贷款为分笔发放的，借款人在前期未按合同约定清偿贷款本息。

拓展阅读 4-11　严禁"贴水贷款"

预先在本金中扣除借款利息而发放的贷款，习惯上称为"贴水贷款"。

如：一笔贷款 100 万元，约定年利率 5%。在发放贷款时，贷款人就预先扣除利息 5 万元，只将 95 万元支付给借款人。实际上借款人只是贷了 95 万元的本金，贷款人却是按照 100 万元的本金来收取利息。

《民法典》第六百七十条规定：借款的利息不得预先在本金中扣除。利息预先在本金中扣除的，应当按照实际借款数额返还借款并计算利息。

（二）办理放款手续

对经审查符合支付条件的贷款，财务人员应根据借款合同约定办理放款手续，并做相应账务记录。

目前，商业银行、农村信用社等银行金融机构的发放贷款工作在本行（社）内即可完成。而其他信贷机构，如小额贷款公司，则由于其资金账户在商业银行，在放款时应将放贷通知书以及贷款合同、借据等移交给相关合作的银行，由银行审核后再办理账务手续。贷款利息的收取、贷款的收回也由合作的银行代为办理。

做好放款工作要注意以下三点。

（1）要有合适的内控。严格履行审批意见和借款合同要求放款；拨付工作应由独立的后台人员完成；要采用转账的方式放款；转账办妥后，提醒客户收妥印、章、证；印花税和利息不要在放款时从贷款中扣收。

（2）贷款用途的控制。必要且可行的情况下，要采用委托支付的方式，以减少贷款挪用的风险；付款到非借款主体账户，需要取得委托付款意见书。

（3）效率非常重要。发放后及时通知借款人确认，也可及时纠正操作失误。

知识自测 4-3

（1）贷中审查，审批人员应遵循哪些原则？

（2）贷审会主要由哪些人组成？请描述贷审会的会议流程。

（3）信贷合同包括哪些合同？它们的主要条款分别有哪些？

即测即练

任务四 办理贷后业务

任务要点

- 掌握小微信贷贷后环节的工作内容及操作要点
- 完成贷后检查和贷后风险识别、风险预警工作
- 对贷款进行质量等级划分
- 回收贷款
- 对不良贷款实施恰当的管理措施
- 妥善规范地处理信贷业务档案

"微"课堂   "微"讲义

学习情境

前期小邓认真调查的借款客户资料收集齐全，资信状况良好，借款用途清晰合理，而且具有较强的还款能力，贷审会顺利批准了该笔贷款。这是小邓在银行放出的首笔小微信贷，他为此高兴了好一阵子。

但是主管告诉他，并不是贷款发放出去就万事大吉了，后续还得定期做好贷后跟踪检查，如果发现借款人的贷后风险，要及时跟单位反馈，做好相应的风险防控，以免出现信贷资产损失。另外，如果借款人实在是到期了不还钱，要想办法进行合法合规的催收处理。小邓一听立马又头大了，原来贷后还有这么多工作要做的啊！

课前思考

（1）你知道贷后业务操作都包括哪些内容吗？

（2）我们应该如何开展贷后调查？

（3）客户的贷后风险通常有哪些？应该如何识别并防范？

（4）遇到不良贷款，我们应该如何催收处理？

一、认知贷后管理

贷后管理也叫授后管理，包括贷后风险预警、贷款回收、不良贷款管理等。贷后的日常管理由信贷业务部负责，风险控制部进行定期或不定期抽查，财务部门则在中间进行配合。有效的贷后管理能防范金融风险、保证贷款资产的安全。因此，对每个借款人制订符合其特点的贷后管理方案，并要求制订的贷后管理方案得到良好的执行，是落实贷后管理工作关键。

1. 贷后管理的原则

贷后管理岗与贷款调查、审查等工作岗位要实现分离，个人消费信贷调查岗应安排在网点，贷后管理人员不能兼任贷款调查、审查、贷款审批工作。

贷后管理需要坚持职责明确、检查到位、及时预警、快速处理的原则。贷后管理需要业务部门、财务部门、风险部门及其他相关贷后管理责任人，按照各自不同的分工和岗位职责，各司其职、相互配合，但不能越权操作，注意风险管控。

贷后管理还需坚持服务与监督有机结合的原则。贷后管理的服务与监督是相互结合的，要在向客户提供优质服务，提高客户贡献度、忠诚度的同时，通过对客户的监督管理，把握客户走势，捕捉风险信号，在保障贷款资产安全性的前提下实现效益最大化。

2. 贷后管理的重要性

贷后管理是控制风险、防止不良贷款发生的重要一环。只有及时发现问题才能提前采取应对措施，防患于未然，减少损失甚至避免损失。不及时发现问题，或者发现了问题不及时采取有效的应对措施，等问题全部暴露或其他银行采取了措施，再跟进采取措施，就会处于被动，可能产生较大的损失。

贷后管理也是贷款风险化解的最后环节和途径。尽管在贷前和贷中的管理上，已对信贷资产的风险防范采取了必要措施，但由于在借款合同的执行过程中，还有许多不可预测的因素和难以预料的事件，会使信贷资产形成新的风险，因此，贷后管理愈加显出了它的重要性和必要性。

3. 错误的贷后管理观念

重放轻收、重放轻管——"重贷款发放，轻贷款回收""重贷款市场拓展，轻贷款客户维护监管"。

4. 创新性贷后管理技术

近些年来，商业银行小微信贷业务的发展，给传统的贷后管理理念和技术带来了挑战。小微信贷的客户经理管户数量多，很多都远远超过传统公司客户经理的管户数量，如果完全按照公司信贷业务贷后管理的理念、模式、技术显然是不适应小微信贷业务发展的。因此，理念创新、技术创新、机制创新将是小微信贷业务贷后管理的必然趋势。

二、实施贷后检查

贷款发放后，贷款人应当对借款人执行借款合同情况及借款人的经营情况进行跟踪调查和检查。

贷后管理中，小微信贷机构最基础性的工作就是贷后检查，以此及时发现贷后风险预警信号，采取必要的应对措施，防范或化解信贷风险。因此，贷后风险预警主要关注的风险即是贷后检查的重点。

除此之外，贷后检查还有利于小微信贷机构及时发现自身在信贷业务操作及管理中存在的问题和薄弱环节，促进其提高经营管理水平。

小微信贷机构通常根据贷款的种类规定不同的贷后检查方式和程序。

（一）贷后检查的方法

回顾贷前调查的方法，主要有查阅核实客户资料、实地调查、向社会搜寻资料、委托调查。贷后检查所使用的方法是类似的，通常分为非现场检查和现场检查两大类。

表 4-19 是贷后检查的主要内容。

表 4-19　贷后检查的主要内容

非现场检查	现场检查（询问、观察、检查、抽查）
财务报表、银行流水	经营情况
还款记录	财务情况
征信信息	贷款用途
经营上下游信息	借款人异动
宏观环境信息	借款人家庭有无重大变化
行业信息	保证人及抵（质）押物情况
担保人情况	贷款信息变动的深层原因
…	…
对比贷前贷后信息的变化，识别风险预警信号	

1. 非现场检查

由于贷后管理的周期通常为贷款的整个期限，长于小微信贷贷前调查的时间（通常在1 周内），而现场检查对于小微信贷机构来说行政成本较高，对客户正常生活和经营也会造成一定的干扰，因此，非现场的跟踪检查较之贷前调查就更显得重要，也减轻了信贷人员的管理负担。

贷后检查可以更多地采用电话访谈等远程沟通方法，对贷款相关情况进行跟踪验证。一般来说，贷后检查人员不应直接对客户说"我们是来检查的"，而应对客户说"我们是来进行售后服务的，看您对我们的贷款有什么意见和建议"，随后再转入正题，询问客户如何使用贷款、生意如何等。

2. 现场检查

为保证贷后检查的质量，有些小微信贷机构实行双人检查制，并要求进行现场检查。但现场检查人员也不宜太多，以 1 ～ 2 人为宜。

和贷前实地调查一样，现场检查需要注意提前约定好时间、地点，尽量选择客户方便、无其他访客的时间，准时到达，并运用好询问和观察等的技巧。此外，贷后检查人员还应注意以下几点。

（1）事先充分掌握客户的资料，以及借款金额、利率、期限、贷款用途等借款信息。

（2）低调进行贷后检查，不宜穿制服。

（3）语气自然，轻松进入主题。

（4）一次现场检查没有确认的关键问题，通过再次拜访或暗地观察等方式来确认。

拓展阅读 4-12　非现场检查与现场检查相结合

Z 银行预警岗位人员在对某纺织公司的非现场贷后管理中发现，公司报表显示销售收入与上年度基本持平，但应付账款余额不断减少，存货余额波动较大；银行融资大幅增长，且近期更换了授信银行；该公司在 Z 银行的结算量明显下降，账户经常出现大额资金非正常划转。

上述情况已触发 Z 银行多项预警信号，预警岗位人员初步判定为严重预警，向经办银行发出预警提示。经前台销售端人员现场核查，2008 年金融危机爆发后，该公司主要下游客户需求大幅度下降，公司经营模式逐步调整为以加工为主；通过多渠道走访，发现经

营者决策失误，盲目囤积原料，因原材料跌价造成大额亏损，公司资金周转紧张，银行融资规模不断扩大，并涉及民间高息借款。

根据预警信号核实情况，经办行及时采取了有效的风险化解措施。

资料来源：中国教育发展基金会，中国人民银行金融研究所.中国小额信贷案例选编 [M].北京：中国市场出版社，2009.

（二）贷后检查的时间

不同小微信贷机构对贷后检查频率的规定各不相同。

非现场检查，如征信记录、财务信息、税费缴纳记录等资料的收集、更新和核查，以及还款情况的跟踪确认，通常作为贷后风险预警的日常工作周期性地进行。

而现场检查，按照时间来分，通常有首次检查、定期（间隔期）检查和不定期（特殊事项）检查（图 4-12）。

图 4-12　贷后检查的时间

（1）首次检查。根据贷款对象和期限的不同，小微信贷机构对首次现场检查的时间通常要求在放款后一周内、一月内，或半年内不等。

（2）定期（间隔期）检查。根据贷款对象和期限的不同，小微信贷机构对定期现场检查通常要求每月一次、每季一次、每半年一次，或每年一次不等。对于大额、潜在风险较大或已违约（如欠息、逾期等）的贷款，应适当提高定期现场检查的频率。

（3）不定期（特殊事项）检查。不定期检查主要是针对非现场检查中已发现的预警信号，或特定事件，如因媒体报道或举报而得知的风险情况，进行重点检查。

（三）贷后特殊事项检查

在与贷前调查相似的检查事项外，贷后检查人员还应做好资金用途、抵（质）押物等的跟踪检查，并在贷款回收之前做好必要的预控检查。

1.借款人资金用途的跟踪检查

贷后检查人员应在贷款发放后一定时间内，重点跟踪贷款资金的流向和流量，判断其是否真实，是否符合借款合同的规定，用于质押的银行承兑汇票、信用证是否有真实的贸易背景，以及借款人资金回笼的情况及还款情况，判断借款人的偿债能力和意愿是否发生了变化。

借款人资金用途的跟踪检查主要从借款人的以下资料入手。

（1）贷款支付凭证。

（2）账户资金划付记录。

（3）有关合同及附件。

（4）相关交易单证。

（5）用款计划。

经查资金流向与贷款申请不一致时，应要求客户补充与贷款流向一致的相关证明文本。对企业同户名划转应密切关注，了解划转后真实资金流向。

2. 抵（质）押物的跟踪检查

贷后检查人员应定期或不定期跟踪抵（质）押物的情况，包括以下几项。

（1）市场价值变化。

（2）仓储管理的完善程度。

（3）是否变质、接近或已过保质期。

（4）仓储物与实际质押物内容和数量是否相符。

（5）占有、使用、转让、出租及其他处置行为，是否未经许可被变卖。

（6）中途经借贷双方协商变换抵（质）押物后，价值、质量是否降低。

表4-20是对几类抵（质）押物价值变化的贷后检查。

表4-20　对几类抵（质）押物价值变化的贷后检查

类　列	内　容
房　产　类	每次实地检查时，应仔细察看抵（质）押物状态；物业用于出租的，应了解其租金变化情况
土　地　类	每次实地检查时，应仔细察看抵（质）押物状态；土地用于开发的，应了解工程进展；土地用于储备的，应了解周边市政建设情况
股　权　类	上市公司股权质押的，应定期从证券市场了解股票市场价格变化；非上市公司股权质押的，应定期了解股权所属公司经营情况、净资产变化情况、股权稀释情况，并与贷款发放时进行对比
机器设备类	每次实地检查时，应仔细察看抵（质）押物状态，了解其净值变化情况；有条件的，还应了解其市值情况
仓单质押、动产质押类	根据专业价格信息网站、区域公开市场、厂家报价等渠道获取价格信息资料

拓展阅读4-13　贷后跟踪的注意事项

1）整改情况的后续跟踪

小微信贷机构在贷后检查中，针对客户的某些风险，要求客户采取防范和处理风险的相关整改措施的，贷后检查人员还应后续对措施的落实情况进行跟踪检查。

2）分次发放贷款的流向跟踪

若为分次发放贷款的，应在每次贷款发放之后的一定时间内，都对资金的流向做好跟踪。

3）对汽车合格证质押贷款的检查

汽车经销商常使用汽车合格证获取质押贷款。在这种情况下，贷后检查人员要经常检查汽车合格证与实物汽车以及车架号码、发动机号码等是否匹配。

3. 贷款到期前回收预控检查

在贷款到期前的一定时间内，应对借款人进行检查，确认借款人的还款意愿及还款资金的落实情况，对其是否能按期足额还款作出预计，以便信贷机构对可能无法足额及时回

收的贷款采取必要的应对措施。

在贷款即将到期时，应检查借款人的账户有无足够还款资金，对无足够资金的应要求借款人落实还款资金来源。

（四）撰写贷后检查报告

贷款检查完毕后，贷后检查人员都应根据检查内容做好登记记录。贷后检查报告要真实可用，对贷款情况进行分析并提出意见，并报送有关管理人员提供决策参考。

表 4-21 是某小微信贷机构贷后检查表。

表 4-21　某小微信贷机构贷后检查表

检查日期：				金额单位：万元人民币	
客户名称					
贷款金额		贷款发放日		贷款到期日	
贷款用途				担保方式	
实际贷款用途（贷款资金出账方式、用途、去向）					
限制性条款落实情况					
担保落实情况					
有无其他风险因素					
风险综合评价、主要问题及处理建议					
客户经理签字：					
业务部门负责人意见					
				业务部门负责人签字：	

行业视窗 4-6
某农村信用合作联社的贷后检查报告

三、识别贷后风险预警信号

（一）贷后风险预警的法律法规

《商业银行授信工作尽职指引》[①]关于贷后风险预警的规定如下。

第四十一条 商业银行授信实施后，应对所有可能影响还款的因素进行持续监测，并形成书面监测报告。重点监测以下内容：

（1）客户是否按约定用途使用授信，是否诚实地全面履行合同；

（2）授信项目是否正常进行；

（3）客户的法律地位是否发生变化；

（4）客户的财务状况是否发生变化；

（5）授信的偿还情况；

（6）抵押品可获得情况和质量、价值等情况。

第四十二条 商业银行应严格按照风险管理的原则，对已实施授信进行准确分类，并建立客户情况变化报告制度。

第四十三条 商业银行应通过非现场和现场检查，及时发现授信主体的潜在风险并发出预警风险提示。风险提示参见附录中的"预警信号风险提示"，授信工作人员应及时对授信情况进行分析，发现客户违约时应及时制止并采取补救措施。

（二）贷后风险预警系统

一笔贷款在出现损失之前，往往会提前发出一些预警信号。有效监测和分析这些早期预警信号，有助于小微信贷机构及时发现、预防和控制风险，降低贷款损失。

小微信贷机构可以通过一套动态化、系统化的机制实现贷后风险的预警，即贷后风险预警系统：信贷人员定期或不定期地对风险信息进行收集，运用定量和定性的方法对其进行分析，在贷款发生损失之前识别和重估风险，并采取必要措施进行处理。

贷后风险预警要求持续监测借款人的重要风险点，并对可能严重影响贷款安全的重要风险点及时提出风险防范与控制的措施。这些重要风险点包括在贷前调查阶段与贷中审查阶段已经识别出来的，也包括在这两个阶段没有识别出来而在贷后管理中识别出来的，还包括贷款使用过程中因借款人生产经营环境等因素的变化而产生的新的重要风险点。

贷后风险预警一般可分为收集风险信息、分析风险、处置风险、贷后评价四个步骤，（图4-13）。

收集风险信息　→　分析风险　→　处置风险　→　贷后评价

图4-13　贷后风险预警的步骤

1.收集风险信息

贷后管理人员从信贷机构内外部收集与一笔贷款信用风险相关的信息，将其记录下来或录入相关的风险预警分析系统中。贷后检查是收集贷后风险信息最主要的手段。

[①] 资料来源：商业银行授信工作尽职指引 [Z]. 银监发〔2004〕51 号 .

1）收集风险信息的渠道

信贷风险相关的信息可通过多元的渠道进行收集，小微信贷机构可以与市场监督管理、税务、产权登记、法院等部门进行日常信息互通，从自动化信息中获取；还可以建立机构内部的信息共享机制，使信贷业务和风险管理部门能随时通过财务部门跟踪借款人的还款情况、现金流等信息。

2）贷后主要关注的风险

贷后要关注企业法人结构、企业经营状况、抵（质）押物及外部市场等几个方面的风险，具体如下。

（1）借款人或担保人的经营环境、经营状况或财务状况发生恶化或显著变化；若为小组联保贷款，成员发生重大变动。

（2）授信（工程）项目未能正常进行。

（3）借款人未按约定用途使用贷款，未能诚实地全面履行借款合同。

（4）还款资金来源与借款目的不同，与借款人主营业务无关。

（5）借款人未按期还款或无法偿还其他外债。

（6）借款人还款意愿降低，与信贷机构的合作态度发生转变。

（7）担保人担保意愿发生变化，与借款人之间的关系发生变化，试图撤销或更改担保。

（8）抵（质）押物价值贬损，未受到妥善保管，被擅自变卖或处置，相关保险或凭证到期。

（9）新法律、法规实施使借款合同及相关合同存在法律方面的缺陷和问题。

（10）贷款手续及信贷档案不齐全，重要文件或凭证遗失，对债权实现产生实质影响。

（11）对无财务报表的小微信贷借款人，如个体工商户等，贷后风险预警的关键指标是客户的现金流（如银行流水等）。

拓展阅读 4-14　法人结构缺陷引发的贷后风险

A 公司是 2005 年 4 月成立的民营企业，主营果蔬、肉类加工、存储、销售。A 公司 2008 年被某支行评为 A 级信用企业。2012 年 5 月，A 公司与该支行建立信贷关系，支行对其发放小企业农业短期贷款 150 万元，期限 10 个月，于 2013 年 3 月到期，采用保证担保借款方式，由 B 公司提供保证担保。至 2012 年 11 月末企业资产 1 914 万元，负债 720 万元，其中短期贷款 690 万元，资产负债率为 37.62%，2012 年 1 月至 11 月累计销售收入 1 238 万元，净利润 123 万元。

2012 年 12 月 10 日，A 公司法人代表葛某 4 人参与一起殴打致人死亡案件，被公安机关羁押进行调查取证。受此事影响，公司处于停产状态，销售贷款不能及时回笼，该支行贷款 150 万元面临风险。

资料来源：阎敏 . 银行信贷风险管理案例分析 [M]. 北京：清华大学出版社，2015.

素质园地 4-4

党的二十大提出："培养造就大批德才兼备的高素质人才，是国家和民族长远发展大计。""引导广大人才爱党报国、敬业奉献、服务人民。"作为金融从业者除了要提升自身的专业技能之外，还要有爱岗敬业、尽职尽责的职业道德精神，时时刻刻将风险防控落实到每天的工作之中。

某银行于 2005 年 2 月，以某有限公司信誉为依据，向其发放一笔信用贷款，期限 2 年，到期日为 2007 年 2 月。根据该行调查，该企业贷款所建设的厂房原拟引进某集团入驻，房租是企业的主要还款来源。

在贷款发放之后，银行客户经理疏于对该公司进行贷后检查，直到公司还款逾期之后才上门检查。此时银行发现这家企业由于各种原因，所建厂房未能引进某集团入驻，使得该企业兴建的厂房长期空置，而企业本身基本上又未开展其他经营活动。企业的办公场所已经对外租赁，常驻人员只有 2 名会计，除此之外，企业基本无其他经营活动。贷款资金已被该企业挪作他用，贷款到期无力偿还，从而形成不良贷款。

资料来源：阎敏.银行信贷风险管理案例分析 [M].北京：清华大学出版社，2015.

价值探索：爱岗敬业　风险防控

请阅读以上案例，并思考：

（1）请根据案例，阐述贷后检查和贷后风险预警的重要性。

（2）是什么原因导致信贷机构对贷后检查工作有所懈怠？对此你有什么看法？

2. 分析风险

小微信贷机构根据过往经验及相关规定，事先设定好一套风险预测系统或预警指标体系，贷后管理人员能够据此对收集到的风险信息进行分析，判断风险的严重程度，并对贷款做风险分类，发出警报。

针对信贷风险的预警信号，贷后管理人员要及时分析风险形成的原因，提出风险解决方案，或对原有风险化解方案的效果进行分析，提出新的方案建议等。

1）贷后风险预警指标体系

贷后风险预警建立在信贷风险评估的原理和框架的基础之上，尤其要关注一笔贷款风险信息在贷后发生的变化。风险预警可使用的工具和机制多种多样，既有定性分析也有定量分析，既有单变量分析也有多变量分析，既有主观分析也有统计分析。随着信息技术的发展，贷后风险预警呈现动态化和量化的趋势。

合理选择预警指标是建立科学预警体系的关键。好的风险预警指标体系能充分反映贷款的风险，并能随外部环境、借款人以及小微信贷机构自身的变化做相应调整，也能兼顾效率，抓住重点，不一味求多。

表 4-22 是小微信贷机构的贷后风险预警指标体系的简单罗列。

表 4-22　小微信贷机构的贷后风险预警指标体系

序　　号	指标名称	预警区域
定量指标		
1	主营业务收入利润率	利润明显降低，靠逃税盈利或发生亏损
2	营业收入	关联交易占比较高，超过营业收入的 20%
3	主营业务收入增长率与应收账款增长率比较分析	

续表

序　号	指标名称	预警区域
4	应收账款周转率	
5	净资产收益率	
6	现金流量结构分析	
7	资产负债率	
8	流动比率	
9	速动比率	
10	存货周转次数	
11	盈利现金比率	
12	强制性现金支付比率	
13	资产关联方占有率	
14	关联业务收入（成本）比率	
15	投入产出比率	
16	项目投资进度完成率	
17	长期股权投资比率	
18	投资收益率	
定性指标		
19	重大承诺事项	存在未履行承诺事项的情况
20	股权变动	大股东、控股股东发生变化
21	管理层变动	涉嫌贪污、诈骗、走私等经济犯罪行为，变动频繁
22	变更会计师事务所	变更原因披露不详细
23	抵押担保事项	为股东担保、无反担保等防范措施

小微信贷机构还可根据贷款风险的大小和危害程度，设定不同级别的预警（表 4-23），并采取与之相匹配的处置方式。

表 4-23　分级预警示例

预警信号	待定预警	严重预警
贷款逾期	逾期＞ 15 天	逾期＞ 30 天
抵押品损毁或灭失		价值减少＞ 30%
产品合格率	＜ 85%	＜ 60%
到期还款困难		申请延期或不能还款
拖欠员工工资	拖欠＞ 30 天	拖欠＞ 60 天
遭遇灾难	60 天内恢复	60 天内不能恢复

资料来源：黄武．小额贷款评估技术与风险控制 [M]．北京：中国金融出版社，2013．

2）风险预警报告

贷后管理人员在贷后检查和风险分析过程中，若发现可疑及重大风险预警信号，应在贷后检查报告以外，专门针对风险事项撰写"风险预警报告"，及时向管理层或贷后管理部门等反映，制订风险化解措施。

以下为《中国农业发展银行商业性贷款风险预警工作指引》（节选）。

第十五条　发现警示性风险信号要适时报告。报告路径分横向和纵向两种。

（1）横向报告主要是指客户经理在贷后管理和监测贷款风险中，发现有危及银行贷款安全的警示性信号时，要立即向本行信贷管理部门、风险管理部门和行领导报告。

（2）纵向报告主要是指各行客户部门要根据贷款风险预警信号的风险程度酌情向上级客户部门报告，风险管理部门要根据设置的风险控制指标变化情况，分析预报贷款风险发生和变化的可能性，撰写信贷风险监测预警报告，向上级行风险管理部门报告。

第十六条　信贷风险预警报告内容包括风险预警具体内容及出现风险信号的原因，以及采取的措施等。

第十七条　报告的形式分为一般性报告和专题报告。

（1）对贷款安全影响比较小的轻度警示性信号实行一般性报告，可实行月报方式报告，或在每月贷款质量分析报告中专题分析。

（2）客户经理或风险管理部门在贷款风险监测预警中，发现对贷款安全影响比较大的严重警示性信号后，要专题撰写贷款风险预警书面材料予以报告。

第十八条　对重大事项或重大紧急风险信号要随时报告，应在第一时间报告本行领导和上级行，正式书面专题材料要在次日报告。

第十九条　客户经理将风险信号向本行客户部门、风险管理部门和行领导报告后，发现本行采取处置措施不力的，要立即向上级行客户部门和风险管理部门直接报告。风险管理部门将风险信号向本行领导和上级行风险管理部门报告后，发现采取处置措施不力的，可直接向上级行领导汇报或直接向总行风险管理部报告。

3. 处置风险

根据风险预警报告，贷后管理人员对贷款采取必要的应对措施，尽可能降低风险可能造成的损失。同时，要关注风险的变化，及时调整借款人的信用等级、关注程度和策略计划等。

贷后风险预警的处置措施如下。

1）加强与借款人之间的沟通

比如，贷款发放后，贷后管理人员可及时与借款人电话联系，向其介绍贷款的有关情况，包括贷款发放日期、贷款划入的账户、首次还款日等；通知其在约定的还款日将贷款本息足额存入指定扣款账户，并核对其联系地址、电话等。

2）加强抵（质）押物的管理

（1）抵（质）押物价值管理。若发现抵（质）押物价值非正常减少，应及时查明原因，采取有效措施；若发现抵押人的行为将造成抵押物价值的减少，应要求抵押人立即停止其行为。

（2）抵押物转让受偿。根据抵押合同的相关条款，确保抵押人只在小微信贷机构允许的情况下对抵押物进行转让和处置，并以所获价款优先偿还欠小微信贷机构的债务。

（3）抵（质）押物保险受偿。根据抵（质）押合同的相关条款，确保在抵（质）押物出险时所得赔偿金（包括保险金和损害赔偿金）优先偿还欠小微信贷机构的债务；对于抵（质）押物出险后所得赔偿数额不足清偿部分，要求借款人提供新的担保。

（4）质押物保管。质押物通常由小微信贷机构或第三方管理机构进行管理，要防范质物管理不当，如质物没有登记、交换、保管手续等而造成的丢失或其他损失。质押证件要作为重要有价单证归类保管，一般不应出借。如要出借，必须严格审查出质人借出是否合理、有无欺诈嫌疑；借出的质物，能背书的要注明"此权利凭证（财产）已质押在×小微信贷机构，×年×月×日前不得撤销此质押"，或者以书面形式通知登记部门或托管方"×质押凭证已从×小微信贷机构借出，仅做×用途使用，不得撤销原质权"，并取得其书面收据以做证明。

3）对风险贷款加强观察和管理

对于已触发风险预警的贷款，要将其列入重点观察名单，调整借款人信用等级和贷款的风险分类，加强对借款人和担保人的观察与管理，具体要做好以下几点。

（1）及时联系借款人和担保人，了解客户，掌握贷款的实际情况。

（2）对某些有较大潜在风险或现实风险的贷款，应由小微信贷机构的领导层参与贷后检查。

（3）对借款人结算账户和保证金账户进行监控（如借款人收入进入账户的比例、账户内资金平均存量等），必要时申请冻结借款人的结算账户。

（4）对偿债能力和意愿较弱的借款人，可利用小微信贷机构的资源提供一定的协助或施压，但切忌空洞的许诺和无谓的威胁。

4）对风险贷款变更贷款方案／授信条件

对于风险贷款，可根据风险的程度不同与借款人协调改变贷款方案，变更授信条件，如：

（1）调整授信额度。

（2）要求追加担保物或保证人。

（3）要求担保人提前履行担保责任。

（4）根据合同停止贷款资金的发放和支付。

（5）与客户协商提前收回已发放贷款；协商不成的，收集提前收回贷款的合同证据，使相关贷后管理人员能依法提前收回贷款。

（6）解除借款合同。

拓展阅读 4-15　《商业银行授信工作尽职指引》（节选）

第四十四条　商业银行应根据客户偿还能力和现金流量，对客户授信进行调整，包括展期，增加或缩减授信，要求借款人提前还款，并决定是否将该笔授信列入观察名单或划入问题授信。

资料来源：商业银行授信工作尽职指引 [Z]. 银监发〔2004〕51 号.

5）针对借款人用款不当等违约行为

借款人违约使用贷款或有其他违约情况时，根据情节轻重，小微信贷机构可以做如下处理。

（1）若贷款用途变更用于生产经营或消费等合理用途，且风险不高，可以仅对借款人提出警告，向借款人声明再犯的后果。

（2）要求借款人限期纠正违约行为。

（3）暂停借款人用款。

（4）根据合同约定提前终止合同，收回贷款。

（5）必要时追究违约责任。

6）针对一时无法化解的风险

对于贷后管理人员一时无法化解和处置的风险，应及时报告小微信贷机构的管理层或上级机关，介入风险的认定和处置，并调整贷款风险分类，真实反映贷款的质量，将符合不良贷款条件的贷款纳入不良贷款管理。

拓展阅读 4-16　贷后的其他监控与监控

1）对于涉外贷款的监控和管理

对于法人代表持有外国护照或拥有外国永久居住权的，其拥有的企业、公司在国外有分支机构的，其家庭主要成员在国外定居或者在国外开办公司的民营或外商合资、独资企业贷款，要特别关注法定代表人出国及企业的资金往来情况，防止其将资金转移到国外或资金用途不明的转账行为，防止借款人携款潜逃。一旦发现这些迹象，要及时制止。

2）信贷合同不利条款的补救

在贷后检查中若发现信贷主合同或担保合同的条款不利于保护小微信贷机构权益或者存在漏洞的，要采取必要的补救措施，或者与当事人协商变更合同条款或重签合同。

4. 贷后评价

通过一轮风险的预警和处置，对风险预警系统自身的有效性进行检验和反馈，从而使预警系统得以修正和改良。

四、划分贷款质量

（一）贷款质量

贷款质量是信贷机构贷款资产的优劣程度，其最核心的评判依据就是贷款被及时、足额偿还的可能性。按照风险程度可将贷款划分为不同档次，分别为正常、关注、次级、可疑、损失五类；后三类合称为不良贷款。

做好贷款的风险分类，有利于信贷机构对不同贷款采取有针对性的管理方式和风险应对措施。图 4-14 是贷款的五级分类。

信贷机构应按照规定的标准和程序对贷款资产进行分类。贷款风险分类一般先进行定量分类，即先根据借款人连续违约次（期）数进行分类，再进行定性分类，即根据借款人违约性质和贷款风险程度对定量分类结果进行必要的修正和调整。一笔贷款只能处于一种贷款类别。表 4-24 列举了五类贷款的主要特征。

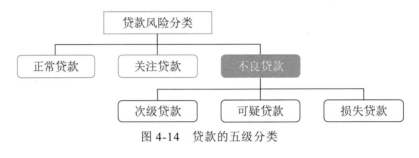

图 4-14　贷款的五级分类

表 4-24　五类贷款的主要特征

贷款种类	主要特征
正常贷款	借款人能够履行合同，没有足够理由怀疑贷款本息不能按时足额偿还
关注贷款	尽管借款人目前有能力偿还贷款本息，但存在一些可能对偿还贷款本息产生不利影响的因素
次级贷款	借款人的还款能力出现明显问题，依靠其正常收入已无法保证足额偿还贷款本息，需要通过出售、变卖资产，对外借款，保证人、保险人履行保证、保险责任或处理抵（质）押物才能归还全部贷款本息
可疑贷款	借款人无法足额偿还贷款本息，信贷机构已经要求借款人及有关责任人履行保证、保险责任，处置抵（质）押物，预计贷款可能发生一定损失，但损失金额尚不能确定
损失贷款	借款人无力偿还贷款，在采取所有可能的措施或一切必要的法律程序之后，本息仍然无法收回，或只能收回极少部分

（二）贷款分类的判定

正常贷款：在所有贷款分类中，被判定为正常贷款的，所需判断的因素最多，过程最长。因为，只有经过对影响贷款偿还的各种因素的分析之后，才能确定某贷款确实没有问题，确实能够偿还，而且没有任何潜在的影响因素，确实为正常类贷款。

关注贷款：如果一笔贷款仅仅是贷款信息或信贷档案存在缺陷，且这种缺陷对于还款不构成实质性影响，则不应被归为关注类。任何贷款都有风险，只有当贷款的风险增大到一定程度，产生了潜在缺陷，才能归为关注类贷款。

次级贷款：贷款已有明显缺陷，正常经营收入不足以偿还贷款，需要诉诸担保等补偿措施，只要缺陷不纠正，信贷机构便有损失的可能。

可疑贷款：贷款肯定要发生一定的损失，但由于存在借款人重组、兼并、合并等待定因素，损失金额尚不能确定。贷款分类时，要注意可疑贷款的以下两个特点：一是可疑贷款具有次级贷款的全部缺陷，且贷款的完全清偿是非常值得怀疑或是不可能的，即使执行担保等补偿措施，贷款本息仍然无法足额偿还；二是虽然损失的可能性极大，但因为存在一些可能有利或不利于贷款归还的待定因素，要等到情况更确定时才能把贷款归为次级类或损失类贷款。

损失贷款：确定借款人在执行担保等补偿措施之后仍无法清偿贷款，或者借款人死亡、宣告失踪或死亡，而以其财产或遗产偿债仍无法还清的贷款。损失类贷款并不意味着毫无回收价值。

五、回收贷款

（一）贷款回收的法律法规

《贷款通则》第三十二条　贷款归还：

借款人应当按照借款合同规定按时足额归还贷款本息。

贷款人在短期贷款到期 1 个星期之前、中长期贷款到期 1 个月之前，应当向借款人发送还本付息通知单；借款人应当及时筹备资金，按期还本付息。

贷款人对逾期的贷款要及时发出催收通知单，做好逾期贷款本息的催收工作。

贷款人对不能按借款合同约定期限归还的贷款，应当按规定加罚利息；对不能归还或者不能落实还本付息事宜的，应当督促归还或者依法起诉。

借款人提前归还贷款，应当与贷款人协商。

从小微信贷机构的角度，贷款回收便是其按照借款合同收回贷款本息的过程。正常情况下，小微信贷机构收回贷款并取得相应的利息收入，为发放新的贷款提供了资金来源，从而形成信贷经营的良性循环。

（二）贷款回收的步骤

1. 还款提示

为了确保贷款的归还，小微信贷机构的业务人员或贷款管理责任人员应在贷款到期前的一定时间，向借款人发送"还款通知 / 贷款到期通知"（根据不同信贷机构规定，通过书面、电话或短信等），提示借款人安排好资金，按期还本付息，并取得借款人的回执确认。

还款通知单应包括的内容有：

（1）贷款项目名称或其他标志。

（2）还本付息的日期（信贷机构执行扣款的日期）。

（3）当前贷款余额。

（4）本次还本金额和付息金额。

（5）利率。

（6）计息天数。

（7）计息基础。

……

此外，借款人还本付息应避免业务人员直接收取现金，特殊情况应征得小微信贷机构上级的同意。

2. 正常回收

正常回收是指借款人根据合同约定的还款时间按期偿还贷款本息。

图 4-15 是收回贷款时的工作内容。

| 扣款 | ➡ | 解除抵（质）押 | ➡ | 登记账务和信息系统 |

图 4-15　收回贷款时的工作内容

1）扣款

贷款还款日（包括分期贷款每期还款日及贷款到期日），借款人提前将资金存入还款账户（或开具还款支票），并填制还款凭证。信贷客户经理应协助借款人办理相关手续，查验客户债务是否结清，将还款凭证递交财务部门，财务部门根据合同约定，办理从指定的还款账户扣收贷款本金和利息的手续。

表 4-25 是某小额贷款公司的贷款还款凭证。

表 4-25　某小额贷款公司的贷款还款凭证

币别：		年　　月　　日				流水号：					
贷款账号			借款人								
付款账号			开户银行								
金额（大写）			百	十	万	千	百	十	元	角	分
还款明细		本期止欠款明细									
偿还手续费		应收手续费			单位签章						
偿还违约金		应收违约金									
偿还利息		应收利息									
偿还本金		应收本金									
会计主管：	授权：	复核：	录入：								

第一联：借款人还款回单

使用说明：1. 一式三联：第一联：借款人还款回单
　　　　　　　　　　　第二联：贷方凭证
　　　　　　　　　　　第三联：业务部门留存
2. 用于借款人归还贷款

活动拓展 4-16

同借款借据（凭证）一样，贷款还款凭证的填写也要遵循一定的规范，请参考借据填写规范及其他相关资料，总结还款凭证的填写要求。

2）解除抵（质）押

对于已清偿的贷款，信贷客户经理要协助客户解除抵（质）押，包括退还质押物、退还抵（质）押物权利凭证，以及在有关部门办理抵（质）押登记注销手续。

3）登记账务和信息系统

借款人每次还款后，应在相关业务信息系统、征信系统、贷款台账以及会计账务上做好记录。

（三）借款合同履行期限的变更

借款合同的变更是在借款合同有效成立后，尚未履行或尚未完全履行以前，当事人就合同的内容达成修改或补充的协议。借款合同的变更主要涉及借款种类、借款用途、数额、利率、期限、还款方式等方面。借款合同当事人对变更内容协商达成一致时，就可以变更借款合同。

上文提到，小微信贷机构可以采取调整授信额度、要求追加担保物或保证人等手段来应对贷款风险。

以下介绍借款合同履行期限变更的两种方式：一是提前还款，二是贷款展期。

1. 提前还款

根据是否是借款人自愿，提前还款分为以下两种，处理程序也各有差别。

（1）小微信贷机构要求借款人提前还款。因为客户风险原因触发了信贷合同约定的贷款提前到期事项，小微信贷机构有权要求客户按照信贷合约的条款提前还款。在此情况下，信贷客户经理应提报小微信贷机构的相关管理人员审批同意，向借款人和担保人发出"贷款提前到期通知"，限期提前还款。

（2）借款人主动提前还款。借款人希望改变贷款协议规定的还款计划，提前偿还全部或部分贷款时，要经过以下流程。

①借款人提交申请。由于提前还款会打乱小微信贷机构原有的工作和资金安排，借款人应在还款日前一定天数（具体天数依照信贷机构的规定）向小微信贷机构提出提前还款申请，申请中要列明提前还款的本金金额。

②信贷客户经理审查。信贷客户经理应审查借款人是否具备提前还款的条件，如借款人是否已经还清提前还款日之前所有的到期贷款本息，是否同意向小微信贷机构支付损失赔偿金，提前归还部分贷款的还款金额是否符合最低额度要求等，并提出是否同意提前还款的审查意见。

③有权审批人员审批。有权审批人员对提前还款申请提出审批意见。

④决策的告知。经审批同意提前还款的，信贷客户经理应通知借款人办理提前还款手续，已批准的提前还款申请应是不可撤销的，借款人有义务据此提前还款；不同意提前还款的，信贷客户经理要对借款人做好解释工作。

拓展阅读 4-17　提前还款的注意事项

1）提前还款的利息计算

借款人提前偿还借款的，除当事人另有约定的以外，应当按照实际借款的期间计算利息。

2）提前还款程序的提前告知

在发放贷款时，便要告知客户如果提前还款的话，应提早告知小微信贷机构。

3）提前还款时对抵（质）押的解除

对于全额提前还款的，其还款手续的处理按正常还款手续办理。

对于提前归还部分贷款的，若不涉及解除部分抵（质）押权的，可按正常还款手续办理。若涉及解除部分抵（质）押权的，在客户按提前还款手续归还部分本金后，还应办理部分解除抵（质）押权手续。

2. 贷款展期

贷款展期是指借款人在向贷款人申请获得批准的情况下，延期偿还贷款的行为。

《贷款通则》第十二条贷款展期规定，不能按期归还贷款的，借款人应当在贷款到期日之前，向贷款人申请贷款展期。是否展期由贷款人决定。申请保证贷款、抵押贷款、质押贷款展期的，还应当由保证人、抵押人、出质人出具同意的书面证明。已有约定的，按照约定执行。

短期贷款展期期限累计不得超过原贷款期限；中期贷款展期期限累计不得超过原贷款期限的一半；长期贷款展期期限累计不得超过 3 年。国家另有规定者除外。借款人未申请展期或申请展期未得到批准，其贷款从到期日次日起，转入逾期贷款账户。

贷款展期的办理流程如下。

1）借款人提交申请

同提前还款一样，贷款展期也打乱了小微信贷机构原有的工作和资金安排，因此，借款人应提前一定天数（具体天数依照信贷机构的规定）提出申请。并提供有权决议机关的相关决议文件或其他有效的授权文件。

贷款展期申请书应包括的内容有：展期理由；展期期限；展期后的还本付息以及付费计划；拟采取的补救措施⋯⋯

若为担保贷款，展期申请还需获得相关保证人和抵（质）押人同意，出具相关书面证明或直接在展期申请书上签署"同意展期"的意见并签字。由于贷款延期导致原担保事项发生变更的，还应办理必要的担保变更和抵（质）押变更登记手续。若未作以上处理，则可能导致贷款担保在展期期间失效。

2）贷款展期调查、审查、审批

同贷前程序类似，小微信贷客户经理应对借款人的展期原因、展期贷款条件（金额、期限等），以及借款人的偿债能力和偿债意愿进行调查评估，并经审查和审批的流程。

要注意的是，由于贷款展期本身就说明借款人还款可能出现问题，所以贷款的风险已然加大了。

对于担保贷款，信贷机构应重新确认担保资格和担保能力等，担保金额为借款人在整个贷款期内应偿还的本息和费用之和，包括因贷款展期而增加的利息费用。保证合同的期限因借款人还款期限的延长而延长至全部贷款本息、费用还清为止。

3）签订贷款展期协议

在办理展期时应由小微信贷机构和借款人重新确定有关贷款条件，贷款展期不得低于原贷款条件。经信贷机构审批同意展期后，信贷机构、借款人、担保人应在原贷款到期前，签订《贷款展期协议书》，不得直接改动原借款合同和借据。

根据《贷款通则》，贷款的展期期限加上原期限达到新的利率期限档次时，从展期之日起，贷款利息按新的期限档次利率计收。

4）展期后贷款的风险管理

因为展期贷款所体现出的还款问题，展期贷款通常应列入关注类贷款进行管理。小微信贷机构应按照展期后的还款计划，向借款人发送还本付息通知单，督促借款人按时还本付息。

5）借新还旧

借新还旧是信贷机构在一笔贷款到期（含展期后到期）后不能按时收回，又重新发放贷款用于归还部分或全部原贷款的行为。

同贷款展期一样，借新还旧也反映借款人出现了还款困难而使贷款处于风险状态，信贷机构对借新还旧要给予额外关注。

一般来说，小微信贷机构不应允许借新还旧重新设置贷款，因为它掩盖了小微信贷的真实风险。但是，在遇到特殊情况时又不得不使用这种形式。例如，在遇到不可抗拒的自然灾害时，为了使借款人恢复生产，最终能还款，有时就需要再贷一笔新贷款支持他或允许他暂缓还款。这些措施实质上也是为了保护贷款的安全性。

活动拓展 4-17

请搜索查阅《提前还款申请书》《贷款展期申请书》的模板或示例。

六、管理不良贷款

（一）认知不良贷款管理

回顾贷款的五级分类，不良贷款是次级贷款、可疑贷款和损失贷款的合称。不良贷款也叫作非正常贷款或有问题贷款，是指借款人未能按原定的贷款协议按时偿还贷款本息，或者已有迹象表明借款人不可能按原定的贷款协议按时偿还贷款本息的贷款。

小微信贷机构应做好不良贷款管理，最小化不良贷款损失。不良贷款管理工作通常以风险管理部门主导负责，包括四个主要方面。

（1）做好债权维护，为不良贷款清收措施的执行提供基础保障。贷后管理人员主要应从以下方面认真维护债权。

①妥善保管好能够证明主债权与担保债权客观存在的档案资料，如借款合同、借据、担保合同、抵（质）押登记证明等。

②确保相关的权利处在有效期间，如债权不超过诉讼时效、保证责任期间，不超过生效判决的申请执行期限。

③清查借款人的偿债资产，防止借款人隐匿或转移资产，或以其他方式逃废债务。

（2）认定和登记不良贷款，做好不良贷款的检查、分类、监测和分析。

（3）对已归入不良贷款的加强监控预警和清收力度，对已发风险采取化解措施。

（4）识别、分析和追究不良贷款产生以及造成损失的原因，并对信贷操作和管理做相应改善。

一笔贷款的逾期，从借款人角度分析是偿债能力和偿债意愿的问题；从信贷机构的角度分析则是操作和管理上的问题，在必要时应加以改善。

拓展阅读 4-18　如何清查企业资产

通过企业借款人工商登记、纳税记录、广告宣传，以及产品销售信息、应收账款信息、资产处置信息等经济往来信息，可以发现借款人的财产线索。

小微信贷机构应密切关注这些信息，一旦发现企业进账款项或其他有利因素，就能够及时展开不良贷款清收工作。

贷款逾期后，信贷机构不仅要对贷款的本金计收利息，而且对应收未收的利息也要计收复利。

活动拓展 4-18

请收集资料，描述我国不同地区信贷机构不良贷款的情况。

（二）不良贷款清收

不良贷款清收是指将不良贷款本息以货币资金形式（现金、银行存款）收回。

清收不良贷款的方式多种多样，具体包括不良贷款的催收、盘活、重组和以资抵债等。小微信贷机构应当区别借款人是否有偿债能力及意愿而灵活运用清收方法，多措并举，勇于创新，根据每笔贷款的具体情况，制订并执行相应的清收方案。

活动拓展 4-19

对于不良贷款，小微信贷机构有时需要寻求不良资产管理公司的协助。请收集资料，列举几家不良资产管理公司，以及它们的服务对象、内容和方式。

以下介绍主要的不良贷款清收方法。

1. 贷款催收

催收主要是通过说服和施加主观压力的方式促使借款人或担保人偿还债务。对到期尚未归还的本、息，小微信贷机构应做到以下几点。

（1）发送"逾期贷款催收通知书"，分别送达借款人和担保人，通告小微信贷机构可能采取的逾期制裁措施，并取得回执。

（2）约见客户，督促其落实可行的还款计划。

（3）必要时，应通知律师向客户发出律师催收函。

活动拓展 4-20

请搜索查阅《逾期贷款催收通知书》《担保人履约通知书》的示例，描述其主要内容。

2. 帮助借款人改善偿债能力

对于出现暂时性困难但有良好偿债意愿的借款人，小微信贷机构可以依靠手头资源，助其渡过难关，盘活债权①，来增加贷款偿还的机会。具体的可参照如下的方法。

（1）针对借款人的危机与其进行磋商，查找问题点，合理要求其改变经营规模或经营方向，弥补管理中的不足。

（2）对于原材料供应或产品销售出现困难的借款人，合理利用小微信贷机构自身的客户资源，对借款人的主要上下游关联企业施加影响，缓解借款人资金运转的困难。

（3）若借款人自身存在应收账款难以收回的问题，可以帮助其清收应收账款。

（4）对于资本金不足或筹资成本过高的借款人，可协助其寻找新的低成本融资渠道或增加资本性负债，如协助其争取发行企业债券，或协助其争取与其他客户合资、合伙经营或联营等形式吸收外部资金还贷。

---

① 不良贷款盘活是指通过注入资金、债务重组等方式，增强借款人归还贷款本息的可能性，使不良贷款转为正常贷款。

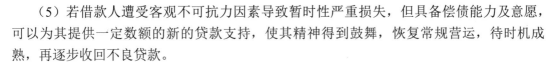

（5）若借款人遭受客观不可抗力因素导致暂时性严重损失，但具备偿债能力及意愿，可以为其提供一定数额的新的贷款支持，使其精神得到鼓舞，恢复常规营运，待时机成熟，再逐步收回不良贷款。

3. 贷款重组

贷款重组是当借款人无力还款但有良好的偿债意愿时，信贷机构与借款人及担保人进行协商，通过对贷款条件作出调整，来维护债权和减少损失。贷款重组是贷款的"软回收"，可以协商变更借款人、担保人、借款品种、担保方式、贷款金额、利率、还款期限、还款条件等。

如若借款人不满足以上两点的话，则对贷款进行"硬回收"，即资产保全，将贷款及时冻结，避免损失扩大。

对于"软回收"的借款人，需要密切进行关注，之后借款人的运作良好，信用恢复正常后，再转为正常贷款；若情况持续恶化，则进行"硬回收"。

对于催收无效的贷款，必要时候采取依法诉讼、以物抵债等方式解决不良贷款。

拓展阅读 4-19　宜信的风险缓释策略

宜信高级副总裁朱宇峰在 2014 中国互联网金融创新与发展论坛上说："针对贷后有一个策略，叫作风险缓释策略。我们相信未来竞争越来越激烈的情况下，会是我们业务发展的一根支柱。也就是说有些客户，他还不起钱了，我知道有些小贷公司的一些做法是拼命地催，这种做法不能说完全的错，但是可以有科学的方法试一试。可以和客户协商，原来贷一万元 12 个月，一个月要还 1 200 元，我们看到他还不起，他有还款意愿的时候怎么做？把期限拉成 36 个月，每个月还 800，也许这样的情况下，客户就可以按时还款。很多情况下我们也需要人性化地对待某些事情，就比如说在之前四川、贵州等地发生了地震或者是洪灾，公司采取的策略是主动延续借款，看他是否因为受灾影响到还款能力的影响，我们会为他做延期和展期。"

资料来源：朱宇峰 . 我们的目标客户集中在长尾 [EB/OL]. http://iof.hexun.com/2014-09-27/168915859.html.

4. 依法追索保证人的连带责任或要求保险人履行保险责任

有关诉讼时效问题，《民法典》第一百八十八条明确规定：向人民法院请求保护民事权利的诉讼时效期间为三年。法律另有规定的，依照其规定。诉讼时效期间自权利人知道或者应当知道权利受到损害以及义务人之日起计算。因此，就一笔保证贷款而言，如果逾期时间超过两年，两年期间借款人未曾归还贷款本息，而贷款银行又未采取其他措施使诉讼时效中断，那么该笔贷款诉讼时效期间已超过，将丧失胜诉权。同样，就保证责任而言，如果保证合同对保证期间有约定，应依约定；如果保证合同未约定或约定不明，则保证责任自主债务履行期届满之日起 6 个月，在上述规定的时期内债权人未要求保证人承担保证责任，保证人免除保证责任。

为借款人提供担保，其本质意义在于借款人不能按规定期限归还贷款时，担保人承担归还贷款本息的义务，以保证借款合同的全面履行和信贷资金的安全性。然而在现实工作中，重视借款人而轻视担保人的现象较为严重，这是一个误区。贷款一旦形成不良，一定

要对借款人与担保人一并追究。当借款人不足以归还贷款时，不能忽略对担保人担保责任的追究，直至贷款本息全部还清。

5. 以资抵贷

以资抵债是指因债务人（包括借款人和保证人）不能以货币资产足额偿付贷款本息时，银行根据有关法律、法规或与债务人签订以资抵债协议，取得债务人各种有效资产的处置权，以抵偿贷款本息的方式。它是依法保全银行信贷资产的一种特殊形式。

当借款人的经营状况（财务状况）已走向下坡，无力以货币资金归还贷款。经深入调查确认后，要果断地采取措施，不可拖延时间，一旦拖延可能错过有效时机。应立即协商以借款人物品抵顶贷款本息问题。根据是否诉诸法律，向法院提起诉讼，可以将清收划分为常规清收和依法收贷两种。

以资抵债首先应考虑价值大的物品，如土地使用权，房屋、设备的所有权、出租权或使用权，大宗的产品、商品、材料的所有权或处置权，办公设备、汽车等的所有权和处置权，协商评估作价或由中介机构评估作价后抵顶贷款本息。

以资抵债的方式包括以下几种。

（1）票据兑付或贴现后、有价证券变现后收回不良贷款本息。

（2）抵债资产以租赁、拍卖、变卖等方式获取货币收入，冲减不良贷款本息。

（3）确需自用的抵债资产，按小额贷款机构购建固定资产管理有关规定办理审批手续后，经折价入账冲减不良贷款本息。

抵债资产应当是债务人所有或债务人依法享有处分权并且具有较强变现能力的财产，主要包括以下几类。

（1）动产：包括机器设备、交通运输工具、借款人的原材料、产成品、半成品等。

（2）不动产：包括土地使用权、建筑物及其他附着物等。

（3）无形资产：包括专利权、著作权、期权等。

（4）有价证券：包括股票和债券等。

（5）其他有效资产。

6. 依法起诉

广义的依法收贷指银行按规定或约定，通过催收、扣收、处理变卖抵押物，提前收回违约使用的贷款，加罚利息等措施，以及通过仲裁、诉讼等途径依法收贷。

狭义的依法收贷指按照法律、法规的规定，采用仲裁、诉讼等手段清理收回贷款的活动。

能够在依法起诉前，使问题得到解决是最好的选择，既能节省时间，又能节约开支，还不伤害感情。对不能归还或不能落实还本付息事宜的，应督促归还或依法起诉。但在以下情况下，应重点考虑依法起诉的方法。

（1）依法保护债权的时间即将超过诉讼时效期。

（2）以土地使用权、房屋、机器设备所有权进行抵押并登记的贷款逾期时间较长。

（3）借款人死亡或失踪。

（4）反复协商达不成一致。

（5）需冻结、查封、扣押债务人资产及相关物品时。

（6）恶意逃废债务。

依法起诉相对于其他方法而言，应当是最后的方法，选择此方法要权衡利弊，把握时机，务求诉必胜、胜必有结果。

拓展阅读 4-20　法律规定

根据《中华人民共和国民事诉讼法》（以下简称《民事诉讼法》）的相关规定，"对公证机关依法赋予强制执行效力的债权文书，一方当事人不履行的，对方当事人可以向有管辖权的人民法院申请执行，受申请的人民法院应当执行。"这就减少了一些环节和费用，因此，工作实践中一些单位采取了办理公证以取得具有强制执行效力的债权文书的方法。凡经办理公证的贷款出现不良，经信贷员或公证员催收无效后，可以直接转入执行程序，申请法院执行庭依法强行收回贷款。

资料来源：中华人民共和国民事诉讼法 [Z]. 2021.

1）依法收贷的步骤

采取常规清收的手段无效以后，要采取依法收贷的措施。依法收贷的步骤如下。

（1）提起诉讼。首先向人民法院提起诉讼（或者向仲裁机关申请仲裁），人民法院审理案件，一般应在立案之日起 6 个月内作出判决。银行如果不服地方人民法院第一审判决的，有权在判决书送达之日起 15 日内向上一级人民法院提起上诉。

（2）财产保全。[①] 在起诉前或者起诉后，为了防止债务人转移、隐匿财产，债权银行可以向人民法院申请财产保全。财产保全有两方面作用：一是防止债务人的财产被隐匿、转移或者毁损灭失，保障日后执行顺利进行；二是对债务人财产采取保全措施，影响债务人的生产和经营活动，迫使债务人主动履行义务。但是，申请财产保全也应谨慎，因为一旦申请错误，银行要赔偿被申请人固有财产保全所遭受的损失。

（3）申请支付令。对于借贷关系清楚的案件，债权银行也可以不经起诉而直接向人民法院申请支付令。根据《民事诉讼法》的规定，债权人请求债务人给付金钱和有价证券，如果债权人和债务人没有其他债务纠纷的，可以向有管辖权的人民法院申请支付令。债务人应当自收到支付令之日起 15 日内向债权人清偿债务，或者向人民法院提出书面异议。债务人在收到支付令之日起 15 日内既不提出异议又不履行支付令的，债权人可以向人民法院申请执行。如果借款企业对于债务本身并无争议，而仅仅由于支付能力不足而未能及时归还的贷款，申请支付令可达到与起诉同样的效果，但申请支付令所需费用和时间远比起诉少。

（4）申请强制执行。[②] 对于下列法律文书，债务人必须履行，债务人拒绝履行的，银行可以向人民法院申请执行：其一，人民法院发生法律效力的判决、裁定和调解书；其二，依法设立的仲裁机构的裁决；其三，公证机关依法赋予强制执行效力的债权文书。此外，

---

① 财产保全分为两种：诉前财产保全和诉中财产保全。诉前财产保全是指债权银行因情况紧急，不立即申请财产保全将会使其合法权益受到难以弥补的损失，因而在起诉前向人民法院申请采取财产保全措施；诉中财产保全是指可能因债务人一方的行为或者其他原因，使判决不能执行或者难以执行的案件，人民法院根据债权银行的申请裁定或者在必要时不经申请自行裁定采取财产保全措施。

② 申请强制执行应当及时进行。2023 年 9 月 1 日第五次修正的《民事诉讼法》规定，申请执行的法定期限修订为两年。申请执行期限，从法律文书规定履行期间的最后一日起计算；法律文书规定分期履行的，从规定的每次履行期内的最后一日起计算。

债务人接到支付令后既不履行债务又不提出异议的，银行也可以向人民法院申请执行。胜诉后债务人自动履行的，则无须申请强制执行。

（5）申请债务人破产。当债务人不能偿还到期债务而且经营亏损的趋势无法逆转时，应当果断申请对债务人实施破产。[①]尤其对于有多个债权人的企业，如果其他债权人已经抢先采取了法律行动，例如强制执行债务人的财产，或者债务人开始采取不正当的手段转移财产，此时债权银行应当考虑申请债务人破产，从而达到终止其他强制执行程序、避免债务人非法转移资产的目的。

2）依法收贷应注意的问题

依法收贷是保证信贷资金安全的有力措施，依法收贷必须和依法放贷及依法管贷结合起来，将信贷工作的全过程纳入依法管理的轨道，使信贷工作置于法律的约束和保护之下。依法收贷中应注意以下几个问题。

（1）信贷人员应认真学习和掌握法律知识。银行工作人员特别是银行信贷人员应树立法制观念、效益观念、自我保护观念和依法管理贷款的观念。建立和健全各种信贷规章制度，为依法收贷打好坚实的基础。

（2）要综合运用诉讼手段和非诉讼手段依法收贷。对借款人违约使用的贷款，应主要通过非诉讼手段，以催收等方式督促企业主动归还贷款。只有当非诉讼手段清收无效时，才采用诉讼手段。采用诉讼手段依法收贷，应抓住重点，掌握好诉讼时机，及时起诉，追回贷款。

（3）既要重视诉讼，更要重视执行。对诉讼的案件，既要认真做好诉讼前和诉讼期的各项工作，以确保胜诉，更要注意执行。诉讼的目的是收回贷款，执行才能使贷款得以收回。因此，对已发生法律效力的司法文书，借款人仍拒不执行的，要及时向人民法院申请强制执行，以确保贷款的收回。

（4）在依法收贷工作中要区别对待。对那些承认债务，确实由于客观原因，一时没有偿还能力的企业，银行一般不必采取诉讼方式，但应注意催收，避免超出诉讼时效。

拓展阅读 4-21　不良贷款保全

不良贷款保全是指在债权或第二还款来源已部分或全部丧失的情况下，重新落实债权或第二还款来源。保全的标准为：

（1）原悬空或有法律纠纷的贷款重新落实了合格的承贷主体。

（2）原担保手续不符合法律法规的贷款或原不符合条件的信用贷款重新办理了合法有效的担保手续。

（3）已失去诉讼时效的贷款重新恢复了诉讼时效。

资料来源：贷款通则 [Z]. 中国人民银行令〔1996〕第 2 号.

[①]　申请企业破产的条件，有关法律规定并不相同。《企业破产法》第二条规定："企业法人不能清偿到期债务，并且资产不足以清偿全部债务或者明显缺乏清偿能力的，依照本法规定清理债务。"《公司法》第一百八十二条规定："公司经营管理发生严重困难，继续存续会使股东利益受到重大损失，通过其他途径不能解决的，持有公司全部股东表决权百分之十以上的股东，可以请求人民法院解散公司。"

7. 不良贷款催收技巧

1）主动出击法

主动出击法是指责任信贷员主动深入借款人经营场所了解情况、催收贷款的方法。信贷员应经常深入自己管辖的客户中研究实际问题。将客户群体分类排队，在"好、中、差"的类别中突出重点开展工作，本着先易后难、先好后差、先小额后大额、先近程后远程、先重点后一般的工作思路，寻找切入点。坚定信心，反复多次地开展工作，并在所到之处一定要签发催收通知书和办理相关合法手续，以达到管理贷款、提高质量、收回不良贷款的目的。

2）感情投入法

对于出现不良贷款的客户，不要一概责备或训斥，不要使用强硬语言，激化矛盾，以"依法起诉"相威胁。而首先应以一份同情心，倾听对方诉说苦衷与艰辛、困难与挫折。站在借款方的立场，换位思考，分析问题，查找根源，寻找出路。使自己的观点与客户相融合，以获得其同情，被对方所接受，在工作交往中融入感情，建立友谊。在此基础上，引导对方适应自己的工作观点，即清收不良贷款的观点，入情入理地细说不良贷款给对方带来的不利影响，这些影响会使诚信遭到破坏，形象受到损坏，朋友之路越走越窄，经营困难越来越多。如能及时归还贷款，既能表现实力，又能申请再借，既是遵守合同，又是信守承诺，使信用度得到提高。信用度的提高，就是客户自己的无形资产。通过有利因素和不利因素的分析使之产生同情与理解，以达到自己工作之目的。

3）参与核算法

贷款管理人员与客户的工作关系，应当是合作的、友好的、知心的，应当经常深入客户中去，掌握客户的经营状况，帮助客户客观分析经营中出现的问题，找出问题的主要原因，使客户能欣然接受，进而参与到经营核算中去。通过真实的会计账目作出进一步研究，提出增收节支的具体措施，提高客户盈利水平，降低客户的经营成本，并关心客户的措施落实情况，力争取得成效，促进不良贷款的收回。

4）借助关系法

对借款人的配偶、儿女、亲属、朋友要进行详细的调查了解，选择出有重要影响力的人物，与其进行接触、交谈、交往，达到融合程度，适时谈其用意，使之理解进而愿意帮助，由有影响力的人单独与借款人谈还款问题和利弊分析，劝其归还贷款，也可以共同与借款人讨论贷款问题，寻找出还款的最佳途径。

5）调解法

在拒绝归还贷款和即将依法起诉的矛盾相持中，不急于采取依法起诉方法，而应当拓展新的思路，寻找新的方法。村干部、乡镇政府干部、政法民政干部及公安干警等都是应考虑到的因素。利用这些因素充当第三者，以中间立场出现，帮助分析利弊，拉近双方距离，化解矛盾，进行有效调解，使借款人在依法诉讼前归还贷款。

6）多方参与法

相对于借款人的客观实际，要深入研究他的薄弱环节。如借款人很好脸面，千方百计掩饰自己，生怕自己欠款的事外露，影响形象。在多次工作无效的情况下，应考虑动员亲朋好友、同学、同事、乡村干部、上级领导多人一同参与其工作，你一言我一语，发起攻势，促使其归还贷款。

7）群体进攻法

信贷员一个人的能力和智慧是有限的，但应尽职尽责。面对难点，应当考虑多名信贷员共同参与工作，深入研究认真分析，寻找突破口，选择出最佳时机，发起群体进攻，一气呵成，不可间断，直至取得成果。

8）人员交换法

总是一副面孔，一个套路，难免工作略显一般。相互了解，彼此适应甚至存在其他问题，致使个别借款人不按期归还贷款本息，就会影响贷款质量，使不良贷款增多，如此应考虑人员交换或针对某一问题，选择得力人员专题加以解决或提供帮助，以此降低不良贷款占用，提高贷款质量。

9）领导出面法

具体工作都由领导去做，那是不可能的，也不正确，工作各有分工，职责也不一样。但在现实工作中，却有很多工作出现困难，不好推进时，领导一出面就真的解决了。这就不能不提醒做领导的要力所能及地深入实际，深入基层，解决实际问题。从实践中研究出新的工作方法来，再指导于实践。清收不良贷款也是如此。

10）组织干预法

有些借款人不仅是党员干部，还有很多头衔，政协委员、人大代表、农民企业家，这个典型、那个模范的很多。无论多少个头衔，不管怎么得来的，只要形成不良贷款，就理应受到追究。对借款人的上级组织，为其命名的各类上级部门均应发出信函，告知不良贷款事由和归还贷款要求，请求组织干预，必要时应派人员前往商谈，以求问题的解决。

11）刚柔相济法

面对不同脾气秉性的借款人，应当采取各自不同的方法。有吃软不吃硬的，有吃硬不吃软的，这就需要在实践中体会摸索。避其强，攻其弱，采用刚柔相济法，或先柔后刚或先刚后柔。论情、论理、论法层层深入，使借款人先从观念上转变，愿意归还贷款，然后再进一步开展工作。

12）黑白脸法

黑白脸是甲、乙信贷员各自扮演不同角色开展清收不良贷款配合工作的表现形式。黑脸以强硬姿态出现，清查账目、盘点资产，当着借款人公开阐明观点，拟将主要资产设备采取拆卸、封存、扣押、拍卖、冻结等手段进行处置。而白脸则应在黑脸与借款人之间巧妙周旋，时而以温和姿态劝说借款人归还贷款避免事态严重，时而与黑脸协商给借款人宽限几天时间，最后与借款人商定出还款时间和还款金额，继而进一步配合清收。

13）分解法

借款人早年借款，后因体弱多病，劳动能力降低，无力归还贷款，或借款人意外伤害致残致使贷款形成不良，而且贷款额均不是很大，在这种背景下，应细心研究其儿女亲属分担贷款问题。首先调查其家庭经济状况，看其亲属从事什么工作，收入多少，品德如何，详细分析后择优开展工作。工作要有耐心，要从父母培养儿女的艰辛、对伤残亲属的同情心、儿女要有爱心、亲属要有善心这几方面为切入点，融入感情反复交谈，谈到对方动情、动心，经多次努力，或平均分担或不平均分担，达到意见一致，愿意分担贷款并代为归还贷款。

14）黑名单公示法

人是有尊严的，单位是有形象的，借款方也是如此，我们应尊重他们的尊严与形象。同时也必须强调尊严与形象需建立在诚信的基础上，失去诚信必然失去尊严与形象。借款方不能按期还本付息，且在多种努力无果的前提下，应当采取黑名单公示法。可在报刊、广播电台、电视台等多方位周期性公示，施加社会影响，促其归还贷款。贷款本息还清时应撤销公示。

行业视窗 4-8
河北大名农商行：公告催债涉嫌侵犯隐私、现仍被列为失信被执行人

七、管理小微信贷业务档案

（一）档案管理概述

贷款档案是指信贷机构在办理贷款业务过程中形成的、记录和反映贷款业务的重要文件和凭证。主要由相关契约及凭据、借款人的基本资料、借款人的信贷业务资料、银行综合管理资料等组成。

贷款档案可以分为五个大类：权证类、要件类、管理类、保全类、综合类。

权证类：抵、质押权证、存单等。

要件类：要件类档案是指办理信贷业务过程中产生的能够证明信贷业务的合法性、合规性的基本要件。

管理类：客户基本资料。

保全类：保全类档案是指信贷资产风险管理、处置等相关资料。

综合类：综合类档案是指本行内部管理资料。

贷款档案管理是指贷款发放后有关贷款资料的收集整理、归档登记、保存、借（查）阅管理、移交及管理、退回和销毁的全过程。它是根据《中华人民共和国档案法》及有关制度的规定和要求，对贷款档案进行规范的管理，以保证贷款档案的安全、完整与有效利用。

有关贷款文件的完整和准确是管理贷款的基础，贷款申请、贷审会决议、支持性文档和还款计划等相关文档的不完整不准确都可能成为问题贷款的根源。

（二）档案管理方法

1.管理贷款文件

贷款文件又称信贷文件，是指正在执行中的、尚未结清信贷（贷款）的文件材料。按其重要程度及涵盖内容不同划分为两级，即一级文件（押品）和二级信贷文件。

1）管理一级文件（押品）

保管——一级文件是信贷的重要物权凭证，在存放保管时视同现金管理，可将其放置在金库或保险箱中保管，并指定双人分别管理钥匙和密码，双人入、出库，形成存取制约机制。

交接——一级文件由业务经办部门接收后，填制押品契证资料收据一式三联，押品保

管员、借款企业、业务经办人员三方各存一联。押品以客户为单位保管，并由押品保管员填写押品登录卡。

借阅——一级档案存档后，原则上不允许借阅。如在特殊情况下，确需借阅一级档案的，必须提交申请书，经相关负责人签批同意后，方可办理借阅手续。

结清、退还——借款企业、业务经办人员和押品保管员三方共同办理押品的退还手续。由业务经办人员会同借款企业向押品保管员校验信贷结清通知书和押品契证资料收据并当场清验押品后，借贷双方在押品契证资料收据上签字，押品保管员在押品登录卡上注销。

2）管理二级文件

保管——二级文件应按规定整理成卷，交信贷档案员管理。

交接——业务经办人员应在单笔信贷（贷款）合同签订后将前期文件整理入卷，形成信贷文件卷，经信贷档案员逐一核实后，移交管理。

借阅——二级档案内保存的法律文件、资料，除审计、稽核部门确需查阅或进行法律诉讼的情况下，不办理借阅手续。如借阅已归档的二级档案时，须经有关负责人签批同意后，填写借阅申请表，方可办理借阅手续。

2. 管理贷款档案

贷款档案是指已结清贷款的文件材料，经过整理立卷形成的档案。

（1）贷款档案员要在贷款结清（核销）后，完成该笔贷款文件的立卷工作，形成贷款档案。

（2）永久、20 年期贷款档案应由贷款档案员填写贷款档案移交清单后向本行档案部门移交归档。

（3）业务经办部门需将本部已结清的、属超权限上报审批的贷款档案案卷目录一份报送上级行风险管理部门备查。

3. 管理贷款台账

贷款台账是小微信贷机构贷款经办人对贷款资金进出的汇总记录，它既可以机构为单位，也可以客户为单位。贷款台账作为小微信贷机构贷款余额质量的原始依据，可以为信贷人员和会计人员提供以下信息。

（1）回收的本金和利息是否正确。

（2）是否有拖欠和应收未收的情况。

（3）收款、交款是否及时等。

贷款台账应定期与会计人员对账，做到账账相符，若有不一致之处，应及时查明原因，妥善处理。近年来，管理信息系统已在信贷机构获得广泛运用，因而现实中，贷款记录汇总通常已实现自动化，并可与会计记录达成同步，但这并不影响贷款台账功能的发挥。

不同信贷机构的贷款台账格式各不相同，以下仅以某小额贷款公司的贷款台账为例，表 4-26 是某小额贷款公司贷款台账汇总，表 4-27 是台账分户。

表 4-26　某小额贷款公司贷款台账（汇总）

日期	客户名称	贷款种类	金额	贷款日期 年/月/日	贷款期限	贷款利率	到期日期 年/月/日	客户信息（略）	还款记录	经办人

表 4-27　某小额贷款公司贷款台账（分户）

客户信息（略）					
贷款金额		贷款期限		贷款利率	
贷款合同号		借据号		发放时间	
记录还本付息					
日期	还本	付息	贷款余额	利息余额	

4. 管理客户档案

业务经办部门应按客户分别建立客户档案卷，移交贷款档案员集中保管。

1）保管

业务经办部门应设置专门的档案柜（与贷款文件、档案分开存放）集中存放档案。

2）客户档案

（1）借款企业及担保企业的证（营业执照、法人代码本）复印件。

（2）借款企业及担保企业的信用评级资料。

（3）借款企业及担保企业的开户情况。

（4）借款企业及担保企业的验资报告。

（5）借款企业及担保企业近三年的主要财务报表，包括资产负债表、损益表、现金流量表 等，上市公司、"三资"企业需提供经审计的年报。

（6）企业法人、财务负责人的身份证或护照复印件。

（7）反映该企业经营、资信（如是"三资"企业，还应提交企业批准证书、公司章程等）及历次贷款情况的其他材料。

即测即练

项目四重点知识回顾

☺ **学习目标一：认知传统小微信贷业务流程**

一笔完整的小微信贷业务，从与客户接洽其贷款需求，到将贷款发放给客户，最后到贷款收回，终止信贷关系，要经历贷前、贷中、贷后三大阶段。贷前阶段包括产品营销、申请与受理、贷前调查环节；贷中阶段包括贷中审查、贷中审批、签订合同、落实贷前条件、

贷款发放环节；贷后阶段包括贷后检查（包含风险预警）、贷款回收、不良贷款管理等内容。

"信贷工厂"意指信贷机构在进行中小企业授信业务管理时，摆脱传统小微信贷业务中"一人包干"的责任落实理念，采取专业化分工、流水线作业、标准化管理——对信贷业务流程各环节的岗位职责和要求进行标准化，并分解到多人中去，共同完成，仿佛工厂中的"流水线"。"信贷工厂"既提高了业务操作的专业化和精细化程度，也减少了不必要的流程和部门协调，提升了工作效率，有利于扩大信贷机构的业务规模，并以规模效应降低授信业务的成本。

学习目标二：办理贷前业务

在小微信贷申请与受理环节主要由信贷业务部门办理，一般在 1 ～ 2 天内完成。信贷客户经理根据初步了解到的客户及其贷款需求，帮助客户进行贷款产品的匹配，并要求条件适合的客户提交相关申请资料，对其进行初步审查，对符合条件的贷款申请进行受理，作为贷款进入后续环节的前提。

贷前调查，也叫尽职调查，通常由信贷客户经理及风险管理人员协同进行，采取特定的调查方法与程序，对贷款申请人的信息进行全面的收集、核实及分析，揭示和评估小微信贷业务可能存在的风险，得出详尽的调查报告。贷前调查通常在申请受理后 1 ～ 2 天内完成。一般来说，在以实地调查为核心的贷前调查中，基本的步骤包括日常信息的收集、实地调查前的准备、实地调查，以及信息的整理和分析。

学习目标三：办理贷中业务

贷款调查完成之后，风险管理部门等的审查人员对调查人员提供的贷款资料进行核实、评定，复测贷款风险度，提出意见，提交审批的过程，为贷中审查。对审查人员提交审批的贷款业务，有权审批人员关于是否贷款及具体的贷款方案作出决策的过程，为贷中审批。审查和审批人员通常应遵循审贷分离、分级审批，客观公正、独立审贷、依法审贷的原则。

信贷合同包括借款合同和担保合同。借款合同的必备条款有借款种类、借款用途、借款金额、贷款利率、借款期限、还款方式、违约责任。

合同签订并落实贷款条件之后，即进入贷款发放流程：贷款的经办人员应将信贷合同、借款借据，连同有权审批人的批复送交财务部门进行审查、款项的发放，并做账务处理。

学习目标四：办理贷后业务

贷后管理也叫授后管理，包括贷后风险预警、贷款回收、不良贷款管理等。贷后管理需要坚持职责明确、检查到位、及时预警、快速处理的原则，还需坚持服务与监督有机结合的原则。

贷款质量是信贷机构贷款资产的优劣程度，其最核心的评判依据就是贷款被及时、足额偿还的可能性。按照风险程度可将贷款划分为不同档次，分别为正常、关注、次级、可疑、损失五类；后三类合称为不良贷款。

小微信贷机构可以通过一套动态化、系统化的机制实现贷后风险的预警，即贷后风险预警系统：信贷人员定期或不定期地对风险信息进行收集，运用定量和定性的方法对其进行分析，在贷款发生损失之前识别和重估风险，并采取必要措施进行处理。贷后风险预警

一般可分为收集风险信息、分析风险、处置风险、贷后评价四个步骤。

　　小微信贷机构应做好不良贷款管理，最小化不良贷款损失。不良贷款管理工作通常以风险管理部门主导负责，包括四个主要方面：一是做好债权维护，为不良贷款清收措施的执行提供基础保障；二是认定和登记不良贷款，做好不良贷款的检查、分类、监测和分析；三是对已归入不良贷款的加强监控预警和清收力度，对已发风险采取化解措施；四是识别、分析和追究不良贷款产生以及造成损失的原因，并对信贷操作和管理做相应改善。

项目五 办理数字小微信贷业务

项目目标

🔖 知识目标

- 能阐述数字小微信贷的含义和特征。
- 能阐述我国数字小微信贷的发展现状和发展趋势。
- 能阐述金融科技的含义。
- 熟悉数字小微信贷的业务流程及操作要点。

🔖 能力目标

- 能结合具体案例说明金融科技在小微信贷领域的应用。
- 能初步设计信用风险评估指标体系和贷后风险预警指标体系。

🔖 价值塑造目标

- 通过学习数字小微信贷助力小微企业发展的案例，理解小微信贷数字化转型升级的重要性，进一步树立用普惠金融服务实体经济的情怀志向。
- 通过了解数字小微信贷在中国的发展现状和金融科技的应用情况，增强民族自豪感，深刻体会科技强国和科教兴国战略的重要意义。
- 通过学习信贷机构对信用大数据的安全保护案例，加深对《中华人民共和国数据安全法》（以下简称《数据安全法》）的认识，树立合规操作、数据安全、客户隐私信息保护等思想理念。

项目任务

- 任务一　认知数字小微信贷
- 任务二　认知金融科技在数字小微信贷领域的应用
- 任务三　办理数字小微信贷

任务一 认知数字小微信贷

"微"课堂 "微"讲义

任务要点

● 解析数字小微信贷的含义和发展意义
● 阐述数字小微信贷相对于传统小微信贷的特征和优势
● 阐述我国数字小微信贷的发展现状

学习情境

发展 10 余年，我国小微数字信贷正从求"温饱"奔向"小康"。北京大学企业大数据研究中心发布的《中国小微经营者调查 2022 年二季度报告》指出，2022 年二季度小微经营者融资需求比例出现回暖，从 53.9% 增长至 59.1%。融资需求回暖下，如何做到额度提升，且保证坏账稳定，对金融机构的风控偏好和风控手段提出新挑战。数字小微信贷技术以数字风控为核心，可助力小微信贷机构实现数字信贷技术能力提升，更好地服务小微企业。

由于小微企业具有经营模式散、资金力量薄弱、抗风险能力差等经营"痛点"，一些采用传统信贷技术的小微信贷机构在开展小微信贷业务的过程中，难以实现风险、效率、规模三重效应，从而增加了持续开展该项业务的难度。小微客群长期以来也承受着高定价和低体验的金融服务。如今，随着金融科技的发展应用，数字小微信贷技术有望打破"小微信贷不可能三角"，为行业性地解决"小微融资难"带来解决方案。

《中国经营报》记者从网商银行获悉，该行通过首次使用人机互动技术识别用户主动提交的相关经营资料，解决了部分小微商户额度不足的问题。近半年内，有超过 200 万商户提升了信贷额度，平均额度提升 3 万元。

网商银行人工智能总监韩冰在接受记者采访时表示，"很长一段时间内，数字信贷都在探索'他证'模式，即用户授权之后，金融机构从别的机构处获得用户信息；未来，数字信贷会是'他证'和'自证'相结合的方式，用户自己直接提供信息，可以让金融机构对自身的了解更加充分。"

小邓看完新闻报道之后也深受鼓舞，以金融科技为基石的数字小微贷确实弥补了传统小微贷在风险管理、业务效率等多方面的不足。那么数字小微贷的业务模式和业务流程到底是怎样的？它和传统小微贷相比，具体有哪些不同呢？小邓迫不及待地想知道答案。

课前思考

（1）什么是数字小微信贷？
（2）数字小微信贷和传统小微信贷相比，有哪些特点？有何区别？
（3）数字小微信贷的业务流程是怎样的？

一、数字小微信贷的含义和发展意义

数字小微信贷就是用新一代互联网技术以及大数据、物联网、区块链、人工智能、云计算等新型现代技术对传统小微信贷的管理流程和业务流程进行重塑优化后产生的一种互

联网化、数字化的小微信贷模式。

数字小微信贷的发展是降低小微客户融资门槛、降低融资成本的必然要求。截至2022年年底，中国有5 200多万户小微企业以及1.69亿的个体工商户，它们构成了中国经济不可或缺的"毛细血管"。数量大、分布广、类型多的小微企业在业务属性上也具有资金需求急、周转快、行业差异性大等特点，但是大多数小微企业存在经营风险高、传统抵押品不足、融资双方信息不对称等问题，传统信贷机构只能提高贷款申请门槛、降低贷款额度，甚至提高贷款利率以确保风险可控。因此在传统小微信贷模式下，小微企业很难获得足够的资金支持，它们的融资难度大、融资成本高，这个融资难题构成了小微企业发展的一大桎梏。

数字小微信贷的发展是信贷机构降低经营成本、提高贷款效率的必然选择。传统小微信贷的获客渠道通常是线下营业厅、陌生拜访或者一直以来合作的第三方渠道等，对人工依赖度较高，而且还需要一定的物理网点支撑；在风控方面，贷前调查、审查审批都依赖人工判断，担保方式主要靠抵质押物，在客户主体信用评估及额度、定价策略方面缺乏足够的大数据及系统支撑。以上问题都会导致传统小微信贷的经营成本难以下降，贷款效率较低，无法满足广大小微客户的贷款需求。

二、数字小微信贷的特征

与传统小微信贷相比，数字小微信贷具有以下几点特征和优势。

1. 对现代金融科技的应用度更高

如前所述，数字小微信贷的产生其实是以多项现代金融科技在小微信贷领域的发展应用为基础的，整个业务流程都充满了科技元素的应用。互联网技术，特别是4G、5G移动互联网技术改变了信贷业务信息的传递模式，也大大提升了业务信息的传输效率；大数据技术、人工智能技术和云计算技术提升了信贷机构对大数据的实时分析处理能力，帮助信贷机构获得客户的完整画像，提高信贷风险评估能力；区块链技术和生物识别技术确保客户材料的真实性、可溯源性；物联网技术则提升信贷机构对客户资产和货物流动情况的监控能力。

2. 业务的可触达性和覆盖率更高

由于数字小微信贷采用的是互联网化、数字化的模式，并通过人工智能技术减少对人工的依赖，因此它的业务办理可以摆脱物理网点约束，实现更大范围的跨界、跨区、跨时交易，无论是城镇还是乡村，各类借款主体均能通过互联网渠道实现7×24小时的贷款申请、授信和放款、还款等操作。这种跨界、跨区、跨时的超强触达能力让小微信贷的覆盖率得到极大的提高，业务的普惠金融功能得到进一步放大。

3. 业务效率更高，成本更低

传统小微信贷从申请到审查审批，再到放款，可能需要收集客户大量的纸质材料，还需经过多个岗位、多个部门的风控处理，因此整个业务的办理时间通常较长，而数字小微信贷借助了大量网络化和数字化技术，用客户的多维大数据代替客户的纸质材料，用AI机器人代替风控审查审批人员，让信贷业务的信息传输效率和处理效率都得到了极大提高。通常一笔传统小贷需要3天甚至7～15天完成的贷前调查、审查审批和放款操作，数字小贷只需要几分钟就可完成，机器人审批速度可以达到秒级甚至毫秒级。这种业务效率的提升和对物理网点、人工依赖度的降低，也让数字小微信贷的单位成本得到更好控制，解决了传统小微信贷成本高、要价高的难题。

4. 业务风控能力显著增强

传统小微信贷通常要面临对客户信息调查不充分、信息不对称的问题，而且小微客户本身抗风险能力天生较弱、可提供的抵质押物偏少、客户经理对贷后管理分身乏术等问题，导致信贷机构的业务风险评估效率和风险防控效率降低，坏账率通常会比普通贷款高。而随着数字技术的推广应用，小微信贷的风控系统也得到数字化升级。在贷前，信贷机构可以通过来自政府部门和数据平台的客户大数据，对客户还款能力、还款意愿作出精准画像，摆脱过度依赖静态财务数据判断客户资质的评价模式，建立动态化的、行为化的客户评价体系，就算没有抵质押物，也可以为客户提供可靠度较高的信用贷款；贷款发放后，信贷机构依旧可通过大数据以及客户物联网数据实时了解其经营状况、资金运用状况等，能对客户贷后风险保持高效跟踪监控和及时预警，从而降低信贷业务的风险水平。

> **行业视窗 5-1**
> 网商银行发布"百灵"风控系统，欲提升信贷审批额度和审批速度

活动拓展 5-1

请思考，数字小微信贷除了以上特点之外，还有没有其他特点？请查找相关资料，并用一个数字小微信贷的实际应用案例来阐述你的观点。

素质园地 5-1

党的二十大报告指出："坚持和完善社会主义基本经济制度，毫不动摇巩固和发展公有制经济，毫不动摇鼓励、支持、引导非公有制经济发展，充分发挥市场在资源配置中的决定性作用，更好发挥政府作用。""支持中小微企业发展。"银行等信贷机构作为普惠金融的中坚力量，要多通过科技赋能、创新发展的方式尽力践行党的这一方针政策。

中信银行普惠金融部于 2018 年 7 月成立，虽然成立时间不长，但这个部门自成立之初就具有非常明确的定位，即专注于服务小微企业法人的信贷需求。中信银行普惠金融部是一个准事业部，其业务条线内嵌了相对独立的风险管理体制。这样做是因为小微企业的信贷管理方式和中大型企业的风险管理机制有很大的区别，所以相当于从部门成立之初就重新建立了一套新的、专门适用于小微企业的风险管理体系。在总行党委的正确领导下，得益于这样的顶层架构设计，中信银行普惠金融业务这几年来得到了快速发展。

中信银行普惠金融部成立之初管理的企业法人普惠贷款只有不到 100 亿元，3 年后，截至 2021 年底，法人普惠贷款余额突破了 1 000 亿元。3 年的时间，部门实现了资产规模快速增长、小微企业客户数量快速增长、不良贷款率保持低位。

早在 2019 年中信银行就提出要建立一套线上化、数字化的普惠金融服务。因为其认为，银行传统的线下服务模式在小微金融上是无法实现商业可持续的，只有通过数字赋能

才有可能实现。中信银行在数字普惠方面大力投入，快速搭建了一套线上化的产品体系，构建了智能风控平台以及数字化的运维机制，最终这套体系彰显出它的效能和价值。

在传统模式下，客户经理要出门到企业拜访，做线下尽职调查，要和企业主访谈，实地考察经营场所和抵押物，然后再回到行里写信贷报告，上信审会等，整个业务流程费时费力，客户体验感较差。通过数字化转型升级，中信银行实现了线上化的、无接触的信贷服务，大大节省业务成本，提高业务效率，有效扩展业务规模，很好地支持了实体经济发展，更难能可贵的是，在业务快速发展的同时，新模式下的信贷资产质量也得到了很好的保障。尝到线上化、无接触式信贷服务甜头的分支行同事们对发展数字普惠金融的信心也越来越强。

资料来源：中信银行施小纯：提升"五化"能力 发展"价值普惠"[EB/OL]. (2022-10-27). http://bank.hexun.com/2022-10-27/206986939.html.

价值探索：金融普惠 创新发展

请阅读以上案例，并思考：

（1）你从中信银行的实践当中体会到了当代金融机构怎样的普惠金融情怀？

（2）通过以上案例，你对小微信贷数字化转型升级的重要性有怎样的认识？

三、我国数字小微信贷的发展背景和发展现状

（一）发展背景

小微信贷是普惠金融的重要组成部分。普惠金融，就是指立足机会平等要求和商业可持续原则，以可负担的成本为有金融服务需求的社会各阶层和群体提供适当、有效的金融服务，它是金融业支持现代经济体系建设、增强服务实体经济能力的重要体现，是缓解人民日益增长的金融服务需求和金融供给不平衡、不充分之间矛盾的重要途径。

自 2005 年联合国提出旨在有效、全方位地为社会所有阶层和群体提供服务的"普惠金融"概念以来，世界主要经济体，特别是发展中国家相继制定推动普惠金融发展的政策。我国早在 2013 年党的十八届三中全会就将"发展普惠金融"确立为国家战略。2016年，国务院印发了《推进普惠金融发展规划（2016—2020 年）》，明确了我国普惠金融的发展目标：建立与全面建成小康社会相适应的普惠金融服务和保障体系，有效提高金融服务可得性，明显增强人民群众对金融服务的获得感，显著提升金融服务满意度，满足人民群众日益增长的金融服务需求，特别是要让小微企业、农民、城镇低收入人群、贫困人群和残疾人、老年人等及时获取价格合理、便捷安全的金融服务，使我国普惠金融发展水平居于国际中上游水平。为此，该规划明确提出，各类金融机构要运用大数据、云计算等新兴信息技术，打造互联网金融服务平台，为客户提供信息、资金、产品等全方位的金融服务。鼓励银行业金融机构成立互联网金融专营事业部或独立法人机构。引导金融机构积极发展电子支付手段，加快以电子银行和自助设备补充、替代固定网点的进度。该规划为我国的普惠金融业务数字化转型升级提供了顶层设计思路。

经过首个国家普惠金融发展 5 年规划的顺利实施，我国普惠金融已经达到了一个新的高度。中国人民银行发布的《中国普惠金融指标分析报告（2020 年）》显示，截至 2020年年底，我国的普惠小微贷款余额 15.1 万亿元，同比增长 30.3%，增速比 2019 年年底高

7.2 个百分点；支持小微经营主体 3 228 万户，同比增长 19.4%，全年增加 530 万户；2020 年新发放贷款额 1 000 万元以下的小微企业贷款平均利率为 5.15%，同比下降 0.81 个百分点。报告还提出，为进一步拓展普惠金融发展的广度和深度，金融机构应该努力缩小普惠金融发展城乡差距，助力实现巩固拓展脱贫攻坚成果与乡村振兴的有效衔接；完善小微企业全生命周期融资服务体系，助力专精特新企业发展壮大；平衡好创新和风险的关系，推进数字普惠金融健康有序发展。

由此可见，无论是国家的普惠金融发展规划，还是中国人民银行的普惠金融指标分析报告，监管层都明确提出，普惠金融要实现高质量发展，就必须借助数字化技术进行转型升级。事实上，早在 2016 年，二十国峰会审议通过的《二十国集团数字普惠金融高级原则》就明确提出了"数字普惠金融"的概念，它"泛指一切通过使用数字金融服务以促进普惠金融的行动"，即充分利用互联网、云计算、大数据、人工智能、区块链等数字技术推动普惠金融发展。数字普惠金融展现出来的低接触、低成本和高覆盖的优势使越来越多的人认识到，这是普惠金融事业最终到达理想彼岸的有效途径。

在 2020 年新冠疫情发生之后，监管部门多次对金融机构下达要求，强调小微信贷服务必须做到"量增、价降、质提、面扩"，即贷款可获得性提升，贷款利率下降，实现量质双升的发展格局。面对监管层的要求，在传统线下业务明显受到疫情冲击的背景下，数字化转型升级则成为小微信贷在新时期破局发展的关键。中国人民银行《中国普惠金融指标分析报告（2021 年）》显示，疫情冲击和技术进步持续推动数字普惠金融向纵深方向发展。数字化成为金融机构重要转型发展方向，数字技术运用也促进了金融服务范围持续下沉、拓展。从数据上看，数字支付使用广泛，超过 85% 的受访者使用数字支付。2021 年，银行业金融机构共处理农村地区移动支付业务 173.7 亿笔，同比增长 22.2%。商业银行互联网贷款中用于生产经营的个人贷款增长也很迅速。截至 2021 年年底，商业银行互联网贷款中用于生产经营的个人贷款余额 9 867 亿元，同比增长 68.1%。小微企业互联网流动资金贷款余额在 2021 年末也达到 6 974 亿元，同比增长 46.6%，实现较快增长。因此，业界也有人将 2021 年定义为"科技驱动的小微金融爆发年"。

（二）发展现状

在政策大力支持鼓励和金融科技迅猛发展的背景下，数字小微信贷业务得到了商业银行、小额贷款公司和金融科技公司等众多小微信贷机构的重视，近年来呈现出蓬勃发展趋势。据央行发布的《中国普惠金融指标分析报告（2021 年）》统计，截至 2021 年年底，商业银行发放的数字小微信贷当中，个人经营信贷余额 9 867 亿元，同比增长 68.1%，小微企业流动资金贷款余额 6 974 亿元，同比增长 46.6%。

数字技术正持续改变、优化着小微信贷的发展模式，信贷机构的智能风控能力和业务处理效率持续提升，服务客户的广度和深度继续拓展，各类小微信贷机构也在努力打造具有地域、行业特色的数字信贷产品和服务，精准有效地满足小微客户群体的融资需求。

总体来说，我国数字小微信贷的发展呈现出以下四大特征。

1. 信贷技术不断升级优化

目前常见的传统小微信贷技术主要有 IPC 微贷技术和"信贷工厂"模式等。本书在项目四中介绍过小微信贷的"信贷工厂"模式，在此不再赘述。所谓 IPC 微贷技术主要由三部分构成：一是考察借款人偿还贷款的能力；二是衡量借款人偿还贷款的意愿；三是控制信贷机构的内部操作风险。其中考察借款人偿还贷款的能力是 IPC 微贷技术的核心构成，这是该项技术区别于以传统抵质押物作为风控重心的信贷技术的重要一点。IPC 微贷技术以分析客户的软、硬信息为基础。软信息一般分为基本信息与经营信息两部分，硬信息则主要由资产负债表、损益表等财务信息构成。

通过多年的持续探索，小微信贷机构开始将以上两种传统信贷技术与金融数字科技不断融合，逐步形成"IPC+信贷工厂+数字信贷"多元融合的通用化小微信贷技术，即利用各项金融科技，沿着 IPC 的风控思路和"信贷工厂"的专业化、模块化业务处理思路，对传统小微信贷进行数字化转型升级和流程优化。

数据分析处理能力已成为小微信贷机构的核心竞争力之一。信贷机构正借助数字技术，与企业共同构建社区化、数字化经营生态圈，帮助小微客户逐步实现经营业务的线上化、物联网化和数字化；借助大数据分析技术，信贷机构可以将客户经营所产生的大数据转化为全景用户画像和数字征信等信用信息；借助人工智能机器人和云计算、物联网等技术，信贷机构可以在云端轻松实现信贷业务的审查审批和放款跟踪等一系列操作，逐步减少人为干预，实现降本增效的目的。

2. 业务模式转向线上化、数字化

通过数字技术赋能，小微信贷的业务模式也在不断创新，以求更好地迎合小微客户的需求。其中一个典型代表就是供应链金融业务。传统的供应链金融采用的是以信贷机构为核心的线下业务模式，近年来，通过借助金融数字科技，该项业务开始转向"线上化、平台化、智慧化和生态化"的全新模式。参与主体包括小微信贷机构、供应链上下游关联企业以及政府主管部门（市场监督管理局、税务局、海关、司法部门等），各方参与者基于线上产业场景构建了一个产业的互联网智慧供应链生态体系，信贷机构则通过实时挖掘这个生态系统产生的大数据，形成客户精准画像，进而向客户提供融资服务。网商银行于2021年推出了数字化供应链金融平台"大雁系统"，借助"大数据+算法+策略"，网商银行实现了多场景的 AI 拟人化服务，同时它还构建了大数据风控平台，通过引入企业多维数据，构建企业图谱，形成行业图谱和子图，充分洞察行业和企业的风险以及个性化融资需求。已经有华为、海尔、蒙牛等超过 500 家品牌核心企业接入网商银行"大雁系统"，围绕这些核心企业的上下游小微企业有望超过 1 000 万家。

3. 信用信息数据的资产化和整合共享

信用信息数据的资产化是破解信贷机构与小微客户之间信息不对称问题的关键，2021年12月末，国务院办公厅发布了《加强信用信息共享应用促进中小微企业融资实施方案》，倡导充分发挥各类信用信息平台作用，在切实保障信息安全和市场主体权益的前提下，加强信用信息共享整合，深化大数据应用，支持创新优化融资模式，加强对中小微企业的金融服务，不断提高中小微企业贷款覆盖率、可得性和便利度。信用信息共享清单涵盖了包括市场主体登记、司法、纳税、公积金、社保、环保、进出口、商标和专利、软件著作权、不动产、行政管理、水电气费、科技研发以及新型农业经营主体信息在内的 14 类信用信息。通过信用信息的数据整合和共享，小微客户的经营数据与金融数据等"数据孤岛"正在逐步被打通融合，为小微客户获得贷款融资奠定坚实的基础。

4.信贷风控系统智能化

在数字化时代，小微信贷机构将智能科技与风控场景深度融合，形成了多维度场景化的小微信贷智能风控系统。基于"AI+RPA+大数据"技术的财税票采集机器人能够适配全国多个电子税务局不同税票格式，创新性地帮助信贷机构高效、真实、完整地采集企业发票、财报、税务数据，自动生成财务分析报告、风控报告，夯实信贷机构用数据驱动风控的基础；物联网监测系统可以帮助信贷机构实时查看和追踪设备和存货的所处位置，追溯客户所有设备和物流数据；舆情监测系统能帮助信贷机构及时获得来自上下游企业及相关监管部门关于客户的各类舆情信息；远程访谈尽调 AI 机器人能够帮助信贷机构监测客户的语音、语速、语调和微表情等信息，由 AI 模型计算协助生成访谈尽调报告。

拓展阅读 5-1　普惠金融和数字普惠金融的内涵及发展意义

"普惠金融"的概念在 2005 年被正式提出，根据联合国 2006 年发布的《建设普惠金融体系》，普惠金融被定义为以客户可接受的成本为社会各类群体，尤其是为低收入等弱势群体提供的金融产品和金融服务。

在中国，量大面广的小微企业和个体工商户是稳经济的重要基础，也是稳就业的主力支撑。普惠金融天然具有"为人民服务"的基因，承担着助企纾困、保障民生的重要责任，做好普惠金融工作是中国特色金融的政治性、人民性的具体体现。党的二十大报告深刻阐明了未来五年全面建设社会主义现代化国家的主要目标任务，为普惠金融高质量发展指明了方向。

过去十年，在党中央的坚强领导下，具有中国特色的普惠金融发展之路成效显著，我国普惠金融实现了小微客户贷款"增量、扩面、降价、提质"的目标。在这一发展过程中，数字技术普惠金融可谓功不可没。根据 2016 年 G20（二十国集团）普惠金融全球合作伙伴（GPFI）报告的定义，一切以发展普惠金融为目的的数字金融活动均为数字普惠金融。

数字普惠金融系统性、全局性地化解了传统技术下发展普惠金融的瓶颈问题，让普惠金融服务更广泛、更深入、更公平地惠及广大人民群众，对于缩小城乡差距、推进优质公共服务共享、巩固脱贫攻坚成果、助力乡村振兴意义重大，有力地推动了金融服务提质增效。

国家层面陆续出台的政策规划为普惠金融数字化转型发展指明了道路和方向。同时，互联网、移动通信、云计算等技术扩展了信息传播的广度，为金融服务的广泛触达提供了可能；数字技术独具集约性、规模性、智能性、稳健性等优势和特点，为普惠金融精准滴灌创造了条件。后疫情时代，数字经济加速驱动全球产业链重塑，新产业、新业态不断涌现，培育了金融数字化创新的土壤，提供了普惠金融发展的新动能。

资料来源：王纬.促进普惠金融数字化转型升级 [J].中国金融，2023（2）：43-45.

行业视窗 5-2
网商银行发布 2021 年年报：数字信贷累计服务小微经营者超 4500 万

知识自测 5-1

（1）什么是数字小微信贷？发展数字小微信贷的意义是什么？

（2）与传统小微信贷相比，数字小微信贷的特征有哪些？

（3）请阐述我国数字小微信贷的发展趋势特征。

即测即练

任务二　认知金融科技在数字小微信贷领域的应用

任务要点

- 解析金融科技的含义
- 阐述金融科技在不同发展阶段的主要特征
- 结合具体案例，阐述金融科技的四大核心科技在数字小微信贷领域的具体应用

"微"课堂　　"微"讲义

学习情境

小微数字信贷在国内发展超过 10 年，正在从求"温饱"走向奔"小康"。在解决经营者贷款"有没有"的问题后，突破贷款"够不够"问题正成为攻坚重点。

网商银行 CRO（首席风险官）孙晓冬在接受中国经营报记者采访时表示，"小微商家常常感觉借款额度不够，是因为金融机构对小微商家的画像刻画还不完整。虽然识别出了征信、工商、税务、移动支付流水、网络经营行为等数据，但依然还有很多个性化资产没有被数字化，无法被识别。"

事实上，每个小微企业主手里，都有一些可以证明自己经营实力和稳定性的材料，比如合同、发票、流水、店面、存货等，但传统方式下，金融机构更多通过信贷专员上门摸查的形式进行尽调。这种方式受制于成本和效率，效能较低。而通过企业主自主提交，挑战则在于材料种类繁多，五花八门，识别难度大。

网商银行人工智能总监韩冰指出，"以合同为例，它包含印刷文字、表格、手写体签名和公司印章等不同形式的信息，对机器而言，准确识别合同上的信息需要用到至少三种多模态感知技术，且都达到很高的准确率，另外还要考虑防篡改、翻拍等验真问题。"

这指向了数据处理的两个问题——一个是结构化，一个是可信度，分别对应了感知智能和认知智能两项关键技术。

据了解，网商银行识别上述复杂信息主要通过"百灵"智能交互式风控系统。该系统目前依托多模态识别技术，可识别的凭证类型有 26 种，场景达到 20 个，在对照测试中，其与人工的审核一致性达到 80%，但审批效率要远优于人工。通过多维度验证，可以实现可采信数据的闭环，做到唯一性检测和防偷拍篡改。

据记者了解，网商银行布局计算机视觉技术已有一段时间。从行业位置看，与微软、谷歌、亚马逊等科技企业同在 ADE20K、Cityscape 等多项国际权威图像识别榜单中，并处于领先。

当小邓通过中国经营报了解到以上信息时感觉大开眼界，原来数字小微信贷的运行是需要借助这么多先进科技手段的啊！同时他也更加好奇，到底金融科技的范畴是什么？目前和未来，将会有哪些核心技术被运用到数字小微信贷业务当中呢？

课前思考

（1）金融科技的含义是什么，它具体包含哪些技术？

（2）在数字小微信贷领域，哪些金融科技是被广泛运用的？

（3）金融科技在小微信贷领域的未来发展趋势是怎样的？

一、金融科技的含义及发展历程

（一）金融科技的含义

金融科技英译为 FinTech，是 financial technology 的缩写，可以简单理解成为 finance（金融）+technology（科技），是技术驱动的金融创新，它以技术为手段，金融创新为目标。

国内外的权威机构曾对它的含义进行描述，例如金融稳定理事会（FSB）在 2017 年的《金融科技对金融稳定的影响》中指出，金融科技是以科学技术为基础的金融服务创新，它能够产生新的商业模式、应用、流程或产品，从而对金融服务的提供方式产生重大影响。中国人民银行在《金融科技（FinTech）发展规划（2019—2021 年）》中也指出，金融科技是技术驱动的金融创新，旨在运用现代科技成果改造或创新金融产品、经营模式、业务流程等，推动金融发展提质增效。

总体而言，狭义的金融科技是指应用于金融行业的科学技术，而广义的金融科技是指新兴科技在金融业务领域的一切创新应用，以及由此产生的新型金融业态模式。

（二）金融科技的发展历程

金融科技在全球金融领域的发展大致经历了以下三大阶段。

（1）金融科技 1.0 阶段，可以称为金融信息化阶段。在该阶段，金融机构通过各种业务信息系统、管理信息系统的应用，实现了金融业务电子化、金融管理信息化，金融机构运营成本降低、业务效率提升、管理决策科学。

（2）金融科技 2.0 阶段，可以称为互联网金融阶段。这是互联网大规模扩张的时代，传统金融机构和科技企业应用互联网和移动互联网技术实现了信息共享和业务融合，推动金融服务渠道的创新，衍生出了网络融资、网络支付结算、网络投资、网络信息服务等新型业务模式，从此金融交易变得便捷高效，普惠金融得到迅速发展。

（3）金融科技 3.0 阶段，是金融和科技深度融合阶段。在这个阶段，金融机构和科技公司通过大数据、云计算、人工智能、区块链等新一代信息技术来颠覆传统的金融信息采集处理方式、风险管理和风险定价模式、投资决策模式以及金融业务运营管理模式等，使金融行业快速走向智能化，无人银行、开放银行、数字货币、大数据征信、智能投顾、智

能客服等金融新业态成为现实,金融效率得到全面提升。目前,金融和科技的深度融合和业务变革还在如火如荼地进行之中。

与前两个阶段相比,金融科技 3.0 阶段具有四个显著特征:①支撑技术新,更聚焦新兴科技的应用;②创新范围广,涉及了应用场景、业务流程、业务模式、金融产品服务等金融机构的前、中、后台全流程金融创新活动;③影响作用大,它对金融市场、金融机构、金融产品与服务提供方式以及金融监管等都带来巨大的影响;④参与主体多,除了传统金融机构外,还包括各类金融科技公司。

拓展阅读 5-2 《金融科技发展规划(2022—2025 年)》

2022 年 1 月,中国人民银行印发《金融科技发展规划(2022—2025 年)》(以下简称《规划》)。《规划》依据《中华人民共和国国民经济和社会发展第十四个五年规划和 2035 年远景目标纲要》制定,提出新时期金融科技发展指导意见,明确金融数字化转型的总体思路、发展目标、重点任务和实施保障。

《规划》强调,要以习近平新时代中国特色社会主义思想为指导,全面贯彻党的十九大和十九届历次全会精神,坚持创新驱动发展,坚守为民初心,切实履行服务实体经济使命,高质量推进金融数字化转型,健全适应数字经济发展的现代金融体系,为构建新发展格局、实现共同富裕贡献金融力量。

《规划》指出,要坚持"数字驱动、智慧为民、绿色低碳、公平普惠"的发展原则,以加强金融数据要素应用为基础,以深化金融供给侧结构性改革为目标,以加快金融机构数字化转型、强化金融科技审慎监管为主线,将数字元素注入金融服务全流程,将数字思维贯穿业务运营全链条,注重金融创新的科技驱动和数据赋能,推动我国金融科技从"立柱架梁"全面迈入"积厚成势"新阶段,力争到 2025 年实现整体水平与核心竞争力跨越式提升。

《规划》提出八个方面的重点任务。一是强化金融科技治理,全面塑造数字化能力,健全多方参与、协同共治的金融科技伦理规范体系,构建互促共进的数字生态。二是全面加强数据能力建设,在保障安全和隐私前提下推动数据有序共享与综合应用,充分激活数据要素潜能,有力提升金融服务质效。三是建设绿色高可用数据中心,架设安全泛在的金融网络,布局先进高效的算力体系,进一步夯实金融创新发展的"数字底座"。四是深化数字技术金融应用,健全安全与效率并重的科技成果应用体制机制,不断壮大开放创新、合作共赢的产业生态,打通科技成果转化"最后一公里"。五是健全安全高效的金融科技创新体系,搭建业务、技术、数据融合联动的一体化运营中台,建立智能化风控机制,全面激活数字化经营新动能。六是深化金融服务智慧再造,搭建多元融通的服务渠道,着力打造无障碍服务体系,为人民群众提供更加普惠、绿色、人性化的数字金融服务。七是加快监管科技的全方位应用,强化数字化监管能力建设,对金融科技创新实施穿透式监管,筑牢金融与科技的风险防火墙。八是扎实做好金融科技人才培养,持续推动标准规则体系建设,强化法律法规制度执行,护航金融科技稳致远。

资料来源:中国人民银行印发《金融科技发展规划(2022—2025 年)》[EB/OL].(2022-01-04). http://www.pbc.gov.cn/kejisi/146812/146814/4438627/index.html.

二、金融科技在数字小微信贷领域的应用

在金融科技领域被公认的核心技术又被业界简称为 ABCD 技术，分别指的是人工智能、区块链（blockchain）、云计算（cloud computing）和大数据（big data）技术。其中，云计算是部署金融机构信息系统的基础设施，大数据是各类信息要素资源，区块链技术能实现数据可信与交易可信，人工智能的核心是数据、算力和算法。基于"云计算＋大数据＋区块链"技术的人工智能系统将真正实现金融的智能化，推动金融交易模式、交易流程的创新。

（一）人工智能技术的应用

人工智能是计算机科学的一个分支，它将人的智能延伸到计算机系统，具体包括图像识别、语言识别、自然语言处理、机器学习、知识图谱等。传统金融业务涉及人工环节多，数据纷繁复杂，而随着行业竞争压力加大，对数据的安全性、准确性和处理时效性要求越来越高，因此人工智能在该领域的应用前景非常广阔。

人工智能与传统人工作业相比具有以下几大优势：一是可以连续不断地作业，特别是能高效完成简单重复和耗时的工作；二是可以处理复杂数据信息，特别擅长运行处理复杂的数据模型；三是可以提高业务效率，缩短业务时长，提升金融服务的响应速度；四是可以减少人为错误、偏见或道德风险的不良影响。

目前，该技术的应用贯穿了数字小微信贷业务的贷前、贷中和贷后全生命周期，能够在贷款审核、信用评分、用户体验优化等方面发挥重大作用，具体应用包括以下几方面。

1. 客服机器人

信贷机构应用人工智能技术在网页、App 端甚至电话端设置客服机器人，为客户提供虚拟人服务，解答客户常规业务咨询，提供业务办理操作指引，还可以对逾期客户进行智能语音呼叫和交互式催收。因为机器人能保持始终在线，即使是在非工作时间访问网站的客户也可以获得服务帮助，极大地缓解了在线客服人员的工作压力。现在很多信贷机构都设立了人工智能训练师的岗位，帮助机构进行人工智能的数据库管理、算法设置优化、人机交互设计和性能测试跟踪等，确保机器人更懂客户需求，提升应答准确率。

2. 信贷产品营销预测

AI 机器人能迅速分析客户的财务状况、经营行为特征，并依据营销预测模型预测客户在特定场景下的融资倾向，进而为客户设计符合需求的个性化信贷产品组合，提高信贷产品的营销成功率。

3. 智能信用评级

信用评级是信贷业务的核心风控环节。精准的信用评级离不开大量的信用数据和有效的信用风险度量模型，而传统的信用评级技术如专家评级法或打分表法等都难以处理海量

信用数据，而且有些信用风险模型的处理运算比较烦琐复杂，用传统技术去推导运算则耗时过长。人工智能技术在大数据分析处理和风险度量模型运算方面都具有先天优势，在该技术支持下，信贷机构可以将客户的信用大数据导入神经网络、支持向量机和决策树等更复杂的评级算法，用极短的时间即可得出更精准的评级结果，大幅提高信用评级的质量和效率。

4. 智能反欺诈

良好的反欺诈能力需要有海量数据处理能力、模型快速开发迭代能力、流式数据处理能力以及各种生物科学技术能力等作为支撑。因此，建立人工智能平台是反欺诈能力提升的基础。依托大数据、人工智能技术，信贷机构所建立的智能化欺诈风险防控平台，能统一部署反欺诈规则与模型，建立欺诈风险信息库，形成客户欺诈风险画像，建立人工智能技术支撑平台，构建覆盖"事前侦测＋事中拦截＋事后分析追踪"全流程的精准欺诈风险识别控制体系，对欺诈风险进行多层次、立体化防控，保障数字小微信贷的健康发展。

（二）区块链技术的应用

区块链技术又称分布式账本技术，是一种互联网数据库技术，其特点是去中心化、公开透明，让每个人均可参与数据库记录，另外还具有不可篡改、匿名性等特点。这些特点与金融行业对数据安全、交易真实、隐私保密等业务需求不谋而合。

小微客户长期以来饱受融资难、融资贵的问题，主要的原因是小微客户资产质量参差不齐，抵质押担保能力较弱，而且由于财务制度不够规范，信贷机构将面临更大的信息不对称风险，不利于贷前、贷中风险的识别和贷后风险的监督管理。区块链技术具有去中心化网络结构，数据不可篡改、可追溯，非对称加密和匿名性等特性，可以在有效保护数据隐私的基础上实现信用数据的共享和验证，为信息不对称问题的解决提供了新方案。该项技术在小微信贷领域的应用主要包括以下几方面。

1. 安全可追溯的信用数据库

在区块链上，各类交易被数字化，交易记录经所有节点验证为真实有效后，将被添加到区块链永久储存，区块信息均可沿区块链进行追溯，可以实现资产和交易记录真实性的快速验证。区块链通过非对称加密技术确保数据的安全，加密使用的公钥和私钥成对出现，公钥面向全网公开，私钥只有用户自身持有，是用户唯一的身份凭证，第三方对相关信息的查询或使用必须得到数据信息所有者的私钥授权，区块信息中也不显示关联用户姓名、用户单位等身份信息，有效地保护了客户的隐私。区块链技术的可追溯、可留痕特征，可被用于打造以真实交易为基础、风险管控为核心的业务模式，提升信息可靠性及交易安全性。

2. 链接各大经济部门和监管部门的大数据网络

在小微信贷的数字化时代，信贷机构可以通过建立以区块链为底层架构的去中心化网络，连接政府、行业协会、征信机构、法院、水电局、电信运营商等各类部门的数据库节点，实现数据资源的流通共享，及时掌握小微客户的经营活动、社会行为、征信记录等数据。信贷机构还可通过区块链自由查询其他数据库拥有的大量非结构化数据（如企业主个人信用、行业发展前景、上下游产业链等），更多维度地获取客户的技术能力、财务状况、信用风险等关键信息，以缓解信贷机构与小微客户之间的信息不对称问题。各类主体"上

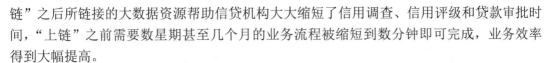

链"之后所链接的大数据资源帮助信贷机构大大缩短了信用调查、信用评级和贷款审批时间，"上链"之前需要数星期甚至几个月的业务流程被缩短到数分钟即可完成，业务效率得到大幅提高。

3.超大量的信贷风险评估和监测维度

在传统小微贷模式下，信贷机构进行风险评估时，通常会参考包括财务指标、外部环境、经营历史等数十项风险指标，风险评估的维度较为受限。在区块链技术支持下，客户的生产经营数据、交易数据，以及物流、资金流数据都会被即时记录，存储在区块链上并向所有节点进行公示，信贷机构能够动态跟踪和实时监控的客户风险指标可增至 6 000 项以上，让信贷机构对客户的经营情况掌握得更加全面、细致，有效提升了信贷机构的风险评估和监控效率。例如，借款客户任何异常的资金交易都能按照区块链上的时间戳追踪溯源、分析验证；如果企业出现订单下降、库存上升、结账期延展等特殊情况，基于区块链的风控系统将根据预设的条件及时发出预警信号，视情况停止贷款的发放或者提前清收，提升信贷机构的风险处置速度。

（三）云计算技术的应用

早期的云计算技术是分布式计算技术的一种，其原理是通过网络"云"将巨大的数据计算处理程序分解成无数个小程序，然后通过多部服务器组成的系统进行处理和分析这些小程序得到结果并返回给用户。现代的云计算技术已不仅仅是分布式计算技术，而是分布式计算、效用计算、负载均衡、并行计算、网络存储、热备份冗杂和虚拟化等多项计算机技术混合演进而成的综合计算技术，它的核心概念就是以互联网为中心，在网站上提供快速且安全的云计算服务与数据存储，让每一个使用互联网的用户都可以使用网络上的庞大计算资源与数据中心。云计算平台计算能力可以达到每秒数亿万次以上，具备强大的数据处理能力和网络服务能力，而且该技术将原本需在本地服务器进行的计算转移到云端完成，客户按需使用，具有计算高效、成本低廉的特点。在小微信贷领域，云计算技术的主要应用有如下两点。

1.降低信贷机构的数据处理成本，提升其数据处理能力

中国信息通信研究院的云计算发展调查报告显示，95% 的企业认为使用云计算可以降低企业的 IT（信息技术）成本，其中，超过 10% 的用户成本节省在一半以上。另外，超40% 的企业表示使用云计算提升了 IT 运行效率。可见，云计算已成为金融企业数字化转型升级的关键要素。

传统的数据存储和处理主要依赖单一设备或数据库，因此，信贷机构往往需要花费大量人力、物力购置并升级维护相关设备和数据库，数据的存储处理平均成本居高不下。中小信贷机构往往难以支付以上高昂的数据处理成本，而这又进一步导致它们的数据处理能力在竞争中处于劣势，这种恶性循环成为制约小微信贷机构业务发展的一大障碍。

云计算技术可以很好地解决以上问题。一方面，因为规模效应和专业化分工，云计算服务商能以更低廉的价格向信贷机构提供服务，信贷机构无须为硬件设施的维护升级而烦恼。另一方面，信贷机构可根据实际需求使用云上的 IT 资源，并按实际使用量付费，减少了为闲置硬件资源付出的不必要成本。面对数亿条信用数据分析，传统数据平台可能需要数天甚至数周才能完成，而搭载云计算平台的小微信贷机构只需要几小时甚至几分钟就

能获取分析结果，使其分析处理金融大数据成为可能，为数字小微贷的开展提供强有力的数据分析支撑。可以说，云计算平台极大地提升了小微信贷机构的数据处理能力，帮助它们以更经济的成本获得更强的市场核心竞争力。

2. 构建智能金融云生态圈，实现智能获客

2021 年，中国信息通信研究院发布《金融云行业趋势研究报告（2021 年）》指出，金融云作为金融机构数字化转型的强大抓手，已经进入了以产业供应链为核心的 3.0 阶段，为金融机构进行服务创新和经营模式转变提供强大支撑。

具体来说，金融云 3.0，是指金融机构借助云计算技术以联结产业供应链为核心的数智化智慧金融阶段。这一阶段的金融云将以智能获客为中心，支持金融业务走向实体经济，与产业云、场景云实现联结，在产业链、供应链中展开场景营销业务，继而实现可持续增长的数字化转型。

金融云 3.0 可以帮助小微信贷机构深度融合到中小企业的产业链之中，全面及时了解它们的经营数据，并且以数字化、智能化、场景化的方式迎合客户越来越丰富的个性化融资需求。金融云可以让小微信贷产品紧密连接场景和客户，通过金融云平台的产品智能推荐功能，让小微客户能在特定场景里迅速找到最适合自己的产品，增加与机构之间的黏性，同时可助力金融机构智能获客。

行业视窗 5-4
中小银行加快构建金融云生态圈

（四）大数据技术的应用

大数据是直到人类工业化后期才出现的概念，它来自互联网、计算机系统以及各类数据设备，数量巨大，而且形式非常多样，既包含结构化数据（可以用二维表结构来逻辑表达实现的数据）、半结构化数据 [如 HTML（超文本标记语言）文档]，还包含各类非结构化数据（如文本、图片、音频、视频、超媒体等）。大数据具有大体量、多样性、价值性、时效性等特点，传统的数据分析技术显然无法应对处理，大数据技术应运而生。

所谓大数据技术，就是从海量的结构数据和非结构数据中快速获得有价值的信息并加以应用的技术，该技术的体系庞大且复杂，具体包含大数据采集、大数据预处理、大数据存储及管理、大数据分析及挖掘、大数据展现和应用、大数据安全等各项关键技术。在数字小微信贷领域，大数据技术得到充分应用，具体应用场景主要包括以下方面。

1. 大数据精准营销

信贷机构可通过大数据分析平台，导入客户社交网络、终端媒体、电子商务、供应链物联网产生的各类大数据，构建客户画像，对客户行为进行跟踪分析，对其信贷消费心理进行预测，进而获取客户的经营状况、财务状况、信贷产品消费习惯、消费需求、风险收益偏好等。有了大数据平台的分析结果支撑，业务人员在营销之前就能清晰知道"客户是谁？客户到底是什么样的？客户有什么产品偏好？"等一系列问题的答案，从而能更好地实现信贷产品的精准推介、精准营销。

贵阳银行通过引入亿信华辰的BI（商业智能）数据平台，实现客户风险统计报表、标准库、举证反馈、即席分析财务报表、固定报表、客户关系网、担保链、领导驾驶舱等八大模块建设，系统覆盖了客户风险月报的常用固定报表、分析报表、综合查询等业务需求。同时该系统还开发实现了大数据智能自助分析功能，为银行进行客户画像、规划营销重点等工作提供数据支撑。

2. 大数据客户服务

为了提升客户服务质量，信贷机构每天都会从不同渠道接收到海量的客户心声，包括客户的投诉、抱怨、建议等。但对客户反馈信息的处理往往都是通过监测分析人员随机抽样分析来完成，这种处理方式不仅容易遗漏一些重要的建议和投诉，而且其庞大的工作量也难以保证这些建议和投诉的合理分类与正确处理。只有更高效地处理这些结构化、非结构化数据，全面认知客户真正需求，才能提高服务质量，提高客户满意度和忠诚度。

借助大数据技术，一般可以通过下面三种方式来实现客户需求的深度洞察：一是对客户意见进行分类，给客户各类意见打上标签，如这类意见反映的是哪类产品，如银行卡、自助服务等，同时还可以分析各类意见的发生频率、发展趋势等，提升各部门处理效率。二是对客户反馈意见进行热词分析，热词分析就是要从客户反馈中提取最频繁使用且意义较明确的词汇，从而形成可视化的意见词云。因为有时候客户可能表述了很多，但无法精准表达意见，存在一词多义和多词一义的情况，因此需要将纷繁杂乱的描述语句进行归并、抽象、提炼，从而形成统一精准的表述。三是预测客户流失率，大数据平台可以在对个体客户反馈意见全景分析的基础上，对客户的流失可能性进行预测，为工作人员及时调整服务策略、改进服务质量提供数据依据，有效减少客户流失。

3. 大数据信贷风险管理和风险定价

风险管理一直是小微信贷业务的核心关键。利用互联网大数据挖掘技术、文本数据分析技术以及风险欺诈数据挖掘模型技术，信贷机构可将网络舆情、监管信息与客户信用行为记录、财务数据进行全面关联分析，客观评价客户征信状况甚至健康状况，实时监控信贷业务的风险水平，建立覆盖客户信用风险、财务风险、声誉风险、经营风险等各类风险的预警系统，对风险事件进行及时干预管理。

在贷中审查审批环节，信贷机构可以将大数据征信技术与传统的信用风险管理模式有机结合，通过对行内外数据的自动比对和交叉验证，结合预置的信用审核预警规则，筛选出优质小微客户，并实现智能反欺诈，在提高信用审核效率的同时，严把授信准入关。对于符合准入条件的小微客户，信贷机构还可以运用大数据征信评估模型实现自动信用评级、自动贷款审批，并根据大数据征信评级结果为客户提供合理的利率报价，大幅提高了小微信贷业务的服务效率。

在贷后风险预警环节，信贷机构可建立大数据风险预警系统，汇总法院、市场监督管理、生态环境、水电、交通物流、银行等多部门大数据进行模型计算，充分监测小微客户经营过程中的微小异常。并且还可根据数据重要程度设定其权重比，进行更加精准深入的定量和定性分析，助力智能风控体系建设，优化信贷风险管理水平，有效减少贷后信息不对称问题，帮助信贷机构实时掌控跟进贷款后续事宜，高效完成贷后风险管理。

4. 大数据运营管理

随着数据技术的发展，信贷机构的传统运营工作也开始趋向数据化。所谓数据化运营，就是指借助数据技术手段优化和提升业务的运营效率，用数据指导业务运营的各项决策，提升业务运营的效率，更好地实现业务增长的目标。信贷机构的运营工作具体包括用户运营、产品运营、活动运营、渠道运营、市场运营、服务运营等。

一个数据化运营体系包含四个层次，分别为数据收集、数据产品产生、数据运营、运营触达。具体来说，信贷机构首先要收集海量的客户行为数据、流量数据、自身业务数据和外部数据，并用大数据处理技术分析产生数据指标、数据报表和用户画像等数据分析结果，以此判断现有运营工作的成效和问题，进一步制定和实施运营优化策略，最终形成真正能提升客户感知度、满意度、使用活跃度的产品、广告和服务等。

总体而言，以上四大金融科技在小微信贷领域的应用并不是单一、孤立的应用，而是多项技术交叉综合的应用。金融科技广泛应用于数字小微信贷的贷前、贷中和贷后环节，对数字小微信贷的业务流程创新、业务模式创新以及小微信贷机构的产品营销、客户服务和运营模式创新都产生了深远影响。

活动拓展 5-2

请通过查找资料，以 PPT 展示的方式，跟大家分享一个金融科技在小微信贷领域的具体应用案例。

素质园地 5-2

党的二十大报告提出："建设现代化产业体系。坚持把发展经济的着力点放在实体经济上，推进新型工业化，加快建设制造强国、质量强国、航天强国、交通强国、网络强国、数字中国。""加快发展数字经济，促进数字经济和实体经济深度融合，打造具有国际竞争力的数字产业集群。"金融产业的高质量发展也有赖于数字化转型升级。

在 2022 金融街论坛年会上，多名金融行业专家畅谈金融科技对小微信贷的促进作用。随着金融科技的广泛应用，普惠金融领域融资可得性有效提升。我们应该运用金融科技增强银行的小微信贷能力，健全数字普惠金融服务体系，促进小微企业融资增量扩面、提质降本。

中国人民银行副行长潘功胜表示，"在各方不懈努力下，我国金融科技整体竞争力处于世界领先水平，特别是移动支付、数字信贷成为我国数字经济发展的亮丽名片"。

多家银行在运用金融科技提高普惠金融领域融资可得性方面进行了有益尝试。中国农业银行党委委员刘加旺介绍，在"三农"领域，该行创新推出了服务农户的"惠农 e 贷"，服务农业龙头企业的"龙头 e 贷"等系列产品，线下依托广覆盖物理网点整村推进信息建档，线上引入外部征信、税收、市场监督管理、保险以及交易流水等数据，对涉农客户进行全息立体画像，研发自动化授信模型，真正做到"让数据多跑路，让农民少跑腿"。

在实现普惠金融供给总量最大化方面，中国建设银行首席信息官金磐石介绍，该行用数字化、智能化、定制化思维首创以"五化"为代表的数字普惠模式，即批量化获客、精准化画像、自动化审批、智能化风控和综合化服务，来构建全方位综合化普惠金融服务生态，实现普惠金融供给总量最大化。

资料来源：金融科技赋能 促进小微企业融资增量扩面 [EB/OL].（2022-11-23）. https://baijiahao.baidu. com/s?id=1750240365719883455&wfr=spider&for=pc.

价值探索：金融普惠 科技强国 民族自豪感

请阅读以上案例，并思考：

（1）你如何看待我国在金融科技、普惠金融方面取得的成就？

（2）你如何看待金融科技对数字小微信贷业务的促进作用？

知识自测 5-2

（1）什么是金融科技？

（2）金融科技经历了哪些发展阶段？每个阶段的特征是什么？

（3）什么是金融科技的 ABCD 技术？

（4）请阐述人工智能、区块链、云计算和大数据技术在数字小微信贷领域的应用价值。

即测即练

任务三 办理数字小微信贷

任务要点

- 描述数字小微信贷的业务流程
- 阐述用户画像、精准营销、客户身份校验等贷前操作的内容和操作要点
- 阐述 AI 信用风险评估、AI 授信额度审批等贷中操作的内容和操作要点
- 阐述 AI 贷后风险监测、风险预警、不良清收等贷后操作的内容和操作要点
- 设计信用风险评估指标体系和贷后风险预警指标体系

"微"课堂   "微"讲义

学习情境

自从学习金融科技的相关知识之后，小邓就特别留意各家信贷机构在这方面的具体应用。最近他了解到，中国建设银行推出了一款"建行惠懂你"的 App，实现了建行"小微快贷"线上一站式办理。

早在 2016 年，中国建设银行就积极运用金融科技，突破传统业务模式，推出线上融资服务"小微快贷"，基于客户交易结算、POS 流水、纳税记录等信息，依托小微企业评

分卡进行数据分析，为符合条件的小微企业提供信贷支持，主动、批量、高效地服务小微企业，真正实现了申请、审批、签约、支用、还款的全流程网络化、自助化操作。经过不断创新，"小微快贷"家族不断壮大，成员包括"信用贷""云税贷""账户云贷""抵押快贷"等系列产品，全面契合小微企业的经营特点，如同品种齐全的超市，只要企业有一定维度的真实数据信息，就总有一款产品能满足企业需求。

客户下载"建行惠懂你"App后，就能够随时查看建行小微企业信贷产品信息，无须登录，只需要填写企业名称全称，勾选行业，填写企业上年度经营收入以及近1年企业纳税总额，选择性录入房产信息，就可试算出贷款额度，提前了解在建行可贷金额。符合条件的客户可立即办理贷款，全流程在线操作，从申请到贷款支用只需几分钟。

小邓知道，这种看似轻松简单的业务背后的技术含量并不简单。他很想知道信贷机构为了实现便捷的数字小微信贷，相关部门具体是怎么操作的，每个业务环节又有哪些操作注意事项呢？

课前思考

（1）数字小微信贷的业务流程是怎样的？
（2）现代金融科技是怎样应用到数字小微信贷业务中的？
（3）数字小微信贷的贷前、贷中、贷后关键业务环节是什么？
（4）每个关键业务环节的操作要点有哪些？

一、数字小微信贷的业务流程

数字小微信贷的业务流程在逻辑上与传统小微信贷一样，也可分为贷前、贷中和贷后三大阶段。不同的是，数字小微信贷通过借助AI、大数据、云计算等金融科技，在各个环节减少了人工干预，转而由客户通过电脑客户端或手机App与AI机器人进行交互作业完成大部分操作。虽然每家信贷机构的业务模式、业务流程会有差异，但核心逻辑是相同的。数字小微信贷的业务流程如图5-1所示。

在贷前阶段，信贷机构通过大数据分析技术，依据客户经营类收入、交易客户数、纳税数据、代发工资数据、水电费支出等大数据建立客户画像，掌握客户的经营状况，了解客户个性化贷款融资需求，并结合营销预测算法模型定制个性化的融资方案，通过新媒体渠道加以推送，实现个性化精准营销。同时，信贷机构还将信贷产品服务嵌入其他机构业务平台中，扩展服务场景，实现信贷机构与场景平台共建生态，使得用户可以在该生态中获得无缝的场景服务和小微信贷服务。客户如果对机构所推送的融资方案感兴趣，则可通过客户端线上申请贷款。AI机器人在接到客户申请信息之后，除了确认客户申请信息之外，还会运用生物识别技术对人体固有的生理特性（如指纹、人脸、虹膜、语音等）和行为特征（如笔迹等），比对公安系统大数据进行个人实名校验，以确认是客户本人操作。通过实名校验的客户可进入贷中业务环节，无法通过实名校验的客户会被系统告知业务被拒绝。

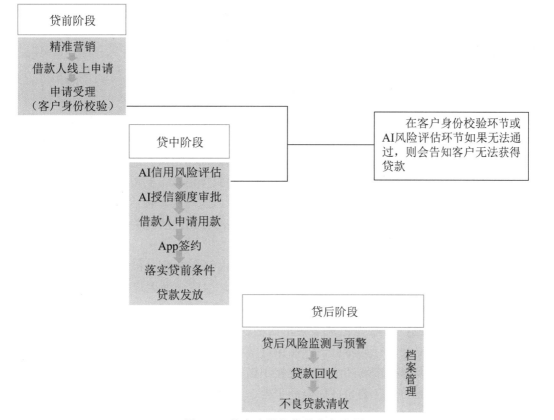

图 5-1 数字小微信贷的业务流程

在贷中阶段，小微信贷机构的 AI 智能风控系统会自动抓取关于客户的多维度大数据，如客户的信用历史、行为偏好、履约能力、身份特质、人脉关系、工商税务、资金流水、商品流转等维度的大数据，再通过机构设置的特定风险评估模型进行信用评分评级。如果借款人的信用等级符合借款要求，AI 系统就会批复客户一个授信额度；反之，系统则会告知客户借款申请被拒绝。获得授信额度的客户后续则可根据自身需要在授信额度内线上申请用款，在完成线上签约和落实贷前条件之后，贷款即可发放到指定账户。

在贷后阶段，信贷机构借助内外部大数据，建立贷后信用风险实时监测系统，对客户信用状况、经营情况和交易行为等数据进行持续动态监测，并对客户潜在违约风险进行及时预警。如贷款出现逾期，则会通过风控部门联合法务部门进行催收以及不良贷款管理。整个业务流程完成之后，则进行归档管理。

行业视窗 5-5

杭州银行全面升级"云贷 e 通"小微金融品牌

活动拓展 5-3

请找一个你感兴趣的小微信贷机构，了解它们的数字小微信贷业务，并向其他同学介

绍这款业务的特点以及业务办理流程。

二、贷前业务

（一）用户画像

1. 用户画像的含义

用户画像本质上是将用户数据组合成数据特征，从而形成用户的数据模型，它通过分类、聚类、关联等方法，深度分析与用户相关的数据，描述用户兴趣特征和潜在偏好。通过用户画像，信贷机构以用户标签的形式展现客户的具体信息，实现客户特征的多维度展示和差异性客群的细分，为准确洞察客户基本情况、风险等级，预估客户消费偏好、风险偏好等提供了科学的数据基础，成为信贷机构开展精准营销的前提关键。

2. 用户画像的数据来源

用户画像所需的大数据来源主要有信贷机构的内部金融数据和外部数据。内部金融数据是储存在信贷机构各大系统中的客户原始数据，主要分为用户基础信息数据、系统日志数据、业务操作数据等。这些数据反映了客户的姓名、职业、居住地、证件信息、联系方式等基础信息，同时也记录了客户的活跃程度、网页或 App 浏览行为、资金周转、信贷产品使用记录、行为特征、产品偏好等信息。来自信贷机构外部的各类主体的数据也非常重要。因为在市场经济中，连接小微客户群体的不仅有小微信贷机构，还有来自不同业务生态圈的平台公司，如电商平台、支付平台、财税平台、SaaS（软件即服务）平台和供应链平台等，它们深耕小微市场多年，共同构成了多维触达小微客户群体的渠道系统。它们的数据能够更深入地描述客户的消费特征、社交行为、经营状况、财务状况和货物流动等信息，是信贷机构内部数据的重要补充，也可以将其与内部数据进行交叉印证。

3. 用户画像的操作步骤

用户画像的操作可以分为四个步骤，分别是明确画像目的、数据采集整理、画像建模和画像动态更新。

（1）明确画像目的。明确画像目的是指要明确通过客户画像要实现的目的和预期效果，因为客户的数据非常庞杂，信贷机构必须根据特定的画像目的选择有针对性的数据。画像目的可以是单一维度的，也可以是多维度的，应根据信贷机构具体需要而定。例如，如果信贷机构要对客户的信贷产品消费倾向进行专项画像，就得选取客户对信贷 App 或网页的浏览行为数据和财务数据、物流数据以及相关经营支出数据等进行分析；如果信贷机构要对客户的关键基本信息、还款意愿、还款能力和融资习惯四个维度进行综合画像，则需要选择更广泛的数据来分析。

（2）数据采集整理。数据采集整理工作包括三个内容：一是根据画像目的，从机构内外部采集所需的相关数据。二是进行数据清洗优化，删除错误、不完整和重复相似的数据。具体可通过错误检测算法、数据修复算法和数据聚合算法等不同算法进行清洗。三是数据的储存。传统数据通常用关系型数据库储存，但是对于海量的金融大数据，关系型数据库则难以应对，特别是数据的检索速度会急剧下降，不利于后期数据分析处理。此时需要借助非关系型数据库如 MongoDB、HBase 等实现网络式分布式存储，即将一份大的数据分散到不同的机器上进行存储，从而降低单个节点的存取压力，具体存储方式包括块存储、文件存储和对象存储等。

（3）画像建模。画像建模是用户画像的核心环节。用户画像的生成是对用户数据进行标签化，即从海量数据中进行标签建模的过程。信贷机构可以通过对数据层次聚类、层次权重的计算匹配，从目标客户当中划分出不同的群体画像，如可以分别描述稳定客户、潜力客户、波动客户和流失客户的群体特征。此外，信贷机构还可以利用大数据技术，充分挖掘个体客户的结构化数据和非结构化数据，洞察客户的行为特征和消费倾向等多维信息，建立能够识别个体特征的客户标签体系，进而形成用户个体画像，如我们可以形成 A 客户的个体画像，分析他对不同贷款产品的消费倾向，或对不同业务办理渠道的偏好等。

画像建模的具体方法可大致分为两大类：一是基于数学统计的用户建模，二是基于算法模型的用户建模。基于数学统计的用户建模是指通过数学统计方法对各类数据的数值或各类数据占整体的比率等进行量化，并针对这些量化后的值对用户进行分析，进而描述用户兴趣偏好特征，这是一种较为简单、易行的建模方法，但是这种方法只能处理结构化数据，无法处理如文本、图片、音频等非结构化数据，因此得出的用户画像难以做到全面、细致。随着大数据、机器学习、深度学习技术的推广应用，人们开始采用基于算法模型的用户建模方法，将用户的非结构化数据纳入分析范畴，如基于向量空间模型的方法、基于贝叶斯网络的方法、基于决策树模型的方法和基于神经网络的方法等。

（4）画像动态更新。用户画像的构建大多基于用户的过往数据，是一种静态画像，更多反映的是过去或者当下短期内的用户特征，但用户特征是会随时间推移发生改变的，如果不能及时更新用户画像，信贷机构对客户特征的把握以及后续的产品推荐或服务就会产生偏差。通常信贷机构会通过定期引入用户的动态数据，追踪描述客户特征变化，也可以通过引入时间衰减度参数对客户特征进行自适应更新。

（二）精准营销

1. 精准营销的含义

信贷机构对客户进行用户画像的目的就是实现精准营销。数字经济时代的精确营销是指通过结合定量和定性的方法对目标市场中的客户群体进行的详细分析，洞察客户不同的消费者心理和行为特征，利用数字化技术手段，针对目标市场中不同客户群体实现高效、精准、个性化的线上线下相结合的立体式营销。

信贷机构通过对内外部大数据的分析处理，洞察客户的财务状况、风险等级和融资倾向等多维信息，形成用户画像和用户标签体系。在此基础上，就可以选取特定标签，设置标签参数取值范围，结合智能化精准营销系统的具体算法，找到优质目标客户，为客户实时推荐场景化、匹配度高的产品，实行差异化定价，提供符合客户行为习惯的服务渠道，精准满足客户的融资需求。数字小微信贷精准营销的流程如图 5-2 所示。

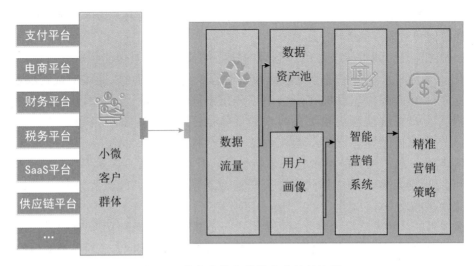

图 5-2　数字小微信贷精准营销的流程

2. 智能化精准营销系统

为了充分利用用户画像数据，信贷机构需要搭建智能化的精准营销系统，该系统由精准营销算法模型以及立体式多维营销平台组成，具备搜客引擎、客户查询和营销预测等功能。通过搜客引擎和客户查询，前期用户画像所形成的群体画像和个体画像数据可以直达信贷机构的中层业务管理者和基层客户经理。中层业务管理者可通过设置客户标签组合，锁定特定客户群体，作为信贷营销活动策划的焦点；基层客户经理可通过客户查询功能定位客户，在营销之前充分了解客户，提高营销成功率。

精准营销系统的算法模型具备营销预测功能，通常会借助人工智能、云计算和大数据技术将用户画像所提供的标签数据进行二次加工衍生，通过聚类、随机森林等机器学习算法筛选出重要性高、关联度比较显著的特征数据，再代入逻辑回归、随机森林、XGBoost等预测算法，进行客户消费倾向预测、产品推荐成功率预测和客户流失率预测等。获得预测结果后，智能营销系统可以自动向目标客户发送手机营销短信、App 营销信息弹窗或者虚拟电话客服一键外呼，实现线上引流。客服人员和客户经理则可通过超级 ATM（自动柜员机）、智慧引导台、迎客机器人、PAD 等智能终端实时连接营销数据，开展线下精准营销。

活动拓展 5-4

请通过查找资料，与其他同学分享一个小微信贷精准营销的案例，并比较分析数字小微信贷和传统小微信贷在营销方式上的不同。

（三）客户身份校验

在数字小微信贷业务中，客户身份校验的准确性至关重要。因为这关系到一笔贷款业务是否由客户本人真实意愿办理，也关系到客户是否承担贷款还本付息的法律责任。如果客户被不法分子冒用身份信息申请贷款，而信贷机构的身份校验技术却未能识别排查，那么信贷机构将会面临贷款难以追回且陷入法律纠纷的被动局面。

目前信贷机构的 AI 机器人主要是运用生物识别技术对人体固有的生理特征（如人脸、指纹、虹膜、视网膜、语音等）和行为特征（如签名笔迹等）进行识别校验。每种生物特征在用作身份校验时都各具优缺点，具体可通过七个指标进行衡量。

1. 普遍性

普遍性即该生物特征是否适用于所有个体。例如签名笔迹，对于大部分人是适用的，但是对于年纪较大的老年人或者不会写字的客户则不适用。

2. 特异性

特异性即该特征在不同个体上是否为独一无二的特征。例如指纹和虹膜，即使是多胞胎个体，他们的指纹和虹膜也会呈现特异性。但是如果采用人脸识别，面对多胞胎个体，识别准确率就可能大大降低。

3. 稳定性

稳定性即该生物特征是否可以长期保持稳定。例如指纹和虹膜在人类生命中的很长一段时间里都不会发生变化，但是语音特征在客户生病或情绪改变等情况下，就有可能发生较大变化。

4. 易采集性

易采集性即该特征的采集操作是否简单易行、采集成本是否高昂。例如指纹特征就很容易采集，只需具备指尖纹理特征的采集器便可在极短时间内轻松完成，但是虹膜特征的采集就复杂得多，需要更多的专业设备，采集时间长，成本较高。

5. 识别性能

识别性能即通过该生物特征能准确区分个体身份的能力强弱。大部分生物特征的特异性和识别性能是直接正相关的，如指纹和虹膜的特异性很强，它们的识别性能也就很好，但是也有例外，如气味特征，其特异性较强，但其识别性能却较低。

6. 可接受性

可接受性是指民众对该生物特征用于身份识别的接纳程度，是否具有心理抗拒。例如民众对人脸特征的采集接纳度较高，但是虹膜特征的采集过程需要被采集人将眼球长时间对准光源，可能会引起个体的生理或心理不适，因此民众对它的接纳度就较低。

7. 受影响性

受影响性是指该生物特征在采集过程中是否容易受到周围环境因素的干扰影响。例如人脸特征采集时就容易受到背景光源强弱的影响，语音采集时容易受到周围杂音的干扰，指纹采集则容易受手指的湿度、清洁度的影响。

根据以上七个衡量指标，我们可把小微信贷机构常采用的生物特征的优缺点进行总结，如表 5-1 所示。

表 5-1　常见生物特征的优缺点比较

生物特征	普 遍 性	特 异 性	稳 定 性	易采集性	识别性能	可接受性	受影响性
人脸	高	低	中	高	低	高	高
指纹	中	高	高	中	高	中	中
虹膜	高	高	高	中	高	低	低

续表

生物特征	普 遍 性	特 异 性	稳 定 性	易采集性	识别性能	可接受性	受影响性
视网膜	高	高	中	低	高	低	低
语音	中	低	低	中	低	高	高
签名	低	低	低	高	低	高	高

资料来源：JAIN A K, ROSS A, PRABHAKAR S. An introduction to biometric recognition[J]. IEEE transactions on circuits and systems for video technology, 2004,14（1）：4-20.

由此可见，每种用于身份识别的生物特征都各有优缺点，目前没有一种生物识别技术是完美无缺的。因此，信贷机构在进行身份校验的时候，应当采用多种识别技术综合应用的方案，如"人脸＋指纹＋签名"等，提高线上交易的安全性。

行业视窗 5-6
冒用他人身份信息申请贷款构成何罪

三、贷中业务

（一）AI 信用风险评估

风险控制能力一直是信贷机构赖以在市场中持续健康发展的一项核心竞争力。随着数字小微信贷的发展，信贷欺诈行为也呈现出专业化、产业化、隐蔽化、跨区域且进化快的新特点，对传统风控手段形成极大的挑战。此外，客户对数字小微信贷审批放款速度的要求越来越高，怎样才能在极短的时间内完成精准的信用风险评估，识别优质客户，降低贷款违约率，成为小微信贷机构面临的一项新挑战。为此，越来越多的小微信贷机构开始应用 AI、大数据、云计算等金融科技打造"智能信贷风控系统"，在贷中环节借助特定算法和信用评分模型分析客户的金融大数据，对客户进行信用风险评分评级，完成对客户风险水平的甄别。在 AI 信用风险评估过程中，信用数据、信用风险指标体系、信用风险评估模型和人工智能算法是必不可少的三大核心要素。

1. 信用数据

信用数据是指个人和企业、法人等各类组织在其社会活动中所产生的、与信用行为有关的记录数据，以及有助于评估其信用风险的各项信息数据。一个信用主体的信用可分为主观和客观两个方面。主观方面是指信用主体的信用观念和守信意愿，客观方面是指信用主体的守信能力，主要包括主体的履约能力、经营能力、资本和资产等。信贷机构通过收集、分析个人和企业等信用主体的信用数据，可以判断客户的信用状况和风险程度，进而制定相应的授信决策。

信用信息数据库是我国社会信用体系的重要基础设施。长期以来，我国坚持"政府＋市场"双轮驱动发展模式，逐步构建金融信用信息基础数据库和市场化征信机构协同发展、互相补充的发展格局。其中，由中国人民银行主导建设的央行征信系统，立足全国范围内个人和企业信贷信息全面共享应用，已成为世界上规模最大、覆盖人口最多、收集信贷信息种类最全的征信系统。截至 2022 年二季度，全国金融信用信息基础数据库共收录 11.4 亿自然人和 9 689 万户主体信息。在市场化征信机构方面，中国人民银行先后批设了百行征信有限公司和朴道征信有限公司两家个人征信机构。截至 2022 年 8 月，百行征信、朴道征信分别覆盖 4.96 亿人和 1.57 亿人，实现个人非贷海量替代数据全面共享应用。此外，截至 2022 年 8 月，在中国人民银行分支机构备案的企业征信机构共 136 家，实现企业注册登记等公开信息的全覆盖；全国备案评级机构 55 家，除了中诚信、大公国际等本土知名评级公司之外，标普、惠誉等国际知名评级机构也以独资形式进入中国市场。

1）信用数据的分类

按信用主体的不同，信用数据可以分为个人信用数据和企业信用数据。个人信用数据主要包括个人职业、教育、家庭状况、收入、资产、信用记录、公共事业服务记录、偿贷信息等内容。企业信用数据主要包括企业的注册信息、财务报表、资金流水记录、经营状况、物流信息等内容。

按数据内容不同，信用数据可以分为基本信息数据、信用交易数据和其他信息数据。基本信息数据，是指能反映信用主体基本情况的数据，如个人的身份信息、职业、教育程度、居住地址等数据；企业的注册资本、注册地址、主营业务、经营规模等数据。交易数据，即信用主体的经济交易数据，如个人的消费数据、信用卡交易数据、消费贷款数据等；企业的财务报表、赊销、赊购、水电税费缴纳、贷款、对外担保、合同履行情况等数据。其他信息数据是与信用主体的信用状况密切相关的其他社会公共数据，如行政处罚信息、法院诉讼、强制执行信息等。

2）信用数据治理

大数据时代，数据资源在经济发展中发挥着越来越重要的作用，对于信贷行业来说，信用数据已成为重要生产资料。在此背景下，信用数据治理成为信贷机构必须面对的课题。数据治理是指通过建立组织架构，明确管理部门职责要求，制定和实施系统化的制度、流程和方法，确保数据统一管理、高效运行，并在经营管理中充分发挥价值的动态过程。信用数据的治理主要包含三大内容。

（1）信用数据的质量管理。信贷机构要能形成正确的信用风险决策，所使用的信用数据质量至关重要。信用数据质量问题的产生主要有两方面原因：一是信贷机构接入了大量内外部数据，但是不同数据平台生产数据的环境、采集数据的标准以及数据统计口径都可能存在差异，不同数据平台的数据处理能力和技术水平也不尽相同，这就会导致所接入的数据质量参差不齐。二是信贷机构在清洗信用数据时操作不当，导致错误数据未能及时筛查识别。为此，信贷机构需要做好以下工作。

一是建立和优化相关组织架构，健全完善数据质量管理制度。明确内部数据治理牵头部门及部门间职责分工，做好数据治理规划，制定管理制度和技术规范，明确数据标准、业务流程以及技术要求，推动数据有效治理，提高数据质量。

二是强化信用数据质量的闭环式管理。建立事前规范控制、事中跟踪考评、事后评估改进的数据质量管理体系。事前通过健全数据标准规则、统一接口规范等方式提升信息提供者报送数据的准确性、有效性和易用性；事中通过不断更新筛查规则、实时开展系统筛查的方式监测数据质量情况；事后定期对数据质量情况进行评估，从问题率、解决率等方

面评估数据质量管理措施有效性，并不断加以改进。

（2）信用数据的安全管理。随着信用数据的广泛应用，数据安全隐私保护也面临越来越多的挑战，信用数据泄露带来的侵权和网络诈骗等违法犯罪事件也呈现多发态势。为此，中国人民银行发布了《个人信用信息基础数据库管理暂行办法》（中国人民银行令〔2005〕第3号）和《征信业务管理办法》（中国人民银行令〔2021〕第4号）等监管法规，要求我国信用信息基础数据库的运行机构和接入机构做好数据安全管理工作，具体内容包括以下几点。

一要增强信息数据安全管理意识，强化信息安全主体责任。运行机构和接入机构要增强信用数据安全管理意识，建立健全信用数据安全管理的体制和机制，成立数据安全工作领导小组，明确岗位职责，强化数据安全主体责任。

二要完善征信业务操控流程，提高信用数据安全管理水平。运行机构和接入机构要加强对各级管理人员和从业人员的征信合规性教育培训，围绕信用数据安全管理，通过加强征信系统用户管理、健全征信信息查询管理、优化自助查询机管理、完善征信异常查询监控机制、妥善办理异议与投诉等措施，完善征信业务操控流程。

三要完善征信内控制度及问责制度。运行机构和接入机构要建立征信内控制度及问责制度，并向对应人民银行报备，全国性运行机构及全国性接入机构的总行向中国人民银行征信管理局报备，地方性接入机构和全国性接入机构的分支机构向所在地人民银行分支机构报备。建立征信信息安全情况报告制度，运行机构和接入机构应按月定期向人民银行报送异常查询、违规查询、非法提供、违规使用、信用报告泄露等征信信息安全情况。建立征信合规与信息安全自查自纠制度及报告制度，运行机构和接入机构应建立分级监控、专项核查的工作机制，按照征信内控制度的规定，对日常监测发现的风险线索以及异常查询线索，与对应的信贷业务进行逐笔核实，从授权、审核、查询、使用、存储等各环节梳理是否存在征信违规风险隐患，不定期组织抽查，并按季度开展内部征信合规和信息安全自查自纠，将自查自纠情况向人民银行书面报告。

四要提高技防能力，防范信用数据泄露风险。运行机构和接入机构应不断优化升级征信业务信息系统，提升前置自控能力，推进业务触发式查询，实现信用报告脱敏展示、结构化展示和自动解读，从严控制信用报告打印、下载，从查询、使用和存储环节降低信用数据泄露风险。

（3）信用主体的隐私保护。在广泛应用信用数据进行征信评估的同时，信用机构也要注重信用主体的隐私保护问题。因为加强信用主体权益保护和隐私保护，是征信工作的底线。《民法典》、《数据安全法》、《中华人民共和国个人信息保护法》（以下简称《个人信息保护法》）等法律法规对此均做了相关规定。信贷机构应该从信用数据收集、征信信息查询和信用数据使用三大环节做好信用主体的隐私保护工作。

①合法收集客户信用数据。首先要确保信用数据的收集渠道合法，信用数据的提供主体必须具备合法经营资质，根据《征信业管理条例》及《征信机构管理办法》的规定，经营个人征信业务应经人民银行批准，并取得个人征信业务经营许可证；经营企业征信业务应向人民银行备案。其次要确保信息来源合法。《中华人民共和国网络安全法》规定，网络产品、服务如具有收集用户信息功能的，其提供者应当向用户明示并取得同意，网络运营者收集、使用个人信息，应遵循合法、正当、必要原则，并取得客户书面同意或授权。

此外，收集企业信息时还应避免侵犯企业的商业秘密。

②合法查询客户征信信息。无论是对个人还是企业的征信信息查询，都应遵守相应的法律法规。《征信业管理条例》对向征信机构查询个人和企业信息进行了严格的限制，即必须取得信用主体的书面同意并约定用途，且应当按照与信用主体约定的用途使用信息，不得用作约定以外的用途，不得未经信用主体同意向第三方提供征信信息。

③合法使用客户征信信息。信用机构在使用客户征信信息时，须保护个人客户的隐私，避免侵犯企业客户的商业秘密。在机构内部共享客户信息时，严禁共享敏感信息（如银行卡磁道或芯片信息、卡片验证码、卡片有效期、银行卡密码、网络支付交易密码等），确有必要留有的，应取得客户本人及账户管理机构的授权。在对外提供客户信息时，应确保对外提供客户信息行为符合相关法律规定并取得客户授权。此外，企业和个人的敏感信用信息应当经过脱敏加工之后才可对外共享。

拓展阅读 5-3　《个人信息保护法》对敏感个人信息的相关规定

由于敏感个人信息与自然人的人格尊严等基本权利、重大人身利益和财产利益具有极为密切的联系，对此类个人信息的处理会对自然人的基本权利和人身财产安全产生重大风险，我国《个人信息保护法》借鉴了欧盟、美国等法域的立法经验并结合我国实际，对敏感个人信息的处理进行了专门规定。敏感个人信息的保护是我国《个人信息保护法》的重要内容之一。

首先，《个人信息保护法》对敏感个人信息进行了定义和列举。

《个人信息保护法》规定将敏感个人信息定义为一旦泄露或者非法使用，容易导致自然人的人格尊严受到侵害或者人身、财产安全受到危害的个人信息，同时列举了敏感个人信息的种类，包括生物识别、宗教信仰、特定身份、医疗健康、金融账户、行踪轨迹等信息，以及不满十四周岁未成年人的个人信息。《个人信息保护法》将不满十四周岁未成年人的个人信息列为敏感个人信息，强化了对未成年人个人信息权益的保护。

敏感个人信息和非敏感个人信息是我国《个人信息保护法》从规范个人信息处理行为的角度对个人信息进行的一种重要分类，有针对性地提高处理者在处理敏感个人信息时的法定义务，更加充分地保护个人信息权益。

《个人信息保护法》在列举敏感个人信息种类中的"等"字，应采"等外"之意，表示列举未尽。纵使不在法律明文列举之列，因其在特定场景所具有的高度敏感性，也应纳入敏感个人信息的保护范畴。技术的发展及场景的变化，也为新型的敏感个人信息特殊保护留下空间。

其次，《个人信息保护法》对敏感个人信息规定了专门的处理规则。

《个人信息保护法》在区分敏感个人信息与非敏感个人信息的基础上，在第二章专节规定了"敏感个人信息的处理规则"，对处理敏感个人信息的前提进行了限制，要求只有在具有特定的目的和充分的必要性，并采取严格保护措施的情形下，个人信息处理者方可处理敏感个人信息。以此为基础，《个人信息保护法》规定了一些仅适用于敏感个人信息的特殊处理规则，知情同意原则是个人信息保护领域公认的首要原则，既适用于敏感个人信息，也适用于非敏感个人信息，意在实现与加强个人自决。针对敏感个人信息的处理，《个人信息保护法》提出了更高的要求，要求处理敏感个人信息应当取得个人的单独同意。

这意味着在处理敏感个人信息时，概括同意或推定同意的授权模式为法律所禁止。法律、行政法规规定处理敏感个人信息应当取得书面同意的，还应取得书面同意。

《个人信息保护法》对敏感个人信息处理者的告知义务提出了更高的要求。《个人信息保护法》第十七条第一款规定："个人信息处理者在处理个人信息前，应当以显著方式、清晰易懂的语言真实、准确、完整地向个人告知下列事项：（一）个人信息处理者的名称或者姓名和联系方式；（二）个人信息的处理目的、处理方式，处理的个人信息种类、保存期限；（三）个人行使本法规定权利的方式和程序；（四）法律、行政法规规定应当告知的其他事项。"第三十条规定："个人信息处理者处理敏感个人信息的，除本法第十七条第一款规定的事项外，还应当向个人告知处理敏感个人信息的必要性以及对个人权益的影响；依照本法规定可以不向个人告知的除外。"

《个人信息保护法》不仅将不满十四周岁未成年人的个人信息列为敏感个人信息，还要求个人信息处理者处理不满十四周岁未成年人个人信息的，应当取得未成年人的父母或者其他监护人的同意。个人信息处理者处理不满十四周岁未成年人个人信息的，应当制定专门的个人信息处理规则。《个人信息保护法》将不满十四周岁未成年人的个人信息作为敏感个人信息，回应了现实中儿童信息泄露等问题，对未成年人个人信息处理进行了更严格的规范，有利于切实维护未成年人的合法利益并促进未成年人健康成长。

《个人信息保护法》还规定，法律、行政法规对处理敏感个人信息规定应当取得相关行政许可或者作出其他限制的，从其规定。

资料来源：个人信息保护法系列专家解读（二）[EB/OL].（2022-08-23）. http://www.yiyang.gov.cn/yiyang/2/134/14114/39102/39104/content_1639362.html.

素质园地 5-3

党的二十大提出："健全国家安全体系。坚持党中央对国家安全工作的集中统一领导，完善高效权威的国家安全领导体制。""完善国家安全法治体系、战略体系、政策体系、风险监测预警体系、国家应急管理体系，完善重点领域安全保障体系和重要专项协调指挥体系，强化经济、重大基础设施、金融、网络、数据、生物、资源、核、太空、海洋等安全保障体系建设。"

近年来，大数据、云计算、人工智能等新兴技术与金融行业的深度融合，孕育了新的金融服务产品和模式。这些新产品、新模式一方面为用户提供精准化、个性化、便捷化的服务，一方面大量挖掘和收集用户数据和信息。与之伴生，用户数据信息泄露事件多发。

2021年9月，《数据安全法》正式施行，《个人信息保护法》也于2021年11月落地。与此同时，金融监管部门对于金融业数据安全的执法检查也在以空前的力度加强。监管趋严之下，金融业强化数据应用的安全性与合规性迫在眉睫。如何平衡数据使用和隐私数据保护成为一道亟须解决的课题。

在这一背景下，隐私计算技术逐渐走进金融业的视角。香港科技大学智能网络系统实验室主任、副教授、星云Clustar创始人陈凯表示，隐私计算技术可以帮助人工智能为代表的应用领域，合理引入更多受隐私、安全因素限制的数据，推动不同机构的数据融合，催生出新的应用场景，让过去的不可能成为可能。IDC中国金融行业研究团队总监高飞表示，隐私计算技术实现了数据可用而不可见的效果，是数据安全进行协同合作的关键技术。

所谓隐私计算，是一种由两个或多个参与方联合计算的技术和系统，参与方在不泄露各自数据的前提下通过协作对他们的数据进行联合机器学习和联合分析。在隐私计算框架下，参与方的数据不出本地，在保护数据安全的同时实现多源数据跨域合作，可以破解数据保护与融合应用难题。

有银行人士表示，在大数据融合应用和客户隐私保护的双重需求驱动下，隐私计算技术正在成为金融业刚需，银行在隐私计算方面投入了大量精力。

数字经济时代，海量数据散落于不同的组织机构，并在一定程度上形成了"数据孤岛"。在此情况下，聚合多方主体的数据协作是当下放大数据价值的必然选择。对于金融业而言也是如此。

在数字化金融时代，开放银行、API银行（无界开放银行）是行业发展的大趋势，金融业务形态更加开放，而数据和数据价值共享是开放金融的基本特征。基于金融机构内外部平台及生态类数据的多方建模是实现数据作为新兴生产要素最大价值化的有效途径。

传统上，银行都是基于历史还款信息、征信数据和第三方数据来做贷前反欺诈，但存在数据维度缺乏、数据量较少等情况，需要融合多方数据联合建模才能构建更加精准的反欺诈模型。而多方主体数据协作过程中一直面临着数据隐私及安全这一"痛点"。这不仅涉及监管的合规要求，也是金融机构风险管理的重要组成部分。

隐私计算作为平衡数据价值挖掘和隐私保护有效地解决方式，为数据流通和价值共享提供了一条重要的技术路径。

资料来源：数据合规监管趋严 隐私计算渐成金融业"刚需"金融业持续强化数据治理和隐私保护[EB/OL].（2021-10-27）. http://jrj.wuhan.gov.cn/ynzx_57/xwzx/202110/t20211027_1820508.shtml.

价值探索：科技强国　数据安全　守法合规

请阅读以上案例，并思考：

（1）为什么数字金融时代，隐私计算成为金融业的刚需？

（2）在数字金融时代，我们应该如何正确处理和使用海量的数据资源？

2. 信用风险指标体系

在信贷业务中，信用风险是指借款人不履行到期债务，导致贷款本息无法完全收回的风险。信用风险指标体系是信贷机构为了准确评估、监测借款人的信用风险而提出的指标系统。总体而言，信用风险指标可以分为财务指标和非财务指标，财务指标是指能用财务数据计算，反映借款人财务状况、经营成果，进而衡量客户信用风险的指标，如偿债能力指标、盈利能力指标、经营能力指标、发展能力指标和现金流量指标等；非财务指标是指无法用财务数据计算，但能体现客户信用风险的指标，如基本信息指标、信用记录指标和风险项目指标等。

1）信用风险指标体系构建原则

在构建信用风险指标体系时，并非纳入的指标越多越好。随着数字经济的发展，社会信用体系建设不断完善，客户信用数据的类型和数量都有了爆炸式增长，如果一味将各类指标纳入评估体系当中，则会造成机构数据处理成本上升、指标冗余、评估精准度和效率反而下降的问题。因此，信贷机构在构建信用风险指标体系时一定要有所取舍。在选取信用风险指标时，需要兼顾以下四个问题：一是指标的敏感度，即该指标数据能否与客户信用风险显著相关，当客户的经营状况和信用风险发生变化时，指标数据是否也能敏感地发

生相应变化。二是指标数据的可获得性，所选指标必须有相对完整真实的数据，否则难以将指标导入评估模型进行运算分析，无法达到风险评估的效果。三是指标数据的采集处理成本，信贷机构采集和处理指标数据会产生一定的经济成本，如果某项指标的数据采集成本很高，或者数据复杂度较大导致处理的成本很高的话，该指标也很难纳入指标体系。四是指标体系的全面性，影响客户信用风险的因素有很多，信贷机构要确保所构建的指标体系较全面地反映各类风险因素对客户信用风险的影响。

在初步构建信用风险指标体系之后，信贷机构还需导入一定的信用数据，通过逻辑回归分析或概率单位回归分析等方法，找出存在多重共线性的指标或者与信用风险关联度低的指标，并将其排除，确保筛选后的指标具有较强的独立性和显著性。经过筛选优化的信用风险指标则可用于构建信用风险评估模型。

2）信用风险指标体系的呈现形式

因为不同信贷机构获得的信用数据会存在差异，而且它们对信用风险评估的理解认知以及评估模型也存在差异，因此不同机构所构建的信用风险指标体系会不尽相同。另外，信用风险评估所采用的指标会比较多，为了不显杂乱，信贷机构通常以多层级指标的方式进行分类呈现。

在评估个体经营户信用风险时，可分析的指标通常包括个人基本信息、收入与资产、负债及信用记录、费用支出、风险项目等，具体范例如表5-2所示。

表 5-2　个体经营客户信用风险指标体系范例

一级指标	二级指标	三级指标
个人基本信息	个人信息	年龄
		性别
		婚姻状况
		健康程度
		受教育程度
	经营信息	经营行业
		行业景气度
		经营年限
收入与资产	收入	第一来源收入
		其他来源收入
	房产	房龄
		房产市值
	车产	车龄
		车产市价

一级指标	二级指标	三级指标
负债及信用记录	信用卡记录	可用额度
		消费额度
		逾期次数
		逾期金额
	其他贷款记录	贷款目的
		贷款年限
		贷款金额
		逾期次数
		逾期金额
费用支出	水费支出	支出金额
		欠缴次数
		欠缴金额
	电费支出	支出金额
		欠缴次数
		欠缴金额
	税费支出	支出金额
		欠缴次数
		欠缴金额
风险项目	金融风险	黑名单次数
	法律风险	被诉讼次数
		被诉讼金额

评估小微企业信用风险时，可分析的财务指标包括偿债能力指标、盈利能力指标、经营能力指标、现金流量指标和发展能力指标等，非财务指标包括主要经营者情况、经营情况等，具体范例如表 5-3 所示。

表 5-3　小微企业客户信用风险指标体系范例

一级指标	二级指标	三级指标
财务指标	偿债能力指标	资产负债率
		流动比率
		速动比率
	盈利能力指标	总资产报酬率
		净资产收益率
		毛利率

一级指标	二级指标	三级指标
财务指标	经营能力指标	总资产周转率
		流动资产周转率
		应收账款周转率
		存货周转率
	现金流量指标	现金流动负债比率
		现金债务总额比
		现金比率
	发展能力指标	营业收入增长率
		净利润增长率
非财务指标	主要经营者情况	受教育程度
		经营年限
		经营能力
	经营情况	行业景气度
		经营规模
		商品市场占有率

3. 信用风险评估模型

信用风险评估模型是信贷机构用于评估潜在借款人违约概率的模型，信贷机构通过该模型的评估结果，可以确定借款人信用风险的高低，并据此作出是否向借款人提供贷款和具体贷款金额的关键决策。

随着信用评估技术的发展，借款人信用评估方法经历了从主观定性分析到客观数据分析的发展过程。总体来看，信用风险评估模型的演变大致经历了三个阶段，分别为经验分析阶段、统计分析阶段和大数据分析阶段。

（1）在经验分析阶段，信贷机构主要依靠信贷人员主观经验对客户的信用状况进行评估。具体评估模型包括著名的 5C 模型、5P 模型和 CAMEL 模型等。此类评估方法主要是设定信用评价指标，然后对客户的信用信息采用主观量化打分。例如 5C 评估模型主要评估借款人的品质（character）、偿付能力（capacity）、资本实力（capital）、担保品价值（collateral）和所处的商业经济环境（conditions）五个要素，CAMEL 评估模型主要评估借款人的资本充足率（capital adequacy）、资产质量（asset quality）、管理水平（management）、收益状况（earnings）和流动性（liquidity）五个要素。这类方法要求评估人员具有较强的职业素养和判断能力，评估结果极易受到个人主观因素的干扰。

（2）在统计分析阶段，信贷机构开始将各种信用风险指标（如财务比率）作为解释变量，将借款人的违约概率或相关指标作为被解释变量，通过构建统计模型的方式定量评估借款人的信用风险。爱德华·阿特曼（Edward Altman）在 1968 年通过多元回归分析方法构建了包含 5 个财务指标的 Z-score 模型，并通过计算企业的 Z 值来评估企业的信用风险。阿特曼经过统计分析，最后确定了 Z 的临界值，如果上市企业的 Z 值 <

1.8，或者非上市企业的 Z 值 <1.23，则该企业属于破产组，信用风险很大；如果企业的 Z 值 >2.99，则该企业属于安全组，信用风险较小。阿特曼在 1977 年对 Z-score 模型进行改进，将模型的解释变量从 5 个扩展为 7 个，提出了 ZETA 评估模型。此外，通过 Logistic、Probit 和 KMV 等模型评估借款人违约概率的方法也得到广泛应用。基于统计分析方法的信用风险评估从本质上来说就是用历史信用数据建立统计模型，然后对未知信用状况的用户进行回归预测，最终得出用户的违约概率。在这个阶段，信贷机构从基于经验的定性分析转向基于数据的定量分析，让信用风险评估趋于客观。但统计分析模型主要涵盖的是借款人财务指标，而未涵盖非财务指标，同时模型只能针对传统结构性数据建模，无法处理非结构性数据，模型参数的设置也对历史数据依赖度高，缺乏自主调整能力，最终导致模型的评估精准度不够理想。

（3）在大数据分析阶段，客户信息数据得到爆炸式增长，信用数据资源类型愈加繁复多样，传统的统计分析模型已无法适应大数据处理要求，而机器学习、深度学习等人工智能分析技术在处理大数据时具有独特优势，该技术能够处理高维和多变量数据，并在复杂和动态环境中提取数据中的隐藏关系，因此被越来越多的信贷机构在信用风险评估领域加以推广应用。所谓机器学习，就是让计算机通过自主学习，发现大量数据中存在的规律，从而获得新知识和经验，提高计算机智能的技术。机器学习包含多种学习模型，根据学习形式的不同，可以分成三种，分别是监督学习、无监督学习和半监督学习。每种学习模型都包含多种算法。例如监督学习主要被用于解决分类和回归的问题，常见算法有决策树算法、人工神经网络算法、支持向量机算法、朴素贝叶斯算法、随机森林算法等；无监督学习主要用于解决聚类和降维问题，常见算法有聚类算法、降维算法等；半监督学习是监督学习与无监督学习相结合的一种学习方法，该学习方法既使用标记数据也使用未标记数据，来进行模式识别工作，常见算法包括自训练算法、半监督支持向量机算法、基于图的半监督算法等。在信用风险评估领域，信贷机构通过机器学习技术，可以让计算机对信用大数据进行自主分类，发现数据变量与信用风险之间的模式规律，并对客户信用风险提出进一步预测。用该技术构建的信用评估模型具有自我演进能力，只要获得的数据越多，模型的准确性就会越高。

4. 人工智能算法

1）人工智能算法的含义及特点

人工智能算法不等同于人工智能，但却是人工智能最核心的组成部分。2018 年，英国人工智能委员会发布的《英国人工智能发展的计划、能力与志向》报告中将算法定义为："用计算机时执行计算或解决问题的一系列指令，它们构成了计算机可以执行的所有事情的基础，是所有人工智能系统的基本方面。"2019 年，欧盟发布的《可信赖人工智能伦理准则》对人工智能的表述是："人工智能系统是人类设计的软件（也可能是硬件）系统，在给定一个复杂目标的情况下，通过数据采集感知其环境，解释采集的结构化或非结构化数据，进行知识推理，处理从这些数据中获取的信息，并决定既定目标的最佳措施，以最终在物理或数字方面采取行动。AI 系统可以使用符号规则或学习数字模型，也可以通过分析环境受先前操作的影响来调整其行为。"该表述中的人工智能感知、解释、推理、处理信息、决定最佳措施及数字方面采取行动的过程其实都是算法作用的过程。因此，人工智能算法又被业界称为人工智能的核心和灵魂。目前该类算法技术具有以下四大特点。

（1）类人性。人工智能算法其实就是模仿人脑思维的复杂过程，它以模仿和替代人类思维过程作为技术发展目标。人工智能算法的分类、排序和决策等功能均是模仿和替代人类思维的过程。

（2）复杂性。为了让计算机能更好地识别世界的复杂性，人工智能算法的内部结构也变得异常复杂。人工神经网络模型可以有数百万个人造神经元，深度达到了几十层，而且算法过程是动态的，其规则在新的数据模式中不断发生变化，同样的问题在时间1所输出的结果，有可能与时间2所获得的结果没有相似之处，这种动态性使算法本身变得更加复杂。

（3）不透明性。因为算法本质上并不具备专利或作品的属性，专利权和著作权均无法对其实行有效的保护，因此算法权利人想占有算法而不受其他主体的侵犯，只有通过技术秘密的形式将其置于屏障之内，这是算法"黑箱"属性产生的最主要根源。人工智能算法的"黑箱"属性使算法输入与输出结果之间的运行过程难以被人类所知晓，由此而造成算法输出的正确性难以被验证，即使出现了显而易见的侵权结果，法律上对侵权责任主体亦难以确定。

（4）危害性。算法的危害性主要有两种表现：一是算法出错，以低概率犯下严重错误。金融领域的算法出错可能会导致金融机构和投资者遭受巨大财产损失。二是算法运行过程和结果缺乏法律规制而导致的偏差，会造成可能较小但长期而又广泛的危害。例如，算法所使用的数据是通过长期广泛地侵害公众隐私权而获得的，算法结果可能存在歧视或侵犯到算法受众的知情权。虽然这些危害有时候不如算法出错时的危害那么明显和严重，但对这些广泛性损害的长期放任将会导致公众的法律权益被逐渐侵蚀。

人工智能算法的危害性意味着国家有必要将其纳入监管范围，以确保其符合金融机构利益之余，同时具备安全性和规范性。它的复杂性和不透明性导致一般人根本无法评估它，这项工作必须通过专业监管机构来完成。

2）人工智能算法规范

为全面提升人工智能技术在金融领域的应用和管理水平，推动金融与科技深度融合协调发展，中国人民银行在2021年印发了《人工智能算法金融应用评价规范》。该规范针对当前人工智能技术应用存在的算法"黑箱"、算法同质化、模型缺陷等潜在风险问题，建立了人工智能金融应用算法评价框架，从安全性、可解释性、精准性和性能等方面系统化地提出基本要求、评价方法和判定准则，为金融机构加强智能算法应用风险管理提供指引。AI算法规范内容框架图如图5-3所示。

（1）人工智能算法安全性要求。人工智能算法安全性为算法在金融行业应用提供安全保障，是决定算法是否可用的基础，只有在满足安全性的前提下才能在金融领域开展应用。人工智能算法安全性要求包含目标函数安全、算法攻击防范能力、算法依赖库安全、算法可追溯性、算法内控等内容。

目标函数的安全要求包括：目标函数不应存在偏见歧视，算法表达能力应充分，目标函数运算成本应符合实施要求。

算法的攻击防范能力要求包括：能有效防范窃取攻击、药饵攻击、闪避攻击、模仿攻击、逆向攻击、供应链攻击和后门攻击，防止数据或模型在传输、储存环节被窃取或篡改，保障数据隐私，避免用户敏感信息泄露。

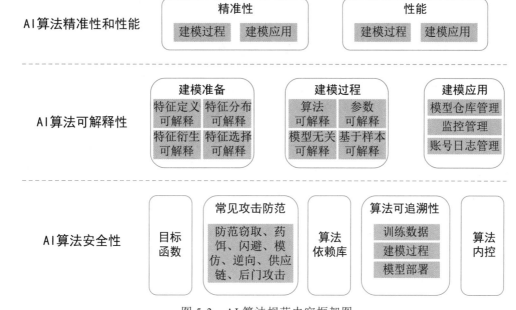

图 5-3 AI 算法规范内容框架图

资料来源：中国人民银行 . 人工智能算法金融应用评价规范：JR/T 0221—2021[S].2021.

算法依赖库安全要求包括：应对开源学习框架及依赖库的安全性进行评估，并定期开展算法所用开源框架及依赖库的内部审计。

算法可追溯性要求包括：训练数据可追溯，建模过程可追溯，算法部署可追溯。

算法内控要求包括：实施全流程技术管理，建立算法上线前的内部评审机制、算法日常监测体系、退出处置机制和全面记录机制；实施严格的风险管理，建立算法突发情况应急处理机制、算法道德风险防范机制和风险赔偿机制，并能向用户充分提示算法的固有缺陷和使用风险。

（2）人工智能算法可解释性要求。人工智能算法可解释性是判断算法是否适用的重要依据，算法的内在逻辑、技术实现路径、决策过程、预期目标越明确，算法的可解释性就越高，就越容易被理解和应用管理。人工智能算法的可解释性应当体现在算法建模准备、建模过程和建模应用三个阶段。

在建模准备阶段，应确保算法的特征定义、特征分布、特征衍生、特征选择过程、特征选择逻辑依据等满足相关业务逻辑和规则，具备合理性，并在系统中有明确可查的记录。

在建模过程阶段，要对模型涉及的各种算法进行必要性说明，对算法规则进行可解释性说明。算法参数的定义应符合业务逻辑，对算法参数和超参数有明确定义，并有明确的参数调整依据和参数调整能力。算法基于的代表性样本或非代表性样本以及有影响力的样本均应能够解释算法模型。

在建模应用阶段，一要对模型仓库进行管理，确保系统能从模型仓库中方便地调取、查阅每个模型的要素，每个模型和不同版本的模型均在系统中有备份、可回溯；二要对已上线的算法模型提供必要的监控，监控模型运行的状态、异常报警情况、特征变量波动情况等；三要对构建算法模型的账号实现安全管理，并能根据建模账号追踪到具体建模人员；四要提供必要的系统日志管理，对模型构建和操作过程进行必要的记录。

（3）人工智能算法精准性和性能要求。人工智能算法的精准性和性能是评价算法应用效果和目标预期的主要因素，一般而言，精准性和性能越高，算法应用效果越好。人工智能算法的精准性和性能要求体现在建模过程和建模应用两个阶段。

算法精准性要求包括：建模过程中，模型算法在线下训练时应能达到算法精准性评估指标要求，如资金类场景的二分类算法在测试集上的 AUC（Area Under Curve）值应该不低于 0.75；模型应用之后，模型的线上预测效果也能达到和线下训练时同样的精准性评估指标要求。

算法性能要求包括：建模过程中，模型训练总时长不得超过 1 天；模型应用后，实时系统的单条预测响应时间、批量预测响应时间，以及系统的 QPS（queries per second，每秒查询率）值和 TPS（transactions per second，每秒处理的事务数）值均应符合对应的指标参数标准。

（二）AI 授信额度审批

1. AI 授信额度审批的概念及流程

信贷机构经过对客户进行用户画像分析和信用风险评估，确认客户具有申请贷款的资质之后，则会为其批复一个具体的授信额度。所谓授信额度审批，就是信贷机构通过综合考量客户的信用风险、还款能力等多项因素，给客户批复最高可贷资金额度的贷款决策过程。传统小微信贷业务的授信额度审批是通过人工作业来完成的。首先由审批人对贷款客户的还款能力、还款意愿、贷款情况等信息进行综合分析，确定对该客户的最高授信额度，再由客户经理将确定的授信额度告知客户并向其推介信贷产品。这种审批模式受审批人员主观意愿的影响较大，而且审批速度较慢，难以很好地满足小微客户"短、频、快"的资金需求。

随着数字小微信贷业务的兴起，不少信贷机构通过接入客户信用大数据，借助云计算技术和人工智能技术，建立量化的授信审批决策模型，将授信额度审批转为机器人自动化操作，以减少人工干预，提高审批的客观性、准确性和审批效率。

AI 授信额度审批的流程大致如下：AI 机器人首先通过大数据分析，完成客户的信用风险评估，获得客户的信用评分评级数据。如果客户的信用评分评级结果过低，不满足贷款申请准入门槛，AI 机器人则会拒绝该客户的贷款申请。反之，则会将该客户的信用数据进一步导入授信额度审批模型，计算出特定客户的具体授信额度，同时通过信贷产品智能推荐模型，为客户筛选出具体信贷产品，并将推荐产品和授信额度信息一起反馈给客户。

2. 授信额度审批模型

授信额度审批模型通常以评分模型为基础，通过多项指标对借款人的还款能力和还款意愿进行综合评价与分层，实现基于信用风险的差异化授信。为了更精准地反映不同因素对于授信额度的作用，客户的授信额度一般是由基础授信额度模型和额度调整因子模型综合确定。最终的授信额度公式为

$$授信额度 = 基础授信额度 \times 额度调整因子$$

基础授信额度模型涵盖多个影响客户授信额度的核心指标变量，如客户信用风险指标、还款能力指标、经济稳定性指标等。信用风险指标的取值由客户信用评分评级结果转化而来。还款能力指标是通过内外部数据推算出的客户收入，如每月营业额、银行账户流水数据、每月税费缴纳数据等，这是授信模型的核心变量。经济稳定性指标是指客户收

入、还款能力的稳定性，可通过观测一段时间内客户的收入、还款能力等财务指标的波动方差来界定。

额度调整因子模型涵盖核心指标之外的其他可能会影响授信额度的指标变量，如竞争风险指标和动支概率指标等。竞争风险指标是指同业之间因为额度竞争导致客户流失的风险，通常取自央行征信报告中其他信贷机构给客户的综合授信额度，如 A 机构给客户 10 万元的授信额度，如果 B 机构只给客户 8 万元额度，那么 B 机构可能面对客户流失风险。动支概率指标用于衡量客户在一段时间内使用贷款资金的概率，如 7 天内使用贷款资金的概率，该指标可反映客户对资金使用的紧迫度。

各种模型的开发应用都需经过模型开发、模型训练、模型审定、模型运行、模型评估和模型优化六个阶段。不同信贷机构在构建审批模型时采用的指标不尽相同，需注意的是，应当确保基础额度模型和各额度调整因子模型之间的相关性不可过大，否则会影响最终授信额度的精准度。为此，不同模型不可采用同类指标变量，而且各指标变量的相关系数绝对值阈值应控制在 0.3 以内。

行业视窗 5-7

首批 AI 信贷审批员来了：可识别 26 种证件凭证，与人工审核一致性达到 80%

四、贷后业务

（一）贷后风险监测与预警

1. 基于大数据的贷后风险监测

信贷业务的风险管理是贯穿信贷业务全生命周期的。它既包括贷前的风险识别、贷款门槛准入，贷中的信用风险评估、贷款审批、贷前条件落实，也包括贷后风险监测、风险预警，以及贷款质量划分和不良贷款的处置等。

在传统业务模式中，贷后风险监测主要通过客户经理贷后检查以及财务人员对还款账户定期监测等方式来实现。但是这种风险监测方式存在一些问题，一是客户经理本身业务压力较大，当服务的客户较多时，容易分身乏术，有些客户经理将主要精力放在贷前营销和贷中业务办理上，而对贷后检查工作马虎应付，导致贷后风险监测的质量和覆盖率不够高；二是传统风险监测对人工依赖度较高，耗时耗力，经济效率不高；三是风险监测的信息来源渠道少，间隔周期长，无法做到实时高频监测，对客户全景动态信息的采集和触达效果不佳，并不能很好地解决贷后信息不对称问题。

在数字小微信贷模式下，信贷机构开始借助大数据、物联网、区块链、人工智能等金融科技，构建 7×24 小时贷后风险智能监测系统。

智能监测系统首先需要接入信贷机构内外部海量大数据。内部数据主要包括客户结算账户交易流水、贷款资金流向、还款记录、其他贷款、理财产品投资等。外部数据包含四大部分：一是客户供产销经营数据，如日常存货采购、库存、开工率、销售量、主要交易对手的交易数据和定期的财务报表等；二是客户经营环境数据，如宏观经济、社会舆论、

所处行业景气度、行业政策等；三是公共部门共享数据，如工商信息、环保测评、法院诉讼、水电气缴纳、税费缴纳、征信报告等数据；四是相关交易对手数据，如上下游供应商和经销商数据、担保人数据等。

由于接入的数据种类繁多，监测系统需要分模块建立模型进行实时追踪分析。可建立的模型包括客户经营状况监测模型、客户财务状况监测模型、贷款质量监测模型、经营环境监测模型和社会舆情监测模型等。客户经营状况监测模型主要监测主要经营者、管理层和主要股东的信息变化，以及客户在供产销环节的经营数据；客户财务状况监测模型主要监测客户的还款能力、盈利能力、运营能力、发展能力和现金获取能力等各类财务指标；贷款质量监测模型主要监测客户贷款资金流向、还款情况、抵质押物情况、担保人情况、征信报告等信息；经营环境监测模型主要监测客户所面临的宏观经济景气度、行业景气度，上下游主要供应商和经销商的经营情况，以及其在水电、税务、市场监督管理、司法和生态环境部门等各类公共系统的动态信息；社会舆情监测模型主要监测与客户相关的社会舆情信息。通过不同监测模型的监测分析结果，信贷机构可以对客户贷后的还款能力和还款意愿形成全景动态的画像描述。贷后风险智能监测与风险预警流程如图 5-4 所示。

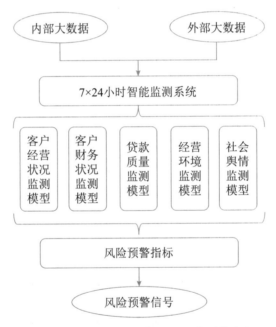

图 5-4　贷后风险智能监测与风险预警流程

2. 基于大数据的贷后风险预警

信贷机构借助人工智能和大数据技术等金融科技，可实现贷后风险预警的数字化和智能化。信贷机构在贷后风险智能监测系统中针对各类可能导致贷款逾期的潜在风险因素，预设风险预警指标，设定指标阈值，当指标值超出预设阈值时，智能监测系统就会自动发出预警信号，提醒信贷机构及时介入，采取恰当的风险处置措施，减少贷款风险损失。

要做好智能化贷后风险预警，首先要构建科学可行的预警指标体系，在选取贷后风险预警指标时，须遵循以下原则。

（1）相关性，所选择的预警指标应当和客户的信用风险具有较强的相关性，这样才能确保所选指标具有预警作用。

（2）全面性，信贷机构应该通过历史数据、逾期案例，充分挖掘、识别造成贷款逾期的风险因素，确保选取的预警指标尽量覆盖各种风险因素，具有足够的深度和广度，能对客户的贷后信用风险有较全面的反映。

（3）可操作性，选取的指标含义应当简洁明了，预警指标对应的数据信息应当容易获取，风控部门才能对所采集数据进行监测分析。

（4）可比性，指标的数据来源渠道很多，所以统计口径需要保持科学性和一致性，确保指标数据能在不同维度上做横向和纵向比较分析，发现异常信号。

（5）开放性，信用风险的监测和管理需要不断完善地工作，信贷机构建立的预警指标体系不应该一成不变，而是应该随着数据分析技术的进步和经济环境的改变而不断优化调整，力求更充分、高效地反映贷款的各种潜在风险。

信贷机构可根据自身获取的具体数据构建对应的预警指标体系，获得的监测数据越多，能构建的预警指标体系就越完善，大型信贷机构的预警指标可达百十个甚至几百个。与风险监测模型相对应，预警指标体系也可以分成五个模块：客户经营状况预警指标、客户财务状况预警指标、贷款质量预警指标、经营环境预警指标和社会舆情预警指标。预警指标既有定性指标也有定量指标，每类预警指标均可设置具体的细项指标，设定指标的预警信号阈值，设置方法可参照本书项目四任务四的相关内容，在此不再赘述。

活动拓展 5-5

请以小组为单位，选择其中一个模块的预警指标，尝试为信贷机构设计细项预警指标，设定指标的预警阈值，并向其他同学展示说明。

（二）贷款回收与不良贷款清收

如上所述，贷后风险智能监测系统除了具备风险实时监测和风险预警功能之外，还可对客户的还款情况、逾期天数等大数据进行智能追踪，将贷款质量分为正常、关注、次级、可疑、损失五个级别。

对于正常贷款，AI 机器人会在还款日之前 10～15 天通过手机短信、微信公众号、电子邮箱或 App 等渠道向客户自动发送还款提示短信，提供多样化的还款通道，并为无障碍还款提供便利，帮助客户维持良好的借贷习惯。

对于逾期贷款，AI 机器人也有系统的清收方案，一般会根据贷款逾期天数不同采取对应清收策略。根据央行征信中心的标准，逾期每 30 天为一个等级，央行征信中心用 7 个等级来量化逾期的严重程度，逾期 1～30 天标记为 1，逾期 31～60 天标记为 2，逾期 61～90 天标记为 3，以此类推，逾期 151～180 天标记为 6，逾期 180 天以上标记为 7。

对于逾期 1～7 天的客户，信贷机构通常采取短信催收和征信上传等清收策略。AI 机器人会通过手机 App、微信公众号等多个信息渠道向客户自动发送催收短信，告知客户基本逾期信息。此外，系统会为客户预设还款宽限期，宽限期过后，AI 机器人会将客户的逾期信息发送人民银行征信中心，并向客户发送征信提醒短信，这既是一种有力的施压手段，也是监管的要求。

对于逾期 8 ～ 60 天的客户，通常采取电话催收策略。电话催收目前有两种方式：一是人工电话催收；二是人工智能机器人催收。随着信贷业务量的剧增，人工电话催收方式面临越来越多的挑战，如催收业务压力大、合规风险高、人员流失频繁、员工培养周期长、熟练员工供不应求、座席扩容成本高等。随着人工智能技术的日渐完善，不少信贷机构开始采用智能机器人代替人工外呼催收。智能催收机器人通过先进的区分性训练进行语音建模，具有很强的自然语音识别能力，能实现与客户多轮流畅对话，并能将对话内容实时转换为文字加以记录。机器人还能根据与客户的交互节点实时判断客户的还款意愿，并生成相应的用户画像标签，交互节点包括客户是否正常接听、对话轮次、接听时长、客户语气、用词等。此外，智能机器人不会有情绪波动问题，不会与客户发生争执，保证话术符合规范，可以避免催收过程的合规风险。

对于逾期 60 天以上的客户，信贷机构通常采取上门催收、贷款重组、司法催收等传统策略，具体可参照本书项目四任务四的相关内容，在此不再赘述。

行业视窗 5-8

高效、合规催收，智能催收机器人是怎么做到的？

知识自测 5-3

（1）请描述数字小微信贷的业务流程。

（2）请阐述小微信贷业务中用户画像的含义及具体操作流程。

（3）信用信息数据治理的内容有哪些？

（4）人民银行对金融机构人工智能算法的规范要求包括哪些内容？

（5）请描述数字小微信贷的贷后风险监测和风险预警操作流程。

即测即练

项目五重点知识回顾

学习目标一：认知数字小微信贷

（1）数字小微信贷就是用新一代互联网技术以及大数据、物联网、区块链、人工智能、云计算等新型现代技术对传统小微信贷的管理流程和业务流程进行重塑优化后产生的一种互联网化、数字化的小微信贷模式。

（2）数字小微信贷的发展是降低小微客户融资门槛、降低融资成本的必然要求，是信贷机构降低经营成本、提高贷款效率的必然选择。

（3）与传统小微信贷相比，数字小微信贷具有以下几点特征和优势：对现代金融科技的应用度更高，业务的可触达性和覆盖率更高，业务效率更高，成本更低，业务风控能力显著增强。

（4）我国数字小微信贷的发展呈现出四大特征：信贷技术不断升级优化，业务模式转向线上化、数字化，信用信息数据的资产化和整合共享，信贷风控系统智能化。

学习目标二：认知金融科技在数字小微信贷领域的应用

（1）金融科技英译为 FinTech，是 financial technology 的缩写，可以简单理解成为 finance（金融）+technology（科技），是技术驱动的金融创新，它以技术为手段，金融创新为目标。

（2）狭义的金融科技是指应用于金融行业的科学技术，而广义的金融科技是指新兴科技在金融业务领域的一切创新应用，以及由此产生的新型金融业态模式。

（3）金融科技在全球金融领域的发展大致经历了三大阶段。其中，金融科技 1.0 阶段是金融信息化阶段，金融科技 2.0 阶段是互联网金融阶段，金融科技 3.0 阶段是金融和科技深度融合阶段。在 3.0 阶段，金融机构和科技公司通过大数据、云计算、人工智能、区块链等新一代信息技术来颠覆传统的金融信息采集处理方式、风险管理和风险定价模式、投资决策模式以及金融业务运营管理模式等，使金融行业快速走向智能化，无人银行、开放银行、数字货币、大数据征信、智能投顾、智能客服等金融新业态成为现实，金融效率得到全面提升。

（4）在金融科技领域被公认的核心技术又被业界简称为 ABCD 技术，分别指的是人工智能、区块链、云计算和大数据技术。其中，云计算是部署金融机构信息系统的基础设施，大数据是各类信息要素资源，区块链技术能实现数据可信与交易可信，人工智能的核心是数据、算力和算法。基于"云计算＋大数据＋区块链"技术的人工智能系统将真正实现金融的智能化，推动金融交易模式、交易流程的创新。

（5）人工智能是计算机科学的一个分支，它将人的智能延伸到计算机系统，具体包括图像识别、语言识别、自然语言处理、机器学习、知识图谱等。目前，该技术的应用贯穿了数字小微信贷业务的贷前、贷中和贷后全生命周期，能够在贷款审核、信用评分、用户体验优化等方面发挥重大作用。具体应用包括客服机器人、信贷产品营销预测、智能信用评级、智能反欺诈等。

（6）区块链技术又称分布式账本技术，是一种互联网数据库技术，其特点是去中心化、公开透明，让每个人均可参与数据库记录，另外还具有不可篡改、匿名性等特点。该项技术在小微信贷领域的应用主要包括：安全可追溯的信用数据库、链接各大经济部门和监管部门的大数据网络、超大量的信贷风险评估和监测维度等。

（7）云计算技术是分布式计算、效用计算、负载均衡、并行计算、网络存储、热备份冗杂和虚拟化等多项计算机技术混合演进而成的综合计算技术，它的核心概念就是以互联网为中心，在网站上提供快速且安全的云计算服务与数据存储，让每一个使用互联网的用户都可以使用网络上的庞大计算资源与数据中心。在小微信贷领域，云计算技术的主要应用有两点：一是降低信贷机构的数据处理成本，提升其数据处理能力；二是构建智能金融云生态圈，实现智能获客。

（8）大数据技术就是从海量的结构数据和非结构数据中快速获得有价值的信息并加

以应用的技术，该技术的体系庞大且复杂，具体包含大数据采集、大数据预处理、大数据存储及管理、大数据分析及挖掘、大数据展现和应用、大数据安全等各项关键技术。在数字小微信贷领域，大数据技术的具体应用场景主要包括：大数据精准营销、大数据客户服务、大数据信贷风险管理和风险定价、大数据运营管理等。

📖 学习目标三：办理数字小微信贷

（1）数字小微信贷的业务流程在逻辑上与传统小微信贷一样，也可分为贷前、贷中和贷后三大阶段。不同的是，数字小微信贷通过借助 AI、大数据、云计算等金融科技，在各个环节减少了人工干预，转而由客户通过电脑客户端或手机 App 与 AI 机器人进行交互作业完成大部分操作。

（2）用户画像本质上是将用户数据组合成数据特征，从而形成用户的数据模型，它通过分类、聚类、关联等方法，深度分析与用户相关的数据，描述用户兴趣的特征和潜在偏好。通过用户画像，信贷机构以用户标签的形式展现客户的具体信息，实现客户特征的多维度展示和差异性客群的细分，为准确洞察客户基本情况、风险等级、预估客户消费偏好、风险偏好等提供了科学的数据基础，成为信贷机构开展精准营销的前提关键。

（3）用户画像所需的大数据来源主要有信贷机构的内部金融数据和外部数据。用户画像的操作可以分为四个步骤，分别是：明确画像目的、数据采集整理、画像建模和画像动态更新。

（4）数字经济时代的精准营销是指通过结合定量和定性的方法对目标市场中的客户群体进行的详细分析，洞察客户不同的消费者心理和行为特征，利用数字化技术手段，针对目标市场中的不同客户群体实现高效、精准、个性化的线上线下相结合的立体式营销。

（5）为了充分利用用户画像数据，信贷机构需要搭建智能化的精准营销系统，该系统由精准营销算法模型以及立体式多维营销平台组成，具备搜客引擎、客户查询和营销预测等功能。通过搜客引擎和客户查询，前期用户画像所形成的群体画像和个体画像数据可以直达信贷机构的中层业务管理者和基层客户经理。中层业务管理者可通过设置客户标签组合，锁定特定客户群体，作为信贷营销活动策划的焦点；基层客户经理可通过客户查询功能定位客户，在营销之前充分了解客户，提高营销成功率。

（6）目前信贷机构的 AI 机器人主要是运用生物识别技术对人体固有的生理特征（如人脸、指纹、虹膜、视网膜、语音等）和行为特征（如签名笔迹等）进行识别校验。每种生物特征在用作身份校验时都各具优缺点，具体可通过七个指标加以衡量，分别为：普遍性、特异性、稳定性、易采集性、识别性能、可接受性和受影响性。

（7）越来越多的小微信贷机构开始应用 AI、大数据、云计算等金融科技打造"智能信贷风控系统"，在贷中环节借助特定算法和信用评分模型分析客户的金融大数据，对客户进行信用风险评分评级，完成对客户风险水平的甄别。在 AI 信用风险评估过程中，信用数据、信用风险指标体系和人工智能算法是必不可少的三大核心要素。

（8）AI 授信额度审批的流程大致如下：AI 机器人首先通过大数据分析，完成客户的信用风险评估，获得客户的信用评分评级数据。如果客户的信用评分评级结果过低，不满足贷款申请准入门槛，AI 机器人则会拒绝该客户的贷款申请。反之，则会将该客户的信用数据进一步导入授信额度审批模型，计算出特定客户的具体授信额度，同时通过信贷产

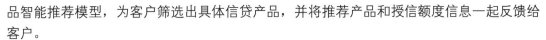

品智能推荐模型，为客户筛选出具体信贷产品，并将推荐产品和授信额度信息一起反馈给客户。

（9）在数字小微信贷模式下，信贷机构开始借助大数据、物联网、区块链、人工智能等金融科技，构建 7×24 小时贷后风险智能监测系统。智能监测系统需要接入信贷机构内外部海量大数据。由于接入的数据种类繁多，监测系统需要分模块建立模型进行实时追踪分析。可建立的模型包括客户经营状况监测模型、客户财务状况监测模型、贷款质量监测模型、经营环境监测模型和社会舆情监测模型等。

（10）信贷机构借助人工智能和大数据技术等金融科技，可实现贷后风险预警的数字化和智能化。信贷机构在贷后风险智能监测系统中针对各类可能导致贷款逾期的潜在风险因素，预设风险预警指标，设定指标阈值，当指标值超出预设阈值时，智能监测系统就会自动发出预警信号，提醒信贷机构及时介入，采取恰当的风险处置措施，减少贷款风险损失。

第三篇

小微信贷提高篇

项目六　评估小微信贷业务风险

项目目标

知识目标

- 能清晰描述小微信贷风险评估的内涵和基本维度。
- 能阐述小微信贷风险评估的特点。
- 能阐述信用要素分析法的内涵。

能力目标

- 能基于客户信息评估信用风险。
- 能基于贷款信息评估信用风险。
- 能基于客户征信记录评估信用风险。
- 能基于财务信息评估企业信用风险。
- 能通过交叉检验识别客户信息的可靠性。
- 能按传统业务模式评估客户信用等级。

价值塑造目标

- 通过辨析征信风险案例，加强学生对征信重要性的理解，提升学生的诚信意识，教育学生洁身自好，通过自身辛勤劳动和努力奋斗，维护好自身征信。
- 通过学习小微客户创业案例，帮助学生树立实干兴邦，通过自身奋斗，振兴乡村经济和实体经济的思想理念。
- 通过辨析信贷风险案例，进一步加强信贷从业者的风险防控意识。
- 通过辨析信贷风险案例，帮助学生进一步树立正确的人生观、价值观和金融职业道德规范。

项目任务

- 任务一　认知小微信贷的信用风险评估
- 任务二　基于客户信息评估信用风险
- 任务三　基于贷款信息评估信用风险
- 任务四　基于客户征信记录评估信用风险
- 任务五　基于财务信息评估企业信用风险
- 任务六　交叉检验客户信息的可靠性

●任务七　评估客户信用等级

任务一　认知小微信贷的信用风险评估

任务要点

"微"课堂　"微"讲义

● 理解小微信贷信用风险评估的基本维度
● 阐述小微信贷信用风险评估的特点
● 阐述 6C、5P 等常见的信用要素分析法的含义
● 识别小微信贷业务中常见的重大风险点

学习情境

主管告诉小邓，在办理信贷业务的时候，最重要的就是要准确评估客户的信用风险，将违约率高的劣质客户剔除掉，将违约率低的优质客户留下。但是小邓对此比较犯愁，因为客户所提交的信息材料很多，他经常面对一沓客户资料，不知道从何评估起。

小邓在想，在评估客户信用风险的时候，有没有一个固定的模式可以遵循？这样他的工作思路就不会凌乱。另外，关于客户或抵质押物的信息有很多，我们应该如何逐一评估这些材料背后的风险高低呢？

课前思考

（1）你知道怎样评估一笔贷款业务的风险大小吗？

（2）我们可以从哪些维度评估一笔贷款业务的信用风险？

（3）评估信用风险时，重点要评估哪些风险要素？

一、信用风险评估的基本维度

一笔贷款的安全性是债务人能够履行合同义务、贷款能被按时足额收回的可能性。维持债权的健康并有效回收发放的款项及利息，是信贷机构得以可持续性发展的真正保障，要求信贷机构对信用风险进行评估，避免错误地选择不良客户作为贷款对象。因此，信用风险评估是贷款评估与决策工作的核心。

一笔贷款的风险评估即是基于这笔贷款的条件对信贷客户信用的评价，它不仅要求对客户自身的偿债能力与偿债意愿作出分析，还要求贷款条件在合理合规的基础上，与客户的能力和意愿相匹配，如图 6-1 所示。

图 6-1　信用风险评估的基本维度

借款人的偿债能力是其履约的客观条件，最终由其财务状况决定；借款人的偿债意

愿则是其履约的主观条件，一般通过与其信誉相关的信息来判断。偿债意愿的分析是十分重要的，缺乏偿债意愿会导致借款人即使在有能力偿还贷款的时候，也可能"有钱不还"；如果借款人看重自己的信誉，具备非常强烈的偿债意愿，那么即使到期用于还款的现金流出现短缺，借款人也会积极寻求其他现金来源归还已到期的小额贷款本息。如图 6-2 所示。

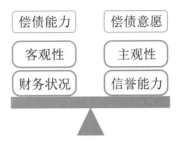

图 6-2 偿债能力和偿债意愿的区别

因而，在风险评估工作中，信贷人员应在判断客户是否具备良好的信用及还款意愿的基础上，评估客户（及其家庭成员）经济收入是否稳定和充足，是否具备良好的还款来源，包括第一、第二还款来源。

行业视窗 6-1
如何评估客户的还款意愿

拓展阅读 6-1　小微信贷机构的不良客户

小微信贷机构的不良客户主要是指那些在贷款市场中根本不具备到期还款能力或本身还款信誉存在不良的客户（主要指那些用尽第一还款来源与第二还款来源后，仍无法偿还或不愿偿还贷款本息的客户）。小微信贷机构如果选择对错误的贷款对象发放了贷款，不但会增加自身的债权管理成本，还有可能因贷款客户不愿履约或不能履约而使其遭受贷款本息的损失。因此，只要小微信贷机构对某一个根本不具备还款能力与良好还款信誉的贷款申请人发放了小额贷款，那么无论后续的贷后管理工作做得多好，都会无法有效控制因错误的放贷行为而引发的风险。

二、小微信贷信用风险评估的特点

传统信贷业务主要依靠资产保证和财务报表分析，但小微信贷客户往往缺乏传统信贷可接受的资产保证，也缺乏财务信息或财务信息未被规范记录。很显然，若仅遵照传统信贷技术进行风险评估，很难适应小微信贷的需要。概括而言，小微信贷的风险评估具有以下几个特点。

1. 以客户个人品质与现金流分析为核心

小微信贷信用风险评估应重点把握客户的第一还款来源，以分析个人品质和现金流为核心。

一方面，注重客户个人品质的分析。相比传统信贷对偿债能力的注重，小微信贷首要考虑的因素则是客户的"品性"，是客户的偿债意愿。

另一方面，注重客户现金流的分析。相对于传统信贷客户，小微信贷客户的经济规模较小，其财务相对简单，信贷人员应着重分析贷款到期前客户的预期现金流情况，必要时应为客户编制简易的财务报表进行分析。此外，针对小微信贷客户经济活动与家庭息息相关的特点，尤其对于个体工商户和农户等，在信用风险评估时，要将客户整个家庭作为一个"经济单位"来确定其现金流。

2. 更多依赖"软信息"的分析与关系型借贷技术

在缺乏传统信贷决策所依据的客户信息时，小微信贷人员需要更多依赖软信息的分析和关系型借贷技术来了解客户，克服信息不对称的问题，作出合理的贷款决策。

软信息是只可意会的一类信息，无法标准化或以书面形式准确传递和归纳，是非正式的、模糊的、推断的、知觉的，比如社会信誉和形象、人格品质、企业客户的满意度、供应商关系及客户对贷款用途的解释等。而硬信息是指有较为标准化的格式和内容，可以言传、易于量化和检验的信息，通常可以书面形式在客户和信贷机构之间准确传递，比如财务报表、信用评级、担保信息、经营预算等。如图 6-3 所示。

硬信息是有较为标准化的格式和内容，是可以言传、易于量化和检验的信息，通常可以书面形式在客户和信贷机构之间准确传递，比如财务报表、信用评级、担保信息、经营预算等

软信息是只可意会的一类信息，无法标准化或以书面形式准确传递和归纳，是非正式的、模糊的、推断的、知觉的，比如社会信誉和形象、人格品质及企业客户的满意度、供应商关系等

图 6-3 软信息与硬信息的区别

小微信贷业务的性质和对软信息的需求，使信贷机构需要更多地使用关系型信贷技术，基于与客户群体或客户所在的行业和社区的长期接触，从多种渠道获取其相关信息以支持信贷决策、管理和风险控制。信贷机构与客户之间长期稳定的关系以及深度的直接接触都能使关系型借贷达到更好的效果。这里列举两种比较典型的关系型借贷技术应用方式。

（1）"熟人经济"。一些小微信贷机构以亲戚、朋友、合作伙伴关系所形成的"熟人圈"作为客户对象，并据此进行授信决策，采用信用方式或熟人保证担保的方式发放贷款，有效地解决了信息不对称和道德风险问题，并可以实现贷款业务的低成本、高效率和灵活性。

（2）"供应链"融资。有的小微信贷机构以当地某个产业群体内供应链上的小企业或经营者作为目标客户，有的以自身股东主营业务"经营链条"的上、下游企业为主要贷款对象。在供应链模式下，小微信贷机构也可以较低成本解决信息不对称问题，有效地控制信用风险。

软信息分析的非标准化和关系型借贷技术的运用都抬高了信贷业务的成本，但若信贷机构在平日里做好对特定客户群体、特定社区、特定行业的了解，培养出熟练专业的信贷人员，就能更好地处理具有共性的信贷业务，使每一笔信贷业务成本大大降低。

三、信用要素分析法

在信贷业务实践中，通常需要运用一套分析体系来对客户及其贷款进行评估，使用最广泛的是信贷要素分析法，如 6C、5P、5W、4F 等，如表 6-1 所示。它们将主要的评估标准——包括定性的和定量的、财务的与非财务的——提炼成关键的若干方面，便于信贷分析人员记忆和应用。小微信贷机构要根据其业务与传统信贷业务的差异对这些方法做相应调整，并针对具体业务及客户特点，选择适合的分析体系。

表 6-1　信用要素分析法一览表

分析法简称	对应分析要素
6C	借款人品德（character）、能力（capacity）、资本（capital）、担保（collateral）、环境（condition）、持续性（continuity）
5P	个人因素（personal factor）、资金用途因素（purpose factor）、还款财源因素（payment factor）、债权保障因素（protection factor）、企业前景因素（perspective factor）
5W	借款人（who）、借款用途（why）、还款期限（when）、担保物（what）、如何还款（how）
4F	组织要素（organization factor）、经济要素（economic factor）、财务要素（financial factor）、管理要素（management factor）
CAMPARI	品德，即偿债记录（character）、借款人偿债能力（ability）、企业从借款投资中获得的利润（margin）、借款的目的（purpose）、借款金额（amount）、偿还方式（repayment）、贷款抵押（insurance）
LAPP	流动因素（liquidity）、活动性（activity）、盈利性（profitability）、潜力（potentialities）
CAMEL	资本充足率（capital adequacy）、资产质量（asset quality）、管理水平（management）、收益状况（earnings）、流动性（liquidity）

信用 6C 分析法是传统的信用风险度量方法。是指由有关专家根据借款人的品德（character）、能力（capacity）、资本（capital）、担保（collateral）、经营环境（condition）和事业的连续性（continuity）六个因素评定其信用程度的方法。对信用 6C 分析法的解释如表 6-2 所示。

表 6-2　信用 6C 分析法详解表

信用要素	具体分析方法
品德（character）	每一笔信贷交易，都隐含了客户对信贷机构的付款承诺，如果客户没有还款的诚意，则贷款违约的风险就大大增加了。因此，品德被认为是评估信用最重要的因素。客户的品质可从通过查阅客户过往的信用记录进行评估
能力（capacity）	包括客户的经营能力、管理能力和偿债能力。能力越强，贷款违约风险越小

续表

信用要素	具体分析方法
资本（capital）	客户的财务实力和财务状况，表明客户可能偿还债务的背景。资本越雄厚，贷款违约风险越小
担保（collateral）	是客户在借款时作抵质押的资产或信用担保。这对于不知底细或信用状况有争议的客户尤其重要。一旦收不到这些客户的款项，债权方就可以通过处理担保品获得补偿
环境（condition）	客户运营的内部和外部环境，客户运营受环境影响越大，环境越不稳定，贷款违约风险就越大
持续性（continuity）	是指客户持续经营的可能性，这需要从客户内部的财务状况、产品更新换代，以及科学技术发展情况等的综合评价。客户持续经营的可能性越大，贷款违约风险越小

信用 5P 分析法是一种适用于企业信用分析的方法，对它的解释如表 6-3 所示。

表 6-3　信用 5P 分析法详解表

信用要素	具体分析方法
个人因素（personal factor）	主要分析：①企业经营者品德，是否诚实守信，有无丧失信用事迹。②还款意愿是否可信。③借款人的资格必须是依法登记、持有营业执照的企事业法人，产品有市场，经营有效益，在银行开立基本账户，并具有可供抵押的资产或能提供担保人。④还款能力，具体包括企业经营者的专业技能、领导才能及经营管理能力
资金用途因素（purpose factor）	资金用途通常包括生产经营、还债交税和替代股权等三个方面。如果用于生产经营，要分析是流动资金贷款还是项目贷款，对那些受到国家产业政策支持，效益好的支柱产业要给予支持；对新产品、新技术的研制开发，要分析项目在经济和技术上的可行性，确保贷款能够收回；如果用于还债交税，要严格审查，是否符合规定；如果用于替代股权或弥补亏损，更应慎重
还款财源因素（payment factor）	企业还款主要有两个来源，一是现金流量；二是资产变现。现金流量方面要分析企业经营活动现金的流入、流出和净流量，现金净流量同流动负债的比率以及企业在投资、融资方面现金的流入流出情况；资产变现方面要分析流动比率、速动比率以及应收账款与存货的周转情况
债权保障因素（protection factor）	包括内部保障和外部保障两个方面。内部保障方面要分析企业的财务结构是否稳健和盈利水平是否正常；外部保障方面要分析担保人的财务实力及信用状况
企业前景因素（perspective factor）	主要分析借款企业的发展前景，包括产业政策、竞争能力、产品寿命周期、新产品开发情况等；同时，还要分析企业有无财务风险，是否有可能导致财务状况恶化的因素

活动拓展 6-1

请查找在 6C 和 5P 以外的其他信用要素分析法的相关资料，并填写表 6-4。

表 6-4　信用要素分析法

编　　号	名　　称	内 容 简 介
1		
…		

思考：这些信用要素分析法各适合哪些小微信贷客户群体，这些分析法中的哪些内容可能并不适合对小微信贷的分析？说明你的理由。

四、把握重要风险点

在信用风险评估中，有大量信息可供信贷人员选择，小微信贷业务的快捷高效性，要求信贷人员在信用风险评估过程中不应面面俱到、事无巨细，而应分析信贷机构可承受的风险，抓住重要风险点采取相应对策；而对任何重要风险点的忽略，又都可能严重危害到贷款的回收，这便使得有效判断风险点的重要性成为信贷人员的一项必要的技能。

判断一个风险点对于贷款的评审和决策是否具有重要性，主要的依据是该风险点对客户偿债能力和偿债意愿是否有重大影响。一般来说，重要风险点有两种情况：一是涉及的金额较大，二是性质较为恶劣。

（1）风险点涉及的金额较大。例如：在客户财务状况中，若存在较大金额的坏账、隐形债务、销售收入、利润或成本被少计等，应当引起信贷人员的重视，以免客户在这些大额数据上弄虚作假。

（2）风险点的性质较恶劣。例如：客户的银行查询结果显示有不良信息，这就应当引起信贷人员对客户信誉的警示，以防客户在贷款发放后失信，拒绝按时偿还贷款。

显然地，风险点的重要性是度的判断，且对不同的贷款业务来说，金额大小与性质是否恶劣的标准也不同。比如在财务信息分析中，对于来自不同行业的客户，最能反映其到期还款能力的财务科目不同，财务分析的重点也就不同。

因此，小微信贷从业人员应不断提升自己的洞察力和判断力，积累业务经验和行业经验；小微信贷机构也应在业务处理之中积累不同类型客户的重要风险点信息，善加提炼和总结。

素质园地 6-1

党的二十大报告提出："提高全社会文明程度。实施公民道德建设工程，弘扬中华传统美德，加强家庭家教家风建设，加强和改进未成年人思想道德建设，推动明大德、守公德、严私德，提高人民道德水准和文明素养。""在全社会弘扬劳动精神、奋斗精神、奉献精神、创造精神、勤俭节约精神，培育时代新风新貌。""弘扬诚信文化，健全诚信建设长效机制。"诚信文化、劳动精神、奋斗精神等中华民族传统美德的弘扬推广，靠的是每位国人的身体力行。

2009 年，杨来威考上了海南职业技术学院报关与国际货运专业，将近 7 000 元一年的学费却让他高兴不起来。杨来威的父母在琼山区三门坡镇种橡胶，当年橡胶价格不好，每斤最高才四五元，一家人辛苦一年才收入不过 1 万多元。眼看好不容易考上的学校就要与自己擦肩而过，杨来威想到了生源地信用助学贷款。

"当年如果没有生源地信用助学贷款，我可能就没有机会上大学了，现在或许会和其他朋友一样辛苦地靠干体力活吃饭。"杨来威说。

"有一个同学是温州的，脑子很灵，带着我们一起赚钱"。为了还上贷款，也为了减轻父母的负担，刚上大一的杨来威就和同学一起给新生卖被子。一条被子的批发成本是50元，因为质量不错，几个小伙子又勤快，一般都能卖到120元至200元。每个学年每个人都能分到2 000元左右。同时，杨来威还在学校附近的咖啡厅打工，中午干两个小时，晚上从8：00工作到12：00，一个月能赚700元。就这样，杨来威基本上没和家里要过生活费。

2012年，杨来威大学毕业，和几个同学合作做生意，一开始赚了些钱，但杨来威怎么也没有想到，其中一个同学竟然把他们的20多万元都给卷跑了，从此杳无音信。

现在，杨来威在海口市鼎臻古玩城做营运管理，负责收铺面租金和日常商铺管理。紫红色的衬衫，笔挺的裤子，擦得锃亮的皮鞋，与各个商铺老板谈笑风生，杨来威的脸上已经看不出当年被骗的失意。

"压力很大，我在这里每个月就1 000多元工资，房租就要800元，之前被骗的钱都是和别人借的，每个月还要还利息。而且今年也要开始还生源地助学贷款的本金和利息了，差不多得5 000元。"为了能够按时还上贷款，杨来威计划着换工作。有一位商铺老板觉得杨来威对人诚恳，准备带着他一起做新公司，并许诺工资可以达到4 000～5 000元/月。

"三年的大学生活，让我开阔了眼界，看得更远也更深，我相信只要努力就一定有机会，有机会就自然会有钱。"想到即将到来的新生活，杨来威的眼里有了光彩，"是生源地信用助学贷款改变了我的人生，我一定会努力工作，努力还贷款，不辜负它"。

资料来源：他们努力还贷，梦圆不忘"圆梦钱"[EB/OL].（2015-03-03）. http://hnrb.hinews.cn/html/2015-03/03/content_14_3.htm.

价值探索：奋斗精神　诚信文化

请阅读以上案例，并思考：

（1）你从杨来威同学身上学到哪些可贵的精神？

（2）为什么有些人还款意愿很强，有些人还款意愿却很薄弱？

知识自测 6-1

（1）信用风险评估的基本维度是什么？

（2）与传统信贷相比，小微信贷信用风险评估有哪些特点？

（3）请描述6C与5P信用要素分析法。

即测即练

任务二　基于客户信息评估信用风险

任务要点

● 基于客户信息评估个人信用风险
● 基于客户信息评估企业信用风险

"微"课堂　　"微"讲义

学习情境

随着办理的业务日渐增多，小邓有时会碰到选择难题。最近有两位面馆老板同时向小邓提出贷款申请，这两位面馆老板的基本情况如表 6-5 所示，那么从贷款风险角度考虑，小邓应该优先选择对哪位发放贷款呢？

表 6-5　客户基本情况介绍

客户 35 岁	客户 33 岁
经营一家小面馆	经营一家小面馆
25 岁起经营这个面馆，至今 10 年	25 岁下岗后从事过很多工作，半年前开始经营这个面馆，至今 6 个月
半年前买了住房，自有 25 万元，贷款 5 万元，人民银行系统资信良好	半年前买了住房，共 30 万元，完全自有，人民银行征信系统没有记录
妻子整天在面馆，负责采购和收银，孩子上初一，成绩好	妻子在家做饭，孩子上初一

课前思考

（1）评估贷款的信用风险时，我们应该收集哪些客户信息？

（2）我们应该如何根据客户的信息去评估信用风险？

信用风险评估中，分析人员首先需要根据收集到的客户资料评价其偿债能力和偿债意愿，若贷款有担保人，包括保证人及抵（质）押人，那么还要对担保人的信用风险进行评估，其方法与对客户的信用风险评估类似。

以信用要素分析法为基础，针对个人与企业的不同属性，本书为读者提供了一个较为全面的信用风险评估体系，其框架如图 6-4 所示。

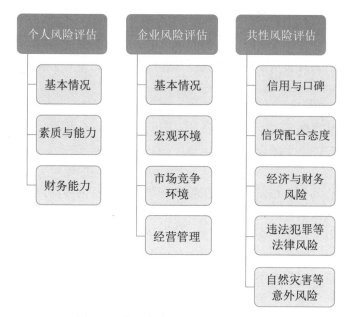

图 6-4　基于客户信息的风险评估体系

一、评估个人、企业共性信用风险

在对客户进行信用风险分析时，不论是个人还是企业，都应考察的因素主要有以下几方面。

（一）信用与口碑

1. 履约情况

1）过往信贷履约记录

客户的银行信用记录，及其在小微信贷机构或其他信贷关系中的履约情况，可以最直接地对客户的还款信誉有所把握。若发现客户有以下情况，应当引起信贷人员的关注。

（1）还款记录不正常或信用卡严重透支无法偿还。

（2）拖欠还款而产生了相应的纠纷或被起诉。

（3）未按规定用途使用贷款。

（4）不断申请延期支付、申请减免贷款本息、申请实施新的授信、不断透支。

（5）被银行或其他金融机构列为信用不良客户。

2）其他履约记录

客户在日常生活和生产经营中的其他履约支付情况亦有助于信贷人员对其信誉的判断，若发生以下情形，也需特别关注。

（1）经常签发空头支票。

（2）拖欠供货商的货款。

（3）拖欠员工的工资。

（4）拖欠水费、电费、税费等费用。

（5）其他协议中的未履约情况。

2. 口碑声誉

客户的诚信品质往往体现在周围人们的评价中，相较于信贷机构，他们可能更了解客户的既往，并能使信贷人员从不同角度获得对客户更全面完整的了解。这些评价通常来自以下方面。

（1）社区、邻里、朋友。

（2）公众舆论和媒体。

（3）同业、客户、上下游合作伙伴。

3. 贷款欺诈行为

已发生的欺诈行为和正在发生的旨在骗取贷款的欺诈行为等都应引起信贷人员的高度警惕，它们反映出贷款本身的危险性，其中一些危险信号如下。

（1）无法证明财务记录的合法性。

（2）申请贷款时，采用虚假财务报表或其他资料或隐瞒事实，如伪造、涂改各种批准文件或相关业务凭证，或资产不实、夸大经营规模。

（3）有骗取银行贷款的记录。

要注意的是，发现客户的不良记录后，并非一棒子打死，而要对其原因进行分析。

若是客户恶意造成，如挤占挪用贷款，且发生在近期，则客户信用不良，通常应拒绝为其提供贷款。

若客户并非恶意，而是信用观念淡薄，并未意识到信用记录的重要性，则需加以沟通和教育，使其接受正确的观念，再依情况进行信贷决策。

若客户为善意，只是特殊原因造成不良，则要分析是客户自身缺乏偿债能力还是外部原因。若为客户自身财务原因或经营不善等，则需特别关注；而若为外部原因，比如国家政策调整等，则应考虑风险因素是否已排除。

（二）信贷配合态度

在信贷业务中，如遇客户的以下情形，则说明其对小微信贷机构缺乏合作诚意。

（1）沟通合作过程中表述不清、不够诚实。

（2）态度冷淡。

（3）约见困难或事先约定的会谈时间被无故推迟。

（4）无法联系、失踪，或联系上谎称在外地出差，故意躲避信贷人员（若客户持有外国护照、拥有外国永久居住权或在国外开设分支机构，也要特别关注此项风险）。

（5）经常变换手机号码。

（6）不愿意提供信贷业务所需的相关资料，如定期报表、银行流水、所得税税单等，或不愿意对报表数据提供细节信息。

（三）经济与财务风险

通常，出现以下情形时，要对客户的财务风险格外关注。

1. 经济环境

（1）宏观经济 ① 环境恶化。

（2）信用环境恶化。

（3）处在区域经济发达程度较差的地区。

2. 负债情况

（1）多种还款来源不能落实，现金流不足以偿债。

（2）杠杆 ② 率过高，资不抵债，授信需求增长异常。

（3）短期债务超常增加。

（4）因多渠道融资而导致过度负债。

（5）从事非法民间融资活动或借取高利贷。

（6）对外提供担保。

（7）经常用短期债务支付长期债务或不断借新还旧。

（8）缺乏财务计划，总是突然提出借款需求。

（9）对客户债务的评估是信用风险评估的重点和难点，为了获得贷款，客户常常对此有所隐瞒。信贷人员要充分利用多种信息来源，尽量如实还原客户的负债情况。

3. 与其他金融机构的往来情况

（1）在多家银行开户且开户数明显超出正常需要。

（2）被其他机构拒绝授信或提高贷款的利率。

（3）以非正式途径或不合理的条件从其他金融机构取得融资。

（4）改变主要授信信贷机构或离开合作多年的银行 / 信贷机构。

（四）违法犯罪等法律风险

有违法犯罪行为事实或嫌疑的客户，一方面可能在人格品质和信用上有污点，另一方面可能因遭受法律惩治而直接损害其偿债能力，部分风险信号如下。

（1）有违法犯罪记录，如洗钱、偷税漏税等。

（2）有赌博、涉毒、嫖娼等违反社会公德行为。

（3）违反环保法规。

（4）违反市场竞争、知识产权等法规。

（5）违规经营或产品、服务的质量不达标，损害消费者利益。

（6）存在纠纷或不利诉讼。

（7）被政府有关部门责令停产、停业，吊销许可证或执照，强制解散清算。

（8）自然人客户、企业实际控制人或其关键管理人员被判刑和处罚。

对于有犯罪记录的客户，要重点了解其犯罪的类型（如是刑事犯罪还是经济犯罪）和严重程度，该记录对客户家庭和生意是否还有某种影响。可以通过观察，试探性地询问了解客户目前对其犯罪行为的认识，要综合考虑客户犯罪时的年龄、犯罪时间距离现在的长短，努力为能够改过自新的客户提供发展事业的机会。

---

① 宏观经济指标主要包括如下几个方面：GDP（国内生产总值）增长、失业率、通货膨胀、社会购买力、货币供应量、利率、税收、政府财政支出、汇率、贸易平衡、外汇来源。

② 负债对企业而言是杠杆，企业可以较少的自有资本投资放大盈利，但同时也可能放大亏损。

（五）自然灾害等意外风险

天灾和意外事故难以避免，亦可能突然对客户的人身和财产安全造成致命打击。信贷人员一方面应特别关注已发生的意外对客户造成的损失，以及可能性较大的一些意外预期带来的损失；另一方面则应关注客户是否采取了相应的保险或保障措施来管理这些风险。

行业视窗 6-2
"救命"时刻，微众银行帮扶小微企业渡过了难关

二、评估个人信用风险

个人素质品质及家庭经济风险的评估，既用于对个人的信用风险评估，也用于对企业中的股东、实际控制人、高层管理层人员的信用风险评估。尤其对于规模较小的企业来说，主要个人的风险在企业的信用风险中占据举足轻重的地位。

评估个人信用风险，主要从以下几个方面考察。

（一）基本情况

1. 住址及居住情况

信贷人员需要了解客户的籍贯、户口所在地、家庭住址、其他居所等信息，并对其居住环境有所了解。

1）客户是否为本地人、居所是否稳定

通常，客户若为本地人或在本地长期居住[①]的外地人，还款意愿要好一些。若客户非本地常住人口，在本地无固定居所，且流动性很大，则贷款风险较大，客户可能在贷款后离开当地，造成贷款回收的困难。

当然，居所不稳定的外地人若有在本地居所稳定的担保人，或有在本地稳定的经营项目，则其风险相对较小。

2）住所的情况

住所的情况包括装修档次、面积、所在区域的繁华程度、四邻和社区环境等，可用以判断客户的生活品位及以往工作的积累。若客户居住在民风淳朴、追求信誉的地区，其信用一般较好，若其住所环境较差或与其提供的其他信息不相匹配，应引起信贷人员的注意。

2. 婚姻状况

客户的婚姻状况，包括已婚、未婚、离异等状态。结合年龄考虑客户的婚姻状况，婚姻状况是显示客户成熟度、信誉度和责任感的重要指标。

一个人在建立家庭、养育子女之后，其心智更为成熟，其社会责任感也能牢固建立起

---

① 长期居住的判定：在实际工作中，信贷人员通常根据客户是否在当地有住房、经营场所，其他家庭成员是否也在当地，子女是否在当地上学或就业以及借款人生产和经营的主要场所是否在当地，来判断外地人是否属于"长期居住"。

来。通常已婚客户出于对家庭的责任感、家庭声誉及对子女的影响，会更为用心地经营自己的事业，主动还款的意愿也更为强烈一些。对于已婚的客户通过观察其对家人的态度可以看出其是否具有较强的责任感。

对于未婚或离异客户，更要深入了解其未婚或离异的原因，生活和经济是否独立等方面，一般对未婚或离异客户的贷款要慎重。对于有离婚史的客户要尽量了解到离婚的原因，尤其是二次以上离婚史的客户，要特别留意客户目前家庭的稳定性。

3. 家庭成员情况及家人关系

信贷人员应了解客户家庭的组成及其家人之间的关系。家庭不仅对个人造成影响，对于小微信贷的主要企业客户如个体工商户和私营企业来说，家庭的稳定性对其经营往往有重大影响，而若家庭成员共同创业，则还可能造成与企业相关的产权纠纷。同时，如果在夫妻之间关系不好时贷款，一旦双方离异，很多时候双方都会极力逃避债务，对贷款的回收造成很大麻烦。此外，客户对家人的态度也反映其责任感。

客户家庭关系不良的具体表现如下。

（1）对家庭成员又打又骂，不尊重，有家庭纠纷。

（2）与父母、大部分的兄弟姐妹及亲戚等关系恶劣。

（3）收入不用于家里 / 配偶的开支。

（4）家庭成员精神面貌差，没有幸福感。

对于婚姻、家庭不稳定的借款人一定要弄清其中的原因，如果是借款人的问题，最好不给予贷款；如不是借款人的问题，也要考虑在有担保的情况下才予以贷款。

4. 年龄

通常情况下，客户的年龄与其社会经验、工作经验成正比，其经验会对其经营能力产生帮助（尤其对一些复杂程度较高的行业）；客户的年龄与其精力、健康程度成反比，这些会直接影响到年龄较大客户的还款能力和还款意愿。超过一定年龄的客户，若有经营活动，通常都是由其子女代为打理。

5. 健康状况

客户或其家人的不良健康状况，尤其重大疾病，一方面损害其身心，另一方面可能造成财务上的支出而影响其偿债能力，且对于从事体力劳动的客户还造成了收入获取上的困难。若客户年龄大且身体状况差，则增加了其死亡的风险。故而，客户有重大疾病时，通常不予贷款。

行业视窗 6-3
企业主的健康风险案例

（二）素质与能力

对借款人的素质与能力的评估，主要考察以下几个方面。

1. 教育背景

受过良好教育的客户，具有系统的专业素养，收入一般也较高。而若作为管理者，其

领导与管理能力、综合素质等也更高，其社会关系更广泛，这些均使其企业更具竞争力，从而更具还款能力。

另外，教育水平的高低虽然与个人的信誉度不严格成正比，但一个人的受教育水平与他的信誉有较强的相关性。客户的受教育水平高，对自己的社会定位也会较高，更为重视自己的信誉，也会理解在整个社会征信体制中个人信誉的重要性，因此偿债意愿会高一些。

值得注意的是，相比一般贷款，小额贷款的客户受教育水平偏低，许多客户对于自己贷款信誉不太在意，这需要信贷人员加强对客户诚信意识的培养。

2. 品格性情

对于信贷人员来说，客户性格的好与不好需要经过一段时间的接触来知晓，需要依赖对客户精神风貌、待人接物的主观判断，有时仅凭直觉。通常情况下，若客户性格开朗、善于沟通、心态平稳、做事周密，其个人或企业的偿债能力和偿债意愿都会较好。但若客户脾气暴躁、态度傲慢，或不诚实守信、好吹嘘欺诈，则要格外留意贷款的风险。

3. 是否有不良嗜好

客户的不良嗜好是其品性缺陷的反映，而客户在不良嗜好上的消费，也可能损害其身心，影响其个人或企业的偿债能力。不良嗜好包括好赌、涉毒、涉黄、酗酒、出入高消费场所等。通常信贷机构仅对无不良嗜好的客户发放贷款。

拓展阅读 6-2　谨防赌徒

A是当地知名中小企业，发展良好。一家银行在为 A 发放贷款后，企业主未将信贷资金投入生产，而是跑到澳门豪赌一番，输光之后跑路，企业走破产程序，贷款收回也遥遥无期。主办客户经理只能每天往返企业与银行，盼望能要回来点利息是点利息，不但要承担行内的行政处罚，还要背着不良贷款的名声。

资料来源：周勤. 商业银行小微金融业务创新及风险控制的建议 [D]. 杭州：浙江大学，2013：32-33.

阎敏. 银行信贷风险管理案例分析 [M]. 北京：清华大学出版社，2015.

4. 工作管理经验能力和动机

信贷人员应通过对客户履历经验的了解，掌握其工作或企业管理能力，并通过与客户的沟通接触，了解其事业动机与态度。

1）履历经验

客户的社会经验和从业经验越丰富，其能力和可靠性通常越好；其经验与其所从事业务的相关性越大，对现在的助益通常也就越大。与客户履历经验有关的风险信号有如下几点。

（1）行业经验不足或从业时间短。

（2）有破产或其他失败的管理经历。

（3）频繁更换所从事的行业，且成功率很低。

拓展阅读 6-3　缺乏行业经验的风险

一家餐饮企业的老板看中了一家科技公司研发的产品，于是就出资收购了这家科技公司。但其本人没有科技研发的经历，也没有科技企业的管理经验，科技公司研发产品的专利权也属于公司聘请的一个科研人员。餐饮企业老板以科技公司名义向商业银行提出贷款申请，遭到了拒绝。商业银行否决的理由只有一条，就是经营者没有科技行业的从业经历和背景，公司经营和管理存在着很大的不稳定性。

资料来源：周勤.商业银行小微金融业务创新及风险控制的建议 [D].杭州：浙江大学，2013：32-33.

2）能力与优势

在工作或企业管理中，客户的能力与优势决定其是否胜任，是否事半功倍。这些能力包括以下几点。

（1）职业技能和谋生能力。

（2）解决问题的能力。

（3）战略谋划能力。

（4）营销能力。

（5）团队组织管理能力。

（6）文化塑造与感召力。

（7）财务管理与资金营运能力。

（8）行业风险控制能力。

若客户能力较弱，或缺乏其职责所要求的能力，则应引起信贷人员的注意。

3）事业动机与态度

客户对其事业的动机和态度决定了其工作中的投入程度，也影响其决策风格。有稳健型的客户，也有冒进型的客户；有锐意进取、具备创新精神的客户，也有墨守成规、患得患失的客户；有团结协作的客户，也有独立单干的客户。

5. 社会关系、地位

若客户在当地有较高的名望、具备较高的行业地位和社会地位、社会资源较丰富、社交广泛，其偿债能力和偿债意愿通常较好。若企业实际控制人或核心管理人员具备特殊的个人或家庭背景，则还要分析其对企业经营产生的正面或负面影响。

活动拓展 6-2

假设你自己或一个你熟悉的人为个人贷款客户，请根据个人和企业共性风险评估及个人风险评估小节所提供的分析体系，对该客户作出风险评价。

请根据所学，对以下案例中的客户作出评价。

客户张某，41 岁，已婚，高中学历。夫妻二人目前拥有住房一套（使用面积 60 平方米），夫妻二人无不良嗜好。

自 2004 年至今，张某一直在某商场经营服装，夫妻二人共同经营该项目。

他们的女儿就读于某中学初中三年级。

张某无其他金融机构和民间借款，此次申请贷款 20 万元，期限一年。目前张某经营的服装生意年销售额在 200 万元左右，拥有 3 种独家销售权品牌商品。

（三）财务情况

客户自身及家庭的财务情况直接反映其现金流和偿债能力。客户的净资产规模越大，或其资产的保值增值能力越强，或其收支相抵所得的结余越多，则其财务风险越小。图 6-5 为一般的家庭财务收支。

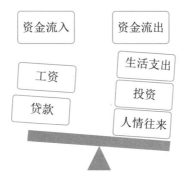

图 6-5　一般的家庭财务收支

信贷人员通常需要为个人和家庭编制简易的财务报表，以清晰归纳并分析预测其财务状况与现金流。若客户储蓄能力或个人纳税额急剧下降，则应引起信贷人员的注意。

活动拓展 6-3

请选定一个期间，为你自己或家庭的财务收支编制一份简易的报表。

素质园地 6-2

党的二十大提出："中国式现代化是物质文明和精神文明相协调的现代化。物质富足、精神富有是社会主义现代化的根本要求。物质贫困不是社会主义，精神贫乏也不是社会主义。我们不断厚植现代化的物质基础，不断夯实人民幸福生活的物质条件，同时大力发展社会主义先进文化，加强理想信念教育，传承中华文明，促进物的全面丰富和人的全面发展。"在全面建设社会主义现代化强国，建成小康社会的道路上，我们一定要洁身自好，用社会主义先进文化武装自己，切莫沾染不良陋习，以免"一失足成千古恨"。

如果没有沾染上赌博，在义乌做生意的温州人王×凯生活应该很幸福——经过多年打拼，他与妻子的汽车配件生意做得风生水起，其中一款产品还获得了独家代理权。沉迷赌博后，王×凯不仅离了婚，最终还因欠下大量赌债走上诈骗的违法犯罪之路。

2020 年 10 月 4 日，赵先生在多次联系不上"五区贸易"的情况下，无奈联系"非中贸易"退还定金。"我用微信转账时，发现需要填写对方的姓名，页面跳出来的姓名最后一个字是'凯'。"转完账后，赵先生突然意识到当初给"五区贸易"转账时，对方的姓名是"王×凯"。

他们是不是同一个人？赵先生发现问题后立即联系"五区贸易"，但对方依然没有任何回复。根据"非中贸易"订单上的交货地址，他赶到义乌港一个仓库打探，结果仓管员说近期并没有人使用这个仓库。意识到被骗后，赵先生匆匆赶到义乌市公安局商城派出所报了警。

2020 年 12 月 4 日，义乌警方经过缜密侦查，在江东街道青口某网吧将王×凯抓获。据了解，王×凯是温州瑞安人，38 岁。落网后，他对自己利用两个微信号"唱双簧"骗取赵先生定金及骗取陈女士所在外贸公司货款的作案事实供认不讳。

据王×凯交代，他与妻子在义乌做汽车配件生意已有很多年，但生意上的事基本都由妻子打理，自己则沉迷于赌博不能自拔。两年前，由于他嗜赌如命，妻子选择与他离了婚。离婚后，王×凯仍不思悔改，成天混迹于各种赌局，最终欠下大量赌债。

"以前，我联系过几名客户，其中就包括被骗的那家外贸公司。"王×凯说，刚开始，他也想通过维护生意慢慢归还赌债。9月，王×凯接到这家外贸公司200件仪表盘蜡的订单，他通过父亲找前妻拿了货，但收到货款后却并没给前妻，而是用于归还赌债和继续赌博。

很快，这些钱又被他输了个精光。面对上门讨债的债主及无法再找前妻拿货，王×凯决定铤而走险。落网时，他已将骗取的钱财挥霍一空。目前，王×凯因涉嫌诈骗罪已被义乌警方采取刑事强制措施。

资料来源：义乌一老板沉迷赌博，竟干起了这事 [EB/OL].（2020-12-23）. https://zhuanlan.zhihu.com/p/338921089.

价值探索：健康文明　尊法守法

请阅读以上案例，并思考：

（1）你如何看待不良嗜好的危害？

（2）案例中的王×凯从成功的商人到诈骗分子，对我们来说，敲了怎样的警钟？

三、评估企业信用风险

企业客户的经营风险是引起其信用风险的主因，经营风险不仅来自企业内部，也来自企业外部。小微信贷人员在发现企业的经营风险时，应与其沟通，做改善局面或消除风险的努力，若客户有所反应或采取了应对措施，信贷人员应在评估其偿债能力时加以考虑。

（一）基本情况

要了解企业设立与经营的基本情况，如企业类型、所处行业、注册时间、经营历史、背景等，信贷人员应掌握企业的营业执照、工商注册登记表、章程、投资协议、资产评估报告、政府对特殊行业的设立批复等基本资料。

1.资质与设立条件

作为合格的借款人，企业应满足有关部门规定的设立条件，并有完备的经营资质和经营许可，以及规定的注册资金。此外，信贷人员还需关注以下这些风险信号。

（1）经营项目需特种许可而没有特许经营证明，如无安全生产许可证、环保证、消防证明等。

（2）经营活动不合所获经营许可的规范，可能被关闭停业整顿。

（3）未按期办理各类证照的年检手续。

（4）特许经营期限即将到期，但新的特许资格可能不能得到延续。

（5）登记备案的基本事项，如名称、注册地址、公章、财务专用章变更或准备变更。

（6）注册资金来源不合理。

（7）实收资本不实或投入资产实际价值明显偏低。

（8）注册资金、资本结构短期内多次变化，或突然大幅度增减。

2. 股权

对于企业股权，最基本首要的是要分清其股东组成是以法人股东还是自然人股东为主；是国有性质还是民营性质；是否有外资成分，外资股份所占比例。

1）股东背景与实力

股东背景特别是控股股东的背景在很大程度上决定着企业的经济性质、经营方向、管理方式及社会形象等（表6-6）。当股东有较强的实力和资源时，能在业务、财务、技术、渠道、服务等方方面面为企业提供支持。当股东或关联企业出现重大不利变化时，贷款企业也可能受到不利影响。

表 6-6　不同性质股东背景企业的对比

性　质	特点与优势	风　险　点
民营背景	通常会更多表现为一人决策或家族决策，企业的所有者往往同时又是管理者。尤其当股东均为家庭成员担任时，往往风险意识较强，在经营上精打细算	一旦企业负责人发生变故，容易出现群龙无首、后继无人或亲属间争夺继承权和遗产的状况，甚至由此导致其崩溃解体
外资背景	通常资本和技术能力较强	通过关联交易转移利润的可能
政府背景	通常有政策资源优势，实力雄厚	管理效率可能不高
上市背景	管理较规范，并有集团经营优势	关联关系复杂，关联交易较多

因此，客户占股比对还贷能力有重要的影响。当有自然人客户以企业所有者身份申请贷款时，信贷人员应特别关注其股权占比，关注其是否事实上具有企业的决策权。若股权占比很小，则该客户利用企业资源偿还贷款的能力受到很大限制。这时信贷机构可以要求采取的弥补措施是让企业中具有决策权的合伙人作为担保人或共同债务人。

2）股东所在行业

当企业的主要股东为法人时，信贷人员应考察股东所在行业与企业之间的关系，若股东所在行业与企业相同或相近，或为上下游关系等，信贷人员要重点了解是否存在关联交易和利益输送等风险因素；若股东所在行业与企业相差甚远，则应进一步了解其投资的真实目的。

3）股东关系及股权变动

企业成立后股权变更情况是对企业经营情况的印证，当企业持续获利并为投资人带来稳定回报时，其控股股东或主要股东一般不会频繁变更。因此，若企业在成立后股权稳定，说明企业经营的稳定性较高；若企业频繁变更股权结构，则经营管理可能不够稳定，信贷人员应谨慎关注。

此外，当股东之间存在重大争议与不睦时，企业股权以及经营管理的稳定性也会大打折扣。

3. 业务类型和经营范围

健康的企业应有正常的生产经营和商业活动，有明确稳定的经营范围。

1）业务类型

企业所在行业与经营内容决定了其经营模式、目标市场和收入来源。

信贷人员在分析企业信用风险时，应在判别其业务类型之后，据此分析相应的关键信息。例如，对于出口导向型的企业来说，进出口贸易政策、汇率变化、出口订单量等就是关键的信息；而对于批发零售型企业来说，销售模式、同业竞争、供应链、存货周转、货运仓储等就是其关键的信息。

另外，有些小企业只固定为某个大企业提供配套产品，其生存直接受到大企业经营的影响。信贷人员在分析该类企业的信用风险时，就必须对相关大企业的经营环境和经营情况加以考察。

最后，信贷人员还应分析企业的业务类型是否合法、合规，是否存在较高的经济风险、政策风险。

2）业务经营范围和扩张

在业务经营范围下，业务扩张和多样化可能是企业盈利与战略布局的结果，投资多个行业可以分散风险、丰富还款来源，是企业实力的体现。但同时，业务扩张与多样化也带来额外的经营风险和不稳定性。信贷人员需要注意企业客户的以下风险情形。

（1）业务增长过快。

（2）业务性质、经营目标发生重大变化。

（3）业务扩张超出了营业许可范围。

（4）无核心业务并过分追求多样化，行业分散，主营业务不突出。

（5）兼营不熟悉的业务或新的业务在不熟悉的地区开展。

4. 经营场所

企业的经营地点和经营场所应当与其营业内容相匹配，经营场所应有合理规模，分支机构应设置恰当。好的经营地点能为企业提供独特的地理或位置优势，如繁华的商业区之于服务行业，再如能源产地之于生产性行业，又如大学城之于知识创新行业。

若企业的经营地点和经营场所发生不利变化，则应引起信贷人员的注意。

5. 经营规模

经营规模较大的企业信用风险相对小些，一方面，发展壮大增强了企业自身的抗风险能力和偿债能力；另一方面，企业的规模越大，越注重贷款违约对其信誉的负面影响，偿债意愿更好。

小微信贷客户以中小微型企业为主，规模较小，信贷人员要结合企业实际情况，考察其投资规模、资产规模、销售规模、人员规模、成本和能耗规模等是否与其经营项目的性质相匹配，并且是否超出其管理人员的能力。

6. 历史沿革

信贷人员应了解企业客户的经营历史、业务结构沿革与盈利的积累，警惕企业的以下情形。

（1）成立刚不久或刚刚转变主业，缺乏行业从业经验积累。

（2）经营历史曾中断过。

（3）名称频繁变更。

（4）进行了重组，包括重整、改组和合并。

（二）宏观环境

除了上文提到的宏观经济环境风险，企业还面临政治、区域、社会和行业等宏观环境

风险。任何相关环境因素的重大变动，特别是对于企业的不利变动，都应引起信贷人员的关注。

1. 政策法规

影响企业经营的政策包括货币政策、财政政策、行业政策、贸易政策等。在国家政策以外，地方性政策往往对当地的企业有更直接的影响。

影响企业经营的法规包括行业相关法律、劳动法规、环境及能源法规等。对法律环境的考察不仅要关注法律法规的颁布和施行，还要关注它们的执行力度。法律环境的变化，一方面可能使企业违法犯罪等法律风险加大，另一方面可能使企业服从法律合规经营的成本加大。

行业视窗 6-4

史上最严！云南洱海餐饮客栈大批停业　游客零星

---

2. 社会文化

社会文化环境和社会风气会综合影响市场的消费心理与行为，也潜移默化地影响生产和贸易行为，比如文化意义之于奢侈品与娱乐消费的重要性，再比如对于知识产权的崇尚之于科技创新的重要性，又比如社会责任意识对于安全环保生产和产品质量的重要性。社会的文化风气，从微观上，也影响了每家企业客户的营销、业务的开展以及财务表现。

3. 行业环境与发展前景

在综合宏观经济、政策法规、社会文化的影响之后，企业所处的行业本身也存在着发展前景的差异。根据行业周期理论，不同行业通常都会经历起步期、成长期、成熟期与衰退期四个阶段，如图6-6所示。信贷人员应了解和熟悉不同行业发展和变化的规律，并通过对企业经营状况的评估，来判断其所处的商业周期，从而为分析和评估其偿债能力提供依据。

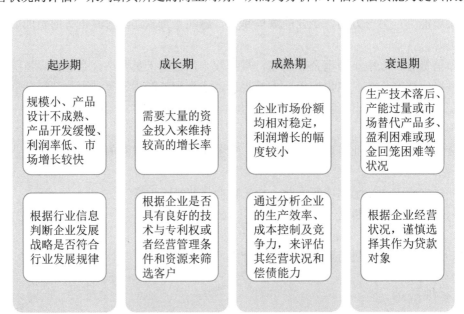

图 6-6　行业发展周期与企业风险评估

4. 区域环境

区域环境实际是上文所提及的宏观环境各因素在一定区域内的综合体现。我国幅员辽阔，且为发展中国家，不同地区在自然、资源、社会、经济、科技、教育、观念等方面的差别都可能是极为显著的，这些差别都会影响到当地企业的经营和信贷的投放，影响信用风险。

另外，地方的经济发展，尤其是产业集群的特点，可能对中小微型企业的生存和发展有重要作用。信贷人员一方面务必对当地的经济发展和支柱产业有较好的认知，了解企业客户与支柱产业之间的关系；另一方面要关注当地的产业集群，了解企业客户所处产业集群的整体情况以及是否受益于产业集群效应。

活动拓展 6-4

资源环境主要包括自然资源、人力资源、基础设施等。请对你所在地区的资源环境做分析，并选定另一个相当的地区进行对比，填写表 6-7。

表 6-7　资源环境对比表

地 区 名 称		
自 然 资 源		
人 力 资 源		
基 础 设 施		
其　　　他		

（三）市场竞争环境

根据波特五力模型理论，企业在行业中受到来自五方面的竞争，分别是行业新进入者、产品替代品、买方、供方以及现有竞争者，它们共同影响着企业的经营风险（图 6-7）。

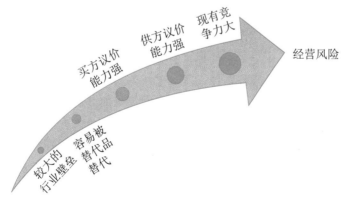

图 6-7　五力与企业经营风险的关系

除却外部竞争因素，企业自身产品、技术、盈利模式、资源等则是支撑其市场竞争力的内因。具体来说，面对市场竞争环境，要考虑如下几个方面。

1. 市场份额与竞争激烈程度

信贷人员应对企业客户产品或服务的市场竞争激烈程度及其在竞争中的地位进行判

断，有以下情形时，要特别关注企业对市场与客户需求变化适应不良的可能性。

（1）市场竞争加剧，同行业竞争者数量增多，竞争者实力较强。

（2）市场供大于求。

（3）企业客户的市场份额下降。

（4）企业客户的毛利率下降。

（5）产品／服务的价格出现持续性或大幅度的波动。

企业在竞争中所采取的策略若能有效发挥其竞争优势，如资源优势、成本优势、差异化优势、品牌优势等，则能助其构建起自身的核心竞争力，使其具备更高的盈利能力。

此外，产业集中度[①]不同以及企业在市场中所处地位的差异，都会影响到企业的生存发展条件，从而决定其盈利水平和经营风险。

2. 行业壁垒

行业壁垒，或称行业进入壁垒，是指行业内已有企业对于准备进入或正在进入该行业的新企业所拥有的优势，或者说是新企业在进入该行业时所遇到的不利因素和限制。由于市场容量和生产资源的有限性，所以一个行业的进入壁垒越高，则该行业的自我保护就越强，该行业内部的竞争也就越弱。对于行业壁垒较低的行业，新兴投资者能够用较少的资金进入该行业，而投资者的大规模进入将会造成当前行业竞争加剧、经营者的平均利润下降。

信贷人员可根据企业所属行业的企业规模、资本投入、购销渠道等因素分析行业壁垒的高低，从而判断其商业环境是否稳定。

3. 上下游关系

1）上游——供应方

企业的上游是其原材料或能源等的采购与供应来源。建立长期、稳定、优质的采购渠道对于企业的生产经营至关重要，必要供应的短缺或质量上的缺陷，甚至会导致企业被迫停产停业。国家政策、运输能力、自然灾害等因素，往往会对供应链造成额外的不可抗打击，企业的供应越稳定、效率越高，则越能控制这些风险。

拓展阅读 6-4　蝴蝶效应

2000 年 3 月 17 日晚上 8 点，美国新墨西哥州飞利浦公司第 22 号芯片厂车间因闪电而燃起了一场大火。这场意外事故尽管远在万里之外的美洲，却犹如一只挥动翅膀的神奇蝴蝶，在欧洲大陆掀起了一场轩然大波。爱立信公司对问题的发生显然准备不足，它只有飞利浦一家供应商，结果数百万个芯片的短缺至少造成了 4 亿美元的损失。

资料来源：傅雪红，刘松先 . 供应链风险管理过程探析——基于爱立信供应链风险管理过程案例研究 [J]. 重庆科技学院学报（社会科学版），2010（22）：94-96.

企业在与供应商之间的合作关系与议价能力方面的风险信号有以下几点。

（1）进货成本费用很高。

（2）与供应商关系恶化，失去供应合作关系。

（3）失去主要商品的代理权、许可权。

---

① 产业集中度衡量的是某个市场中少数企业的支配程度，反映市场中垄断与竞争的程度。

（4）对少数甚至单一供应商过分依赖，供应商垄断，供应商产品具有不可替代性。

（5）与供应商签订的供货协议条款，如结算方式、违约条款等，明显对企业不利。

企业进货效率及稳定性方面的风险信号有以下几点。

（1）进货中间环节多。

（2）进货运输方式低效且不稳定。

（3）供应数量不足或不稳定，原材料或能源市场供应紧张。

（4）供应质量不佳或不稳定。

（5）供应商区域集中度高。

（6）供应商自身情况恶化。

2）下游——销售

企业的下游是其产品销售渠道与市场，相关风险信号有以下几点。

（1）销售价格被过分压低。

（2）过分依赖少数客户或销售商，销售渠道单一。

（3）与销售商或客户关系恶化，失去销售合作关系。

（4）应收账款收款期长、余额大，收款困难。

（5）销售商或客户减少采购。

（6）与销售商或客户签订的销货协议条款，如结算方式、违约条款等，明显对企业不利。

（7）销售商或客户区域集中度高。

（8）销售商或客户自身情况恶化，削弱其支付能力。

活动拓展 6-5

初级：请以一家企业为例，列举其上游企业、下游企业和客户。

进阶：请以一条产业链为例，列举其从源头到最终用户中每一环节上的企业。

4. 产品与服务

企业的产品与服务的品质要在合规性的前提下保证质量和差异化，创造优质的客户体验，相关风险信号有如下几点。

（1）产品/服务技术含量低下，对客户没有吸引力，缺乏市场竞争力。

（2）产品质量或服务水平下降，遭到投诉。

（3）用于生产产品的原材料质量低劣，使用不能胜任的生产人员。

（4）产品/服务被政策列为限制性或禁止性。

此外，技术工艺是企业提供产品与服务的手段，它不仅停留在当下，也着眼于未来和创新。若技术条件落后、生产工艺差，而工作人员又缺乏必要的技术技能和创新能力，则企业产品与服务的竞争力堪忧。

对于科技型小企业来说，技术优势和研发能力尤为重要，体现在专利成果、专有技术、知识产权等方面。对于非科技型小企业来说，技术上的创新能力虽然显得不那么重要，但若企业在其生产、服务与管理过程中能够创新采用更好的方法，将有助于其组织形成竞争力，产品形成差异化和比较优势。

5. 盈利模式

信贷人员应对企业的盈利模式、市场定位和业务关系是否顺应行业和市场发展加以判断，特别是对于缺乏技术优势的商业型和服务型企业，恰当的或者具有创新性的盈利模式可以促使其跳跃式发展，而落后的盈利模式则可能使其完全停滞不前。

6. 社会关系

好的社会关系是企业经营的重要资源，对于企业业务的开拓、品牌的推广、渠道的建设等都具有重要的作用。企业相关的社会关系包括与行业主管部门、金融机构、资金提供者、上下游合作者、客户、媒介以及社会公众的关系。

值得一提的是，有些企业可能是某些权势人物通过各种变相方式开办的，其自身并不具备相应的市场竞争力，甚至连基本的管理能力都没有。这样的企业往往依赖某一渠道经营，只是借助一些重要的权力资源和人脉资源开展业务。一旦关系消失，企业的经营就停滞了，进而陷入萎缩甚至消亡的窘境。这是依靠社会关系经营的企业最致命的弱点。

另外，既有的社会资源固然重要，通过品牌营销和公关获取与维护好社会资源更为重要。信贷人员应对企业客户的营销推广能力、知名度和品牌声誉作出评估。在企业自身产品市场竞争力基础之上，看企业是否建立了良好的营销渠道及营销网络，是否拥有高效的营销组织。

活动拓展 6-6

通过以上的学习，你已对企业宏观环境和市场竞争环境分析体系有所了解。请挑选一家企业，收集信息，对其所处环境进行分析，并谈谈这些环境因素对企业偿债能力和偿债意愿产生的影响。

（四）经营管理

企业内部的组织管理仿佛战争中的司令与后勤，要与其前线的业务内容和市场竞争相互配合、提供指导。管理不足的企业，信用风险也较大，信贷人员在评估中若发现管理不足现象，要与客户沟通，根据能力促使或协助其纠正，并视改善情况作出贷款决策。

1. 战略规划与资源整合

体现企业缺乏战略规划与资源整合能力的风险信号有以下几点。

（1）缺少经营计划或经营计划不明确。

（2）业务性质或战略频繁变更，偏离核心盈利业务。

（3）对环境的变化缺少及时反应和对策，盲目乐观或有重大疏忽。

（4）盲目扩张和收购。

（5）失去重要的合作伙伴。

（6）管理层决策短视，不顾企业长期利益。

（7）战略决策未达到预定的盈利目标。

2. 人事管理

在个人风险评估小节中，你已学习了如何对企业管理层及其他人员的能力和品质作出判断，信贷人员可通过与企业员工、关键管理人员、业务人员进行谈话，判断其是否具有较高的职业素养。然而，要使组织人员间相互合作，达成良好的协同效应，使"1+1>2"，还需要恰当的人事管理。

1）组织架构与人事制度

其相关风险信号有以下几点。

（1）管理层能力不足或构成缺乏代表性。

（2）中层管理薄弱。

（3）缺乏底层员工和技术工人。

（4）人员闲置，未被充分调动。

（5）实际控制人的权力过大。

（6）组织部门结构和职能的设置不合理，相应的授权与分工不合理。

（7）组织内部案件多。

（8）缺乏健全的人才培养机制。

（9）缺乏严格的目标责任制和与之相适应的激励约束机制。

2）士气和人员关系

其相关风险信号有以下几点。

（1）最高管理者独裁。

（2）内部主要股东不合。

（3）高层管理不团结，有严重分歧。

（4）职能部门之间矛盾尖锐、不相配合。

（5）有劳资争议或拖欠职工工资，职工情绪对立、士气低落。

3）人员变动

其相关风险信号有以下几点。

（1）董事会和管理层重要成员发生变动。

（2）主要股东要求退出。

（3）关键管理人员离职后长期无人继任。

（4）重要职能岗位人员流失，人力资源短缺。

（5）人员更新过快。

3. 生产活动管理

1）生产条件

其相关风险信号有以下几点。

（1）生产经营场所脏、乱、差。

（2）生产经营场所周围环境恶劣。

（3）工厂和设备陈旧、落后、破损、失修。

（4）安全生产条件差，安全、消防等存在重大隐患。

（5）仓储管理混乱、存货乱堆乱放，被损坏或挤压，存在丢料、盗料现象。

2）产能与产量

其相关风险信号有以下几点。

（1）库存水平发生异常变化。

（2）订单量大幅下降。

（3）用水、用电量大幅下降。

（4）工资发放量大幅下降。

（5）经营活动处在停产、半停产或停止状态，生产线和生产设备出现不正常停工状态，生产人员少，经营场所冷清。

（6）主要的生产性、经营性固定资产被出售和变卖。

4. 财务与内控

信贷人员可以通过企业的财务报表分析企业的偿债能力、盈利能力、营运能力、现金获取能力和发展能力，进而用数量分析的方法对企业的贷款违约风险进行评估。从企业经营管理的角度，还应考察企业自身的财务与内控制度是否合理有效。其相关风险信号有以下几点。

（1）财务制度不健全，财务管理混乱、账务混乱。

（2）财务制度发生重大变化。

（3）频繁更换会计人员和稽核人员。

（4）财务与审计部门使用的会计政策不够审慎。

（5）财务计划与报告的质量下降，报表披露延迟。

（6）报表不真实或有多套报表。

（7）内控制度不完善，权责不明，授权不合理，存在舞弊风险。

（8）缺乏操作控制、程序、质量控制等。

小微信贷的企业客户规模较小，在财务和内控制度上更易出现不明确和不规范的情况，对此，信贷人员需多加关注、谨慎防范。

知识自测 6-2

（1）个人信用风险评估应从哪些方面分析？

（2）企业信用风险评估应从哪些方面分析？

即测即练

任务三 基于贷款信息评估信用风险

任务要点

● 基于贷款用途评估信用风险

● 基于贷款担保条件评估信用风险

"微"课堂　"微"讲义

学习情境

最近又有两位老板同时向小邓提出贷款申请。张老板想申请贷款 10 万元，计划盘下一间商铺，装修之后准备经营茶叶生意，他提出由自己的舅舅做担保人，他舅舅是一位老工人，43岁，工龄20年，已婚，孩子上大学，拥有自有住房。陈老板则也想申请10万元贷款，计划扩大自己现有的果园经营规模，购买些农业机械，他也找了一位朋友做担保人，他朋友22岁，是当地的工厂工人，工龄1年，未婚，目前住父母处。

小邓又犯难了，两个客户申请的贷款额度一样，但是用途和担保条件略有不同，应该如何评估两者的信用风险呢？

课前思考

（1）评估贷款的信用风险时，我们应该重点看客户哪些贷款信息？

（2）我们应该如何根据客户的贷款信息去评估信用风险？

贷款用途、金额、期限、担保方式、还款方式是一笔贷款的主干信息，信贷机构应保证贷款条件合理合规，并在此基础上，使贷款条件与客户的偿债能力及偿债意愿相匹配。

一、评估贷款用途

贷款用之何处是决定贷款能否收回的关键问题之一，信贷人员应对贷款用途进行风险评估，判断其是否正当，是否能创造还款资金来源。关于贷款用途，信贷人员应首先了解以下基本信息而后加以评估。

（1）客户贷款的原因和动机。

（2）客户存在多大的资金缺口。

（3）贷款的金额和期限。

（4）客户对于贷款资金的使用计划或未来业务的规划。

（一）用途正当性

1. 真实合理性

企业贷款目的主要有两种：生产性目的以及其他目的（图6-8）。在同等情况下，生产性用途的贷款由于其能够对未来现金流产生较为明确的正向促进作用，通常风险较小。

生产性目的	其他目的
□ 流动资金周转	□ 偿还债务
□ 购买固定资产	□ 消费
□ 投资	□ 投机

图6-8　企业贷款目的

判断贷款用途是否合理应遵循的基本逻辑是：首先，资金缺口的产生必须真实合理；其次，贷款金额和期限应与资金缺口相匹配；最后，贷款金额应与客户还款来源及到期可偿债资金相匹配（图6-9）。应注意的是，在分析资金缺口时，也要考察客户获取其他融资的可能性。

图 6-9　合理贷款用途的基本逻辑

（1）在判断资金缺口的真实合理性上，以企业扩大生产为例，信贷人员应对企业目前的产能进行分析，判断其厂房设施等是否明显不符合产能和生产计划，并测算其所需要的投资金额。

（2）在贷款金额上，除了需要对资金缺口进行估算外，还可以采取一些粗略直观的方法，比如将贷款金额与客户的年收入／销售额进行对比。若贷款金额只占收入小部分，则比较合理；若贷款金额占大部分甚至超过收入，则风险较高。

（3）在贷款期限上，以小企业客户为例，小企业的小额贷款通常用于短期和中期。短期用途主要包括流动资金周转、采购原材料、补充营运资金等，一般期限不超过 1 年；中期用途主要包括装修、购买机器设备、购建厂房、购置商业用房、经营性物业融资等，一般期限为 1～3 年。

拓展阅读 6-5　流动资金贷款金额的合理性分析

某公司年销售收入 800 万元，已经有银行贷款 300 万元、应收账款 150 万元、存货 150 万元，现该公司以法定代表人名下的房产做抵押，拟向商业银行申请流动资金贷款 500 万元。该公司年销售收入只有 800 万元，目前又没有新的订单，应收款和存货合计只有 300 万元，在已经有银行贷款 300 万元的情况下，再向商业银行申请流动资金贷款 500 万元，经营收入明显与流动资金申请金额不匹配。该公司要么隐瞒了借款的真实用途，要么隐瞒了其真实的经营情况。

资料来源：邱俊如 . 小额信贷实务 [M]. 北京：中国金融出版社，2012.

行业视窗 6-5
农户联保贷款用途的合理性分析

2. 合规性

贷款用途不仅要合理可行，还要符合政策法规以及小微信贷机构自身内部的规定。依据《贷款通则》（中国人民银行令〔1996〕第 2 号），有下列情形之一者，信贷机构不得对其发放贷款。

（1）不具备贷款主体资格和基本条件。

（2）生产、经营和投资国家明文禁止的产品、项目。

（3）建设项目按国家规定应当报有关部门批准而未取得批准文件。

（4）生产经营或投资项目未取得环境保护部门许可。

（5）在实行承包、租赁、联营、合并（兼并）、合作、分立、产权有偿转让、股份制改造等体制变更过程中，未清偿原有贷款债务、落实原有贷款债务或提供相应担保。

（6）贷款用于高风险的投资，如股票、期货等。

（7）其他严重违法经营行为。

此外，以下这些贷款用途具有较高风险，通常也不被信贷机构支持。

（1）军事设备的生产或贸易。

（2）烟草生产。

（3）生产国家法律、法规允许的公益性博彩事业以外的赌博设施、工具。

（4）娱乐业企业经营。

（5）民间从事投资业务的企业经营。

（6）放高利贷。

（7）偿还不具备偿还能力的其他债务。

（8）缴纳拖欠税款。

拓展阅读 6-6　洗涤厂贷款申请的合规性分析

张三因扩大经营需要向某商业银行申请贷款 50 万元，该商业银行了解到，张三经营着一家洗涤厂，洗涤厂租用郊区的农民房进行生产，主要为几家宾馆洗涤床上用品。该商业银行受理了张三的贷款申请。经过实地调查及查阅相关凭证，证明张三前期提供的经营数据基本属实，但在现场调查中发现张三的洗涤厂没有办理过环保许可证，租用的农民房使用的是民用电，洗涤厂实际是违法经营，如果办理环保许可证，更换工业用电后，洗涤厂的经营成本就会急剧加大，甚至会发生亏损。

资料来源：邱俊如 . 小额信贷实务 [M]. 北京：中国金融出版社，2012.

活动拓展 6-7

请观察你所在的社区，找出一些可能不被信贷机构支持的经营活动的例子，并说明理由。

3. 挪用的可能性

贷款资金若被挪用他处，则不论其原定贷款用途多么合理、合法都无济于事，贷款偿还将受到严重威胁。信贷人员应分析客户可能挪用贷款的动机，比如不良嗜好，分析客户以往是否有挪用贷款的记录，以及客户对资金使用是否采取了必要的保障和控制机制。

小组贷款时，一种常见的挪用现象是小组成员将获得的贷款集中提供给某一成员使用。在判断小组贷款资金是否被集中使用时，信贷人员除了凭借经验和直觉，还应关注以下情况是否存在。

（1）小组成员中有一个特别突出，实力强，贷款又特别积极，而其他成员则并不积极。

（2）小组成员中有一个贷款用途明确、合理，其余成员的贷款用途存在疑点或不明之处。

（3）除了一个小组成员，其余小组成员未按要求开立储蓄结算账户用以发放和归还贷款，甚至向信贷机构咨询是否可以使用同一账户执行贷款相关手续。

贷款用途不同，风险分析时的关键信息也不同。明确贷款用途，不仅有助于信贷人员评估用途本身的风险，还有助于其根据贷款用途的差异，找准风险分析的关键点和特点并加以关注。

《商业银行授信工作尽职指引》（银监发〔2004〕51号）的附录中对重要授信品种进行了如下的风险分析提示。

1）流动性短期资金需求应关注

（1）融资需求的时间性（常年性还是季节性）。

（2）对存货融资，要充分考虑当实际销售已经小于或将小于所预期的销售量时的风险和对策，以及存货本身的风险，如过时或变质。

（3）应收账款的质量与坏账准备情况。

（4）存货的周期。

2）设备采购和更新融资需求应关注

（1）时机选择，宏观经济情况和行业展望。

（2）未实现的生产能力。

（3）其他提供资金的途径：长期授信、资本注入、出售资产。

（4）其他因素可能对资金的影响。

3）项目融资需求应关注

（1）项目可行性。

（2）项目批准。

（3）项目完工时限。

4）中长期授信需求应关注

（1）客户当前的现金流量。

（2）利率风险。

（3）客户的劳资情况。

（4）法规和政策变动可能给客户带来的影响。

（5）客户的投资或负债率过大，影响其还款能力。

（6）原材料短缺或变质。

（7）第二还款来源情况恶化。

（8）市场变化。

（9）竞争能力及其变化。

（10）高管层组成及变化。

（11）产品质量可能导致产品销售的下降。

（12）汇率波动对进出口原辅料及产成品带来的影响。

（13）经营不善导致的盈利下降。

5）贸易融资需求应关注

（1）汇率风险。

（2）国家风险。

（3）法律风险。

（4）付款方式。

（二）投资项目评估

若贷款用于某个投资项目，信贷机构除了应关心项目手续是否完备、是否合法合规，还要关心项目的实施及收效，毕竟项目的收益直接关系到还款来源的安全性。

1. 可行性

对项目可行性及相关风险的评估要从以下这些方面入手。

（1）项目股东及管理人员是否具备优秀的能力和品质。

（2）技术上是否可行，采用的技术、工艺、设备等是否出现较大变化。

（3）所需的能源、原材料及其他资源是否落实到位。

（4）周期和进度是否合理，是否能够顺利按计划进行，有无拖延。

（5）融资方案是否合理，除了该笔贷款需求外，是否具备充足的自有资金或是否能够筹措到其他所需资金。

（6）是否有合理的经营规划和资金使用计划。

（7）累计完工量与累计使用的资金是否相匹配，是否超出了预算。

（8）费用开支是否合乎规定。

2. 效益性

最理想状态下，投资项目周期能够与贷款期限相匹配，其所产生的现金流能够用以偿还贷款，这就要求项目本身具有足够的财务效益性。具备以下条件的项目具有较好的效益性。

（1）对于投资者来说必要性强。

（2）受到国家产业政策支持。

（3）产出具备良好的市场和销路，比如新产品进入市场的初期、涨价前的进货或企业获得大额订单。

（4）投产或建成后的设施和设备运转良好。

素质园地 6-3

党的二十大提出："全面推进乡村振兴。全面建设社会主义现代化国家，最艰巨最繁重的任务仍然在农村。坚持农业农村优先发展，坚持城乡融合发展，畅通城乡要素流动。加快建设农业强国，扎实推动乡村产业、人才、文化、生态、组织振兴。"乡村振兴的全面推进，需要人才的奉献，需要科技的赋能，也需要金融的助力。

杨雪是从大山走出去的女孩儿，她出生于四川省西昌市黄水乡洼垴村的一个普通农民家庭。"我觉得大凉山很美很美，但是又很穷很穷，我的祖祖辈辈都是农民，我们彝族的阿爸阿妈们也都只是种植一些土豆维持生计，而'种植玫瑰'这个念头，也许能改变家乡贫穷落后的状况呢？"

大学毕业后，杨雪回到了自己的故乡，开始追逐自己的梦想。为掌握玫瑰种植知识，杨雪先后到全国各地玫瑰种植基地考察学习，北京的中天玫瑰、甘肃的苦水玫瑰、昆明的金边玫瑰、山东的丰花玫瑰、新疆的和田玫瑰等种植基地都留下了她的足迹。2011 年 8 月，不满足于现状的她，选择前往南洋玫瑰的原产地澳大利亚考察，半个月后花了 12 万元引种了 1 万株南洋玫瑰，在德昌王所乡小冯村种植。

大凉山的玫瑰园承载了杨雪梦想的光。2012 年，杨雪的 10 亩南洋食用玫瑰正处于丰产期，沉浸在喜悦中的她憧憬着未来的玫瑰产业，然而 7 月突如其来的一场洪水冲走了她全部的心血。倾尽所有、全力付出，最终却一无所有，原本承载希望的玫瑰，成为她心头的刺痛。那一年她 25 岁，此时的她才真正意识到做农业的风险之大、创业的挑战性之高。虽然陷入人生的低谷，但她并没有放弃。

2013 年，她重拾玫瑰梦，这一次在高枧乡承包了 30 亩田地，她坚信带刺的玫瑰总会绽放。在当地政府的扶持下，她建立了属于自己的公司，与玫瑰为伴，研发玫瑰衍生产品，发展以玫瑰花为核心的农产品深加工，杨雪没有忘记她创业的初心——让乡亲们和她一样走出贫困，过上幸福生活。

一个偶然的机会，杨雪发现用自己种植的玫瑰花瓣喂鸡，鸡肉更细嫩味美。于是她就开始着手在马母乃妥村养殖"玫瑰鸡"。杨雪在全村进行了走访调查，挨家挨户了解情况，因地制宜找到适合本村经济发展的产业。短短一年多的时光，色底乡马母乃妥村发生了巨大变化，曾经的贫困村，成为全县最早脱贫的村子。179 户建档立卡贫困户在她的帮助下脱贫，1 000 多人在她的帮助下得以就业。不仅如此，她还带动了周边 8 个村寨开始养殖"玫瑰鸡"。

"创业路上我也经历过失败，在 2012 年的时候，一场无情的洪水将我的玫瑰园毁于一旦。但是我没有失去信心，继续将这个南洋玫瑰花种植做下去。我觉得一切都可以重新再来、从头开始，越挫越勇就一定会成功。"

资料来源：追光者 | 用"美丽"助力脱贫：大凉山姑娘的玫瑰梦 [EB/OL]. （2020-11-17）. https://www.psbc.com/cn/xqyfw/xwqyczgs/202011/t20201117_44969.html.

价值探索：乡村振兴　实干兴邦

请阅读以上案例，并思考：

（1）杨雪追逐玫瑰梦的真实案例给你怎样的人生启示？

（2）小微客户身上有哪些可贵的精神值得我们学习？

二、评估贷款担保条件

（一）担保评估概述

1. 担保措施的意义

1）一般意义

回顾之前所学，常见的贷款担保方式有抵押、质押和保证。信贷机构要求客户提供一定的担保，通常是为了覆盖部分贷款风险敞口，增强贷款的安全性。

对信贷机构而言，采取担保措施通常具有以下几个意义。

（1）确保信贷机构处于主动地位。

（2）对于偿债能力与偿债意愿令人担忧的客户，信贷机构可以通过担保措施来控制其资产或资源，进而迫使其不敢轻易违约。即使出现违约，也可通过担保的处置获得补偿。

（3）限制客户随意增加债务。设立担保措施可以限制客户在贷款期间以相同资产和资源为担保，从其他来源增加债务，增加贷款风险。

（4）检验客户的偿债能力与贷款动机。在不考虑诈骗动机的情况下，客户寻求小微信贷主要有两方面原因：一是生产经营（或生活）由于某些原因出现了现金流短缺的状况；二是客户面临自认为非常好的投资机会，但自有资金不够。一般地，对这两个原因产生的贷款需求，客户在有能力的情况下都愿意提供相应的担保措施，并积极配合小微信贷机构办理相关的担保手续；而如果基于诈骗的动机，客户一般不愿意提供相关有力的担保措施。

担保措施是检验小微信贷客户能力、实力和资源的手段。在分析客户偿债能力与拥有的社会资源时，应结合其可提供的担保措施来进行考察。

2）无法提供担保措施的原因

客户无法提供担保措施的原因大致有两种。

（1）该客户涉足市场的资历不深，尚未完成基本的原始积累，或完成的原始积累没有形成有效和可控的相关资产。这可以反映出该客户的经营资历有所欠缺，历年的留存收益很少，资本实力小。

（2）该客户缺乏相关社会资源的帮助，也就是缺乏第三人愿意为其贷款提供相应的保证担保。缺乏第三方帮助可能是因为：①该客户本身的社会人际网络不充分，缺乏愿意为其贷款提供保证担保的第三人。②第三人出于对该客户信誉或能力的担心而不愿意为其提供保证担保。比如，客户以往曾失信于人，从而造成第三人对其诚信的担忧；或第三人对其经营能力与所拥有的资源的信心不够，从而导致其无法取得第三人的帮助。

3）担保意义的局限性

我们已经知道，小微信贷客户相比其他信贷客户，在资源上更加缺乏，提供押品或担保人的难度更大。根据这样的客户特点，小微信贷机构常常尽可能不要求担保，或在传统担保范围之外尽可能扩大担保方式的选择范围。在这种情况下，担保更多的是用来证明客户的偿债意愿，而很少被作为真正的"第二还款来源"。

在小微信贷实践中，第一还款来源是贷款分析和决策的关键。贷款的担保既无法取代客户的信用情况，也不能确保贷款的偿还。若信贷机构依赖第二还款来源而客户缺乏偿债能力，则信贷机构在争取贷款得到补偿的过程中会耗费大量人力、物力、财力和时间，甚至依然遭受贷款损失。

2. 担保评估的基本内容

担保评估有两个方面的基本内容：一是担保的合法有效性；二是担保的充分性。

在担保合法有效的前提下，担保的充分性要求信贷机构所持有的担保权益[①] 大于贷款本息和执行担保所可能发生的费用。担保越不充分，贷款风险越大。因此担保权益评估中信贷机构最关心抵质押品的可变现价值和保证人的代偿能力。

（二）押品评估

抵押物与质押物统称押品，对它们的风险评估有诸多共性，以下一并讨论。

1. 合法有效性

1）押品和抵（质）押人资格的合法性

信贷人员应严格遵照《民法典》等有关法律的规定，确保押品和抵（质）押人主体资格的合法性，防范法律允许范围以外的押品和抵（质）押人。押品若需相关资料和证明文件的，还应当保证这些资料的齐全和完备。

此外，质押还有其特殊的风控要求。

---

① 担保权益是指对债务进行担保后产生的担保权人享有的权益。

（1）若以股票质押，须是依法可以流通的股票。

（2）若以票据质押，须对票据背书进行连续性审查。

（3）每一次背书记载事项、各类签章完整齐全并不得附有条件，各背书都是相互衔接的，即前一次转让的被背书人必须是后一次转让的背书人。办理了质押权背书手续的票据应记明"质押""设质"等字样。

（4）若以海关监管期内的动产质押，需由负责监管的海关出具同意质押的证明文件。

此外，在对押品进行评估时，不要忘了考察抵（质）押人的信用情况，因其对押品的合法有效性和充分性都可能产生重大影响。

2）押品真实性与权属

作为押品，首先必须真实存在，其次必须确实归属于贷款中相应的抵（质）押人。由于所有权的确定常常涉及多个部门，复杂性高、政策性强，关于所有权属容易引发争议，影响押品的效力，也使一些蓄意骗贷的不法分子有机可乘。信贷机构要对押品的产权做确认，获得相关产权单位的证明或权利凭证进行核查。相关证明或凭证经确认为伪造、变造的，应及时向有关部门报案。

对于押品的权属有如下相关规定。

（1）用动产出质的，应通过审查动产购置发票、财务账簿，确认其是否为出质人所有。

（2）用权利出质的，应核对权利凭证上的所有人与出质人是否为同一人。如果不是，则要求出示取得权利凭证的合法证明，包括判决书和他人同意授权质押的书面证明。

（3）以土地使用权设定抵押的，原则上应只选择以出让方式取得且权属清晰、转让行为不受限的出让土地。信贷人员要关注土地的取得方式、已缴纳的土地出让金、相关合同和付款凭证，还要关注土地是否闲置，因为依据有关规定，闲置超过两年的土地可被国家无偿收回。

（4）押品的设定需通过抵（质）押人或抵（质）押人有权决议机关的决议，必须反映其自愿、真实的意志和授权。当押品属于多方的共同财产时，应以抵（质）押人所有的份额为限，并且取得共有人的共同许可，出具相关证明，否则押品无效。例如，合伙企业财产作为押品，要经过全体合伙人的同意；集体所有制企业和股份制企业的财产作为押品，需通过董事会或职工代表大会的同意。

在保证押品原始权属的基础之上，信贷机构还应防范押品（尤其是抵押物）被擅自处置、转移或变卖的情况。

拓展阅读 6-7　押品之上的多重担保权利

在质押担保中，由于质押合同是从质物移交给质权人占有之日起生效，在实际中，不会出现同一质物上重复设置质权的问题。

在抵押担保中，抵押物价值大于所担保债权的余额部分，可以再次抵押，即抵押人可以同时或者先后就同一项财产向两个以上的债权人进行抵押，债权人在受偿时便会出现先后之分。

3）押品登记手续的有效性

押品需依法到有关部门办理登记，登记手续应当真实有效，应有信贷机构人员的参与和监督，要核查抵（质）押权证上品种、数量、质量等信息是否与应有的押品相符。

在办理抵押品的登记时，还要注意将抵押品相关的有效证件一并进行登记。因为抵押中的财产一般为抵押人所控制，若未抵押有效证件或抵押的证件不齐，信贷机构作为抵押权人无法控制抵押物的有效证件，押品就可能失控，就可能造成同一抵押物的多头抵押和重复抵押。如某公司用汽车营运车牌抵押，在 A 银行抵押时只在有关部门做了抵押登记，之后又在 B 银行以将车牌交其保管的方式质押，给银行贷款带来了风险。

4）信贷机构对押品行使担保权利的限制

如果出现贷款违约，需要行使抵质押担保权利。同一押品之上若已设有多项权利且这些权利在法律上优先于担保物权，一旦贷款出现违约，信贷机构很可能无法通过押品的处置获得补偿。

例如，房产和土地使用权出租在先、抵押在后，则根据"抵押不破租赁"的原则，在租期结束之前，信贷机构处置抵押物存在一定难度。

又如，当贷款客户拖欠工程款时，按照法律规定，工程价款优先于抵押债权。

信贷机构还要注意押品是否已经或即将被有关部门依法查封、冻结和扣押。

行业视窗 6-6
抵押物风险案例

---

2. 充分性

1）押品价值的估算

押品价值的估算对押品充分性的判定至关重要，因此信贷机构往往更倾向于易于品鉴的押品。信贷机构可选择自行进行押品价值评估或委托其他部门评估。在价值评估中，信贷机构要实施充分的市场调查，依照真实、公允的原则估算，并最终与抵（质）押人协商确定抵押物的价值。

抵押物的估价是评估抵押物的现值，有重置成本法、现行市价法、收益现值法、清算价格法等方法。估价的时间性和地区性，都会对评估结果产生一定的影响。

分析押品现值时，在有市场的情况下，应按照市场价格定价。比如国债、上市公司流通股票、存款单、银行承兑汇票等，其公允价值即为市场价格。

在没有市场的情况下，应参照同类押品的市场价格定价。比如以商品住宅、门市房、写字楼、土地使用权抵押的，要根据抵押物所处地段建筑物及土地的价格估价。

部分类型押品估价的重点考虑因素如下。

有价证券除了考虑市价，其价值通常与市场利率等经济指标的变动密切相关，不同种类证券，相关关系也不相同。

不动产要考虑不动产所处的地理位置及经济效益的大小。若为房产，要参考其原造价和现造价，也要考虑其新旧程度、维修费用及配套设施等因素；若为可转让的土地使用权，则要考虑其用途及供求关系。

机器设备常以会计净值减去技术损耗为估价基础。应关注其损耗与折旧，以及技术进步造成的减值。

存货方面，对库存商品、产成品等存货的估价，主要考虑其市场价格以及销售前景。

通常，当遇到较为复杂的押品评估时，比如土地、建筑物、机器设备等的评估，信贷机构会委托一些专门评估机构。此时，信贷机构应做到以下两点。

（1）选择有行业资格且资信良好的评估公司或专业质量检测、物价管理部门。

（2）对于商业评估机构出具的评估报告，要就真实性和准确性进行审核，避免因一些中介机构的不规范竞争，得到不可靠的资产评估结论。

拓展阅读 6-8　押品估价规则

经过资产评估机构评估的（在评估有效期内才视为有效），以评估价值作为抵质押物价值的上限。

对未经过资产评估的质押物，以账面价值作为上限。

对未经过资产评估的以土地使用权或房地产作抵押的，以账面净值作为上限，其他抵押物以账面净值的 70% 作为上限。

对无账面价值的抵质押物，须经过资产评估机构评估并以评估价值作为上限。

资料来源：中国工商银行抵（质）押物（权）评估管理办法及其细则 [Z]. 工银发〔2005〕133 号.

活动拓展 6-8

你能列举出多少家当地的评估机构？你对它们了解吗？你又对它们的资质做何评价呢？

2）押品价值变动

押品的价值通常是变化的，一是因其在市场中的经济效益和供求关系发生变化，也叫经济性贬值或增值；二是因其在保管过程中出现磨损和耗损，也叫实体性贬值；三是随着时间推移、技术的进步，押品相对落后而产生的贬值，也叫功能性贬值。

因此，信贷机构更倾向于接受稳定性较高的押品，市场风险更小、更易于保管、性能更稳定等，而谨慎选择股票、权证等价格波动较大的押品以及生鲜等易受损失的押品。

另外，信贷机构通常会让借款人购买押品的财产保险附加盗窃险，这样能够降低押品损失的风险。信贷人员要留意财产保险是否在贷款到期日之前到期。

针对押品价值的变动性，信贷机构需将押品价值评估作为一项经常性工作，定期或不定期地进行，以便及时跟踪押品价值的变动趋势。

3）押品收益

相比于抵押物，质押物的一个特点是，在其质押期内可能为信贷机构／质押权人带来收益，包括质押物所产生的天然孳息和法定孳息。在做押品评估时，信贷人员应考虑到押品可能的收益，并注意实际收益与预期收益出现差异的风险。

活动拓展 6-9

请查阅相关资料，阐述天然孳息和法定孳息的概念与区别。

4）变现能力

贷款遭遇违约时，信贷机构便可能需要对押品进行处置和变现以获得补偿。不论押品的价值多高，若最终无法变现，或变现时折价过大，贷款的受偿便都落空，因此押品的变现能力与灵活适用性非常重要。信贷机构倾向于易售、变现能力强的押品，而如设备、厂房等的变现能力则相对较弱。

5）抵押率的确定

抵押率是抵押贷款本金利息之和与抵押物估价价值之比。对于信贷客户来说，抵押率越高，获得的贷款金额越大；而对于信贷机构来说，抵押率越低，贷款越安全。抵押率过高，则信贷机构承受风险大；抵押率过低，则借款人难以接受。信贷机构需合理确定抵押率，具体公式见式（6-1）。

$$抵押率 = \frac{抵押贷款本息总额}{抵押物评估价值} \times 100\% \qquad (6\text{-}1)$$

对以上公式稍做变形则得到抵押贷款本息总额公式，见式（6-2）。

$$抵押贷款本息总额 = 抵押物评估价值 \times 抵押率 \qquad (6\text{-}2)$$

抵押人所担保的债权不得超过抵押物的价值，故抵押率不超过 1。财产抵押后，其价值大于所担保债权的余额部分，可以再次抵押，但不得超出其余额部分。

确定抵押率时要综合考虑押品价值变动、押品收益以及变现能力。价值贬损、收益降低的押品风险越大或变现能力越弱，抵押率应越低。国内外贷款抵押率一般在 70% 左右，商业银行在 50% ～ 80%。

一般地，信贷机构抵押率的设定要求如下。

（1）商品房住宅抵押：抵押率不得超过 70%。

（2）办公楼、商铺抵押：抵押率不得超过 60%。应谨慎接受大型商场的分割销售商铺作为抵押物，抵押率不得超过 50%。

（3）工业厂房抵押：抵押率不得超过 50%，鼓励采取工业园区内标准厂房抵押。应谨慎接受非工业园区内的非标准厂房，抵押率不得超过 40%。

活动拓展 6-10

请查阅资料，了解质押率的计算公式和设定要求。

（三）保证评估

只有那些具有代主债务人履行债务能力及意愿的法人、其他组织或者公民才能做保证人。这一要求可以理解为以下两个含义。

一是保证人必须是具有民事行为能力的人，只有具有行为能力的人所从事的法律行为才有效。

二是保证人必须具有代为履行主债务的资力。

1. 合法有效性

1）主体资格

提供保证的主体可以是以下几项：金融机构；从事符合国家法律、法规的生产经营活动的企业法人；从事经营活动的事业法人；其他经济组织；自然人。

根据《民法典》第六百八十三条规定，机关法人不得为保证人，但是经国务院批准为使用外国政府或者国际经济组织贷款进行转贷的除外。以公益为目的的非营利法人、非法

人组织不得为保证人。

要注意的是，企业法人出具的保证应符合该法人章程规定的宗旨或经营范围，对已规定对外不能担保的，信贷机构不能接受其为保证人。

2）关系真实自愿性

保证关系应当确实为信贷关系第三方真实自愿的意思表示。对此，信贷人员应防范以下风险。

（1）虚假保证人。例如，借款人以不同名称的公司申请贷款，公司之间有重大关联（比如有共同的法定代表人）且相互提供保证，这种贷款风险性较大，有诈骗嫌疑。

（2）被强制的保证，保证人并非自愿。

（3）法人机构保证未获有权决定人同意。股份有限公司或有限责任公司的企业法人提供的保证，需要取得董事会决议同意或股东大会同意。未经上述机构同意的，商业银行不应接受其为保证人。中外合资、合作企业的企业法人提供的保证，需要提交董事会出具的同意招保的决议及授权书、董事会成员签字的样本，同时提供由我国注册会计师事务所出具的验资报告或出资证明。

（4）保证合同虚假或因其他原因无效。

2. 充分性

1）保证能力及意愿

保证人应有足够的保证能力和诚恳的担保意愿，否则保证形同虚设，对保证人偿债能力及偿债意愿分析的基础上，信贷人员还应了解保证人与自然人客户的关系（尤其是公司之间互保的情况），以便进一步探明保证人提供担保的动机，并注意贷款期限是否超过保证期限。

特别地，若是由专业担保公司提供担保，信贷人员应对以下方面进行考察，以便判断该担保公司是否符合信贷机构的合作条件以及该保证是否符合信贷机构的政策。

（1）担保公司的资信和背景实力。

（2）担保公司选择被担保人的标准。

（3）担保公司以往的赔付情况。

（4）担保公司对外担保总额与其净资产相比是否适度（按规定，担保总额不得超过净资产的10倍）。

（5）担保公司的其他影响其担保能力的事件。

（6）客户对担保公司提供的反担保[①]方式。

（7）该笔担保贷款金额与其净资产相比是否适度（按规定，单个客户担保贷款金额不得超净资产的10%）。

2）保证限额与保证率

依据保证人的资信情况，信贷机构可以评定出保证人的信用风险限额，扣除保证人对信贷机构已有及或有的负债之后的金额，便是保证人的保证限额，计算公式为

---

① 反担保又称求偿担保，是债务人对担保人提供的担保，用以保障担保人在一旦承担担保责任后能从债务人处获得补偿，即担保人追偿权的实现。

$$保证人的保证限额 = 信用风险限额 - 对信贷机构的已有债务 \qquad (6-3)$$
$$- 对信贷机构的或有债务$$

类比抵押率，保证率是保证贷款本息总额与保证限额之比，用以衡量保证担保的充足性，从而衡量保证贷款的风险性，计算公式为

$$保证率 = \frac{保证贷款本息总额}{保证限额} \times 100\% \qquad (6-4)$$

此外，保证额具有一定限制，一般会由信贷机构会同债务人、保证人之间签署最高限额保证协议，针对债务人在一定期间内连续发生的若干笔债务，确定一个最高限额，由保证人在此限额内对债务人履行债务做保证。

拓展阅读 6-9　连环保证酿恶果

K 纺织、L 阀门和 M 机械三家企业相互之间提供保证，从某银行分别融资数百万元。2008 年 1—2 月间同时违约，从风险产生的直接原因看，这几家企业存在共性。

（1）发生时间均在春节集中支付各类款项（如工资、料款等）期间。

（2）企业主平时存在不良行为，其中两家企业主有大额赌博习性。

（3）三企业均存在向社会上所谓的"投资公司"高息借款情况（月息达 6% 以上）。

企业固定资产投资失衡，超出自身承受范围，靠社会高息融资来周转，企业经营入不敷出。如 K 和 M，均成立于 2003 年，2005 年、2007 年各投入近千万元购买新厂房，其间向社会高息融资，结果两企业主均避债而出逃。

如此的连环保证不仅不能保证该银行的权益，反而引致了更大的损失。

资料来源：中小企业信用风险识别专题培训——当前应重点关注的信贷风险及贷后管理要点 [EB/OL]. http://www.docin.com/p-315092144.html.

知识自测 6-3

（1）判断贷款用途是否合理的基本逻辑是什么？

（2）担保风险评估有哪两方面基本内容？请分别阐述在押品评估和保证评估时如何进行这两方面的评估。

即测即练

任务四　基于客户征信记录评估信用风险

任务要点

- 阐述征信的含义与作用
- 阐述我国征信业的发展现状
- 查询并解读客户的征信报告

"微"课堂　　"微"讲义

学习情境

主管告诉小邓，在信用风险评估过程中，信贷人员不仅要尽可能真实全面地收集、还原客户的信息，也要能够通过这些信息，对客户的信用风险作出科学、合理的判断。当信贷人员对客户的信息进行综合评判时，除了要依赖信贷人员的经验进行主观判断，还需要依赖一套科学量化的评价指标体系，或使用统计的方法，使得分析过程更加便捷、结果更加客观。

在多角度收集信息的过程中，征信记录无疑是非常重要的信息来源。接下来小邓需要查询客户的征信报告，并从中找到客户的各种过往信用记录，据此评估他的信用风险。

但是让小邓疑惑的是，上哪可以下载客户的征信报告呢？征信报告又应该如何解读？

课前思考

（1）什么是客户的征信报告？

（2）怎样查询客户的征信报告？

（3）如何解读客户的征信报告？

一、认知征信

（一）征信概述

1. 征信的概念和意义

征信是专业化、独立的第三方机构为个人或企业建立信用档案，依法采集、客观记录、整理、保存、加工其信用信息，并依法对外提供信用信息服务的一种活动。征信为专业化的授信机构提供了一个信用信息共享的平台。

征信服务既可为防范信用风险、保障交易安全创造条件，又可使具有良好信用记录的企业和个人得以较低的交易成本获得较多的交易机会，而缺乏良好信用记录的企业或个人则相反，从而促进建立健全社会征信体系，褒扬诚信，惩戒失信。征信业在促进信用经济发展和社会信用体系建设中发挥着重要的基础性作用。

2. 征信的分类

按征信的对象，征信可分为企业征信、个人征信、财产征信（如股票、债权、大型基建项目等的征信）。

按使用征信信息目的，征信可分为：信贷征信，为金融机构信贷决策提供支持；商业征信，为批发商或零售商等的赊销决策提供支持；雇佣征信，为雇主用人决策提供支持；其他征信，诸如市场调查，债权处理，动产、不动产鉴定等。

按征信范围，征信可分为区域征信、国内征信、跨国征信等。

（二）我国征信业现状

1. 现代征信行业发展历程

近年来，国家高度重视社会信用体系[①]建设。我国现代征信业是改革开放的产物，从信贷征信起步，逐步扩展至政府及社会信用、市场主体之间的商业信用等领域。自 2013 年 3 月 15 日起《征信业管理条例》（中华人民共和国国务院令第 631 号）正式实施以来，一批信用体系建设的规章和标准相继出台，解决了征信业发展无法可依的问题。全国集中统一的金融信用信息基础数据库建成，小微企业和农村信用体系建设积极推进；各部门推动信用信息公开，开展行业信用评价，实施信用分类监管；各行业积极开展诚信宣传教育和诚信自律活动；各地区探索建立综合性信用信息共享平台，促进本地区各部门、各单位的信用信息整合应用；社会对信用服务产品的需求日益上升，信用服务市场规模不断扩大。

2014 年 6 月，国务院印发《社会信用体系建设规划纲要（2014—2020 年）》（国发〔2014〕21 号）（以下简称《纲要》）。《纲要》将重点针对农村和小微企业实施信用体系建设专项工程列入规划。

农村信用体系建设工程包括：为农户、农场、农民合作社、休闲农业和农产品生产、加工企业等农村社会成员建立信用档案，夯实农村信用体系建设的基础；开展信用户、信用村、信用乡（镇）创建活动，深入推进青年信用示范户工作，发挥典型示范作用，使农民在参与中受到教育、得到实惠，在实践中提高信用意识；推进农产品生产、加工、流通企业和休闲农业等涉农企业信用建设；建立健全农民信用联保制度，推进和发展农业保险，完善农村信用担保体系。

小微企业信用体系建设工程包括：建立健全适合小微企业特点的信用记录和评价体系，完善小微企业信用信息查询、共享服务网络及区域性小微企业信用记录；引导各类信用服务机构为小微企业提供信用服务，创新小微企业集合信用服务方式，鼓励开展形式多样的小微企业诚信宣传和培训活动，为小微企业便利融资和健康发展营造良好的信用环境。

目前，中国人民银行及其派出机构负责对我国征信业进行监督管理。经过不懈努力，我国已建成世界上最大的企业和个人征信系统。在信贷征信方面，基本实现经济主体全覆盖。到 2020 年末，中国人民银行建设的征信系统共收录超过 11 亿自然人、6 092 万户企业及其他组织信息，2020 年个人和企业日均查询征信报告分别达 866 万次、19 万次。

在政府及社会征信方面，通过推动建立地方征信平台，利用政府掌握的政务信息等替代数据，为金融机构提供信息支持。目前已建成广东"粤信融"等省级平台 6 家、地市级平台 30 多家，在支持稳企业保就业中发挥了积极作用。

在商业征信方面，目前我国已批设两家市场化个人征信机构，备案企业征信机构 131 家。其中，中国人民银行重点监测的 7 家市场化征信机构累计帮助 234.55 万户小微企业获得融资 1.41 万亿元，含信用贷款 5 914.72 亿元，占比 42.03%。此外，探索运用区块链等新

[①]　社会信用体系是指为促进社会各方信用承诺而进行的一系列安排的总称，包括制度安排，信用信息的记录、采集和披露机制，采集和发布信用信息的机构和市场安排，监管体制、宣传教育安排等各个方面或各个小体系，其最终目标是形成良好的社会信用环境。征信体系是社会信用体系的重要组成，包括征信制度、信息采集、征信机构和信息市场、征信产品与服务、征信监管等方面。

技术实现征信信息的互联互通，目前在长三角区域已取得积极进展。

拓展阅读 6-10　信用记录关爱日

为提高社会公众信用意识，引导社会公众关心、关爱自身信用记录，从 2008 年开始，中国人民银行把每年的 6 月 14 日确定为"信用记录关爱日"，以"珍爱信用记录，享受幸福人生"为主题口号，采取全国联动、合力推进的方式，组织中国人民银行分支机构、金融机构、征信机构，开展全国性的征信专项宣传活动。

活动拓展 6-11

请查阅中国人民银行《中国征信业发展报告》，了解征信业在我国的发展，并谈谈你对征信行业发展趋势的看法。

请查找资料，举例介绍在我国开展征信业务的本土与外资征信机构，并就你感兴趣的结构介绍其主要产品及运作模式。

2. 征信机构

从我国征信市场发展的历程和现状看，我国征信市场的发展主要依靠政府与市场共同推动。为迅速建立全国统一的征信体系，党中央、国务院作出了一系列部署，中国人民银行代表国家出面推动，取得了较好的成绩，完成了全国统一的征信系统建设，政府在此期间发挥了主导作用。随着 2021 年《征信业务管理办法》的颁布实施，中国人民银行根据要求，大力推动征信市场发展，丰富市场主体，目前逐渐形成公共征信机构与市场化征信机构并存、在各自领域发挥重要作用的局面，中国征信业开始进入快速发展阶段。

在众多征信机构中，中国人民银行征信中心是最为权威、影响力最大的征信机构。1997 年，中国人民银行开始筹建"银行信贷登记咨询系统"（企业征信系统的前身）。自 2004 年至 2006 年，中国人民银行组织金融机构建成全国集中统一的企业和个人征信系统——中国人民银行征信中心，专门负责企业和个人征信系统（金融信用信息基础数据库，又称企业和个人信用信息基础数据库）的建设、运行和维护。中国人民银行征信中心在全国（不含港澳台）31 个省和 5 个计划单列市设有征信分中心，已经建设成为世界上规模最大、收录人数最多、收集信息全面、覆盖范围和使用广泛的信用信息基础数据库，基本上为国内每一个有信用活动的企业和个人建立了信用档案。

中国人民银行征信系统全面收集企业和个人的信息。其中，以银行信贷信息为核心，还包括社保、公积金、环保、欠税、民事裁决与执行等公共信息。接入商业银行、农村信用社、信托公司、财务公司、汽车金融公司、小额贷款公司等各类放贷机构。征信系统的信息查询端口遍布全国各地的金融机构网点，信用信息服务网络覆盖全国，形成了以企业和个人征信报告为核心的征信产品体系，征信中心出具的征信报告已经成为国内企业和个人的"经济身份证"。

除了央行的征信中心之外，我国市场化运作的征信机构分为个人征信和企业征信两类，均由央行征信局管理。我国市场化运作的个人征信有两家——百行征信和朴道征信，已备案的企业征信机构 131 家，另有 20 多家企业征信机构被注销。

百行征信是中国第一家获得个人征信业务经营许可的市场化公司，由中国互联网金融协会与芝麻信用、腾讯征信、前海征信等 8 家市场机构共同发起组建。公司于 2018 年 3 月 19 日在深圳注册成立，注册资本 10 亿元。

百行征信专注于征信、信用评估、信用评级、数据库管理等业务，是一家从事个人征信、企业征信及相关产业链开发的信用信息产品与服务供应商。其个人征信业务基于百行个人征信数据库的基础征信产品，面向加入百行信用信息共享的机构、消费者依法提供个人信用报告查询服务。其小微企业信用结合小微、普惠金融业务特征，通过融合企业与企业法定代表人、董监高等个人信用信息，充分挖掘企业和企业主的信用关联关系及风险要素，从企业借贷交易、企业主信贷行为、抵质押融资物、财务报表以及市场监管、司法、电力、税务等公共信用信息，多维度帮助金融机构筛查客户风险，辅助经营决策。支持银行、小贷、融资租赁等不同行业机构在借款人贷前、贷中、贷后各类场景中的应用。

行业视窗 6-7
征信业务管理办法

活动拓展 6-12

请查阅资料，完成以下任务：

1. 了解哪些国家在征信领域处于领先水平，挑选其中一个国家对其征信行业现状进行阐述，并思考：国外的哪些经验值得我们借鉴？

2. 进一步了解我国个人征信机构和企业征信机构的发展现状。

二、查询征信报告

在信用风险评估中，个人客户、企业客户、担保人以及企业客户的法定代表人及出资人等的征信记录通常是重要的参考依据。此处仅以中国人民银行征信中心的征信报告为例，介绍查询征信报告的方法及查询征信报告所需提交的资料。

（一）查询征信报告的方法

个人或企业可以通过多种渠道查询其征信报告，包括互联网查询系统、商业银行及其网银、当地人民银行征信管理部门、中国人民银行征信中心。部分城市还布放了自助查询机，使自主查询征信报告更为便捷。

信贷机构可要求被查询人亲自提供其征信报告，也可在获得被查询人书面授权的情况下，通过商业银行或征信管理部门获取其征信报告。而商业银行作为征信系统的用户，在获得授权的情况下，可直接通过征信系统查看征信报告。信贷机构应当按照被查询人授权的用途使用其征信报告，未经其同意，不得向第三方提供。

拓展阅读 6-11　征信报告查询授权书示例

授权书

××（信贷机构名称）：

　　因_____向贵行 / 公司申请贷款，本人作为该企业法定代表人 / 主要股东特授权贵行 / 公司通过中国人民银行个人信用信息基础数据库和上海资信有限公司个人联合征信系统等依法成立的个人信用数据库查询本人征信报告，并将本人的身份识别、职业和居住地址等个人基本信息，本人在个人贷款、各类信用卡和对外担保等信用活动中形成的个人信贷交易记录，以及其他相关信用信息分别报送中国人民银行征信服务中心和上海资信有限公司。

授权人：
年　月　日

（二）查询征信报告所需提交的资料

1. 个人征信报告

根据《金融信用信息基础数据库本人信用报告查询业务规程》（银征信中心〔2013〕97 号）的规定：个人可以亲自或委托代理人查询个人信用报告。

1）本人查询信用报告

个人向查询点查询信用报告的，应提供本人有效身份证件原件供查验，提交有效身份证件复印件，同时填写《个人信用报告本人查询申请表》。

有效身份证件包括身份证（第二代身份证须复印正反两面）、军官证、士兵证、护照、港澳居民来往内地通行证、台湾同胞来往大陆通行证、外国人居留证等。

2）委托他人查询信用报告

委托他人代理向查询点查询个人信用报告的，代理人应提供委托人和代理人的有效身份证件原件、授权委托公证证明供查验，提交委托人和代理人的有效身份证件复印件、授权委托公证证明原件，同时填写《个人信用报告本人查询申请表》。

另可自备填写完成的《个人信用报告本人查询申请表》。

2. 企业征信报告

根据《金融信用信息基础数据库企业信用报告查询业务规程》（银征信中心〔2019〕45 号）的规定：企业法定代表人可以亲自或委托代理人申请查询企业信用报告。

1）企业法定代表人查询信用报告

企业法定代表人亲自查询企业信用报告的，应提供本人有效身份证件原件和企业有效证件原件供查验，提交加盖公章的有效身份证件复印件和加盖公章的企业有效证件复印件，同时填写《企业信用报告查询申请表》。

企业有效证件包括营业执照、事业单位法人证书、社会团体法人登记证书等登记管理部门颁发的合法证照。

2）委托他人查询信用报告

企业法定代表人委托代理人查询企业信用报告的，应提供代理人有效身份证件原件、企业有效证件原件和《企业法定代表人授权委托书》原件供查验，提交加盖公章的代理人有效身份证件复印件、加盖公章的企业有效证件复印件、企业法定代表人签名及加盖公章的《企业法定代表人授权委托书》原件，同时填写《企业信用报告查询申请表》。

另可自备填写完成的《企业信用报告查询申请表》《企业法定代表人授权委托书》。

拓展阅读 6-12 《征信业管理条例》对信息采集的规定

《征信业管理条例》（中华人民共和国国务院令第 631 号）对征信机构信息采集的规定如下。

第十三条 采集个人信息应当经信息主体本人同意，未经本人同意不得采集。但是，依照法律、行政法规规定公开的信息除外。

企业的董事、监事、高级管理人员与其履行职务相关的信息，不作为个人信息。

第十四条 禁止征信机构采集个人的宗教信仰、基因、指纹、血型、疾病和病史信息以及法律、行政法规规定禁止采集的其他个人信息。

征信机构不得采集个人的收入、存款、有价证券、商业保险、不动产的信息和纳税数额信息。但是，征信机构明确告知信息主体提供该信息可能产生的不利后果，并取得其书面同意的除外。

第十五条 信息提供者向征信机构提供个人不良信息，应当事先告知信息主体本人。但是，依照法律、行政法规规定公开的不良信息除外。

第十六条 征信机构对个人不良信息的保存期限，自不良行为或者事件终止之日起为 5 年；超过 5 年的，应当予以删除。

在不良信息保存期限内，信息主体可以对不良信息作出说明，征信机构应当予以记载。

第二十一条 征信机构可以通过信息主体、企业交易对方、行业协会提供信息，政府有关部门依法已公开的信息，人民法院依法公布的判决、裁定等渠道，采集企业信息。

征信机构不得采集法律、行政法规禁止采集的企业信息。

资料来源：征信业管理条例 [Z]. 中华人民共和国国务院令〔2013〕第 631 号 .

活动拓展 6-13

请试着查询自己的征信报告，并谈谈你的发现。

三、解读征信报告

以下仅以中国人民银行个人征信报告和企业征信报告举例，说明征信报告的内容。

（一）个人征信报告

个人征信报告记录了个人与银行等机构之间发生的信贷交易的历史信息，只要个人在银行等机构办理过信用卡、贷款、为他人贷款担保等信贷业务，他在这些机构登记过的基本信息和账户信息就会通过它们的数据报送而进入个人征信系统，从而形成了征信报告。如表 6-8 所示。

表 6-8　个人征信报告所含信息

征信报告信息	内　　容
公安部身份信息核查结果	实时来自公安部公民信息共享平台的信息
个人基本信息	个人本人的一些基本信息，包括身份信息、婚姻信息、居住信息、职业信息等内容
银行信贷交易信息	个人在各商业银行或者其他授信机构办理的贷款或信用卡账户的明细和汇总信息
非银行信用信息	从其他部门采集的、可以反映个人收入、缴欠费或其他资产状况的信息
本人声明	个人本人对征信报告中某些无法核实的异议所做的说明
异议标注	征信中心异议处理人员针对征信报告中异议信息所做的标注或因技术原因无法及时对异议事项进行更正时所做的特别说明
查询历史信息	何机构或何人在何时以何种理由查询过该人的征信报告

征信系统中的个人信息既有正面、积极的信息，也有负面的信息。负面的信息主要来自个人在与银行发生借贷关系后，未按合同要求时间还本付息，拖欠和借款不还等。

对于个人而言，为避免不良记录，在日常生活中需要注意的主要有以下几个方面。

（1）信用卡透支消费。信用卡消费方便快捷，但是如果持卡人在透支消费后没有按照规定及时还款，则会在信用记录上留下"污点"。

（2）还房贷。可能有人记得每个月按时还房贷，却粗心地忽略了贷款利率上升而带来的无形之中"月供"的增加，仍然按照以前的金额还款，则可能会造成欠息逾期，形成不良记录。

（3）信用卡年费。在当下一人多卡的时代，一个人同时拥有若干张信用卡是普遍现象，但是众多的信用卡可能会有一张被遗忘在某个角落，忘了交年费，这样也可能会使自己的信用记录抹黑。要及时注销不用的信用卡，避免不必要的麻烦。

个人认为信息错误、遗漏的，可以向征信机构或信息提供者提出异议，异议受理部门应当在规定时限内处理；个人认为合法权益受到侵害的，可以向征信业监督管理部门投诉，征信业监督管理部门应当及时核查处理并限期答复。个人对违反《征信业管理条例》规定，侵犯自己合法权利的行为，还可以依法直接向人民法院提起诉讼。

行业视窗 6-8
个人信用报告（本人版）展示样本

素质园地 6-4

2022 年 2 月 25 日，由中国经济网联合中国平安推出的《金融消保大咖说》第十二期节目准时播出，节目的话题是"珍惜信用记录，科学合理负债"。北京市消费者权益保护法学会秘书长、北京市地石律师事务所律师刘志华和平安银行广州分行消费者权益保护中心主任徐婕分别结合案例说明了个人信用记录的重要性及如何维护好个人信用记录等问题。

"个人征信在金融消费领域是一个非常重要的概念,但是有很多人对此认知比较模糊,不够重视,所以在生活当中就可能因为个人征信的问题吃了一些亏。"据刘志华介绍,个人信用出现问题造成的影响主要有两个不同的层面。

一是一般情况的征信不良。一般情况的征信不良通常是信用卡忘记还款或小额借贷的短暂逾期等。这种问题不是很严重,但是一旦发生不良记录,也需要五年的时间才能从征信记录上消除。如果对借贷没有特别需求的话,那么日常生活不会受到很大影响。但对于有长期借贷需求的消费者来说,则会影响金融消费的体验。对于一般情况的征信不良,如果及时还款,保持良好还款记录,则五年之后该不良的记录就会消除,恢复正常。

二是严重失信。这是指严重逾期,长期故意不还款最后被诉至法院,由法院列入"失信被执行人"的情况。该名单由最高人民法院对外公示,可供全网查询。列入此名单就成为俗称的"老赖"。被列入这个名单的人,不止金融消费会受到影响,日常生活的其他方面面也会受到不利的影响。比如失信人不可以坐飞机、不可以坐高铁,甚至其子女上学就业也可能受到影响。而且,失信人在主动履行债务后,要从失信被执行人名单当中被删除,还需要有一定的手续。

资料来源:珍惜信用记录 金融消保大咖说详解个人征信重要性 [EB/OL].(2022-02-25). https://baijiahao.baidu.com/s?id=1725739370925061878&wfr=spider&for=pc.

价值探索:诚信文化 尊法守法

请阅读以上案例,并思考:

(1)你是如何认识征信在现代社会的重要性的?

(2)我们应该如何维护自己的征信记录?

(二)企业征信报告

企业征信报告全面记录了企业的各类经济活动,反映了企业的信用状况,如表 6-9 所示。

表 6-9 企业征信报告信息

征信报告信息	内 容
基本信息	企业的身份信息、主要出资人信息和高管人员信息等
借贷信息	企业在金融机构的当前负债和已还清债务信息,是征信报告的核心部分
公共信息	企业在社会管理方面的信息,如欠税信息、行政处罚信息、法院判决和执行信息等
声明信息	企业项下的报数机构说明、征信中心标注和信息主体声明等

若企业认为征信报告中的信息存在错误、遗漏,可以向征信中心或商业银行等数据提供机构提出异议。

行业视窗 6-9
企业信用报告(自主查询版)展示样式

活动拓展 6-14

中国人民银行征信中心（http://www.pbccrc.org.cn）提供了个人与企业信用报告的样本，请查询了解，并尝试查找其他征信机构相关报告的样本。

即测即练

任务五　基于财务信息评估企业信用风险

任务要点

- 阐述财务分析的含义和基本方法
- 分析财务报表的关键科目
- 通过财务指标分析法识别企业客户的信用风险

"微"课堂　　"微"讲义

学习情境

小邓在办理业务的时候既会遇到个人类客户，也会遇到企业类客户。经营规范的企业客户和个人类客户不同，它们有较为健全的财务制度，有专业的财务部门或者会委托第三方公司出具财务报表，如资产负债表、现金流量表和利润表等。主管说，对于该类客户，我们要重点解读财务报表里包含的财务信息，据此评估客户的财务状况和信用风险。

小邓此前学过一些会计知识，对报表的会计科目还是有一定了解的。但是如何才能通过这些报表的科目数据甚至特定的财务指标去全面评估客户的财务状况、识别客户的信用风险，他却一时说不上来。对此他还要进一步学习摸索。

课前思考

（1）企业客户的财务报表有哪些？包含哪些重要的会计科目？

（2）我们应该如何分析这些财务报表？

（3）财务指标分析法具体是怎么操作的？

一、认知财务分析

（一）财务分析概述

在开展企业客户的小微信贷业务时，主要通过非财务信息分析和财务信息分析这两条途径对企业信用风险进行评估。而财务信息的分析主要是基于客户的财务报表——资产负债表、损益表和现金流量表等，以及其他重要财务信息进行的对客户资产负债状况、盈利状况及现金流状况的分析，如图 6-10 所示。

图 6-10　评估客户的偿债能力和信用风险

　　小微信贷机构作为（潜在）债权人，其财务分析的视角与专业财务人员有所不同，与投资者和其他利益相关人也不同，其财务分析要为正确的授信和贷款管理工作服务，应围绕小微信贷到期日客户的偿债能力分析这一核心展开，注重客户获取现金以支付债务的能力，而以其他目的的财务分析为辅助。例如，对短期贷款来说，分析客户短期现金流及偿债能力要比分析其长期偿债能力来得重要。

　　信贷财务分析首要回答如下三个基本问题。

　　（1）一笔小额贷款自申请日至到期日，客户将有多少负债需要支付或偿还？

　　（2）客户目前的现金流情况如何？

　　（3）客户在债务到期日之前的现金流是否能保证债务的按期足额偿还？是否存在需要担保措施来弥补资金缺口的风险？

　　此外，不同于传统信贷，小微信贷的客户往往不具备完善的财务报表。因此，小微信贷机构不能局限于财务报表信息的分析，还要广泛收集各类与偿债能力分析相关的财务信息，并综合这些信息对客户的还款能力进行评价。当然，分析要建立在财务信息本身合理、可信的基础之上，许多小微企业和个体工商户的财务行为并不规范，记账不确不实，要求信贷人员具备较强的辨别能力，以设法解决小微信贷中的信息不对称问题。

（二）财务分析的基本方法

　　信贷人员在对客户的财务报表和信息进行分析时，需要将不同数据相互结合关联，而非孤立地分析单个数据或报表。

1. 比率分析法

　　比率分析法是通过计算数值之间的相对数，使不可比的指标变为可比指标的分析方法。在本书有关财务指标分析的内容中，你将看到比率分析法的大量应用。

2. 比较分析法

　　比较分析法是将实际数与基数进行对比的分析方法。一个财务指标的高低和好坏是相对而言的，对绝对数值的分析判断要经过一定的比较后才能下结论。

　　1）标准值比较

　　标准值比较是将企业财务指标同一定的理想值或理想范围进行比较的方法，它是最基本的比较分析法。比如，财务比率通常有一定的理想值或理想范围。一家企业的财务比率要与该比率的标准值比较，来判断该企业偿债能力和信用风险的高低。

　　虽然如此，财务指标标准值并非一成不变，标准值并不能适用所有企业的所有情况，在比较时要根据企业的具体情况进行灵活变通，兼顾横向、纵向的比较。

2）横向比较

横向比较是将企业财务指标同可比企业进行比较的方法。可比企业的认定主要依据其所在的行业、资产或营业额规模、地理位置、所处的生命周期阶段等因素。横向比较是标准值比较的重要补充，使信贷人员的财务分析更为客观。

最常用的横向比较标准值是企业所处行业绩效的指标平均值[1]或行业内标杆企业的指标值。信贷人员可将上述企业绩效评价标准值作为参考依据，从中查找特定企业对应的横向比较标准值来评价目标企业指标的相对好坏。

基于小微信贷的客户群特点，本书仅在附录6-1的"2013年企业绩效评价标准值——全国及10个行业财务指标标准值"之中列出了小型企业的标准值（唯独传播与文化业没有小型企业指标值，故以其全行业指标列示）。

3）纵向比较

纵向比较是将企业财务指标与其自身以前年度或期间的财务指标进行比较的方法。通过纵向比较，信贷人员可以了解企业财务指标的变化趋势和波动情况。值得注意的是，对于许多财务指标质量的分析不仅要考察其高低，还要考察其稳定性，通过对不确定性的把握识别客户的信用风险。

趋势分析一般要求对两个以上以前年度或期间的指标进行计算，和当期指标进行比较，了解变化趋势，最终达到预测未来指标值的目的。小微信贷实务中，对客户现金流的预测尤为重要，特别是客户在小额贷款到期日之前的现金流，是判断客户到期偿债能力的主要依据。

3. 因素分析法

因素分析法有两层含义：一是对财务指标进行拆解，对构成该财务指标的各部分的变动分别进行分析的方法；二是对财务指标变动的主要影响因素进行分析的方法，掌握该财务指标随每个影响因素的变动而变动的关系。因素分析法通过对财务指标内在的进一步剖析，通过分析各因素的发展变化来理解和判断目标财务指标的变化趋势。

比如，信贷人员可将一家企业的毛利率进一步拆分为其各区域市场、各生产线、各产品相对应的毛利率，也可将影响毛利率变化的因素梳理出来，包括市场竞争、原材料和人工成本、技术的革新、消费者偏好等，以此发现问题，从而细究企业盈利及偿债风险的主要来源。

4. 综合分析法

综合分析法是将多个财务指标或多种因素的分析进行汇总，从而进行综合判断的方法。有时多个指标之间似乎是矛盾的，因此就必须结合企业的实际情况及行业情况进行综合分析判断。综合分析要求信贷人员不依赖单一指标下结论，因为财务分析终究是一个非标准的过程，必然带有主观性，应该根据实际需要，综合多方因素，并结合信贷人员自身

---

[1] 国务院国资委财务监督与考核评价局依据《中央企业综合绩效评价管理暂行办法》（国务院国有资产监督管理委员会令第14号）的规定，定期制定和发布企业绩效评价的标准值。标准值以国资委、财政部、国家统计局对全国国有企业的相关统计资料和月报数据为依据，在对上一年度国有经济各行业运行状况进行客观分析和判断的基础上，运用数理统计方法进行测算。2013年企业绩效评价标准值的行业划分共包括10个大类、48个中类和102个小类。此外，标准值还按企业所在区域做了区分，包括华北地区、华东地区、中南地区、西南地区、西北地区。

的经验进行。

常用的综合分析方法有杜邦分析法、综合评分法等。

活动拓展 6-15

（1）国家统计局将国民经济行业分为 20 个大类，去查一查吧！关注和收集统计年鉴和行业、企业年鉴并熟悉在互联网上检索这些信息的方法，将使你的工作事半功倍。

（2）请参看附录 6-1，查找资料，了解其中财务指标的计算方法和含义——部分指标将在本书后文中有所涉及。如果你需要更全面地了解细分行业和区域财务指标的标准值，可以查阅 2014 年或 2015 年企业绩效评价标准值的全文。

（3）搜索资料，了解并阐述杜邦分析法和综合评分法。

二、分析财务报表的关键科目

在分析企业财务信息时，信贷人员应对财务报表中的一些重点信息进行更进一步的调查和挖掘，以加强对客户信用风险的识别和防范。通过这一小节的学习，你会对资产负债表、利润表、现金流量表中信贷人员应着重了解和分析的风险点和关注点有所感知，并掌握一些实用的分析技术。

在分析企业财务信息时，下列情况应引起你的注意。

（一）资产负债表

整体上看，资产的分布结构体现了企业的生产经营策略，反映了自有资金与借入资金的用途，比如投入是多在固定资产、流动资产还是在无形资产中，与企业所在行业密切相关，如商贸行业流动资产比例较大，工业企业则固定资产比例较大；负债反映了企业的融资策略和借贷情况，也代表了一定期间后的现金流支出负担；所有者权益表明了企业的资本实力，间接反映了企业能承受的贷款规模。

1. 货币资金

货币资金的财务风险分析要注意以下几点。

（1）货币资金账上数额与银行存款对账单有较大出入，经查实除了未达账项还有其他原因存在的多头开户。

（2）银行资金流量和平均存款余额与企业的经营和销售活动不相匹配。

（3）企业上下游资金收付的结算周期较前期出现较大变化。

（4）货币资金余额较前期大幅降低。

（5）货币资金被质押或限制使用，如遭金融机构、税务部门或法院的冻结。

（6）存在非营业目的的大额货币资金转移。

2. 交易性金融资产

交易性金融资产是企业为近期内出售以从二级市场赚取差价的股票、债券、基金等投资。信贷人员可以将企业交易性金融资产明细账目同相关的交易记录和对账单等原始凭证进行核对。交易性金融资产的财务风险分析要注意以下几点。

（1）交易性金融资产账面价值与市场价格存在较大差异，有大额贬值情况或投资损失可能的。

（2）账上有较多交易性金融资产，有逾期贷款，而不将交易性金融资产变现偿还的。

（3）借用小微信贷只是为了投资交易性金融资产的。

（4）交易性金融资产有变现限制或存在质押的。

（5）有委托理财性质的交易性金融资产，安全性和可回收性不确定的。

3. 应收票据

应收票据的财务风险分析要注意以下几点。

（1）应收票据已用于其他债务的质押。

（2）应收票据长期挂账，或应收票据余额长期变化不大，存在坏账的可能性。

（3）应收票据与销售情况不符。

（4）票据相应的销售合同限制将该票据用于小额贷款的质押。

（5）企业在已贴现或背书转让的商业承兑汇票上负有连带责任的。

拓展阅读 6-13　票据

在我国，票据为汇票、支票和本票的统称。企业的应收或应付票据通常指商业汇票，包括银行承兑汇票和商业承兑汇票。

银行承兑汇票是由在承兑银行开立存款账户的存款人出票、由承兑银行承兑的票据，如图 6-11 所示。

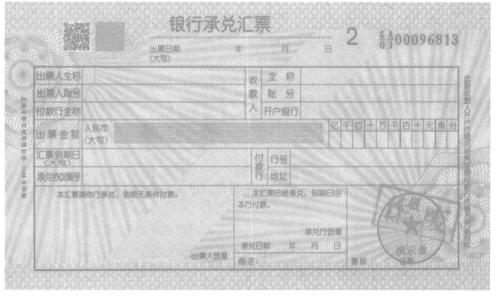

图 6-11　银行承兑汇票示例

商业承兑汇票是付款人签发并承兑，或由收款人签发交由付款人承兑的汇票，如图 6-12 所示。

商业承兑汇票（卡　片）　　1

出票日期（大写）　　年　　月　　日　　　　　　汇票号码

付款人	全　称							收款人	全　称						
	账　号								账　号						
	开户银行								开户银行						
出　票　金　额	人民币（大写）							亿 千 百 十 万 千 百 十 元 角 分							
汇票到期日（大写）					付款人开户行	行号									
交易合同号码						地址									
					备注：										
出票人签章															

图 6-12　商业承兑汇票示例

我国现行法律规定，商业汇票的付款期限不得超过 6 个月。

你不妨搜索了解一些常见的票据，熟悉其填制过程并读懂票据上的关键信息。

4. 应收账款

应收账款的财务风险分析要注意以下几点。

（1）应收账款余额较大、长期不变或突然发生异常变化。

（2）应收账款出现大量事实上的坏账。

（3）应收账款债务人集中于同一自然人、同一企业、同一行业，或应收账款之间相互关联性强，风险集中。

（4）存在对股东、其他关联方和员工的应收账款。

（5）应收账款的债务人经营不善，或者存在破产、死亡、失踪。

（6）留意"其他应收款"。"其他应收款"科目常常是会计报表的"垃圾桶"，其中可能隐藏了某些利润或亏损，需要特别留意。

应收账款的账龄[①]较长，尤其是存在 3 年以上账龄的应收款项。信贷人员一般要通过应收账款的账龄分析来判断其健康程度。值得注意的是，不同行业应收账款的内容是有所区别的，账龄分析表也应根据行业特点而有所不同。

例题 6-1　一企业客户应收账款情况如下，请对该客户做一个应收账款的账龄分析。

（1）6 笔 3 个月未偿付的应收账款，总额为 89 400 元。

（2）7 笔 6 个月未偿付的应收账款，总额为 68 420 元。

（3）1 笔 1 年未偿付的应收账款，金额为 55 000 元。

（4）3 笔 1 年半未偿付的应收账款，总额为 204 839 元。

（5）1 笔 3 年半未偿付的应收账款，金额为 30 000 元。

解答： 该客户的应收账款账龄分析表如表 6-10 所示。

---

① 应收账款的账龄，是指至今仍未偿付的应收账款自发生之日起到目前为止的时间。

表 6-10　应收账款账龄分析表

应收账款账龄	账户数量 / 笔	金额 / 元	百分比 /%
1 年以内（含 1 年）	14	212 820	47.5
1 ~ 2 年（含 2 年）	3	204 839	45.8
3 年以上	1	30 000	6.7
合计	18	447 659	100

5. 存货

存货的财务风险分析要注意以下几点。

（1）存货量与生产销售规模不相匹配。

（2）存货出入库异常。

（3）仓储着所有权属于他人的存货，却按自有资产核算。

（4）产品成本因素上升，如原料、燃料及劳动力成本上升。

（5）库存的原料和燃料大幅贬值。

（6）制造费用中水电费变化异常，急剧缩减或急剧上升。

（7）存货资产结构不合理，存货中原材料、在产品、半成品、产成品及低值易耗品的比例关系不协调。

（8）存在较大比例废品、次品、变质和毁损。

（9）存货积压，产品滞销，产成品较前期大幅增加而其他存货很少增加甚至减少。

（10）存货被用于其他债务的担保。

（11）没有定期和不定期地进行存货清查盘点，没有合理计提存货损失。

存货是生产企业的重要流动资产。在生产企业的流动资产中，存货一般占到 1/3 以上。信贷人员在审阅企业会计报表时，不可能像审计人员那样做实地盘查，但是对各类企业的存货分类、内容、特点、计价方法等都是应当了解的。检查存货相关原始凭证时，要注意存货明细账中借方的存货入库量要与入库单、购货发票、运费单据及采购合同进行核对；存货明细账中贷方的存货出库量要与出库单、销售发票、运输单据以及销售合同进行核对。

除此之外，还应了解企业存货的管理制度是否健全、执行是否有效，这些有助于判断企业存货的真实性，其中最简便易行的方法是了解企业存货清查盘点制度。

6. 固定资产

固定资产的财务风险分析要注意以下几点。

（1）固定资产报废、不可用、封存、闲置。

（2）固定资产未合理计提折旧。

（3）固定资产减值严重。

（4）固定资产被有关部门查封。

（5）固定资产的所有权不属于该企业。

（6）固定资产已用于其他债务的担保。

（7）固定资产名为出租，实为联营和抵债。

固定资产所有权权属的查证过程中，按照不同的固定资产类别，应检查以下四类资料或内容，确定相关固定资产的所有权。

（1）对于建筑、房地产类固定资产，应审阅其权属证书的相关内容，有关的购置合同、发票与税单、保险单等资料。

（2）对于外购的机器设备类固定资产，应审核原始的购买发票、购买合同、运输合同等资料。

（3）对于融资租赁租入的固定资产，应审核有关融资租赁合同、运输合同、安装调试记录等资料。

（4）对于交通运输类固定资产，应审核有关购买合同、发票、税票、运营证件等资料。

7. 在建工程

在建工程的财务风险分析要注意以下几点。

（1）工程物资价格上涨或工程量超计划增加，导致超出预算的现金支出。

（2）存在在建工程相关借款，在建工程资金紧张。

（3）在建工程停建或存在安全隐患。

在建工程相关的凭证有工程预算、立项申请、施工合同、发票、工程结算依据、付款单据、验收报告等。

8. 无形资产

无形资产的财务风险分析要注意以下几点。

（1）无形资产不能给客户带来实际经济利益，存在重大减值迹象。

（2）无形资产未合理计提摊销。

（3）未按时支付土地使用相关税费。

（4）无形资产用于其他债务的担保。

（5）相关商业机密的保护不善和泄露。

9. 短期借款

信贷人员可通过客户的征信记录、借款合同、财务咨询合同了解短期借贷的借款数额、借款条件、借款日期、还款日期、借款利率等基本信息，此外还有如下关键要素。

（1）借款费用除了利息，还有高额的财务咨询费用、策划费。

（2）企业将其自有资产作为短期借款的担保。

（3）企业利用短期融资购建固定资产。

（4）未按约定用途使用短期借款。

（5）存在较多短期借款要在小额贷款到期日之前支付，或已有短期借款到期日与小额贷款到期日相近。

（6）用举借新债或变卖长期资产产生的现金来归还短期借款。

（7）短期借款存在展期情况。

（8）短期借款存在逾期，面临罚息、诉讼或资产被查封处置的可能。

（9）其他信贷机构对该企业的信用评级较低，借款条件较苛刻。

信贷人员应对企业短期借款的构成进行必要的了解，一般可以从三个方面进行：①借款的种类，按流动资金借款、票据贴现借款、进口原材料短期外汇借款等划分；②借款的期限，一般可按 3 个月以内、6 个月以内、1 年以内划分；③借款银行，即从各个银行、金融机构借入的数额。银行对企业短期借款的构成进行必要的了解，有助于阅读企业会计报表，分析企业短期借款的使用情况以及企业的各种信贷关系，防范风险。

10. 应付票据

应付票据的财务风险分析要注意以下几点。

（1）应付票据数额较大。

（2）存在较多应付票据需在小额贷款到期日之前支付，或应付票据到期日与小额贷款到期日相近。

（3）企业近期使用借入的资金偿付大额应付票据。

（4）有应付票据逾期未兑付，且可能要承担相应的违约责任。

拓展阅读 6-14　提留与企业的财务状况

在分析企业的财务报表时，信贷人员要关注坏账准备、固定资产折旧、应付工资、应付福利费、应交税金、预提费用等是否按实计提，年末是否按规定进行利润分配。

通常来说，经营情况好的企业，为合理避税一般都能最大限度提留；经营情况不好的企业，为了得到贷款支持，往往不计提或少计提，以使账面利润好看一些。

11. 应付账款

应付账款的财务风险分析要注意以下几点。

（1）应付账款大幅波动。

（2）应付账款增减变动与采购活动和经营周期不相匹配。

（3）存在与购货无关的应付账款明细。

（4）存在未处理的供应商发票。

（5）长期拖欠供应商款项。

（6）从供应商处获取的商业信用条件在下降。

（7）以退货、变卖资产、以资产抵债来减少应付账款。

（8）企业受到采购合同中规定了特殊义务条款、违约条款、结算条款的约束。

应付账款的发生额明细尤其与主要供应商之间应付账款的相关明细，要与进货单、采购合同、发票、银行付款凭证、供应商收据、验收单、入库单等进行核对。

12. 应付职工薪酬

应付职工薪酬的财务风险分析要注意以下几点。

（1）工资费用大幅增加，可能经营规模扩大过快。

（2）工资费用大幅减少，可能因市场萎缩或其他重大困难造成裁员。

（3）实际考察到的生产经营情况和工人工资不相匹配。

（4）拖欠职工薪酬。

（5）未按时缴纳员工社会保险费（包括养老、医疗、失业、工伤、生育保险费）、住房公积金、工会经费和职工教育经费。

（6）有以存货代替现金发放职工薪酬的情况。

（7）关联公司员工薪酬与企业员工薪酬混淆。

（8）存在违反《中华人民共和国劳动法》等法规的情形。

活动拓展 6-16

请收集资料，描述我国法律法规对企业支付职工薪酬和提供员工福利的有关规定。

13. 应交税费

应交税费的财务风险分析要注意以下几点。

（1）纳税规模呈递减趋势。

（2）申报缴纳的流转税[①]与经营和销售规模不相匹配。

（3）存在重大的偷漏税情况或大额税金没有按要求缴纳，也未取得主管税务机关的缓期纳税与延期纳税的批准文件。

（4）获得的税费减免或返还依据不够充分、合法和有效。

应交税费相关的原始凭证有减免税批准文件、纳税鉴定、纳税通知、进销货发票、海关完税凭证、出口退税凭证、收购凭证或运费凭证等，信贷人员通过它们可以了解客户适用的税种、计税依据、税率，以及征、免、减税的范围和期限。

14. 实收资本

实收资本的财务风险分析要注意以下几点。

（1）实收资本金没有足额到位，与注册资本不一致。

（2）注册资金中以实物和无形资产方式出资的比例[②]较高，缺乏营运资金。

（3）存在虚假验资和抽逃资本金的情况。

（4）存在股东（投资者）抽资或变相抽资的情形。

（5）股东在股权上存在纠纷。

（6）实收资本的增减变动不符《公司法》等相关法律法规的规定。

实收资本的相关原始凭证包括投资合同／协议、公司章程、会计师事务所的验资报告等，信贷人员可以通过这些凭证了解企业出资人投入资本的情况。

虚假验资的表现形式较多，比较隐蔽，如伪造银行进账凭证，对实物低价高报、以次充好等；抽逃资本金没有明确定义，但主要是转移资金、实物等。为防范这类问题，信贷人员不能过分相信新设立企业的资产负债表和出示的验资证明，应该结合实地勘察进行分析判断。

此外，在对负债与所有者权益进行分析时，信贷人员还应注意企业的以下三种情形。

（1）长期负债占负债总额的比例很高，且主要长期负债的到期日在小额贷款到期日之前，或二者接近过去。经营期间的获利能力较差，留存收益表现出较大的亏损。

（2）企业经营年限短，毛利率低且销售经营规模不大，但未分配利润数额较大，形成反差。

（3）除了确知的负债，信贷人员应留意"或有负债"，注意企业产品质量保证、已贴现商业承兑汇票、对外担保、未决诉讼、未决仲裁、索赔事件、未决税务纠纷等可能造成的现金支付义务，尤其要重视靠近小额贷款到期日的或有现金支付义务。

---

① 流转税又称流转课税、流通税，指以纳税人商品生产、流通环节的流转额或者数量以及非商品交易的营业额为征税对象的一类税收，包括增值税、消费税、关税等。

② 我国公司法规定，货币出资金额不得低于公司注册资本的30%。

活动拓展 6-17

请查阅《公司法》，了解其对公司注册资本的相关规定，总结归纳并写作报告。

（二）利润表

营业收入和成本是企业经营情况、效率和成果的最直接反映，由此可以观察企业是否存在市场不景气、生产浪费等问题。

1. 营业收入

营业收入相关原始凭证包括发票、发货单、销售合同、商品价格目录等，信贷人员通过对这些资料的检查和了解，可以获取企业销售活动的日期、产品名称、数量、价格、付款方式和信用条件等信息。

营业收入的财务风险分析要注意以下几点。

（1）主营业务相关价格和毛利率存在异常变动。

（2）营业收入计量不符合会计制度规定，存在虚增收入等现象。

（3）关联方交易中商品的价格与正常销售价格差别较大，存在转移利润和现金的迹象。

（4）企业的特殊销售行为。

企业的特殊销售行为包括委托代销、分期收款销售、商品需要安装和检验的销售、附有退回条件的销售、售后回购、售后租回、以旧换新、出口销售等。信贷人员应理解这些销售行为对企业资金收付和收入确认的意义，并对其中的特殊风险予以关注。

此外，小型企业的很多销售可能不是采用合同的方式，而是采用客户传真订单的方式作为销售依据，这时应结合出库单、发运单、回款等情况核实传真订单的真实性。

最后，在判断企业的营业收入和成本是否存在异常波动时，不要忘了结合客户自身营业活动的季节性、周期性特点。

2. 主营业务成本

主营业务成本的财务风险分析要注意以下几点。

（1）主营业务成本存在异常变动、重大调整事项和非常规项目。

（2）销售数量递减而销售成本递增。

（3）销售退回的产品没有入库。

（4）未合理计量主营业务成本，存在减少成本、虚增毛利率的情况。

3. 营业费用

营业费用的财务风险分析要注意以下几点。

（1）营业费用的增减变化与主营业务收入增减变化有较大不一致。

（2）销售佣金及业务招待费支出过大。

（3）广告费、业务宣传费支出较大，侵蚀毛利润。

（4）有较大的租金支付业务，如厂房、办公用地、机器设备等。

（5）产品存在质量保证方面的费用。

4. 管理费用

管理费用的财务风险分析要注意以下几点。

（1）管理费用及其主要项目的发生额存在异常变动，或与预算差别较大。

（2）迟延支付环保费、矿产资源补偿费等。

（3）相关人员工资、办公费、差旅费、培训费、注册登记费等被资本化而没有计入管理费用，有虚增利润的可能。

（三）现金流量表

对于信贷机构而言，关注已发生的现金流是为了更好地判断客户的偿债能力，企业缺乏现金流，就缺乏偿债能力，甚至会倒闭。信贷人员在对客户的现金流进行整体分析时，应对其贷款期限内的现金流进行预测，判断现金流的充足程度和稳定程度，围绕其现金流结构是否出现恶化，是否不能持续产生现金流入以满足正常的生产经营、扩大再投资与偿还债务需要这些问题来进行。

对现金流的预测主要基于企业在预测期间的经营计划和财务预算，以及历史现金流信息，并对现金流入和流出的动因进行分解。

1. 经营活动现金流

经营活动现金流的分析应注意以下两点。

（1）经营活动现金流占现金流量的比重较小，而投资和筹资活动现金流占比较大。

（2）经营活动产生的现金流量净额为负。

2. 投资活动现金流

投资活动现金流的分析应注意以下几点。

（1）投资活动的现金流入流出量不符合企业的当前发展，或者企业大量增加不合理的投资。

（2）投资活动现金流是由大量资产变现产生的。

（3）投资收益低，投资活动现金流出大大高于现金流入。

当企业扩大规模或开发新的利润增长点时，需要大量的现金投入，投资活动产生的现金流入量通常补偿不了流出量，但如果企业投资有效，会在未来产生现金净流用于偿还债务，创造收益。因此，在分析投资活动现金流时，应结合企业当前的投资项目与未来投资回报进行分析，不能简单地以现金流入量与流出量进行分析。

3. 筹资活动现金流量

筹资活动现金流的分析应注意以下几点。

（1）筹资活动有现金净流入，企业在吸收资本或举债以补充经营上的资金短缺。

（2）融资政策、筹资方式不合规，融入资金的用途和目的不合法。

（3）很少分配股利和利润。

行业视窗 6-10
起底 2021 年财务造假经典案例

拓展阅读 6-15　企业粉饰现金流的做法

许多企业都有虚增粉饰现金流的问题，主要做法有以下几点。

（1）利用关联交易，低买高卖调节现金流。

（2）出售流动资产调节现金流。

（3）虚构账面现金流，如虚增经营性现金流入与投资性现金流出。

三、分析企业财务指标

在对关键会计科目仔细分析的基础上，信贷人员还需系统地计算企业各类财务指标，以求对企业信用风险有更全面的认识。

一般地，企业的财务指标可分为偿债能力指标、营运能力指标、盈利能力指标、现金获取能力指标和发展能力指标。财务指标的分析没有定式，本节仅列举指标中最常用的一些。在实际工作中，信贷人员可以根据实际情况再添加甚至自行创造指标分析，只要这些指标是有意义的。比如，在对发电企业资产和盈利质量进行分析时，"装机容量"是很重要的一个指标，应将其与投资、资产规模、营业收入做比较。

（一）偿债能力指标

企业偿债能力是指企业偿还到期贷款本息的能力，通常可用短期偿债能力和长期偿债能力来衡量。短期偿债能力指标指企业对流动负债及时足额偿还的能力，也叫流动性指标，主要考察客户当前的财务支付能力和流动资产变现能力。长期偿债能力指标指企业对总体债务本息及时足额偿还的能力。

1. 短期偿债能力指标

1）流动比率

流动比率公式为

$$流动比率 = \frac{流动资产}{流动负债} \tag{6-5}$$

该指标应至少大于1，标准值为2。流动比率越大，就意味着1单位的流动负债所对应的流动资产越多，因为流动资产是偿还流动负债的主要来源，因此流动比率越大，也就意味着企业的短期偿债越有保障。若该指标低于标准值甚至低于1，则意味着企业用于偿债的流动资产不足，难以支付即将到期的债务。除非有足够理由可以预期在小额贷款到期日前，企业的流动比率会得到大幅提升或还有其他偿债资金的来源，小微信贷机构应谨慎发放和管理对该类客户的贷款。该指标并非越高越好，过多的流动资产会阻碍企业的投资和收益。

在使用流动比率时，可结合企业存在的诸如拖欠工资、水电费、租金等情况进行综合分析。此外还要注意企业的一些例外情况，比如：

（1）其存货滞销积压。

（2）其应收款余额较大且大部分超过正常的商业信用，使其资金被其他企业长期占用。

（3）其流动资产里面包括大额的待摊费用。

（4）其部分流动资产实际已经发生损失，不应继续体现为一项资产而造成其虚增流动资产，从而虚增流动比率。

在这些情况下，即使企业拥有较高的流动比率，也不能表明其具有良好的偿债能力。还有的企业有隐瞒短期债务的情况，少记流动负债，从而造成流动比率虚高。

2）速动比率

速动比率公式为

$$速动比率 = 速动资产 / 流动负债$$
$$= （流动资产 - 存货 - 预付账款 - 待摊费用）/ 流动负债 \qquad (6-6)$$
$$= 货币资金 + 短期投资 + 应收账款 + 应收票据 / 流动负债$$

速动资产扣除了变现能力较差且不稳定的存货、预付账款、一年内到期的非流动资产以及不可能用于还债的待摊费用等流动资产项目，其变现能力极强，是偿还流动负债的核心资金来源，因此速动比率比流动比率更能反映企业的短期偿债能力。若指标低于标准值，表明 1 单位流动负债对应的速动资产较少，意味着企业短期偿债存在风险，应引起信贷机构的注意。该指标标准值为 1，但并非越高越好，过多的速动资产会阻碍企业的投资和收益。

在使用速动比率时，应注意企业的一些例外情况，比如：

（1）其货币资金部分被冻结或被限制使用。

（2）其交易性金融资产被限制使用。

（3）其应收款项因质押或其他原因被限制使用或变现能力较弱，甚至发生了较大金额的坏账。

在这些情况下，即使企业拥有较高的速动比率，也不能表明其具有良好的偿债能力。但若企业存货流转顺畅、产品畅销，则即使企业速动比率较低，也可能具备较强的短期偿债能力。

3）现金流动负债比率

现金流动负债比率公式为

$$现金流动负债比率 = \frac{当期经营活动现金流量净额}{期末流动负债} \qquad (6-7)$$

经营性现金流是现金流中最为稳定可预期的现金流，它与流动负债的比率反映了企业现金流在多大程度上保障了当期流动负债的偿还。该指标标准值为 1。若指标低于标准值，则说明流动负债偿付有一定风险，应引起信贷机构的注意。依据对未来经营性现金流的预测，还可分析该比率的变动趋势，进而判断企业在小额贷款到期日的偿债能力。

4）现金比率

现金比率公式为

$$现金比率 = \frac{货币资金 + 交易性金融资产}{流动负债} \qquad (6-8)$$

现金比率又叫超速动比率，它衡量了企业不依靠其他资产变现的情况下，以现金和现金等价物随时直接偿还流动负债的能力。现金比率也叫保守速动比率，因为它是短期偿债能力指标中最为保守的一个。它表明了每单位的流动负债有多少现金资产作为偿还保障。该指标标准值为 0.2，但指标并非越高越好，过多的现金性资产会阻碍企业的投资和收益。

信贷人员在分析现金比率时，应注意企业的现金资产在近 3 个月的月末平均余额，以

及企业现金收支规模和稳定性等因素。一般地，如果其现金资产的月均余额波动不大，且有较大的现金收支规模，则表明企业的现金比率在未来几个月仍将延续目前的水平与趋势。

信贷人员还应注意企业现金资产有多少在小额贷款到期日可能被限制使用，如果现金资产里有一大部分的资产为保证金或其他被限制使用的资产，那么即使该比率较高，也不能保证其在贷款到期时具有较好的短期偿债能力。

5）营运资本分析

运营资本分析公式为

$$营运资本 = 流动资产 - 流动负债 \tag{6-9}$$

营运资本是企业在当前分析时点下，以其流动资产抵偿流动负债后的剩余部分。在通过营运资本对企业短期偿债能力进行分析时，应结合其目前的资金流和物流的速度，关注流动资产和流动负债中变化较频繁的会计科目。

企业的流动资产等于甚至大于其流动负债，也并不说明其到期偿债能力就强，还要考虑企业存贷款到期日前的现金生成能力和现金支出水平。如果在贷款期间企业的现金生成能力较弱但其现金支出水平较高，则即使企业目前有较多的营运资本，也不能保证在小额贷款的到期日，其能拥有足够的现金去支付到期的贷款本息。

例如，企业在小额贷款到期日以前需要支付较多诸如职工薪酬、税金、租金、水电费等的刚性费用，或尚有较多需要偿还的其他到期借款等债务，则即使营运资本较多，企业的到期偿债能力也可能是不乐观的，除非有证据可以预见其在贷款期间有很强的现金生成能力。

计算分析题 6-1

A 公司为一家信息技术服务业公司。请使用附录 6-2 中 A 公司的财务报表数据，通过对 A 公司的相关指标的计算，并尽可能综合运用标准值及横纵向比较法，评价 A 公司的短期偿债能力。

2. 长期偿债能力指标

1）资产负债率

资产负债率公式为

$$资产负债率 = \frac{负债总额}{资产总额} \tag{6-10}$$

资产负债率是债权人提供的资金占企业全部资金的比例，衡量了企业资产对债务的保障程度。该指标低于标准值，则说明企业负债状况比较合理、稳健，企业的自有资金占总资产的比重较大，长期偿债能力较强；若指标高于标准值较多，意味着债权人资金比例较高，企业偿债风险较大，可能需要依靠借新债还旧债来维持，应视为财务预警信号，引起信贷机构的注意。一旦资产负债率超过 1，则说明企业资不抵债，有濒临倒闭的危险，债权人将遭受损失。

该指标标准值为 0.5。对于企业来说，该指标并非越低越好，过低的负债可能意味着企业经营保守，过分依赖自有资金，影响其发展速度。然而，对于小微信贷机构等债权人来说，企业资产负债率通常越低越好。

2）产权比率

产权比率公式为

$$产权比率 = \frac{负债总额}{所有者权益总额} \qquad (6\text{-}11)$$

该指标反映了企业债务资金和自有资金的相对比例，同时也反映了债权人投入资本受到股东权益的保障程度。一般地，该比率的标准值为1.2，如果高于标准值，则意味着企业的负债资金占总资产的比率偏大，企业财务风险较大，长期偿债能力较低，反之则意味着企业的自有资金占总资产的比率较大，企业财务风险较小，长期偿债能力较强。

3）有形净值债务率

有形净值债务率公式为

$$有形净值债务率 = \frac{负债总额}{有形净资产总额} = \frac{负债总额}{所有者权益总额 - 无形资产净值} \qquad (6\text{-}12)$$

有形净资产债务率是对资产负债率的必要补充，扣除了一般不能用于偿债的无形资产，反映了在企业清算时，债权人投入的资本受到所有者权益的保障程度，较之资产负债率更为谨慎保守。该指标标准值为1.5。若该指标低于标准值，则说明债务的有形资产保障不足，影响长期偿债能力，应引起信贷机构的注意。

拓展阅读 6-16　利息资本化

利息资本化是指将借款利息支出确认为资产的会计处理。

《企业会计制度》规定应予利息资本化的借款范围为专门借款，即为购建固定资产而专门借入的款项，不包括流动资金借款等。当期可以资本化的金额不得超过当期实际发生的借款费用。

资料来源：企业会计制度[Z].财会〔2000〕25号.

4）已获利息倍数

已获利息倍数，也称利息保障倍数，它衡量了企业用利润偿付债务利息的能力。如果企业没有足够的息税前利润，债务利息的支付就失去了根本保障。该指标标准值为2.5。若该指标低于标准值，意味着企业的利润无法偿付利息，此时企业的信用风险很大，应引起信贷机构的注意。已获利息倍数公式为

$$已获利息倍数 = \frac{息税前利润}{利息支出} = \frac{净利润 + 财务费用 + 所得税}{财务费用 + 资本化利息} \qquad (6\text{-}13)$$

其中，资本化的利息支出不计入财务费用，所以财务报表的外部使用者通常得不到准确的利息支出数据。分析人员一般用财务费用代替利息支出进行计算。

已获利息倍数的一个缺陷是，它仅仅考虑了利息的因素，而实际信贷工作中，企业常要同步还本付息，且需用现金偿还。基于此，也有人主张用企业的经营活动现金流量与本息支付合计数相比较，计算所谓的"本息保障倍数"。

5）现金债务总额比

现金债务总额比公式为

$$现金债务总额比 = \frac{当期经营活动现金流量净额}{期末负债总额} \quad (6\text{-}14)$$

企业用来偿还债务的资金，除了借新债还旧债，就主要来自经营现金流。现金债务总额比反映了企业现金流对负债偿付的保障程度。该指标标准值为0.25，若该指标低于标准值，则现金流对负债的保障不足，应引起信贷机构的注意。

依据对未来经营性现金流的预测，还可分析该比率的变动趋势，进而判断企业在小额贷款到期日的偿债能力。

计算分析题 6-2

A公司为一家信息技术服务业公司。请使用附录6-2中A公司的财务报表数据，通过对A公司的相关指标的计算，并尽可能综合运用标准值及横纵向比较法，评价A公司的长期偿债能力。

（二）营运能力指标

营运能力，是指企业的经营运转能力，反映企业运用其资源的效率和效益，故营运能力分析也叫资产利用效率分析。企业资产被利用得越充分，资产运用创造的收益就越多，资产的质量就越高。一般而言，影响资产使用效率的因素包括企业所处行业及其经营环境、企业经营周期的长短、企业的资产构成及其质量、资产的管理力度以及企业所采用的财务政策等。

资产营运能力的强弱体现为资产的变现能力或周转速度，通常用周转率（也叫周转次数）和周转期（也叫周转天数）来衡量，二者是反比例的关系：周转率越高，周转速度越快；周转期越长，周转速度越慢。因为周转率和周转期一一对应，以下仅以周转率形式介绍一些常用的营运能力指标。

1.应收账款周转率

应收账款周转率是一定期间企业应收账款转为现金的次数，反映了企业应收账款的管理效率和盈利的质量。应收账款周转率公式为

$$应收账款周转率 = \frac{赊销收入净额}{\dfrac{期初应收账款余额 + 期末应收账款余额}{2}} \quad (6\text{-}15)$$

其中，赊销收入净额是扣减了销售折扣与折让的赊销收入，由于财务报表所反映信息的局限性，常用"主营业务收入净额"来替代计算。而通常所称主营业务收入与主营业务收入净额相互通用，不需特意区分。

若应收账款周转率指标低于标准值，表明企业流动资金回收过慢，过多地呆滞在应收账款上，账龄较长，增加了收账费用和坏账损失，严重时会影响企业资金情况和正常经营运作及偿债能力；另有可能是企业虚增营业收入和利润，而无法将应收的赊销收入真正转换为现金，均应引起信贷机构的注意。该指标标准值为3。

使应收账款周转率变化的原因主要有：企业信用政策、客户故意拖延和客户财务困难。信贷人员应分析不同时期的指标变化，并与行业指标进行对比，检查是否存在重大异常。

应收账款周转率上升若由紧缩的信用政策引起，则可能危及企业的销售增长，影响

企业的市场占有率。信贷人员应考虑贷款申请人上下游的实际结算周期，分别分析其实际取得的主要商业信用周期和实际给予的主要商业信用周期的长短，综合分析。企业加紧收账，还可能是因为近期存在大额的现金支付要求，比如，有较大的投资，或有大额到期债务需要偿还。

对应收账款周转率明显偏小于其所在行业的贷款申请人，应分析其原因是近期销售出现了明显下滑，还是因下游客户所处的相关行业不景气而导致的应收账款拖欠。

应收账款是时点指标，易受季节性、偶然性和人为因素的影响。为了使该指标尽可能接近实际值，计算平均数时应采用尽可能详细的资料。

如果贷款申请人计提了较高的坏账准备，则应收账款的余额本身就会减少，在这种情况下，可直接以没有扣抵坏账准备的应收账款余额计算应收账款周转率。

2. 存货周转率

存货周转率公式为

$$存货周转率=\frac{主营业务成本}{\dfrac{期初存货余额+期末存货余额}{2}} \tag{6-16}$$

存货周转率衡量了企业存货资产在一定时期内的周转变现速度，以及存货资金占用量是否合理。因为存货资产存在于企业"采购—储存—生产—销售"四环节，因此该指标也是衡量企业"供、储、产、销"管理效率的综合性指标。该指标标准值为3，若该指标低于标准值，则意味着企业存货资金的回收能力较弱，存货周转不灵，管理效率较低，可能会对其资金流动性造成重大负面影响，应引起信贷机构的注意。

计算分析存货周转率指标应注意的问题：理解存货周转率，应尽可能结合存货的批量因素、季节性变化因素等，同时可结合存货的组成结构进一步计算分析。存货周转过快，有可能会因为存货储备不足而影响生产或销售业务的进一步发展，特别是那些供应较紧张的存货。

3. 流动资产周转率

流动资产周转率公式为

$$流动资产周转率=\frac{主营业务收入}{\dfrac{期初流动资产余额+期末流动资产余额}{2}} \tag{6-17}$$

流动资产周转率衡量了企业流动资产在一定时期内转化为收入的次数。该指标标准值为1，若指标低于标准值，则意味着流动资产周转速度较慢，此时同样的销售收入占用了企业更多的流动资金参与周转，造成资金的浪费，应引起信贷机构的注意。

4. 固定资产周转率

固定资产周转率公式为

$$固定资产周转率=\frac{主营业务收}{\dfrac{期初固定资产余额+期末固定资产余额}{2}} \tag{6-18}$$

固定资产周转率主要衡量企业对厂房、设备等固定资产的利用效率。该指标越大，意

味着同样的固定资产换来的主营业务收入越多，说明企业对固定资产利用越充分，固定资产投资得当、结构分布合理，相反则通常说明固定资产利用效率不高、提供的生产成果不多、企业的营运能力不强。

值得注意的是，该比率一般只对从事工业生产的贷款申请人有意义。对于固定资产较少的从事小型商业、服务业的贷款申请人来说，该比率意义不大。

此外，在分析固定资产周转率和总资产周转率时，要特别关注贷款申请人的资产是否存在较大的减值损失。如果存在较大的减值损失，资产周转率也会增大，但这并不说明贷款申请人合理提高了资产利用效率，相反可能反映了贷款申请人管理资产的能力不强，从而造成相关资产出现潜亏。

5. 总资产周转率

总资产周转率公式为

$$总资产周转率 = \frac{主营业务收入}{\dfrac{期初资产总额+期末资产总额}{2}} \qquad (6\text{-}19)$$

总资产周转率是综合衡量企业对全部资产的经营质量和利用效率的重要指标。该指标标准值为0.8。若指标数值低于标准值，则意味着企业对资产的使用效率偏低，资产营运能力较差，应引起信贷机构的注意。

计算分析题 6-3

A公司为一家信息技术服务业公司。请使用附录6-2中A公司的财务报表数据，通过对A公司的营运能力指标的计算，并尽可能综合运用标准值及横纵向比较法，评价A公司的营运能力。

（三）盈利能力指标

盈利能力是指企业获取利润的能力，通常表现为一定时期内企业利润额和利润率的高低。企业的盈利能力是信贷机构重点关注的指标类别，因为盈利是企业的第一还款来源，如果一家企业无法盈利，其贷款本息偿还就无从保障。在分析盈利能力时，应多关注具有稳定性的主营业务盈利性，而不要被投资收益、外界捐赠或会计政策和财务制度变更等非常规或偶然因素带来的利润蒙蔽了双眼。

1. 主营业务利润率

主营业务利润率公式为

$$主营业务利润率 = \frac{主营业务利润}{主营业务收入} \times 100\% \qquad (6\text{-}20)$$

主营业务利润率衡量的是企业每单位主营业务收入能带来的主营业务利润，反映了企业主营业务的获利能力，这是企业经营活动最基本的获利能力，能够充分反映出企业在主营业务的成本控制、营销费用管理、经营策略等方面的成果，因此是评价企业经营效益的主要指标。该指标标准值为10%，若该指标低于标准值，则意味着企业的核心竞争力偏弱，存在经营隐患，应引起信贷机构的注意。

一个与主营业务利润率同样常用的类似指标是毛利率，差别在于毛利的得出仅考察主营业务的成本而不计主营业务的其他费用，它衡量了企业产品的盈利能力。

该指标的标准值为15%，其计算公式为

$$毛利率 = \frac{毛利}{主营业务收入} \times 100\% = \frac{主营业务收入 - 主营业务成本}{主营业务收入} \times 100\% \quad (6-21)$$

毛利率反映了业务转化为利润的核心能力，直接反映企业竞争力的强弱。

毛利率具有明显的行业特征。通常，高科技产业的毛利率比普通产业的毛利率高；新兴产业的毛利率比传统产业、夕阳产业的毛利率高；轻资产公司的毛利率比重资产公司的毛利率高；相对于同类产品，新开发的产品毛利率比原有老产品的毛利率高；资源类行业由于资源的稀缺性，毛利率较高。但毛利率的高低变化既与行业本身有关，又与经济环境相关，特别是对于周期性行业来说，其毛利率的变化更具有明显的周期性。

在分析毛利率时，还可分产品、顾客群、销售区域进行，这样便于信贷机构对贷款申请人提供贷款抵押的相关存货进行取舍。因为，贷款申请人提供毛利率高的存货进行贷款抵押比提供毛利率低的存货更具有意义。

2. 成本费用利润率

成本费用利润率公式为

$$成本费用利润率 = \frac{税前利润总额}{成本费用总额} \times 100\% \quad (6-22)$$

成本费用总额 = 主营业务成本 + 税金及附加 + 销售费用[①] + 管理费用 + 财务费用

成本费用利润率衡量了企业每付出 1 单位成本费用可获得的利润额度，体现了企业经营耗费所带来的经营成果。若该指标低于行业平均值，则意味着该企业在行业竞争中处于劣势，应引起信贷机构的注意。

若贷款申请人当期无获利而是亏损，则无法计算成本费用利润率，应该对以前年度的该指标进行分析。如果贷款申请人连续几个会计期间的利润均为亏损或成本费用利润率均很低，则要谨慎对其作出放贷决策，除非有证据证明在不久的未来，该比率将有大幅的提高。

3. 销售利润率

销售利润率是指企业利润总额与净销售收入的比率。一个与销售利润率类似的指标是销售净利率。该指标无明确标准值。销售利润率公式为

$$销售利润率 = \frac{税前利润总额}{主营业务收入净额} \times 100\% \quad (6-23)$$

销售利润率衡量了 1 单位销售净收入贡献的税前利润额度，反映了企业通过主营业务获利的能力即销售收入的质量。在市场竞争环境下，企业利润的多少受产品成本和销量等因素的影响。通过对销售利润率的分析，可深入评估企业经营的成效、成本费用控制的水平和其在行业中的竞争力。

4. 总资产报酬率

总资产报酬率公式为

---

① 新会计准则的企业使用"销售费用"科目；执行旧会计准则的企业使用"营业费用"科目。

$$总资产报酬率 = \frac{息税前利润总额}{\dfrac{期初资产总额 + 期末资产总额}{2}} \times 100\% \qquad (6\text{-}24)$$

$$息税前利润总额 = 税前利润总额 + 利息支出（可用"财务费用"代替）$$

总资产报酬率或称总资产利润率，衡量了一定时期内企业全部资产获取收益的能力。若指标低于市场利率（或其借入资金成本），则说明企业盈利能力不够，资产能换取的利润较少，借入的款项无法产生足够的收益支付利息，应引起信贷机构的注意。

拓展阅读 6-17　净资产报酬率

一个与总资产报酬率类似的指标是净资产报酬率，该指标无明确标准值。其具体公式为

$$净资产报酬率 = \frac{息税前利润总额}{\dfrac{期初所有者权益总额 + 期末所有者权益总额}{2}} \times 100\% \qquad (6\text{-}25)$$

资料来源：宋娟. 财务报表分析从入门到精通 [M]. 北京：机械工业出版社，2010.

计算分析题 6-4

A 公司为一家信息技术服务业公司。请使用附录 6-2 中 A 公司的财务报表数据，通过对 A 公司盈利能力指标的计算，并尽可能综合运用标准值及横纵向比较法，评价 A 公司的盈利能力。

（四）现金获取能力指标

企业获取现金的渠道有三种：经营活动、投资活动、筹资活动，其中，经营活动是获取持续现金流的最主要、最稳定的途径。现金获取能力（ability of obtaining cash）主要衡量的便是企业通过经营活动获取现金的能力。在指标分析的基础之上，企业所在的行业特点、企业自身所处的发展阶段、采取的营销策略、收付异常和关联交易等因素都应被综合考虑。

1. 现金销售比率

现金销售比率公式为

$$现金销售比率 = \frac{经营活动现金流量净额}{主营业务收入} \qquad (6\text{-}26)$$

其中，经营活动现金流量净额 = 经营活动产生的现金流入量 – 经营活动产生的现金流出量（下同）

现金销售比率衡量了企业通过主营业务收入换取现金的能力。该指标标准值为 0.2，若指标低于标准值，则说明企业营业活动获取现金的能力较弱，可能存在虚盈实亏，资金流断裂的风险较大，可能无法偿还贷款本息，应引起信贷机构的注意。

2. 净利润现金含量

净利润现金含量公式为

$$净利润现金含量 = \frac{经营活动现金流量净额}{税后净利润} \qquad (6\text{-}27)$$

净利润现金含量也叫盈余现金保障倍数，它衡量了企业税后净利润所含的经营性净现金流量，评价收益的质量。该指标数值越大，说明净利润的经营性净现金含量越高，销售回款能力强，财务压力较小，用现金支付债务的能力较强，反之则说明资金流断裂的风险较大，可能无法偿还贷款本息，应引起信贷机构的注意。

3.总资产获现率

总资产获现率公式为

$$总资产获现率 = \frac{经营活动现金流量净额}{\dfrac{期初资产总额 + 期末资产总额}{2}} \qquad (6\text{-}28)$$

总资产获现率也称资产现金回收率，它衡量了企业通过总资产换取现金的能力。该指标标准值为 0.06，若指标低于标准值，则说明资产获取现金的能力较弱，资金流断裂的风险较大，可能无法偿还贷款本息，应引起信贷机构的注意。

计算分析题 6-5

A 公司为一家信息技术服务业公司。请使用附录 6-2 中 A 公司的财务报表数据，通过对 A 公司现金获取能力指标的计算，并尽可能综合运用标准值及横纵向比较法，评价 A 公司的现金获取能力。

（五）发展能力指标

发展能力是指企业随着时间推移，改进优化自身财务状况、扩大财务成果的能力。前几类财务指标反映的是企业的静态财务状况，信贷机构还有必要对一些重要财务指标的动态发展过程进行追踪。发展能力指标便是描述企业财务指标动态发展状况的指标，是特定财务指标的增长率，它们反映了企业的经营情况和市场竞争力。故在评估企业信用状况时，若条件许可，信贷人员应获取其 3 ~ 5 年的财务数据，以便做纵向分析。对于发展逐年减退、处于下降经营周期的企业，信贷机构应予以留意。

值得注意的是，发展能力指标并没有标准值，一方面增长率会随着行业和宏观经济形势的变化而变化，故在分析时应将客户与类似企业进行横向比较；另一方面增长率会因企业发展战略的改变和自身所处生命周期的不同阶段而异，故在分析时应与该企业前若干年的增长率进行纵向比较。

常用的发展能力指标有以下几种。

1.销售增长率

销售增长率衡量企业主营业务的增长速度，其计算公式为

$$销售增长率 = \frac{本年主营业务收入 - 上年主营业务收入}{上年主营业务收入} \times 100\% \qquad (6\text{-}29)$$

2.营业利润增长率

营业利润增长率衡量企业营业利润的增长速度，其计算公式为

$$营业利润增长率 = \frac{本年营业利润总额 - 上年营业利润总额}{上年营业利润总额} \times 100\% \qquad (6\text{-}30)$$

3. 利润增长率

利润增长率衡量企业税前利润的增长速度，其计算公式为

$$利润增长率 = \frac{本年税前利润总额 - 上年税前利润总额}{上年税前利润总额} \times 100\% \qquad (6\text{-}31)$$

4. 总资产增长率

总资产增长率衡量企业总资产规模的增长速度，其计算公式为

$$总资产增长率 = \frac{本年资产总额 - 上年资产总额}{上年资产总额} \times 100\% \qquad (6\text{-}32)$$

对该指标的分析，要特别关注以下事项。

（1）若企业总资产连续增长很快，呈现大幅增长，则应该关注其是否存在盲目投资导致扩张过快的情况。企业如果急功近利，不考虑经营环境，只重视规模的增长，则一旦经营环境出现不利变化，很容易产生被动局面。由于其规模过大，很多刚性支出就会造成支付不能，这样会直接对其偿债能力产生重大不利影响。

（2）若企业总资产连续下降很快，呈现大幅减退，则应结合其他指标分析资产下降的原因。一般地，资产规模递减态势会传递一个不好的信息，可能反映出企业的投资者由于其获利能力较差，从而缺乏增加投资的热情或其他贷款主体对其信心降低从而收缩贷款规模；也可能反映出企业持续出现较大的账面亏损，其未分配利润大规模下降。

5. 资本积累率

资本积累率衡量了企业自有资本的增长速度，其计算公式为

$$资本积累率 = \frac{本年所有者权益总额 - 上年所有者权益总额}{上年所有者权益总额} \times 100\% \qquad (6\text{-}33)$$

和总资产增长率一样，信贷人员也可对净资产的规模变化进行分析。如果企业的净资产规模连续增长较快，应了解其原因是投资者持续增加投资，还是企业持续获利使留存收益不断增加。应特别关注由于资产评估增值或投资溢价造成企业净资产规模增长的可靠性和真实性。如果企业净资产出现较大规模的连续减少，信贷人员应了解其连续减少的原因。

计算分析 6-6

A公司为一家信息技术服务业公司。请使用附录 6-2 中 A 公司的财务报表数据，通过对 A 公司发展能力指标的计算，尽可能综合运用标准值及横纵向比较法，评价 A 公司的发展能力。

活动拓展 6-18

请收集若干小微企业财务数据或报表信息，利用所学，综合分析其五大类财务指标并写作报告。

素质园地 6-5

据黑龙江省哈尔滨市松北区人民法院一份刑事判决书显示，2014 年 8 月，哈尔滨市

宏业家具有限公司（以下简称"宏业公司"）在向中国建设银行股份有限公司哈尔滨南岗支行（以下简称"建行南岗支行"）申请 8 000 万元流动资金贷款过程中，其法定代表人姜某向该银行提供了虚假的 2011 年度至 2013 年度审计报告及《木材购销合同》，同时以宏业公司国有工业用地土地使用权、地上房产及其所有房产等财产作为抵押，签订抵押合同办理抵押登记。

经建行黑龙江省分行审批同意后，建行南岗支行于 2014 年 9 月 23 日发放该笔贷款，放款后宏业公司归还利息 13 期，至 2015 年 11 月起未再归还贷款本金及利息。

后建行南岗支行将该笔贷款确认为不良资产，并以 3 861 万元转让给中国华融资产管理股份有限公司黑龙江省分公司，余 4 111 万元被核销。

2017 年 8 月 10 日，姜某经电话通知到案，并如实供述自己的罪行。最终，姜某被判犯骗取贷款罪，判处有期徒刑二年，缓刑三年，并处罚金人民币 10 万元。

事实上，姜某申请贷款时使用的虚假审计报告，皆出自一家会计师事务所经理郭某之手。

哈尔滨中院此前作出的郭某出具证明文件重大失实二审刑事裁定书显示，郭某系黑龙江龙威世纪会计师事务所经理及实际控制人，因涉嫌犯提供虚假证明文件罪于 2017 年 6 月 24 日被刑事拘留。

裁判文书显示，经审理查明，2014 年 4 月，郭某受宏业公司委托，为该公司在哈尔滨大正小额贷款有限责任公司贷款 3 000 万元及建行南岗支行贷款 8 000 万元出具财务审计报告。

经郭某之手出具的财务审计报告，失真程度触目惊心。

宏业公司于 2012 年 3 月 20 日成立，经比对该公司 2012 年税务报表申报数据与《黑龙威会审字 034 号审计报告》审计数据，净利润差异额达 4 782.01 万元；经比对该公司 2013 年税务报表申报数据与《黑龙威会审字 035 号审计报告》净利润差异额达 7 413.29 万元。

也就是说，有据可查的两份审计报告，就有合计超过 1.2 亿元的净利润差异额。

法院认定，郭某出具的上述 2011 年、2012 年、2013 年三份年度财务审计报告重大失实，致建行南岗支行贷款 8 000 万元及利息逾期未收回。

在本案中，建行南岗支行负责该笔贷款的时任客户经理计某也一并获刑。

原审判决认定，2014 年 2 月，计某担任建行南岗支行业务部客户经理期间，宏业公司向该行申请前述 8 000 万元贷款，计某为该笔贷款业务的客户经理。

计某在贷前审查中未按照有关规定对宏业公司应收账款、应付账款等财务状况的真实性进行尽职调查，亦未核实宏业公司记账凭证、账簿等相关材料及贷款的真实用途，便接受宏业公司出具的该贷款的申报材料。计某依据其出具的申报材料在建行黑龙江省分行信贷审批会进行汇报，致建行黑龙江省分行同意向宏业公司发放该贷款。

资料来源：明知财务造假！大行客户经理还是放贷 8 000 万，结果……[EB/OL].（2020-07-23）. https://xueqiu.com/9396125131/154776365.

价值探索：尊法守法　职业道德

请阅读以上案例，并思考：

（1）你是如何看待财务造假这种犯罪行为的？

（2）审计机构出具虚假财务报告，客户经理却未尽到尽职调查责任，对此给我们什么警示？

即测即练

任务六　交叉检验客户信息的可靠性

任务要点

● 阐述交叉检验的含义和意义

● 运用溯源法和第三方信息印证法对客户信息进行交叉检验

● 对客户的营业额和权益进行逻辑检验

"微"课堂　　"微"讲义

学习情境

在开展贷前调查的时候，小邓发现客户李老板提供的信息有些可疑。在谈到他每个月营业收入的时候，他拍着胸脯说一个月至少能有 10 万元的营业额，但是当小邓提出要查看近期的业务发票和进出货单据的时候，他却有些支支吾吾。是李老板在对小邓撒谎？还是小邓自己多虑了？有什么办法可以帮助我们迅速识别客户所提供信息的真伪呢？这是小邓最近比较困惑的问题。

对于小邓提出的问题，主管建议他系统学习一下小微信贷的交叉检验分析技术。他告诉小邓，客户在申请借款的时候，提供虚假信息，夸大自己的收入和还款能力是时有发生的事情，为此我们一定要多留个心眼，要学会将不同渠道来源的信息进行比对验证，发现蛛丝马迹，识别客户信息的真伪，这样才能准确评估客户的信用风险。

小邓听完之后恍然大悟，赶紧向主管借来相关的培训资料认真学习起来。

课前思考

（1）我们应该如何识别客户的谎言？

（2）什么叫作交叉检验？

（3）面对客户所提供的各类信息，我们应该如何交叉检验？

一、认知交叉检验

（一）交叉检验概述

信息不对称问题是信贷业务要解决的基本问题，信息不对称在小微信贷业务流程中可分为三个层级：客户与调查人员之间的信息不对称、调查人员与审批人员之间的信息不对称、管理人员与小额信贷业务流程参与人员之间的信息不对称。而交叉检查是有效破解上述三个层级信息不对称的有效手段，利用交叉检验技术，通过不同途径比较不同的信息来源，在此基础上评估提取到的信息是否真实和准确。这样做的目的是通过交叉检验了解借款人的真实情况，以便对借款人的还款意愿和还款能力等进行准确评估，而不会被表面现象所迷惑。

1. 交叉检验的定义

所谓交叉检验，就是信贷人员通过不同来源同一信息的相互比对，以及不同信息逻辑关系的验证，多角度确定贷款相关信息真实性、准确性、完整性的分析技术。

交叉检验的基本逻辑是：一般认为，不同来源的信息对同一事情的描述误差不超过5%。如果不同来源的同一信息，或通过不同信息逻辑关系（相互关联性）推导得到的信息都相一致，这个结果的真实性和准确性就高；若不一致，信息中至少有一个是错的。

"客户可能会说谎，但每一个谎言都需要十个谎言来圆谎。"信贷人员要尽可能多角度分析重要信息，以便接近真实。

2. 交叉检验的基本原则

交叉检验是多方位、多角度、多侧面的，故应随时随地进行。关键的贷款信息通常要经过至少三种方法的交叉检验，才能被用于信用风险评估。在收集和分析信息时，信贷人员应做到如下几点。

（1）密切观察、关注细节、应用常识。

（2）从实际出发，实事求是，杜绝主观臆断、结论先行。

（3）全面看问题，坚持一分为二，保证分析的真实性。

（4）注重事物之间的联系，坚持相互联系地看问题，反对孤立地看问题。

（5）发展地看问题，杜绝静止地看问题。

（6）软信息与财务信息相结合，定量分析与定性分析相结合。

值得指出的是，交叉检验的目的在于落实贷款相关信息的相对可靠性，避免误导信贷人员的贷款决策，并不是进行审计，一定要抓住重点，有的放矢。

3. 可接受的检验误差范围

交叉检验得出的结论并不一定完全就是客户的真实情况，只是确保它和客户的真实情况相差不会太远。被验证信息与用以验证该信息的信息之间差距多小时，我们认为被验证信息通过了检验呢？一般可分为以下三种情况。

（1）若被验证信息与验证信息应完全相同，则不可接受误差。比如不同证件上客户的身份信息应匹配；又如对于同一笔交易的原始凭证和记录应匹配。

（2）若是利用略模糊的逻辑关系进行验证，则被验证信息与验证信息之间可接受的误差范围应在5%以内。比如清点的存货与账目中的存货可能由于损耗等其他原因而有所偏差。

（3）若是利用相对更为模糊的逻辑关系进行验证，则被验证信息与验证信息之间可接受的误差范围也应相对扩大至5%以上，信贷人员应根据实际情况做合理的判断。比如当盘点存货时仅使用抽查的方法，则盘点结果与账目的误差可能更大。

交叉检验的方法多种多样，同一信息有多种检验方法，不同行业也有它们特殊的检验方法，小微信贷人员应在实践中不断发掘和总结。

（二）交叉检验的意义

交叉检验是小微信贷领域解决信息不对称的一项核心信贷技术，作为一名优秀的客户经理，必须深刻理解交叉检验的内涵、方法，并能在实践中灵活运用。

较之传统信贷，小微信贷"信息不对称"[①]问题更为凸显，原因主要有以下三个方面。

（1）小微信贷客户往往缺乏规范可信的报表，家庭财产与经营资金难以分清，缺少担保，如虚增现金流净额、虚增各项资产、隐瞒各项债务、虚增所有者权益、虚列各种收益等财务不实情况。

（2）小微信贷信用风险评估依赖软信息，而软信息具有难以准确沟通和传递的特点，软信息的分析依赖主观判断，都会造成信息的偏差和损耗。

（3）小微信贷客户的信用观念和社会资源相对较弱，影响其偿债能力及偿债意愿，易发生为获取贷款而对重要信息虚报、篡改、伪造、隐瞒的情况，或出现其他形式的骗贷。

许多小微企业财务行为不规范，常见的问题有会计记录不全、销售收入不入账以及使用多套账目应付不同报送对象的情况。

（1）报送税务局的账目，企业会以开票金额做收入，而对成本费用根据收入做相应调整。为了减少税负，企业会尽量做到收支相抵，做亏损或是稍微有一点盈利。

（2）报送银行的账目，企业会以出入库单据作为收入和成本计量依据。做出的报表通过虚增资产，多记收入、少记成本费用使之与贷款规模相适应，使盈利水平、各项比率满足银行检查要求。

（3）为股东提供的账目相对真实，以真实发生的收入、支出做依据，是信贷人员希望看到的报表。

（4）根据监管部门的要求报送的报表如统计报表、行业监管报表等，真实性视情况而定。

二、交叉检验同一信息

（一）溯源法

客户通过口头或书面表达的信息都是对于某一情况的描述，都有它们的源头，信贷人员可以直入源头验证获得的信息与信贷人员观察获取到的实际状况是否相一致。部分利用溯源法的交叉验证列举如下。

1. 基本信息验证

（1）证件和资料的原件与复印件是否一致。

（2）签名与预留印鉴是否一致。

（3）结婚证与身份证上的姓名、身份证号码、照片是否一致。

（4）家庭资产情况，包括房产、车辆、银行储蓄存款、银行融资和金融资产等是否与客户的描述一致。

---

① 信息不对称在小微信贷业务流程中有三个层级：一是客户与调查人员之间的信息不对称；二是调查人员与审批人员之间的信息不对称；三是小微信贷机构管理人员与参与小微信贷业务流程的人员之间的信息不对称。

（5）营业执照、公司章程上的经营地址与实际经营地址是否一致。

（6）租赁或场地承包合同与固定经营场所地址是否一致。

（7）公司章程上的股东信息与验资报告上的股东信息是否一致。

2. 经营情况信息验证

经营规模、雇员数量、生产情况、经营时间、销售情况等与信贷人员在经营场所的观察是否一致。

3. 企业财务信息验证

准确的财务信息之间具有必要的连续性和相关性，信贷人员除需验证账表、账账、账证、账实是否相符外，还需验证前后报表的一致性。无论是原始凭证还是实物，都较难以造假，常用于财务信息的交叉检验。

1）记录核对

对于应收账款、其他应收款、预付账款、其他应付款、存货、固定资产、资本公积、盈余公积、未分配利润等信息应查阅相应明细账，抽查其原始凭证。存货还有相应的仓库日记账供查验，产量有相应的产成品账供查验等。

拓展阅读 6-18　抽查原始凭证的重要性

借款人王五提供给信贷机构的财务报表中，"固定资产"科目显示金额为 800 万元，明细账中显示"固定资产"二级科目为"机器设备"，且信贷人员在实地也看到借款人王五正在使用这些设备，但据此确认王五拥有 800 万元的固定资产，会存在两个问题：一是王五正在使用的 800 万元固定资产可能是租赁的，只有使用权，没有产权，王五在固定资产的确认上是"移花接木"；二是王五正在使用的这些固定资产可能价值不足 800 万元，王五是在虚增资产。因此，信贷人员在分析客户财务报表和查阅财务明细账的基础上，通过抽查重要账务科目的原始凭证就可以有效地防范借款人财务报表的造假。

资料来源：来国伟，赵映珍.商业银行小微企业信贷研究 [N].中华合作时报农村金融，2016-03-21.

2）实物核对

客户对资产的记录或描述应与实物相比对，主要用于存货和固定资产的查验。若有在建项目，还要对实际投入情况进行查验。以存货为例，盘点时主要考察价格、数量和质量，方法见表 6-11。

表 6-11　存货的盘点方法

项　　目	方　　法
价格	估价入账的，要考虑估价是否合理。存货应按进价或市价孰低原则来计价，对 6 个月以上未流转存货应估计存货损失和减值金额，情节严重的可能不予计价
数量	要眼见为实。对于有规则存放或包装的存货，可以使用一定的简便计算公式，如：重点权重货物盘点。选取价款占比高的重点货物进行盘点，而相对忽略低、小、散货物
质量	眼见为实，对损毁情况要加以考虑

（二）第三方来源信息印证法

信贷人员可以通过侧面调查，与信息相关的第三方进行交流，从而根据不同的人对同一问题回答的一致性与否，来判断信息是否准确。通常应关注的第三方信息来源如下。

（1）配偶及家庭成员，印证个人乃至其所经营企业的信用风险信息以及贷款用途等。

（2）邻里或企业周边社区，印证客户基本信息、生活（经营）环境和生活（经营）情况、社会关系及口碑等。

（3）经营合伙人，印证个人基本信息和品质，并全面印证所经营企业信用相关信息等。

（4）经营管理者或雇员，印证个人基本信息和口碑，以及其所经营企业的经营环境、业务内容、经营管理情况（包括工资发放情况）等。

（5）交易对手、上下游企业，印证企业的信誉，以及应收账款、应付账款、预收账款、预付账款、购销合同的真实性等。

（6）同行或行业协会，印证企业口碑、行业环境、经营情况等。

（7）债权人，印证债务相关信息以及信誉等。

（8）保证人，全面印证客户信用相关信息及贷款用途等。

（9）银行，货币资金方面查询银行对账单，可以印证客户的开户情况、存款余额等；融资方面，查询银行征信记录，可以印证客户的融资信息、履约信息、对外担保情况等；交易方面，通过银行提供的客户交易明细可以印证交易金额和频次；而若客户将每天的营业款存入银行，也可以通过银行交易明细核实销售收入等。

（10）会计师事务所通过审计意见印证财务报表真实性，通过验资报告印证实收资本等。

（11）通过经贸、税务、司法、海关等政府部门以及市场监督管理单位等，可以印证企业的登记注册信息、经营年限等。

（12）供水、供电、供气、供暖、通信等基础服务单位，通过缴纳相关费用的时间，可以印证居住或经营年限；通过履约情况，可以印证信用情况。

拓展阅读 6-19　全国法院被执行人信息查询

最高人民法院从 2009 年 3 月 30 日起向社会开通"全国法院被执行人信息查询"平台。社会各界通过该平台可查询全国法院（不包括军事法院）2007 年 1 月 1 日以后新收及此前未结的执行实施案件的被执行人信息，由此产生威慑作用。

中国执行信息公开网（http://zxgk.court.gov.cn/）在提供查询功能的基础上，还对全国失信被执行人名单进行了公布。

行业视窗 6-11
税表资产与实际资产的差异

三、逻辑检验不同信息

（一）认知逻辑检验

在实践中，用于检验的基本逻辑关系包括以下几点。

（1）不同时间数据的相关性，如每天的营业收入累计应与每月的营业收入大体相同。

（2）启动资金加上每年的利润、减去每年的非商业支出，应与实有权益大体相同。

（3）不同数量数据的相关性，如单价与销售数量可用以检验营业额是否合理。

（4）同一原因引发的不同结果之间的相关性，如营业额应与应收账款及库存水平的变化相匹配。

（5）投入与产出的相关性，如员工数量、固定资产、耗电量与营业额之间应相互匹配。

（6）客户信息与其所在行业或市场的信息的相关性，如客户收入水平、房租、其他家庭收支、营业额、营业费用、利润、员工工资水平、应收应付款条件、淡旺季情况、平均库存天数等应与客户所在地或所在行业的平均水平大体相当。

本节以下内容将以企业营业额为主举例介绍小微信贷人员使用的主要逻辑检验方法。应指出的是，逻辑关系是相互的：当通过 AB 之间的关系进行检验时，那么已知 A 可以检验 B，而已知 B 又可以检验 A，更复杂的检验关系亦是此理。

（二）逻辑检验营业额

1. 通用的营业额逻辑检验

对营业额的逻辑检验方法多样，主要有以下几种。

1）通过不同时间与数量数据的相关性检验营业额

按时间比较营业额，按每日、每周、每月、每年等，使用时要注意区分淡旺季。该检验方法适用于能准确获得不同特定时间段的营业额以及淡旺季分布情况的客户。检验公式为

$$月营业额 = 日平均营业额 \times 30 = 周平均营业额 \times 4 = 年平均营业额 \div 12 \qquad (6\text{-}34)$$

计算分析题 6-7

客户张某经营化妆品零售，在调查中了解到张某日平均营业额约 3 000 元，那么以每月 30 天计，推算客户张某的月营业额约为多少？

2）按经营类别构成情况或销售占比检验营业额

该检验方法适用于有多种经营类别，并在业务记录上能相互区分的客户。检验公式为

$$营业额 = \frac{某一类别的销售额}{该类别销售占比} \qquad (6\text{-}35)$$

其中"某一类别的销售额"根据经营类别而各有不同，比如：

（1）对于销售多种产品的企业，通过一类货物（或企业某主导产品）的销售额及该类产品的销售占比，可以验证营业额。

（2）对于兼有现金销售与赊销的客户，通过现金销售或赊销的销售额以及销售占比，

可以验证营业额。

（3）对于兼营批发与零售的客户，通过批发或零售的销售额以及销售占比，可以验证营业额。

（4）对于兼有对公客户和个人客户的，通过对公或个人的销售额以及销售占比，可以验证营业额。

此外，还可根据员工的绩效工资以及厂家返利与营业额之间的比例关系以及增值税与存货、销售成本、主营业务收入之间的比例关系来验证营业额。

最后，企业的营业额、利润或个人客户的收入都可以通过企业主或个人客户的生活水平、拥有的个人资产状况来进一步加以验证。

计算分析题 6-8

（1）客户林某经营酒水批发，在调查中了解到，林某最近五粮液卖得最好，每月五粮液的销售额能达到 25 万元左右，大概占到其全部营业额的四成。那么推算林某最近的月营业收入约为多少？

（2）请根据以下信息对客户营业额做逻辑检验。

客户刘女士经营一家服装店，有雇员 3 名。雇员基本工资每人每月 3 000 元，另外按照各自的营业额给予 1% 的提成。刘女士说近两个月每月营业额在 100 000 元左右，上个月的工资支出大约是 10 000 元。

3）通过资金与营业额的关系检验营业额

核对客户的现金、银行存款日记账、银行对账单流水，利用现金、存款与营业额之间的关系检验营业额，适用于没有赊销、生意起伏不大的客户（零售、餐饮）或完全不记账的客户。检验公式为

$$期间营业额 = 期末现金及存款 - 期初现金及存款 + 期间开支 \tag{6-36}$$

计算分析题 6-9

客户李师傅开出租车，他每天早上 7 点开车出门，晚上 8 点回家，中午休息 1 个小时，每天跑车约 12 个小时。当天下午两点你分析他的贷款申请时，他向你展示了身上所有的现金，共 166 元。早上出门时，李师傅带了 80 元现金找零用，上午 10 点时他加了一次油花了 70 元。那么据你估算李师傅现在每天能有多少营业额？

有赊销时，可以利用现金、应收账款与营业额之间的关系来检验营业额。检验公式为

$$期间营业额（非赊销） = 期末现金 - 期初现金 - 期间回收的应收账款 +$$
$$期间新增应收账款 + 期间开支 \tag{6-37}$$

利用应收账款（金额、赊销率、回收率、回收期等）与营业额之间的关系检验营业额，适用于有较稳定的赊销比例和结款周期的客户。检验公式为

$$账期内的营业额 = \frac{应收账款余额}{赊销比例} \tag{6-38}$$

例题 6-2 客户张先生从事钢钉生产，信贷员 3 月 2 日时从客户处获取的信息如下。

（1）销售结款方式是：先付 10% 的预付款，余款在货到后两个月内结清。

（2）4—8 月为好的月份，日销量 4 吨；1—2 月为差的月份，日销量 0.7 吨，其他月份是一般月份，日销量 2.6 吨。

（3）钢钉每吨售价 3 500 元。

（4）目前有应收账款约 70 000 元。

问：（1）请根据以上信息，对张先生的营业额做逻辑检验。

（2）如果将销售结算方式改为"先付 30% 的预付款，余款在货到后两个月内分两次平均结清"，张先生的营业额是否可以通过逻辑检验？

解答：（1）账期为 2 个月，赊销比例为 90%，应收账款余额为 70 000 元，1、2 月日销量 0.7 吨，每吨 3 500 元，每月销售额为 73 500 元。前后两个估算值差异很大，逻辑检验不通过。

（2）在新的结算方式下，客户赊销比例为 70%，其中 35% 账期为 30 天，35% 账期为 60 天。1、2 月客户每月销售额为 73 500 元，客户实际的应收账款余额为 70 000 元。二者相差 10% 左右，可通过检验。

4）通过投入与营业额的关系检验营业额

利用耗费的生产和运营成本 / 费用与营业额的正相关关系来检验营业额，使用时要注意区分淡旺季。这些成本 / 费用投入包括原材料 / 进货（库存水平、进货金额、进货频次）、固定资产投资、人工（员工工资、员工数量、员工效率）、水电费、房租、交通费等。其中，若涉及存货的消耗量，公式为

$$期间使用（销售）的存货 = 期初存货 - 期末存货 + 期间进货 \qquad (6\text{-}39)$$

计算分析题 6-10

一家批发企业，期初存货 100 万元，期末存货 90 万元，期间进货 150 万元，请问期间销售成本为多少？

利用毛利率、可变成本（销售成本）与营业额的关系检验营业额，适用于进货情况较为清楚、毛利率较好掌握的客户。检验公式为

$$营业额 = \frac{可变成本}{1 - 毛利率} \qquad (6\text{-}40)$$

计算分析题 6-11

客户张某经营饮料批发生意，根据他所提供的上个月的进货单据，进货额 18 万元。张某称其主要给学校供货，毛利率在 7% 左右。请估算张某近期的月营业额。

计算分析题 6-12

请根据以下信息，对客户的营业额做逻辑检验。

客户王老板经营一家火锅店，他说：

（1）我的生意不错，近几个月每月营业额在 70 000 元左右。

（2）我的毛利率在 50% 左右。

（3）肉类我一般每周进货两次，每次进 2 000 元左右。

（4）菜品、辅料每天都买，平均每天购买额在 500 元左右。

5）看流水

"看流水"是要调查借款人的资金流水和存货进出流水，两种流水形成证据链，相互交叉印证。小微企业的纳税报表往往不能真实反映其销售收入，很多交易会通过现金走账。如果信贷人员需核实客户的真实销售收入，可以通过借款人的银行对账单（包括个人）流水、仓库日记账（或货物进出凭证）流水互相印证，从而确定其相对真实的实际销售收入。

如客户李四的企业纳税报表反映年销售收入 1 000 万元，但内部账反映年销售收入有 2 000 万元。如果信贷人员只确认李四的 1 000 万元开票的年销售收入，可能就会无法反映借款人李四经营情况的全貌；而根据李四内部记账就确认其 2 000 万元的销售收入显然缺乏依据。这时信贷人员可以通过李四贷款前一定期间（如 6 个月以上）的银行对账单流水，结合银行日记账"摘要栏"明细，计算出李四在这期间有多少货款回笼，再结合应收账款回收情况，确认李四大致的销售收入。如果李四提供的是个人银行对账单流水，信贷调查人员应根据自身经验和客户的经营特点，判断李四实际符合经营特点的流水，再确认李四的大致销售收入。在银行对账单流水核实的基础上与李四的仓库日记账（或货物进出凭证）流水相核对，如果出入较大，就应了解原因，看流水是否存在造假可能。通过这样"看流水"的方式，李四企业真实的销售收入就基本能够掌握了。[①]

素质园地 6-6

山东曹县人民法院公布一起企业法人贷款诈骗案的刑事判决书。

判决书显示，2015 年 12 月 16 日，被告单位曹县鑫茂木业有限公司（以下简称"鑫茂木业公司"）在山东曹县农商银行青菏支行申请贷款 200 万元，到期日 2016 年 12 月 14 日，借款用途为购原材料，由山东商都融资性担保有限公司（以下简称"商都担保公司"）提供担保。

2016 年 12 月 22 日，鑫茂木业公司未能按期还款，该笔贷款由商都担保公司使用担保金代为鑫茂木业公司偿还。

为清偿商都担保公司的 200 万元，鑫茂木业公司决定再次向曹县农商银行贷款 200 万元。2016 年 12 月 27 日，鑫茂木业公司同曹县农商行青菏支行签订借款合同，再次申请银行贷款 200 万元。

申请贷款过程中，鑫茂木业公司法定代表人王某忠伪造其公司财务报表等财务资料，显示 2013 年至 2016 年的营业收入分别为 3 352 万元、4 258 万元和 4 593 万元。他将这些虚假的财务性资料提供给银行，致使曹县农商行青菏支行误认为鑫茂公司具备贷款条件，作出向该公司发放 200 万元贷款的决定，年利率 10.56%，贷款到期日 2017 年 12 月 13 日。

贷款到期后，鑫茂木业公司未能按时偿还，商都担保公司也未代其偿还。

事实上，鑫茂木业公司提供的营业收入较真实情况虚增了 10 倍。鑫茂木业公司的兼

---

① 资料来源：来国伟，赵映珍．商业银行小微企业信贷研究 [N]．中华合作时报农村金融，2016-03-21．

职会计谢某证言，"公司答应每月支付 800 元的工资，但 2016 年下半年就没有再支付过。从王某忠平时提供的公司财务单据来看，鑫茂公司每年的销售收入有三四百万元，每年的利润有三四十万元，这些数据在曹县国税局都能查到。"

2018 年 4 月 13 日，曹县农商银行向公安局报案。6 月 26 日，民警在曹县邵庄镇王集行政村南鑫茂公司院内将王某忠抓获，王某忠如实供述了自己的犯罪事实。

资料来源：企业虚增营收 10 倍骗贷 曹县农商银行"中招"被骗 200 万元 [EB/OL].（2019-08-16）. https://baijiahao.baidu.com/s?id=1642015113043998655&wfr=spider&for=pc.

价值探索：尊法守法 职业道德

请阅读以上案例，并思考：

（1）你认为案例中的农商行在贷款风险防控方面存在哪些漏洞？

（2）以上案例给我们信贷业务员什么警示？

2. 行业特殊的逻辑检验

1）贸易（零售、批发）行业

（1）按类型比较营业额，如已知零售与批发的营业额，分析零售与批发营业额的比例是否合理。

（2）按产品比较营业额，如已知各类产品的营业额，分析各类产品营业额的占比是否合理。

（3）通过进货额检验营业额，看"（期初存货－期末存货＋期间进货）/ 成本率＝营业额"是否大致成立。

（4）通过当天的现金流动验证营业额，注意要分清检验当天所处的淡旺季。

2）生产及其他加工行业

（1）通过产能和开工时间检验营业额的合理性。

（2）通过原材料、辅料或能源的消耗检验营业额。

3）餐饮服务等服务行业

（1）通过每日进货额检验营业额。

（2）通过上座率及平均消费额检验营业额。

（3）通过必点产品销售情况检验营业额。

（4）通过碗、筷使用情况等检验营业额。

（5）通过分析当日的人流量检验营业额。

4）运输（客运、货运）行业

（1）通过里程表、油表检验营业额。

（2）通过每日、每月加油（汽油、柴油、天然气费用）与百公里油耗检验营业额。

（3）通过上座率及平均消费额检验营业额。

（4）通过汽车检测、维修、保养、换机油的频率检验营业额。

（5）通过汽车轮胎的磨损和换新频率检验营业额。

5）承包型或工程类行业

（1）通过比对承包合同规定的回款期与银行对账单的回款期检验营业额。

（2）通过工程的预算价①、结算价②和决算价③之间是否匹配，检验确定营业额。

3. 非营业额但与营业额密切相关的检验

上文已提到资金、原材料 / 进货、其他费用支出等与营业额之间的逻辑关系，这些因素彼此之间也存在着逻辑关系。而对于生产性企业来说，相比营业额，产量与上述因素的关联性更直观。

举例来说，我们既可以通过资金来验证库存变化，也可以通过生产环节中原材料、半成本、产成品是否匹配来验证存货总量，还可以通过原料、辅料、能源、人工的消耗来验证产量。如客户张某经营大米加工生意，据调查了解加工成 1 吨大米需要耗电 80 度，客户 8 月份电费单据显示用电量 96 000 度，那么客户 8 月份共生产大米约 1 200 吨。

对毛利率 / 利润率 / 成本率的逻辑检验方法主要有以下几种。

（1）与同区域、同行业比较，除非有特殊原因（独特优劣势），通常同区域、同行业毛利率差别不会很大。

（2）对不同类别产品 / 经营的毛利率加权平均对总毛利率进行验证。

（3）以现金交易为主的企业，现金购销比率应与商品销售成本率接近，其中现金购销比率计算公式为

$$现金购销比率 = \frac{购买商品接受劳务支付的现金}{销售商品出售劳务收到的现金} \tag{6-41}$$

计算分析题 6-13

请对以下信息进行逻辑检验。

客户 2008 年 11 月初开业时有 3 万元存货，过了 6 个月至信贷员分析时，已有 12 万元存货。客户的进货情况如表 6-12 所示。

表 6-12　客户的进货情况

进货期间	供应商位置	采购物品	每次采购金额	付款方式	频次
旺季	江西南昌	服装	5 000 元	现金	2 天 / 次
淡季	福建厦门	服装	10 000 元	现金	一周 / 次

2、3 月为淡季，其他月为旺季。旺季月均销售成本 55 000 元，淡季月均销售成本 35 000 元。2 月份休息了 15 天，进货与销货同时减少了 1/2。

计算分析题 6-14

请从尽可能多的角度对以下信息做逻辑检验。

客户老张说：

（1）我长期为一家工厂做钢结构件加工，毛利率 30%，一个月能加工 1 万个标准同类型零件，每件售价 5 元，月营业额 5 万元，产品没有淡旺季。

---

① 工程预算价是工程项目的计划价格。

② 工程结算价是指施工企业按照承包合同和已完工程量向建设单位（业主）办理工程价清算的实际工程价款。工程结算价有别于工程预算价，是在承包合同的工程价款基础上根据实际已完工程量进行工程结算后的工程价款。

③ 工程决算是指整个建设工程全部完工并经验收以后，通过编制竣工决算书计算整个项目从立项到竣工验收、交付使用全过程中实际支付的全部建设费用计算出的价格。

（2）我有 3 台同类型机器，都能用。

（3）有 4 个工人，两班倒工作。每人工资底薪 500 元，计件绩效 100 件给 50 元，4 个员工上个月计件绩效分别是 750 元、1 200 元、1 300 元、1 750 元。

（4）我原材料从浙江采购，用银行汇款，上年共汇款 41 万元。

（三）逻辑检验客户权益

对于企业或具有自由经营项目的贷款客户，可以对权益进行逻辑检验，也叫权益检验，可用来核实客户的利润是否可靠，是否有其他的负债或投资。其理论原理是：一段时期内（可能长达几年）的经营活动会导致客户权益的变化，期初权益经此变化计算出的期末应有权益（或称预期权益、理论权益）当与客户期末的实际权益基本相同。一个直观的例子是，若客户声称其生意很赚钱，且经营多年，却没有什么值钱的资产，那么我们不禁会问，收益都去哪儿了？

权益检验主要是计算"应有权益"和"实际权益"，再将两者做比较。应有权益和实际权益的计算公式为

$$应有权益 = 初始权益 + 期间利润 + （期间权益注资 - 期间权益提款）$$
$$+ （资产增值 - 资产折旧与贬值） \tag{6-42}$$

$$实际权益 = 资产负债表中的权益 + 表外项目中的权益 \tag{6-43}$$

式中，期间权益注资是指初始投资后客户又追加的投资；期间权益提款是指客户从生意中抽出资金用于其他开支，如购买自住用房，借给其他亲戚等。客户偿还的负债不应该计入该项，借贷行为不造成权益的变化。

应有权益与实际权益相比较，可能的结果如表 6-13 所示。

表 6-13　权益检验的三种结果分析

应有权益 ≈ 实际权益
当信贷人员确实根据全面准确的信息进行了正确的分析，并得出这一结论，则权益检验通过
判断应有权益 ≈ 实际权益的标准是：
我们一般要求差异率小于等于 5%，来进一步确保所有财务数据的真实有效

应有权益 ＞ 实际权益
这种情况的原因有两方面：一是应有权益被高估，二是实际权益被低估
信贷人员应关注是否存在以下情况：
（1）利润算高了
（2）支出算少了，或部分利润用于经营以外的开支，比如客户个人消费了
（3）有部分资产没算出来，比如客户隐瞒了部分现金，或存款或信贷人员少点了存货或固定资产，或客户有其他投资，或有表外资产没有算出来
（4）初始投资中有负债没有算出来

应有权益 ＜ 实际权益
这种情况的原因有两方面：一是应有权益被低估，二是实际权益被高估
信贷人员应关注是否存在以下情况：
（1）利润算少了，信贷人员可能忽略了客户的其他收入来源
（2）支出算多了
（3）资产高估了，可能有部分存货或固定资产不是客户的，如供货商的重复铺货情况、合伙情况
（4）客户隐瞒了负债，如应付账款、民间借贷等

关于权益检验的误差，要注意的是：客户经营的年限越长，权益检验的差值可能越大。一般对于经营年限不足 3 年的客户，权益检验的结果较为准确。因此，在实际工作中，若客户经营年限较长，重点要弄清客户累计利润的主要投向，不要求权益检验结果准确无误。

例题 6-3 判断以下的交易行为哪些改变了客户的权益。

（1）购买生意用设备，包括现金购买和借款购买。

（2）借钱、还钱。

（3）买入产品，生产产品。

（4）生意内部的挪用资金。

（5）生意外的资金流出或流入。

（6）生意中的固定资产折旧、损失、价值重估中的增值或贬值。

（7）生意内的盈利 / 亏损。

（8）生意外的亏损，如死账或亲戚借款收不回。

（9）经营场所的装修。

解答： 必然改变的有（5）（6）（7）（8）；（9）中的装修费用若费用化，则改变权益，若资本化，则不改变权益。

计算分析题 6-15

客户 2005 年开店的时候自己投入 5 万元，经营了 3 年，一共挣了 18 万元，那么他的期初权益是多少？期末应有权益是多少？

例题 6-4 请根据以下信息做权益检验。某客户 2005 年开始做纸品生意，初始投资 30 万元，其中 11 万元为亲戚朋友借款，其他资金为自家资金。历年盈利情况如下所示：

（1）2005 年不亏不赚；2006 年盈利 35 万元；2007 年盈利 75 万元；2008 年盈利 25 万元；2009 年盈利 35 万元；2010 年至今盈利 30 万元。

（2）目前有存货 86 万元，应收款 110 万元，现金及银行存款 3 万元。

（3）有 3 台配送车，初始购置价为 8 万元，目前价值 5 万元。

（4）客户因经营需要在他行有贷款 24 万元，欠亲戚朋友 25 万元，欠供应商货款约 8 万元。

（5）客户 2008 年购置房产，首付及装修共花费约 50 万元；2009 年为父母购置房产，首付及装修共花费 30 万元。

（6）客户 2010 年上半年投资婴儿用品店，总投资约 80 万元。

解答：

应有权益	56（万元）	实际权益	147（万元）
= 初始权益	30-11=19（万元）	= 存货	86（万元）
+ 期间利润	35+75+25+35+30=200（万元）	+ 应收款	110（万元）
- 期间支出	50+30+80=160（万元）	+ 现金及银行存款	3（万元）
- 折旧	3（万元）	+ 三台配送车	5（万元）
		- 负债	57（万元）

借款客户的应有权益与实际权益的误差大，权益检验不通过，信贷人员有必要再进行财务分析，找出具体的原因。

计算分析题 6-16

客户张三 2004 年 1 月开始经营一家服装店，初始投资 20 万元，其中自己投入 15 万元，亲戚借款 5 万元。期初投资表现为现金 5 万元、存货 12 万元、设备 3 万元。开业一年，扣除家庭开支后每月可支配收入 1 万元，2004 年折旧 1 万元，其间还款 3 万元。

（1）2005 年 1 月信贷人员进行了调查，请问调查时的应有权益为多少？

（2）2006 年 1 月信贷人员又进行了一次调查，这次发现客户 2005 年经营情况保持稳定，依旧每月 1 万元可支配收入，折旧 1 万元，当年客户投资外地 5 万元，偿还外债 2 万元，请问应有权益为多少？

计算分析题 6-17

客户王先生 2005 年 1 月投入 7 万元开了一家餐厅，当时自己投入 5 万元，其余是从朋友那里借的。他花了 4 万元进行装修，剩下的 3 万元买了桌椅（2 万元）和厨具（1 万元）等餐厅用品。

经营至 2008 年 9 月时，前 3 年大约一共挣了 10 万元，2008 年每月大约有 6 000 元的可支配收入。其间还款 1 万元，又从另一个朋友那边借了 5 000 元。2005 年购置的餐厅用品目前的市值为 2 万元。另外，他又花 5 000 元买了个摩托车自己开。

2008 年 9 月 1 日，信贷人员进行了调查，请问调查时王先生的应有权益为多少？若实际权益是 20 万元，应有权益与实际权益的差异率为多少？

知识自测 6-4

（1）请描述小微信贷的信息不对称问题。

（2）交叉检验的基本逻辑是什么？

（3）对同一信息的核实有哪些方法？

（4）对不同信息的逻辑检验有哪些方法？

即测即练

任务七 评估客户信用等级

> **任务要点**
>
> ● 阐述信用评级的含义和信用评级体系
> ● 根据客户提供的信息，对客户进行信用评分
> ● 按照信用等级标准，划分客户的信用等级

"微"课堂 "微"讲义

学习情境

经过前期对客户资料的充分收集，加上在受理环节和贷前调查环节与客户的沟通交

流，小邓对自己的客户张老板的情况已经有了初步的整体印象，他觉得张老板的还款能力较强，过往信用记录良好，还款意愿较足。但是，当张老板问小邓，他到底能从银行获得多少额度贷款的时候，小邓却答不上来。因为按规定，得由银行风控部门根据客户的资信状况形成信用等级评定之后，银行才能提供准确的授信额度。小邓跟张老板解释之后，让他耐心等待后续通知。

其实，作为从业人员的小邓也很好奇，风控部门提供的授信额度到底是怎么得出来的？客户的信用等级是如何划分的？他前期收集的客户信息，在信用等级评定阶段，到底是怎么应用的呢？

课前思考

（1）什么是信贷机构的授信额度？授信额度的大小与什么紧密相关？

（2）什么是客户的信用等级？

（3）信贷机构是怎样根据客户信息评定客户的信用等级的？

一、认知信用评级

（一）信用评级的含义

在信贷业务中，评估客户信用等级的过程又被称为信用评级，它指的是运用一套规范、统一的评价体系，对被评估对象偿债能力和偿债意愿进行分析，并得出其违约风险的量化评定过程，其结果呈现为信用等级。这些量化评定基于过往对贷款客户（担保人）特质与违约风险之间相关性的经验，即利用过去的风险与贷款特征之间的关系，由当前特征来预测未来风险，旨在提高贷款效率，并作出较为真实、客观、公正的综合评判。信用等级为贷款客户分类、贷款方案设计、贷款决策、贷后管理都提供了重要依据。

信贷机构可以依据客户评级与可偿债资源确定在一段时期内对其授信的最高额度，即客户最高授信限额。它代表了信贷机构对特定客户能承载的最高债务风险总量，对客户的实际授信额度原则上不超过该限额。

信用评级既可以在信贷机构内部进行，称为内部评级，也可以通过外部独立的第三方信用评级机构进行，称为外部评级；既可以针对某一客户（担保人）综合评估，称为综合评级或客户评级，也可以针对某一笔贷款单项评估，称为单项评级或债项评级，具体分类如图 6-13 所示。

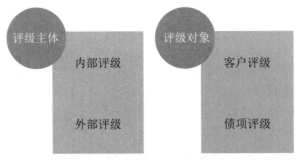

图 6-13　信用评级的分类

2019 年，中国人民银行、国家发展和改革委员会、财政部、中国证券监督管理委员会发布出台了《信用评级业管理暂行办法》（〔2019〕第 5 号），明确了信用评级机构的工作制度和内部管理制度、评级原则、评级内容和评级程序等内容，对评级机构从事金融产品信用评级、借款企业信用评级和担保机构信用评级业务进行管理和指导。

值得指出的是，目前我国的小微信贷业务所涉及的信用评级制度仍在不断完善，各家信贷机构的评级体系也不尽相同，水平参差不齐。相比之下，商业银行的信用评级制度构建较为完善，而小贷公司、典当行、互联网金融公司等民间信贷机构的评级制度则较为简单。

行业视窗 6-12
信用评级业管理暂行办法

拓展阅读 6-20　国内外知名的评级机构

国际公认的专业信用评级机构有穆迪（Moody）、标准普尔（S&P）、惠誉国际（Fitch）。

国内知名评级机构有大公国际、中诚信国际和联合信用等。

（二）信用评级操作模式和操作步骤

随着大数据和 AI 等金融科技的应用，信用评级操作的模式可以分为传统模式和数字化模式。传统模式下，信用评级需要靠人工收集客户信息，然后将信息逐步转换为客户的信用评分，再生成信用等级。其具体操作步骤如下。

（1）通过贷前调查收集客户的营业执照、法定代表人身份证的复印件、财务报表等一系列相关资料。

（2）填写《客户基本情况表》。

（3）根据客户实际情况，参照信用评分方案，填写《客户信用等级评分表》。

（4）根据客户的实际信用得分，对照信用等级标准，评定其信用等级。

在数字化模式下，只要客户完成身份认证，AI 机器人就会自动抓取客户有关的一系列大数据，如基本信息数据、征信记录数据、纳税数据、平台消费数据等，并将大数据导入系统设置好的信用评级模型，迅速得出客户的信用评级结果。可以说，数字化评级模式下，AI 机器人替代人类完成了信息收集、整理、辨别和信息录入并输出的全套操作，特点是评级过程排除了操作人员主观因素的影响，更加量化、高效，通常 1 分钟或几分钟之内就可以得出评级结果。而在传统评级模式下，信贷机构会加入评级人员对客户的主观评价因子，操作时间较长，可能需要 1 天甚至几天才可出结果。两种评级模式目前各有利弊，不同的信贷机构会根据自身技术条件和对评级的不同要求，选择不同的评级模式，甚至是采用"人工 +AI"融合作业的评级模式。

为帮助读者更好地理解信用评级的基本原理，本书重点介绍传统模式下的信用评级操作内容。

二、认知信用评级指标体系

信用评级指标体系是在评级过程中采用的一套规范、标准的指标体系，是评估要素、评估指标、评估方法、评估标准、评估权重和评估等级等项目的总称，是这些项目形成的一个完整的体系。

每家信贷机构所采用的信用评级体系并不完全一致，如大家的评估要素、评估指标会有所不同，评估权重和评估方法甚至最终导出的评估等级设置及含义也会有差异。2006年发布的《中国人民银行信用评级管理指导意见》的附录中为信用评级体系的确定提供了一些参考指引，表6-14为借款企业的信用评级体系参考指标，表6-15为借款企业的信用等级评定标准范例。

表 6-14　借款企业的信用评级体系参考指标

评估要素	评估指标
企业素质	法人代表素质、员工素质、管理素质、发展潜力等
经营能力	销售收入增长率、流动资产周转次数、应收账款周转率、存货周转率等
获利能力	资本金利润率、成本费用利润率、销售利润率、总资产利润率等
偿债能力	资产负债率、流动比率、速动比率、现金流等
履约情况	贷款到期偿还率、贷款利息偿还率等
发展前景	宏观经济形势、行业产业政策对企业的影响；行业特征、市场需求对企业的影响；企业成长性和抗风险能力等

表 6-15　借款企业的信用等级评定标准范例

信用等级	等级含义
AAA 级	短期债务的支付能力和长期债务的偿还能力具有最大保障；经营处于良性循环状态，不确定因素对经营与发展的影响最小
AA 级	短期债务的支付能力和长期债务的偿还能力很强；经营处于良性循环状态，不确定因素对经营与发展的影响很小
A 级	短期债务的支付能力和长期债务的偿还能力较强；企业经营处于良性循环状态，未来经营与发展易受企业内外部不确定因素的影响，盈利能力和偿债能力会产生波动
BBB 级	短期债务的支付能力和长期债务偿还能力一般，目前对本息的保障尚属适当；企业经营处于良性循环状态，未来经营与发展受企业内外部不确定因素的影响，盈利能力和偿债能力会有较大波动，约定的条件可能不足以保障本息的安全
BB 级	短期债务支付能力和长期债务偿还能力较弱；企业经营与发展状况不佳，支付能力不稳定，有一定风险

续表

信用等级	等级含义
B 级	短期债务支付能力和长期债务偿还能力较差；受内外部不确定因素的影响，企业经营较困难，支付能力具有较大的不确定性，风险较大
CCC 级	短期债务支付能力和长期债务偿还能力很差；受内外部不确定因素的影响，企业经营困难，支付能力很困难，风险很大
CC 级	短期债务的支付能力和长期债务的偿还能力严重不足；经营状况差，促使企业经营及发展走向良性循环状态的内外部因素很少，风险极大
C 级	短期债务支付困难，长期债务偿还能力极差；企业经营状况一直不好，基本处于恶性循环状态，促使企业经营及发展走向良性循环状态的内外部因素极少，企业濒临破产

每一个信用等级可用"＋""－"符号进行微调，表示略高或略低于本等级，但不包括 AAA+

企业客户信用评级除了受到企业自身因素影响，还受到经济周期、区域和行业因素的影响。

活动拓展 6-19

请查阅附录 6-5 中工商银行的小企业法人客户信用评级指标体系，对比分析三类小企业评级指标体系的差异。

请查找其他信贷机构信用评级指标体系的资料，并学习了解。

三、对客户信用评分

（一）信用评分方法

虽然信用评级的结果是简明的信用等级，但其过程往往融合了两种评分方法——定性分析法与定量分析法，图 6-14 为信用评级的输出过程。

图 6-14　信用评级的输出过程

定性分析法也叫主观评分法，是通过具备专业知识、技能和经验的信贷人员对客户资信状况主观判断，并给出主观印象分。

定量分析法则更多地使用统计评分法，如违约概率模型的应用，从而能够直接、高效地估算出违约概率。随着数据分析技术的快速发展，定量分析在信用评级当中的重要性也在不断提升。然而，定量分析也有其明显的局限性，因为违约概率模型的开发需要长年数据的积累，才能较好地统计和提炼出相关规律，但对于部分小微信贷客户群体来说，这一点较难实施，因为他们过去较少获得贷款，有关其贷款表现的历史数据也就并不充分。

总体而言，主观评分法与统计评分法各有利弊，再有经验的信贷人员或者再好的统计学模型，也不可能百分百断言某笔贷款的未来表现。两者的比较如表 6-16 所示。在小微信贷实践中，往往要根据实际所获信息，将主观评分法与统计评分法相结合，取长补短，才能对客户资信状况作出尽量准确的判断。

表 6-16　主观评分法与统计评分法的对比

项　　目	主观评分法	统计评分法
信息来源	信贷员和信贷机构的经验	数据库中贷款量化的历史记录
程序连贯性	因信贷员而异、因日而异	相同贷款同等计分
程序明确性	凭借生效的评估原则，趋于信贷员的直观判断	以数学规则或公式确定量化特征与风险之间的关系
程序和产品	根据信贷员对客户本人的了解定型分类	根据量化特征与风险之间的关系定量计算概率
实施过程	信贷员需要长期培训和实地积累经验	对信贷机构需要长期跟踪
弊端	易受个人偏见、每天的情绪或者简单的人为错误影响	数据被伪造或被遗弃，或者没有充分利用数据、过度使用数据等
灵活性	在使用者有能力的前提下，应用范围广泛	应用单一，在新环境中预测新一类风险需要重新开发计分模型

（二）信用评分方案

基于信用要素分析法的原理，针对不同类贷款、不同类客户、不同的信贷机构，具体的信用评分系统并没有固定模式，如大企业可能与小企业不同，不同行业的企业也不同，而针对小微信贷客户群体设计的评分方案往往会更注重软信息的作用。

在大多数评分系统下，高分表示低风险，较高的信用评级；低分表示高风险，较低的信用评级。信贷机构可根据自身可承受的风险设定一个最低分作为合格线来严格筛选贷款。多数小微信贷机构对临近合格线的贷款申请会做进一步研究，再做最后决定。

以下以某信贷机构对企业客户的信用评级方案为例，展示信用评分的实操方法和应用。

1. 品质特性评价（28 分）

（1）整体印象满分 4 分，该项指标由评估人员根据对客户的整体印象评分。

①成立 3 年以上，公司规模较大，员工表面素质较高，公司在同业中形象良好。　4 分

②成立 1 年（含 1 年）以上，公司规模较中等，员工表面素质较一般，公司在同业中形象良好。　2 分

③成立未满 1 年，公司规模较小，员工表面素质较低，公司在同业中形象较差　0 分

（2）行业地位满分 4 分，该项指标根据客户在经营区域内的市场占有率评定。

①在当地销售规模处于前三名。　4 分

②在当地销售规模处于前十位。　3 分

③在当地有一定销售规模，但排名较后。　　　　2分

④在当地处于起步阶段。　　　　　　　　　　　0分

（3）负责人品德及企业管理素质满分4分，该项指标根据企业的董事长、总经理、部门负责人的文化水平、道德品质、信用观念、同行口碑，企业制度建设、合同履约率等情况综合评价。

①主要负责人品德及企业管理素质好。　　　　4分

②主要负责人品德及企业管理素质一般。　　　2分

③主要负责人品德及企业管理素质差。　　　　0分

（4）业务关系持续期满分3分。

①与本公司的业务关系持续2年以上。　　　　3分

②与本公司的业务关系持续1～2年。　　　　　2分

③与本公司的业务关系持续6～12个月。　　　1分

④与本公司的业务关系期少于2个月。　　　　0分

（5）业务关系强度满分3分。

①以本公司为主供货商。　　　　　　　　　　3分

②以本公司为次供货商。　　　　　　　　　　1.5分

③偶尔在本公司提货。　　　　　　　　　　　0分

（6）合作诚意满分4分。

①合作态度好，愿意向本公司提供报表。　　　4分

②合作态度一般，向其索取财务报表有一定难度。2分

③合作态度差，不愿意向本公司提供财务报表。0分

（7）员工人数满分2分。

①人员稳定，从业人数100人以上。　　　　　2分

②从业人数30～100人。　　　　　　　　　　1分

③从业人数少于30人或人员流动性大。　　　　0分

（8）诉讼记录满分4分。

①无诉讼记录。　　　　　　　　　　　　　　4分

②有诉讼记录但已全部胜诉。　　　　　　　　3分

③有未决诉讼，或已胜诉但不能执行。　　　　1分

④有诉讼记录，败诉。　　　　　　　　　　　0分

2. 信用履约评价（38分）

（1）信用履约率 [计算公式见式（6-44）] 满分20分。

$$信用履约率 = \frac{上季累计偿还到期信用额}{上季累计到期信用额} \times 100\% \qquad (6\text{-}44)$$

满意值为100%，得分 = 实际值 ×20

（2）按期履约率 [计算公式见式（6-45）] 满分14分。

$$按期履约率 = \frac{上季累计按期偿还到期信用额}{上季累计到期信用额} \times 100\% \tag{6-45}$$

满意值为100%，得分 = 实际值 ×14

（3）呆 / 坏账记录满分4分。

上季无呆 / 坏账记录　　　　　　　　　　　4分

上季有呆 / 坏账记录　　　　　　　　　　　0分

3. 偿债能力评价（14分）

（1）应收账款周转天数 [计算公式见式（6-46）] 满分4分。

$$应收账款周转天数 = \frac{上季平均应收账款}{上季销售额} \times 90 \, 天 \tag{6-46}$$

$$上季平均应收账款 = （上季初应收账款金额 + 上季末应收账款余额）/2$$

满分值为小于90天，超过90天为0分，得分 =4×[1-（实际周转天数 -45）/45]

（2）流动比率 [计算公式见式（6-47）] 满分3分。

$$流动比率 = \frac{上季末流动资产}{上季末流动负债} \times 100\% \tag{6-47}$$

满意值为大于1.5，得分 = 实际值 /1.5×3

（3）速动比率 [计算公式见式（6-48）] 满分4分。

$$速动比率 = \frac{流动资产 - 存货 - 待摊费用 - 待处理流动资产损失}{流动负债} \times 100\% \tag{6-48}$$

满意值为大于1，得分 = 实际值 /1×4

（4）资产负债率 [计算公式见式（6-49）] 满分3分。

$$资产负债率 = \frac{上季末总负债}{上季末总资产} \times 100\% \tag{6-49}$$

满意值为低于50%（低于或等于50%均得满分），得分 =3×[1-（实际值 -50%）/50%]

4. 资本状况评价（14分）

（1）注册资本满分4分。

①注册资本在100万元（含100万元）以上。　　　4分

②注册资本50万～100万元。　　　　　　　　　　2分

③注册资本在50万元以下。　　　　　　　　　　　0分

（2）年营业额满分6分。

①年营业额在8 000万元以上。　　　　　　　　　6分

②年营业额5 000万～8 000万元。　　　　　　　5分

③年营业额2 000万～5 000万元。　　　　　　　4分

④年营业额1 000万～2 000万元。　　　　　　　3分

⑤年营业额500万～1 000万元。　　　　　　　　2分

⑥年营业额300万～500万元。　　　　　　　　　1分

⑦年营业额低于300万元。　　　　　　　　　　　0分

（3）营业额增长率 [计算公式见式（6-50）] 满分 4 分。

营业额增长率 =（上季销售收入额 − 前季销售收入额）/ 前季销售收入额　　　（6-50）

满意值为 10%（高于或等于 10% 均得满分）

得分 = 实际值 ×4/10%

5. 盈利能力评价（6分）

（1）销售毛利率 [计算公式见式（6-51）] 满分 3 分。

$$销售毛利率 = \frac{至上季销售毛利}{至上季销售额} \qquad (6-51)$$

其中，上季销售毛利 = 上季销售额 − 上季销售成本

满意值为 6%（高于或等于 6% 均得满分），毛利为负值的不得分；得分 = 实际值 ×3/6%

（2）销售净利润率 [计算公式见式（6-52）] 满分 3 分。

$$销售净利润率 = \frac{至上季净利润}{至上季销售额} \qquad (6-52)$$

满意值为 2.5%（高于或等于 2.5% 均得满分），利润为负值的为 0 分；得分 = 实际值 ×3/2.5%

四、评估客户信用等级

经过信用评分操作，信贷人员最终可得到特定客户的信用分值，然后便可用该分值参照信用评级标准，划定客户的信用等级。以下以某小微信贷机构的评级标准为例，展示信用评分转换为信用评级的具体操作。

（一）能提供财务报表的客户评级标准

1. 经销商

（1）AAA 级。得分为 90 分（含 90 分）以上，且信用履约率得分为满分，按期履约率得分为满分，无呆 / 坏账记录，年营业额不低于 5 000 万元。

（2）AA 级。得分为 80 ~ 90 分（含 80 分），且信用履约率得分为满分，按期履约率得分不低于 12.6 分，无呆 / 坏账记录，年营业额不低于 3 000 万元。

（3）A 级。得分为 70 ~ 80 分（含 70 分），且信用履约率得分为满分，按时履约率得分不低于 11.2 分，无呆 / 坏账记录，年营业额不低于 1 800 万元。

（4）B 级。得分为 60 ~ 70 分（含 60 分），且信用履约率得分不低于 18 分，按时履约率得分不低于 9.8 分，无呆 / 坏账记录。

（5）C 级。得分为 50 ~ 60 分（含 50 分），信用履约率得分不低于 15 分，按时履约率得分不低于 8.4 分，无呆 / 坏账记录。

2. 系统集成商

（1）AAA 级。得分为 85 分（含 85 分）以上，且信用履约率得分为满分，按时履约率得分为满分，无呆 / 坏账记录，年营业额不低于 2 000 万元。

（2）AA级。得分为 75～85 分（含 75 分），且信用履约率得分为满分，按时履约率得分不低于 12 分，无呆/坏账记录，年营业额不低于 1 500 万元。

（3）A级。得分为 65～75 分（含 65 分），且信用履约率得分为满分，按时履约率得分不低于 10 分，无呆/坏账记录，年营业额不低于 500 万元。

（4）B级。得分为 55～65 分（含 55 分），且信用履约率得分不低于 16 分，按时履约率得分不低于 9 分，无呆/坏账记录。

（5）C级。得分为 45～55 分（含 45 分），信用履约率得分不低于 10 分，按时履约率得分不低于 8 分，无呆/坏账记录。

（二）不能提供财务报表的客户评级标准

对不愿意提供财务报表的客户，其信用等级最高只能评为 B 级。

（1）B级。得分为 60 分（含 60 分）以上，且信用履约率得分不低于 18 分，按时履约率得分不低于 9.8 分，无呆/坏账记录。

（2）C级。得分为 50 分（含 50 分）以上，且信用履约率得分不低于 15 分，按时履约率得分不低于 8.4 分，无呆/坏账记录。

行业视窗 6-14
中国工商银行小企业法人客户信用等级评定办法（节选）

素质园地 6-7

在美国次贷危机爆发前，各大金融机构和评级机构为了赚钱，毫无顾忌地进行材料造假。例如，市场上的次贷公司会帮助低收入群体通过贷款审查，如果你的工作收入并不高，次贷公司的业务员会把你从头到尾包装成高收入的律师、医生带去进行贷款审查。当次贷业务发展到后期，就连贷款审查都免了。2004 年起，新增的次级贷款中有一半都没有文件证明，购房者只需要去中介那里报个名就可以申请到贷款。2005 年，零首付贷款比例为 24%，证明文件不齐甚至根本没有的贷款比例为 40%，零首付且证明文件不齐全的贷款比例为 12%。2004 年，次级贷款占整个抵押贷款市场的比例从 2003 年的 8.9% 暴增到 20.9%。2005 年，次级抵押贷款达到 6 250 亿美元，其中 5 070 亿美元被打包成次级抵押贷款债券。

三大评级机构——穆迪、标普和惠誉，也参与到了这场盛宴中。只有 15% 市场份额的惠誉一开始坚持专业操守，只让少部分债券获得了 3A 级，后来它发现，当次级贷款开始蔓延后，全能银行们不再找它做评级业务，都去找穆迪和标普了。为了不失去客户和收入，评级机构开始给越来越多的次级抵押贷款债券高评级。危机爆发后的国会调查显示，评级机构非常清楚它们给了 3A 级的这些债券就是一堆高风险的垃圾，但为了生存，它们不得不欺骗市场。

资料来源：次贷危机始末：美国房地产是怎么崩盘的？[EB/OL].（2022-10-20）. https://zhuanlan.zhihu.com/p/566082735.

价值探索：职业道德 风险防控

请阅读以上案例，并思考：

（1）你认为案例中的次贷公司和评级机构各自犯了什么错误？

（2）次贷危机中信贷机构和评级机构的严重失职行为给我们怎样的警示？

知识自测 6-5

（1）什么是征信？它主要有哪些分类？

（2）中国人民银行征信中心提供的个人信用报告和企业信用报告分别包含哪些内容？

（3）什么是信用评级？什么是信用评级指标体系？

（4）主观评分方法与统计评分方法各有哪些特点及优缺点？

即测即练

项目六重点知识回顾

✍ 学习目标一：认知小微信贷的信用风险评估

（1）一笔贷款的安全性是债务人能够履行合同义务、贷款能被按时足额收回的可能性。一笔贷款的风险评估即是基于这笔贷款的条件对信贷客户信用的评价，它不仅要求对客户自身的偿债能力与偿债意愿作出分析，还要求贷款条件在合理合规的基础上，与客户的能力和意愿相匹配。

（2）小微信贷信用风险评估的特点包括：以客户个人品质与现金流分析为核心、更多依赖"软信息"的分析与关系型借贷技术。

（3）在信贷业务实践中，通常需要运用一套分析体系来对客户及其贷款进行评估，使用最广泛的是信贷要素分析法，如 6C、5P、5W、4F 等。

✍ 学习目标二：基于客户信息评估信用风险

（1）在对客户进行信用风险分析时，不论是个人还是企业，都应考察以下几方面因素：信用与口碑、信贷配合态度、经济与财务风险、违法犯罪等法律风险、自然灾害等意外风险。

（2）在对个人客户或企业客户中的重要个人进行风险评估时，主要可从基本情况、素质与能力、财务情况等方面入手。

（3）在对企业客户进行风险评估时，主要可从基本情况、宏观环境、市场竞争环境、经营管理等方面入手。

✍ 学习目标三：基于贷款信息评估信用风险

贷款用途、金额、期限、担保方式、还款方式是一笔贷款的主干信息，信贷机构应保

证贷款条件合理合规，并在此基础上，使贷款条件与客户的偿债能力及偿债意愿相匹配。信贷人员应基于对客户贷款的原因和动机、客户存在多大的资金缺口、贷款的金额和期限、客户对于贷款资金的使用计划或未来业务的规划的了解，一方面评估贷款用途的正当性，包括真实合理性、合规性以及挪用的可能性；另一方面评估投资项目的可行性及效益性。

学习目标四：基于客户征信记录评估信用风险

（1）征信是专业化、独立的第三方机构为个人或企业建立信用档案，依法采集、客观记录、整理、保存、加工其信用信息，并依法对外提供信用信息服务的一种活动。征信为专业化的授信机构提供了一个信用信息共享的平台。

（2）个人或企业可以通过多种渠道查询其征信报告，包括互联网查询系统、商业银行及其网银、当地人民银行征信管理部门、中国人民银行征信中心。部分城市还布放了自助查询机，使自主查询征信报告更为便捷。

（3）信贷机构可要求被查询人亲自提供其征信报告，也可在获得被查询人书面授权的情况下，通过商业银行或征信管理部门获取其征信报告。而商业银行作为征信系统的用户，在获得授权的情况下，可直接通过征信系统查看征信报告。信贷机构应当按照被查询人授权的用途使用其征信报告，未经其同意，不得向第三方提供。

学习目标五：基于财务信息评估企业信用风险

（1）在开展企业客户的小微信贷业务时，主要通过非财务信息分析和财务信息分析这两条途径对企业信用风险进行评估。而财务信息的分析主要是基于客户的财务报表——资产负债表、损益表和现金流量表等，以及其他重要财务信息进行的对客户资产负债状况、盈利状况及现金流状况的分析。

（2）信贷人员在对客户的财务报表和信息进行分析时，需要将不同数据相互结合关联，而非孤立地分析单个数据或报表。比率分析法是通过计算数值之间的相对数，使不可比的指标变为可比指标的分析方法。比较分析法是将实际数与基数进行对比的分析方法，一个财务指标的高低和好坏是相对而言的，对绝对数值的分析判断要经过一定的比较后才能下结论。可以将企业财务指标同一定的理想值或理想范围进行比较，也可以将企业财务指标同可比企业进行横向比较。

（3）在对关键会计科目仔细分析的基础上，信贷人员还需系统地计算企业各类财务指标，以求对企业信用风险有更全面的认识。一般地，企业的财务指标可分为以下五类：偿债能力指标、营运能力指标、盈利能力指标、现金获取能力指标、发展能力指标。

学习目标六：交叉检验客户信息的可靠性

（1）信息不对称问题是信贷业务要解决的基本问题，信息不对称在小微信贷业务流程中可分为三个层级：客户与调查人员之间的信息不对称、调查人员与审批人员之间的信息不对称、管理人员与小额信贷业务流程参与人员之间的信息不对称。而交叉检查是有效破解上述三个层级信息不对称的有效手段。

（2）所谓交叉检验，就是信贷人员通过不同来源同一信息的相互比对，以及不同信息逻辑关系的验证，多角度确定贷款相关信息真实性、准确性、完整性的分析技术。

（3）交叉检验的基本逻辑是：一般认为，不同来源的信息对同一事情的描述误差不超过 5%。如果不同来源的同一信息，或通过不同信息逻辑关系（相互关联性）推导得到的信息都相一致，这个结果的真实性和准确性就高；若不一致，信息中至少有一个是错的。

学习目标七：评估客户信用等级

（1）在信贷业务中，信用评级是运用一套规范、统一的评价体系，对被评估对象偿债能力和偿债意愿进行分析，并得出其违约风险的量化评定过程，其结果呈现为信用等级。这些量化评定基于过往对贷款客户（担保人）特质与违约风险之间相关性的经验，即利用过去的风险与贷款特征之间的关系，由当前特征来预测未来风险，旨在提高贷款效率，并作出较为真实、客观、公正的综合评判。

（2）信用评级既可以在信贷机构内部进行，称为内部评级，也可以通过外部独立的第三方信用评级机构进行，称为外部评级；既可以针对某一客户（担保人）综合评估，称为综合评级或客户评级，也可以针对某一笔贷款单项评估，称为单项评级或债项评级。

（3）信用评级指标体系是在评级过程中采用的一套规范、标准的指标体系，是评估要素、评估指标、评估方法、评估标准、评估权重和评估等级等项目的总称，是这些项目形成的一个完整的体系。

（4）在我国小微信贷实践探索中，往往将主观评分方法与统计评分方法相结合，取长补短。

附录

附录 6-1　2013 年企业绩效评价标准值——全国及 10 个行业财务指标标准值

附录 6-2　A 公司资产负债表

附录 6-3　A 公司损益表

附录 6-4　A 公司现金流量表

附录 6-5　中国工商银行小企业法人客户信用评级指标体系

参考文献

∶
●

[1] 何嗣江，严谷军．微型金融理论与实践 [M]．杭州：浙江大学出版社，2013．

[2] 中国人民银行小额信贷专题组．小额贷款公司指导手册 [M]．北京：中国金融出版社，2006．

[3] 中共中央关于制定国民经济和社会发展第十一个五年规划的建议 [Z]．中发〔2006〕1 号．

[4] 朱文明．中国扶贫基金会小额信贷模式及其启示 [J]．中国农村金融，2012(24)：60-63．

[5] 巴曙松．2013 小微企业融资发展报告——中国现状及亚洲实践 [R]．海南：博鳌亚洲论坛 2013 年年会，2013．

[6] 叶洁纯，孙景锋．小额贷款公司迅速崛起业务员年薪过两万 [N]．南方日报，2013-10-30(5)．

[7] 李冠男．违规发放贷款信贷员获刑 [N]．检察日报，2015-08-05(6)．

[8] 田甜，万江红．孟加拉乡村银行小额信贷模式及其启示 [J]．时代经贸（学术版），2007, 5(2)：126-128．

[9] 鱼小强．国际小额信贷的发展趋势 [J]．农业经济，2005(3)：46-47．

[10] 何广文，杜晓山，白澄宇，等．中国小额信贷行业评估报告 [R]．中国小额信贷发展促进网络，2009：7-8．

[11] 银行从业资格委员会．银行业法律法规与综合能力 [M]．成都：西南财经大学出版社，2015．

[12] 阎敏．银行信贷风险管理案例分析 [M]．北京：清华大学出版社，2015．

[13] 刘志月．小额贷款公司经营存四大风险 [N]．法制日报，2015-5-20．

[14] 中国银行业协会．小额信贷 [M]．北京：中国金融出版社，2012．

[15] 张杨．小议"信贷工厂"模式 [J]．经济生活文摘月刊，2013(2)：14-16．

[16] 中国教育发展基金会，中国人民银行金融研究所．中国小额信贷案例选编 [M]．北京：中国市场出版社，2009．

[17] 山东省联社枣庄办事处课题组．影像系统在农村小额信贷管理中的应用 [J]．中国农村金融，2011(6)：10-12．

[18] 邱俊如．小额信贷实务 [M]．北京：中国金融出版社，2012．

[19] 贷款通则 [Z]．中国人民银行令〔1996〕第 2 号．

[20] 黄武．小额贷款评估技术与风险控制 [M]．北京：中国金融出版社，2013．

[21] 黄兰．贷后检查情况报告写作一例 [J]．文摘版：经济管理，2015(10)：230．

[22] 周勤．商业银行小微金融业务创新及风险控制的建议 [D]．杭州：浙江大学，2013．

[23] 宋娟．财务报表分析从入门到精通 [M]．北京：机械工业出版社，2010．

[24] 国务院国资委统计评价局．企业绩效评价标准值 [M]．北京：经济科学出版社，2013．

[25] 蒋芳方．数字化时代的线上信贷智能反欺诈应对 [J]．金融电子化，2019(11)：30-31．

[26] 魏帅，王颖，田世华．区块链在科技金融服务中的应用与挑战 [J]．中国商论，2022(1)：106-109．

[27] 张粲．基于客户画像的 A 银行个贷业务精准营销研究 [D]．秦皇岛：燕山大学，2021．

[28] 陈健恒．基于大数据架构的精准营销模式研究 [J]．现代金融，2022(10)：30-35．

[29] 汪倩．用户画像研究进展综述 [J]．现代计算机，2020(24)：60-63．

[30] JAIN A K, ROSS A, PRABHAKAR S. An introduction to biometric recognition[J]. IEEE transactions on circuits and systems for video technology, 2004,14(1):4-20.

[31] 薛毓楠．基于多模态生理信号融合的身份识别算法研究与系统设计 [D]．南京：南京邮电大学，2022．

[32] 张润驰. 我国小微企业贷款信用风险评估模型研究 [D]. 南京：南京大学，2018.

[33] 燕晓磊，李侠，刘忠文，等. 大数据视域下的中小微企业信贷风险评估 [J]. 高师理科学刊，2022，42(5)：31-39.

[34] 中国人民银行南京分行课题组，王海龙. 大数据背景下征信数据治理研究 [J]. 金融纵横，2022(2)：11-20.

[35] 周雅菲. 商业银行大数据应用中客户信息保护应注意的问题 [J]. 中国城市金融，2018(7)：60-62.

[36] 何彬. 我国商业银行贷后风险预警指标体系研究 [D]. 昆明：云南财经大学，2016.

[37] 张菡. 苏州 N 商业银行贷后信用风险预警系统构建研究 [D]. 南京：南京航空航天大学，2020.

[38] 梁晋恒. 基于大数据的银行信贷风险动态监控研究 [D]. 广州：暨南大学，2020.

教师服务

感谢您选用清华大学出版社的教材！为了更好地服务教学，我们为授课教师提供本书的教学辅助资源，以及本学科重点教材信息。请您扫码获取。

>> 教辅获取

本书教辅资源，授课教师扫码获取

>> 样书赠送

财政与金融类重点教材，教师扫码获取样书

 清华大学出版社

E-mail: tupfuwu@163.com
电话：010-83470332 / 83470142
地址：北京市海淀区双清路学研大厦 B 座 509

网址：https://www.tup.com.cn/
传真：8610-83470107
邮编：100084